식민지 시대 대만은 발전했는가

커즈밍 지음 문명기 옮김

식민지 시대 대만은 발전했는가

米糖相剋

쌀과 설탕의 상극, 1895-1945

일조각

일러두기

1. 이 책은 대만 群學出版有限公司에서 출간한 『米糖相剋-日本殖民主義下臺灣的發展與從屬』(2006년)을 완역한 것이다.
2. 본문에 나오는 '연속連屬'이라는 용어는 서구의 연속이론articulation theory에서 기원했는데, 이는 생산양식 간의 연결과 종속을 가리킨다. '연속連續'과 혼동을 피하기 위해 '연속連屬'은 한자를 병기했다.
3. 본문에 나오는 '이출移出'은 원저에서 사용한 '출구出口'의 번역어로 1895년 대만 할양 이후 대만은 '대일본제국'의 영토로 편입되었으므로, '수출輸出'보다는 국내 또는 역내域內에서의 상품 이동을 의미하는 '이출移出'이라고 표현하는 편이 더 적절한 듯하여 '대일본제국' 역내 이동을 지칭할 경우 '이출'로 표기했다.

한국의 독자들에게

나 자신의 연구서가 다른 언어로 번역되어 대만과 마찬가지로 일본의 식민지였던 한 나라에서 읽히게 되었다는 사실을 접하고서 꽤 흥분하기도 했지만, 동시에 복잡한 심경도 피할 수 없었다. 대만의 식민지 경험이 한국사회에 과연 어떤 계시啓示를 줄 수 있을까? 한국사회가 과거의 식민지 경험을 보다 명확히 인식하고 나아가 식민지 경험에 대한 더욱 의미 있는 문제를 제기하는 데 조금이나마 보탬이 될 수 있을까? 아니면 두 나라의 경험을 결합하여 이해함으로써 일본 제국주의(나아가 세계 제국주의)에 대한 보다 완성도 높은 이미지를 그려볼 수 있을까?

대만과 한국은 생태환경에서 큰 차이가 있으니, 양국의 주요 작물(한국의 쌀과 대만의 쌀 · 사탕수수)의 차이를 보면 쉽게 알 수 있다. 하지만 우리의 관심은 식민지 내부에서 작동했던 각종 정치 · 경제적 제도의 배치에 있다. 예컨대 대만에서 특별히 주목받은 바 있는 (야나이하라 다다오矢內原忠雄의) '당업제국주의糖業帝國主義' 및 이에 수반하여 발생한 '미당상극米糖相剋' 문제가 그것이다. 식민지 권력은 상이한 지역에서 어떤 상이한 전략을 택했는가? 두 지역의 사회경제체제의 차이로 인해 일본 자본이 지역에 따라 상이한 전략으로 나섰기 때문인가? 이 상이한 전략과 자본의 일반 법칙 사이에는 어떠한 차이 또는 모순이 존재했는가? 법칙 자체는 또 어떠한 조정을 필요로 했는가? 아니면 역으로 개별 식민지에서의 변이變異는 또 어떻게 일반 법칙의 구속을 받아 그 변이의 정도를 제한받게 되었는가? 역사구조론歷史構造論적인 분석 방식을 택한 이 책은, 우선 자본주의 확장의 일반적 추세가 무엇인지 분명히 밝히고 나서, 다시 그 일반적 추세를 역사적 시공간의 맥락에서 자본의 일반적 추세가 어떻게 계급 간, 경제부문 간, 민족 간의 특정한 구체적 관계로 변화하였으며, 또 이들 관계는 역으로 자본주의 체제의 경제적 운용 과정을 어떻게 변화시켰는지를 세밀히 탐구한 것이다.

대만의 식민지 경험에 관한 연구는 오랫동안 발전과 종속, 시장균형과 계급착취 등의 이분법적 논쟁에 빠져든 채 거기서 빠져나오지 못했다. 한국 역시 이 숙명에서 쉽게 벗어나지 못했을 것이다. 이 지루하고도 쉽게 결말나지 않는 논쟁에 참여한 적지 않은 학자들은 점차 인내심을 잃고서 기존의 이론을 내던지고 다른 주장을 펴기도 했다. 그중 하나가 '특수성'에 호소하는 논리이다. 일본 제국주의 또는 일본 자본주의는 정말로 '질적' 차이가 있는 특수성을 발전시켰을까? 나는 일본 식민주의의 특수성(소위 예외로서의 일본 식민주의Japanese colonialism as an anomaly)을 강조하는 주장에 반대한다. 일본의 특수성이라든지 대만의 특수성, 한국의 특수성 따위의 주장들은 이론적인 노력을 포기하고 나서 의지할 데가 없자 개별적 특수성을 소리 높여 주장하며 도피의 길을 선택한 것이다. 이런 방식은 경험주의의 함정에 쉽게 빠지게 된다. 이보다 더 한심한 논리는, 국부적인 현상을 전체에 일괄적으로 확대, 적용한 후 과도한 추론을 감행함으로써 추상의 수준이 다른 일반 이론general theory을 비판하는 것이다.

내가 비교적 신뢰할 수 있는 주장은 다양한 생산양식의 연속連屬이다.

연속이론articulation theory의 입장을 취하는 연구자는 자본주의와 전前자본주의라는 상이한 생산양식의 운동법칙을 개별적으로 명확히 파악해야 하고, 또 구체적인 맥락 속에서 양자가 어떠한 관계를 형성하는지 경험적으로 설명해야 한다. 이 과정에서 나는 연속連屬 관계의 분석에서 출발하여 역으로 상호간에 연속連屬된 생산양식 각각의 특징을 보다 완전하고 깊이 있게 이해하는 망외望外의 성과를 거두기도 했다.

역자인 문명기 박사의 열정과 노고에 감사를 표하며, 아울러 내 책의 한국어판이 대만과 한국의 식민지 연구에 대화의 장을 마련하고, 특히 앞서 언급한 이론적 어려움을 극복하는 과정에서 두 나라의 연구자들이 보다 깊은 상호이해에 도달할 수 있기를 충심으로 기대한다.

2008년 10월

커즈밍柯志明

옮긴이의 글

본서는 대만 중앙연구원 사회학연구소 연구원 커즈밍柯志明의 『米糖相剋-日本殖民主義下臺灣的發展與從屬』(群學出版, 2006)을 완역한 것이다. 이미 본서의 서론에서 일제시대 대만경제사 연구의 학문적 계보와 맥락, 그리고 본서가 가지는 의미를 저자 스스로 꼼꼼하게 짚고 있다. 뿐만 아니라 대만 학계에서는 본서에 관한 서평이 이미 몇 편 작성되어 있어서 관심 있는 독자들은 이들 서평을 참고하면 본서의 학술사적 의미라든가 실증적 · 이론적 기여 등에 대해 비교적 소상히 파악할 수 있다(본서와 관련한 서평으로는 劉瑞華, 「柯志明, 『米糖相剋: 日本殖民主義下臺灣的發展與從屬』」, 『臺灣社會學刊』31期, 2003 ; 黃紹恒, 「書評柯志明『米糖相剋』」, 『臺灣史研究』10卷2期, 2003 ; 陳思宇, 「從社會行動者互動的視角重構臺灣殖民研究的理論框架: 述評柯志明著『米糖相剋-日本殖民主義下臺灣的發展與從屬』」, 『國立臺灣大學歷史學報』34期, 2004 등이 있다). 또 일제시대 대만경제사의 계보와 맥락에 대한 비평논문을 머지않은 장래에 발표할 준비를 하고 있기 때문에 본서의 학문적 개성과 기여를 여기서 본격적으로 다루지는 않겠지만, 역자가 본서를 번역하기로 마음먹은 이유는 간략히 언급해두어야겠다.

우선 저자가 본서에서 시도한 이론적 · 실증적 모색은 역자를 포함하여 학술 연구자라면 누구나 자극을 받을 만한 하나의 전범典範을 이루었다고 생각한다. 가와노 시게토川野重任와 야나이하라 다다오矢內原忠雄를 각각 효시로 하는 근대화론과 제국주의론에서 이론적 · 실증적 장단점을 선택적으로 수용하고 비판하면서 일제시대 전체 시기의 대만경제에 대한 총체적이며 설득력 있는 분석적 개념도구를 추구해나간 저자의 간단치 않은 학술 여정은, 선학의 연구에 대한 면밀한 검토와 원시자료에 대한 꾸준한 천착 없이 다급하게 제작한 인스턴트 논문이 '연구' 성과라는 이름으로 과잉 생산되고 있는 작금의 학계 풍토를 새삼 되돌아보게 한다.

뿐만 아니라, 세계학계와 세계사의 '주변'에 위치해 있으면서도 주변을 어설프게 특권화하려고만 하지 않고 '주변'에 대한 세심한 관찰을 통해 '중심'에서 설정한 학문적 의제의 문제점을 예리하게 파고들어 새로운 학문적 대안을 제시한 저자의 연구방법은 어느 한 쪽에 치우치지 않고 중심과 주변을 겸고兼顧해야 한다는 평범하지만 구현하기는 쉽지 않은 명제의 중요성도 일깨워주고 있다. 아울러 우리가 '변방' 학계에도 응분의 관심을 기울여야 할 이유를 본서를 통해 저자는 여실히 보여주고 있다.

역자가 본서에 관심을 가진 가장 큰 이유는 일제시대 한국경제사를 둘러싼 한국학계의 오랜 논쟁과 무관하지 않다. 식민지근대화론과 제국주의론(과 종속이론)의 한국적 변용인 식민지 '수탈론'의 주된 경쟁영역이 경제사 분야였음은 주지의 사실이다. 1980년대 후반 이래 단속적으로 전개되어온 두 진영의 논쟁을 지켜보면서 (연구영역이라는 면에서 국외자(?)라고 할 수 있는) 역자의 가장 큰 의문 중 하나는 '두 이론을 포괄하는 제3의 이론적 대안은 없는 것일까?'라는 것이었다. 식민지수탈론과 식민지근대화론이 축적한 각각의 이론적 · 경험적 연구성과를 비판적으로 검토하면서도 양자의 이론으로서의 약점을 넘어서는 제3의 학문적 대안은 있을 수 없는 것일까? 이런 소박한 의문을 가지면서도 관심영역의 차이와 학문적 능력의 불비로 인해 무언가 기여할 방도를 찾지 못하다가 접하게 된 것이 본서이다. 본서가 제시한 '발전과 종속의 병존', 그리고 그 병존 현상을 통합적으로 설명하기 위해 제시한 연속이론連屬理論, articulation theory은 일제시대 한국경제사 해석을 위한 제3의 개념도구로 활용할 수도 있지 않을까? 또는 직접적으로 적용할 수는 없다 하더라도 최소한 제3의 이론적 모색에 대한 관심을 촉구하는 역할은 할 수 있지 않을까? 이런 소박한 의문과 희망이 그저 역자 개인의 희망으로 그칠지, 아니면 무언가 의미 있는 결과를 이끌어내는 출발점이 될지는 모르겠지만, 본서가 모쪼록 관련 연구자들의 관심과 흥미를 유발할 수 있기를 기대해본다.

마지막으로 본서의 번역과 출간에 기여한 분들을 잊지 않고 기억하고 싶다. 우선 국민대학교 일본학과의 박훈 교수는 본서의 번역을 주선함과 아울러 지속적인 관심을 보여주셨고, 일조각의 김시연 사장님은 시장성만을 고려하면 쉽지 않았을 본서의 번역출판을 결정해주셨다. 심심한 감사를 표한다. 또 이원준 동학은 바쁜 조교 업무의 와중에도 번역 초고를 꼼꼼히 읽어주었다. 본서의 중요성을 줄기차게 환기시켜 번역에까지 이르게 한 해외의 동학 천쓰위陳思宇에게도 응분의 감사를 표해야겠다. 많은 분들의 도움이 있었지만, 번역상의 오류는 물론 역자의 몫이다.

2008년 10월

문명기

차례

2장 | 당업자본과 대만농민

3장 | 미당상극

표 목록

그림 목록

도량형 환산표

면적	1甲＝0.96992ha 1ha＝1.03102甲
중량	1斤＝0.6kg 1擔＝100斤
용적	(청대) 米 1石＝103.6 *l* (일제시대) 1石＝180.391 *l* 봉래미 1石(糙米)＝238斤 재래미 1石(糙米)＝233斤 일본미 1石(糙米)＝243斤 조선미 1石(糙米)＝240斤
화폐	일본 엔화에는 '圓' 자를, 중국 銀元에는 '元' 자를 사용. 1元＝0.72兩 1兩＝1.538圓* * 일제 초기 1兩의 관정 가치는 1.538圓이었다.

저자 서문

오랫동안의 주저 끝에 졸저 *Japanese Colonialism in Taiwan: Land Tenure, Development, and Dependency, 1895~1945*(1995)를 중문판으로 개작하기로 결정했다. 이미 영문판이 있는데 중문판을 낼 필요가 있는지, 또한 정말 필요가 있다면 사람을 구해서 번역하게 하면 되지 않느냐고 의문을 품을 수도 있겠다. 실제로 다른 분께 번역을 부탁드릴 생각도 했지만, 이전에 다른 학자의 저서를 번역하기도 하고 내 저서를 다른 사람이 번역하기도 했던 경험에 비추어 중국어와 영어 사이에는 문장 작성의 스타일과 서술 방식에서 넘지 못할 간극이 존재한다는 점을 알기 때문에 계속 주저해온 것이다. 『番頭家』를[1] 막 탈고한 후 시간이 나기에 조금씩 번역하기 시작했고, 일단 시작하자 수습할 수 없는 지경에 이르렀다. 현재의 이 중문판과 과거의 영문판을 비교해본 독자라면 아마 나와 비슷한 느낌을 가질 것이다. 즉, 본래 대문만 다시 칠하려 했던 것이 대문을 부수고 새로

1 | 역주 | 柯志明, 『番頭家』, 臺灣 中央研究院 社會學硏究所, 2001.

짓는 꼴이 된 것이다. 이렇게 번역은 개작이 되어버렸다.

영문판이 영어권 독자를 위해 쓴 것이라서 역사적 배경에 대해 비교적 자세히 설명한 반면, 중문판은 청대 대만 토지소유 관계의 변화와 국가권력의 역할에 관한 장·절을 없애고[2] 「미당상극」이라는 새로운 장을 추가하여 이론적으로 더욱 충분히 검토할 수 있도록 배려했다. 이러한 장·절의 변화 외에 내용도 중국어권 독자의 수요에 응하고 새로운 연구성과를 반영하기 위해 조정이 불가피했다.

영문판에서 필자의 이론적 '대화' 상대는 서구 문헌에서 늘 볼 수 있는 근대화이론modernization theory과 종속이론dependency theory이었다.[3] 반면 중문판인 본서의 주된 대화 상대는 일본어 문헌에 자주 등장하는 제국주의와 식민지 경제이론이다. 본서에서는 연구와 관련한 주제에 관해 중국어·일본어 문헌과 영어 문헌의 기존 논점과 논쟁을 전체적으로 검토함으로써 독자의 이해를 돕고자 했다. 필자는 이론적으로 상충되는 견해에 대한 비판적 대화를 진행하고, 한 발 더 나아가 필자 스스로 이론 틀을 제시하여 과거 여러 학자들의 부족한 점을 보완해 일제시대 대만의 식민지적 발전에 대한 비교적 전면적인 이해를 얻고자 노력했다. 과거에 서로 다른 언어로 된 문헌에서 연구영역의 설정, 주제의 선택 및 개념의 사용에 있어서 소통과 공감대가 상당히 부족했던 점에 비추어 대화와 종합을 시도하는 것 자체가 쉽지 않은 임무였고 본서의 최대의 도전 지점이기도 했다.

야나이하라 다다오矢內原忠雄(1929), 가와노 시게토川野重任(1941)와 투자오옌涂照彦(1975) 등 선행 연구자들이 일제시대 대만에 대해 연구 성과를 축적

---

2 졸저, 『番頭家』는 청대 대만의 사회·경제적 배경에 관해 비교적 상세하게 다루고 있어 참고할 만하다.

3 dependency라는 용어는 그 표면적 의미가 '의존'이지만 서술을 진행하면서 불필요한 오해(예컨대 식민지 경제의 '의존성', 농민의 일본 화폐에 대한 '의존' 등)를 낳기 쉬워 그 용어가 가리키는 현상과 이론을 보다 정확하게 표현하기 위해 본서에서는 '종속'이라고 번역해 사용하기로 한다.

하고 계승한 덕분에,[4] 후진 연구자들은 경험적 자료의 발굴에서는 중대한 진전을 이루기 곤란했고, 선행 연구자들이 누누이 설명해온 경험적 현상 또한 다시 서술할 필요가 없을 정도여서 본서에서는 역사적 배경에 대한 설명을 과감히 생략할 수 있었다. 본서는 역사적 사실에 대한 재해석과 새로운 관점의 제기에 중점을 두었다. 이 목적과 관련하여 더욱 세밀한 자료의 검토가 필요하거나 다른 방식으로 기존 자료를 정리 · 교정할 필요가 있을 경우에는 최선을 다해 그렇게 했다.

이쯤에서 나는 야나이하라가 『帝國主義下の臺灣』의 「서문」에서 밝힌 이론적 목표를 되새겨보게 된다.

> 본서는 비록 사실에 관한 역사적 서술이지만, 필자는 주로 사실의 의미를 설명하려고 애썼다. 일본이 대만을 점령한 이후의 상황, 그 연혁과 현상에 관한 서술은 대만총독부의 출판물과 기타 저작에도 부족함이 없다. 필자는 이들 정부 혹은 민간의 출판물이 제공하는 사실을 재료로 삼아 대만 자체, 그리고 대만과 직접 관련 있는 정치 · 경제적 발전의 사실 관계를 분석하고 그 사회적 의미를 탐구함으로써 대만 통치의 성격을 밝히고자 했다(矢內原, 1929, iv).

곰곰이 생각해보면 투자오옌과 필자 등 야나이하라의 후예들이 야나이하라의 이론을 재검토하고 수정하여 제시한 경쟁적 이론competing theory 역시 앞에서 인용한 야나이하라의 정신에 따라 역사적 사실을 더욱 설득력 있게 파악하는 개념 도구를 찾아내려 한 시도였다.[5] 경험적 자료의 선택은

---

4 矢內原忠雄, 『帝國主義下の臺灣』, 岩波書店, 1929 ; 川野重任, 『臺灣米穀經濟論』, 有斐閣, 1941 ; 凃照彦, 『日本帝國主義下の臺灣』, 東京大學出版會, 1975. 세 저작은 모두 중국어로 번역되어 있다. 본서는 중국어권 독자를 고려하여 인용 시에는 가능한 한 중국어 번역본을 참고하였다. 다만 중국어 번역이 부정확한 부분에 대해서는 일본어 원문에 의거하여 교정하였다.

5 투자오옌의 유명한 저서인 『日本帝國主義下の臺灣』의 서명은 야나이하라의 『帝國主義下の臺

누구나 조금씩 달라질 수 있지만, 독자들은 상호 중첩된 부분도 상당히 많으며 주된 차이는 누가 더욱 새로운 자료를 발견했는지가 아니라 현상에 대해 어떠한 이론적 해석을 하고 있는지에 달려 있음을 쉽게 알 수 있을 것이다. 필자는 본서에서 이론적으로 상충하는 주장들을 의도적으로 대립시켰는데, 그 목적은 대화와 논쟁을 통해 더욱 정확한 개념과 더 많은 현상을 포괄하는 해석 틀을 정련해내는 데 있다.

야나이하라가 일반 학자와 학문적 방법론이 달랐다는 점 말고도 그가 보여준 인도주의적 정신이야말로 그를 더욱 특별한 존재로 만들어준다. 그는 「서문」에서 아래와 같이 밝히고 있다.

> 나는 '학대받는 자의 해방, 가라앉은 자의 상승, 그리고 자주 · 독립한 자들의 평화적 결합'이 실현되기를 충심으로 바란다. 본서는 이러한 심정을 담은 저작이고 이러한 심정을 가지고 행한 하나의 학문적 노작이다(矢內原, 1929, v).

위의 인용문은 이러한 희망을 달성하기 위해 그가 선택한 실천 방식이 다름 아닌 학문적 저술임을 우리에게 말해주고 있다. 그리고 그 이유에 대해 다음과 같이 분명히 밝히고 있다.

> 본서는 과학적 분석을 토대로 한 저작이지 정책을 제창하기 위해 쓴 정론政論이 아니다. 하지만 사실 관계의 분석은 문제의 소재와 성격을 명확하게 지적하고, 역사 발전의 파악은 이후의 발전 방향을 지시한다. 과거 정책의 설명, 현재 정책의 비판 및 장래 정책의 수립, 이 모두는 사실에 근거하여 발전시킨 정확한 인식을 통해서만 가능하다(矢內原, 1929, v).

灣』과 거의 일치하기 때문에 양자가 계승 관계에 있음을 분명히 알 수 있다.

야나이하라의 인도주의에 대한 관심과 이것을 학문과 결합하려는 노력은 그의 저서를 처음 읽었을 당시 대학생이었던 나에게 큰 영감을 주었다. 그의 학문적 실천이 이미 많은 이들을 자극했을 거라고 믿는다. 뜻을 같이 하는 동료들은 그의 학문적 종지宗旨를 명심하여 함께 힘써 나가길 바란다.

본서의 구상에서 완성에 이르기까지 은사인 마크 셀든Mark Selden은 나의 이론적 사유방식과 문장에 대해 귀찮음을 마다하지 않고 수정해주었다. 장기간에 걸쳐 본서의 출판과 수정 과정에서 보여준 그의 애정 어린 격려와 협조에 감사한다. 이런 훌륭한 스승을 만날 수 있었던 것은 커다란 행운이었다. 시드니 민츠Sydney W. Mintz는 내가 줄곧 존경해마지 않는 학문적 모범이다. 1991년 그가 대만을 방문했을 때 운 좋게도 그와 함께 쟈난嘉南 지역의 자원蔗園과 제당공장에 갈 기회가 있었다. 며칠 간 그와 붙어 다니다시피 하면서 행한 토론 과정에서 많은 깨우침을 얻었을 뿐만 아니라 그가 가진 거장으로서의 풍모 또한 깊이 체득할 수 있었다. 민츠 교수는 세계 당업糖業의 비교라는 관점에서 내가 연구하는 일제시대 당업에 대하여 심도 깊은 질문을 여러 차례 던졌는데, 이는 찬물을 머리에 뒤집어쓰는 것 같은 충격을 주었고, 당시 아직 완성되지 못한 나의 이론 틀을 만들어나가는 데도 결정적인 도움이 되었다. 이후 그는 나의 연구를 늘 고무했고 미국에서 출판된 영문판 저서에 서문을 써주었다. 어떻게 감사해야 할지 모르겠다. 투자오옌, 장한위張漢裕, 힐 게이츠Hill Gates 등은 내 연구의 각 단계마다 나와 토론하면서 적지 않은 가르침을 주었다. 집필 기간 첸자오융陳兆勇의 세심한 정리와 자료 및 통계 수치의 교정은 큰 도움이 되었다. 이에 감사를 표한다.

본서의 부분적인 내용은 내가 이전에 발표한 아래의 중국어 논문에서 가져왔다.

「殖民經濟發展與階級支配結構—日據臺灣米糖相剋體制的危機與重構(1925~1942)」,『臺灣社會研究季刊』第13期, 1992.

「糖業資本·農民與米糖部門關係—臺灣(1895~1945)與爪哇(1830~1940)殖民發展模式的比較分析」,『臺灣社會研究季刊』第12期, 1992.

「所謂的'米糖相剋'問題—日據臺灣殖民發展研究的再思考」,『臺灣社會研究季刊』第2卷, 第3期, 1990.

「日據臺灣農村之商品化與小農經濟之形成」,『中央研究院民族學研究所集刊』第68期, 1990

「農民與資本主義：日據時代臺灣的家庭小農與糖業資本」,『中央研究院民族學研究所集刊』第66期, 1989.

서론

대만 식민지사 연구에서 논쟁의 초점은 발전development과 종속dependency의 문제에 집중되어 있었다. 1945년 이전의 일제시대 대만사臺灣史 연구에서는 서구의 발전이론에 관한 문헌 속에 늘 등장하는 '종속과 발전'과 관련한 논쟁이 명확한 형태로 출현(하거나 서구에서처럼 첨예하게 대립)한 적은 없지만, 연구의 중점에 따라 상이한 두 연구경향으로 구별하는 것은 가능하다. 이 두 흐름은 1945년 이전 대만 식민지사 연구의 양대 고전적 저작, 즉 야나이하라 다다오矢內原忠雄의 『帝國主義下の臺灣』〔1985(1929)〕과 가와노 시게토川野重任의 『臺灣米穀經濟論』〔1969(1941)〕이 각각 대표적이다. 야나이하라는 당업糖業 연구를 중심으로 하여 일본 제국주의의 정치·경제적 지배하에서 일본 독점자본이 어떻게 대만사회의 기존 생산양식을 분해·개조하여 자본의 집중과 함께 대만 농민의 '무산화無產化'를 달성했는지를 규명하려 했다. 가와노는 미작米作을 주된 연구대상으로 삼아 자본주의적 시장경제법칙이 어떤 방식으로 식민지에서 작동했으며, 가격 기제를 통한 부문 간 생산력 발전의 격차를 어떻게 조절하여 경제적 균형을 달성했는지를 분석했다.

최근의 일제시대 대만사 연구는 앞에서 말한 양대 전통을 계승하고 있다. 투자오옌涂照彦 등은 야나이하라의 전통을 계승하여 착취와 지배의 측면을 강조했다. 다만 식민지 상태에서 완강하게 존속된 대만 고유의 사회경제체제의 중요성을 포착하여 야나이하라의 교조적 계급분석과 일본중심론日本中心論을 수정하려 했다는 특징이 있다. 일제시대 대만사에 관한 서구의 저작들은 대체로 가와노의 전통을 잇고 있다. 서구 연구자들은 종종 일본 식민주의의 특수성('예외로서의 일본 식민제국Japanese colonial empire as an anomaly', Mark R. Peattie, 1984, 6)에 주목하여 급속한 경제성장의 측면을 강조함으로써, 서구 제국주의가 보유했던 해외열대식민지overseas tropical colonies의 정체 및 불균등발전과 극명하게 대비시켜왔다.[1] 이들 서구 연구자들은 1920년대 중반 이후 대만 미곡생산의 확대와 농민 생활수준의 현저한 개선이라는 현상을 드러내어, 특구경제enclave economy의 수출작물 생산에만 집중함으로써 토착부문의 생계형 작물생산을 희생시킨 서구의 일반적인 식민지 상황에 비해 일본 식민주의가 '균형 잡히고 폭넓은 (사회적) 기초를 가진 발전모델balanced and broadly based development pattern'임을 역설해왔다(Myers and Peattie, 1984의 저자 중 하나인 Samuel Ho의 주장). 한 서구 연구자는 대만총독부가 대만의 경제발전에서 행한 적극적 역할을 특히 강조하면서, 개발지향적이며 고도의 기업가적 정신을 갖춘 식민지관료bureaucratic entrepreneurship의 존재를 부각시키기도 했다(Chang and Myers, 1963). 다음에서는 1945년 이전의 양대 전통을 대표하는 일본학자의 논쟁을 짚어본 후, 1945년 이후의 관련 논점을 정리해보고자 한다.

---

1 Ramon Myers H. and Mark R. Peattie가 편찬한 *Japanese Colonial Empire, 1895~1945*, Princeton: Princeton Univ Press, 1984의 저자들 중 특히 Samuel Ho와 Ramon H. Myers 및 Yamata Saburo(山田三郞) 등이 대표적이다.

1. 제국주의 모델 : 독점 지향의 자본주의화

일본학자들의 식민지 발전 관련 연구에서 핵심 논지는 식민지의 '자본주의화'와 연관되어 있다. 자본주의화는 야나이하라의 『帝國主義下の臺灣』 전체를 관통하는 핵심개념이다. 그의 조직적이고 체계적인 대만 식민지에 관한 사례연구를 통해 자본주의화 개념은 내용이 풍부해졌고 동시에 일제시대 대만사 연구에서 널리 받아들여지는 분석개념이 되기도 했다. 하지만 일본학자들이 지칭하는 자본주의화는 통상 모국자본이 피식민지에서 기존 생산양식의 저항을 극복하고 상품경제를 확대해나간 과정만을 지칭한다.[2] 야나이하라는 자본주의화 개념의 사용에 있어서 특별히 염두에 둔 것이 있다. 『帝國主義下の臺灣』에서 중요한 위치를 차지하는 「대만의 자본주의화臺灣の資本主義化」(제2부)에서 야나이하라는 마르크스의 원시적 축적 primitive accumulation 개념을 활용해 일제시대 대만의 토지문제를 해석했다(1985, 22~28). 그가 설명한 것은 '대만총독부가 어떤 방식으로 일본 자본을 도와 대만 농민의 토지를 착취하여 무산화시켰는가' 하는 점이었다. 이러한 논법은 의심할 바 없이 마르크스의 "소위 원시적 축적이란 생산자와 생산수단을 분리하는 역사적 과정에 다름 아니다"라는 명제와 정확히 일치한다(1963, 789).[3] 야나이하라는 원시적 축적을 자본주의화의 핵심내용으로 간주하고 생산관계의 변화에 대한 강조를 뒷받침한 것이다. 그의 관점은

2 東嘉生, 『臺灣經濟史研究』, 東都書籍株式會社臺北支店, 1955(1944)와 川野重任, 『臺灣米穀經濟論』, 有斐閣, 1969(1941)의 연구에서 제시한 자본주의화 개념이 전형적인 사례이다.

3 마르크스는 다음과 같이 말했다. "자본은 일종의 사회적 생산관계이며"(馬克斯, 郭大力 · 王亞男 譯, 『資本論』(第一卷), 人民出版社, 1963, 845쪽) "자본 관계의 창조 과정은 노동자가 자신이 소유한 노동 조건으로부터 분리되는 과정에 다름 아니다. 이 과정은 한편으로는 사회적 생활수단과 생산수단을 자본으로 전환하고 다른 한편으로는 생산자를 임노동자로 전환한다. 따라서 소위 원시적 축적이라는 것은 생산자와 생산수단을 분리하는 역사적 과정에 다름 아니다. 이것을 '원시적'이라고 표현하는 것은, 이것이 자본과 자본에 적응하는 생산양식을 형성하는 선사시대에 해당하기 때문이다."(馬克斯, 앞의 책, 1963, 789쪽)

고전 마르크스주의의 교조와 대단히 가까웠고, 자본의 보편적 법칙을 통해 식민지 대만의 발전을 이해하려 한 것이다. 바꿔 말하면 식민지 지배는 자본의 지속적 침투와 식민지의 전통적 생산양식의 소멸, 그리고 전형적인 노자관계wage labor/capital relationship로 대만의 식민지적 변화를 분석할 때 야나이하라는 앞에서 말한 고전 마르크스주의 이론의 사회적 생산관계에 대한 강조를 수용하면서 레닌의 제국주의론(제국주의는 자본주의 발전의 최고 단계이다)과도 호응했다.[4] 20세기 이래 일본의 공업화와 열강 간의 경쟁이 격화되면서 일본의 산업은 점차 집중화되어 독점자본(레닌의 소위 '자본주의 발전의 최고 단계')을 형성했고, 자본을 식민지로 수출하기 시작했다고 야나이하라는 보았다. 대만에 침투한 일본자본은 대만의 생산력을 제고하면서 식민지의 기존의 전前자본주의적 생산관계를 개조해나갔다. 이와 동시에 독점자본주의의 특징 또한 식민지의 경제활동 과정에서 점차 드러나기 시작했다(矢內原, 1985, 46, 59). 야나이하라는 이 과정을 식민지의 '자본주의화'라고 불렀다. 하지만 보다 적절하게는 '독점자본주의화'라고 불러야 한다. 그의 『帝國主義下の臺灣』에 따르면 대만의 자본주의화 과정은 자본이 전통적인 생계형 전前자본주의 부문에 침투하여 상품의 생산 · 교환의 확대와 자본주의(임노동) 생산관계의 확대를 촉진한 것을 지칭한다. 이 과정은 외래 독점자본 지배하의 수출부문(자당蔗糖부문)의 발전에서 비롯되었다.

야나이하라는 일본 당업자본의 집중화와 토착 전통 제당업의 위축이라는 사례를 통해 식민지 발전 과정에서 자본주의화가 어떻게 외래 독점자본의 지배와 토착 생산양식의 와해로 드러나는지 설명했다. 야나이하라는

4 『帝國主義下の臺灣』과 제국주의론의 관련은 「序文」의 서명에 대한 설명에서도 어렵지 않게 알 수 있다. "(대만 정치 · 경제 발전의 실질적 관계의) 의미와 성격에 관해 말하자면, 독점자본주의 단계의 제국주의의 특징을 갖추고 있으므로, 본서를 『帝國主義下の臺灣』이라고 명명했다." 중문판의 서명을 『日本帝國主義下之臺灣』이라고 하여 '일본' 두 글자를 집어넣은 것은 야나이하라가 제국주의의 일반적 법칙을 강조하고자 한 의도를 잘못 파악한 결과이다.

대만의 자본주의화 과정에서 '성립하고 발달한 자본가적 기업'의 '급격한 독점화'를 관찰하여, 「독점의 성립」(『帝國主義下の臺灣』의 제1편 · 제2부 · 제3절 · 제3항)에서 "이는 일본 국내자본에 의한 독점운동의 반영이며, 총독부의 협조하에 전형적으로 온실과 같은 조건에서 진행되었다"고 선언했다(矢內原, 1929, 50 ; 涂照彦, 1975, 7).[5] 식민지의 자본주의화 과정은 생산력(생산의 기술적 조건)의 향상을 가져올 뿐 아니라 더욱 중요하게는 생산관계(생산의 사회적 조건) 또한 변화시킨다. 야나이하라는 새로운 (자본 · 노동) 생산관계가 민족 지배와 함께 작동하여 민족대립과 (자본주의 생산관계의 내재적 모순인) 노자대립을 일치시키는 경향이 있다고 지적했다. 야나이하라의 말을 인용해 보면, "대체로 일본인과 대만인의 민족 대립은 동시에 정치적으로 지배자와 피지배자의 대립이며, 이는 자본가와 농민 · 노동자의 대립과 일치한다."(1985, 100) 식민지 지배는 결국 계급지배의 체현이고, 독점자본의 지배는 계급의 양극화를 야기하여 민족대립 문제를 더욱더 두드러지게 한다는 것이다.

야나이하라의 제국주의론은 총체론적 관점에서 일본 자본주의 발달 단계와 특성에서 출발해 대만의 식민지적 발전을 이해할 것을 강조한다. 그는 대만을 따로 떼어 국부적으로 분석하지 않고 '대일본제국' 전체의 경제적 분업의 일환으로 간주했다. 동시에 그는 자본의 작동 법칙을 식민지 발전을 이해하는 출발점으로 삼아 '전통/근대'(후진/선진) 또는 민족지배의 각도에서 접근하기를 거부했다. 야나이하라에 관한 한 자본이 이윤을 추구하는 논리는 때때로 '문명개화'(근대화)의 목적이나 민족적 이익을 초월하여 분석의 궁극적인 초점이 되고 있다.

---

5 필자는 涂照彦, 『日本帝國主義下の臺灣』, 東京大學出版會, 1975, 7쪽의 일어 원문(矢內原忠雄, 『帝國主義下の臺灣』, 岩波書店, 1929, 50쪽)에 대한 착오를 수정한 후 인용하였다. 저우셴원周憲文의 번역문과는 약간의 차이가 있는데, 이 점에 관해서는 저우셴원의 번역〔矢內原忠雄, 周憲文 譯, 『日本帝國主義下之臺灣』, 帕米爾書店, 1985(1929), 46쪽〕을 참조했다.

제국주의와 자본주의 발전의 일반적 법칙은 동전의 양면과 같은 것일까? 혹은 (양자 간의 밀접한 상호관계를 부인하지는 않더라도) 양자는 구분되어 각각 독자성을 가지는 것일까? 만일 후자가 진실이라면 연구자는 두 현상의 개별적인 운동법칙이 무엇인지를 분명히 하고, 구체적 맥락을 가지고 양자 간의 관계가 어떻게 만들어지는지 경험적으로 설명해야 한다. 레닌의 입장은 분명히 전자 쪽으로 기울어 있다. 레닌의 유명한 제국주의에 대한 정의는 책이름이 잘 보여주듯이 "제국주의는 자본주의 발전의 최고 단계"라는 것이다. 그의 제국주의론은 자본주의의 구조적 변화(또는 '단계적 진화')에 초점을 맞춘 것이지, 식민모국과 피식민지의 관계에 초점을 맞춘 것은 아니다. 야나이하라의 자본주의화 이론 역시 동일한 경향을 반영하면서도[6] 이에 더하여 관심의 중점을 생산관계의 자본주의적 변화

6 만일 제국주의와 독점자본주의가 동일한 것이라면 양자 간의 관련을 해석할 도리도 없고 이 주장의 타당성을 검증할 방법도 없다. 하지만 독자들은 이렇게 물을 것이다. 왜 동일한 현상을 서로 다른 어휘로 표현해야 하는 것일까? 본래 동일한 것이 아니라면 왜 상이한 명칭을 부여했을까? 야나이하라는 일본 자본주의 발전의 각 단계가 식민지 정책에 끼친 영향을 상세히 구별할 수 있었을까? 식민통치 초기에 자본주의 발전 단계가 '후진국'에 속했던 일본은 고도로 발전한 '독점자본주의'의 실질을 갖추지 못했기 때문에 일본 자본주의는 '조숙한 제국주의'였다고 야나이하라는 지적한 바 있다(야나이하라, 앞의 책, 1985, 10~11쪽). '조숙한 제국주의'라는 말은 제국주의에 대한 정의가 역사적 상황에 따라 달라질 수 있음을 의미하는 것인가? 제국주의에 대한 정의는 특정한 시기나 특정한 상황의 영향을 받으며, 따라서 그 타당성 역시 불변하는 것이 아니라 특정한 상황에서 검증받아야 함을 의미한다. 야나이하라가 '조숙한 제국주의'를 제기했을 때 이를 제국주의의 '특수한 사례'로 간주한다는 뉘앙스를 풍기기는 했지만, '제국주의는 자본주의 발전의 최고단계이다'라는 레닌 식의 다소 경직된 논법을 완화시키려는 노력으로 읽어도 무방할 듯하다. 이렇게 본다면 야나이하라의 제국주의는 독점자본주의와 동의어라기보다는 독점자본주의 개념을 통해서만 정의될 수 있는 듯하다. 그가 자본의 일반적 법칙과 구체적인 현상 사이의 일대일 대응관계가 반드시 성립하지는 않으며 법칙은 역사적 맥락에서 이해해야 한다는 점을 몰랐던 것은 아니다. 따라서 야나이하라의 의도는 비교적 분명해 보이지만, 독점자본주의를 그대로 제국주의와 동일한 것으로 간주한 부분도 적지 않다(후술하는 투자오옌의 야나이하라의 '자본주의화' 정의에 대한 비판을 참조).

야나이하라의 자본주의화 개념은 원시적 축적, 자본주의적 생산의 확대와 독점자본의 집중과 혼동하여 사용되었을 뿐만 아니라 심지어 일본 자본주의 발전의 상이한 단계에서 탄생한 상이한 성격의 제국주의를 모두 포함하고 있다. 이것은 '애매모호'하기보다는 '교묘'하다고 보는 편이 나을 것 같다. 학문적 정의는 주도면밀해야 하고 또한 분명해야 한다. 정치적 목적

에 두었다. 따라서 '계급구조'에 편중해 '식민지적 구조'를 경시하는 경향이 있고 심지어 '식민지적 구조'를 '계급구조'와 동일시하기까지 했다.

야나이하라는 외래 자본의 운동법칙이 어떻게 식민지에서 자신을 표현express하는지에만 집중한 나머지 피식민지의 기존 사회적 생산방식이 어떻게 저항했으며, 토착·외래 생산방식 양자가 어떻게 타협·병존했는지에 관해서는 별로 관심을 기울이지 못했다. 제국주의론은 식민지 발전을 분석할 때 종종 외재결정론外在決定論을 과도하게 강조하고, 식민지 내부의 사회적 생산관계의 변화에 대해 단선적 진화론, 즉 '자본가와 노동자 계급'으로의 양극분화라는 관점을 채택한다. 마르크스의 말을 인용하자면 (자본주의는) "자신의 형상으로 전 세계를 개조한다."는 것이다(마르크스와 엥겔스의 『공산당선언』). 단선적 진화론을 견지하는 마르크스주의 학자들은 또한 "제국주의는 자본주의의 개척자(Imperialism: Pioneer of Capitalism, Warren, 1980의 책 제목)라고 서슴없이 말하기도 한다. 이 이론은 목적론teleology의 혐의가 짙다. 이러한 약점은 야나이하라의 1929년 당시 대만 농업에서 생산

은 유리한 면을 확대하고 불리한 면을 축소하여 서로 다른 것도 같은 것으로 간주하고 애매한 정의를 통해 피아彼我를 모호하게 함으로써 우군을 획득한다. 야나이하라가 다분히 고의적으로 자본주의화 개념을 애매모호하게 처리한 것은 학문적 목적을 위한 정의는 아니었던 것 같다. 야나이하라의 '자본주의화'라는 용어는 당시 가장 유력한 비판의 수단, 즉 레닌의 제국주의론을 엄호하려 했는데, 그의 진정한 비판 대상은 당시 일본에서 성행한 (독점)자본주의였던 것 같다. 당시 세계 자본주의 발전 단계의 특징에 대하여 레닌의 제국주의론은 강력한 비판의 무기였을 뿐 아니라 제2차 세계대전의 발발을 정확하게 예측하기도 했다. 당시 일본사회의 비판적 지식인에게 레닌의 제국주의론은 따라야 할 이론적 전범이었던 것이다. 야나이하라의 이론적 노력의 목적은 따라서 레닌의 제국주의 개념을 정밀하게 탐구하여 발전시키고 교정하는 것이 아니라, 구체적인 식민지 연구에 응용함으로써 제국주의론의 설명 능력을 보여주는 데 있었다. 야나이하라는 제국주의론에 대해 의구심은 있었지만 실제로 활용할 때에는 (정치적 요인에 대한 고려 때문인지도 모르겠지만) 그 이론을 인용하지 않았다. 제국주의론은 야나이하라와 동시대의 많은 일본학자들에게 거의 의심할 필요도 없는 (토마스 쿤Thomas Kuhn이 말한 바) '패러다임'의 위치를 차지하고 있었다. 레닌의 제국주의론의 위력은 1945년 이후 미국 패권 하의 자본주의 세계질서의 재건 당시 '탈식민화' 현상이 발생한 후에야 비로소 근본적인 도전을 받게 된다(Arrighi, *The Geometry of Imperialism: the Limits of Hobson's Paradigm*, translted by Patrick Camiller, London: NLB, 1978, pp.9~27).

관계의 발전 추세에 대한 예측에도 어김없이 드러나 있다. 자신의 이론을 근거로 야나이하라는 당시 소농생산小農生産을 위주로 하는 미작米作은 자작蔗作이 일본자본의 지배를 받은 것과 마찬가지로 집중화되고 결국에는 자본가적 기업으로 전환될 것이라고 예측한 바 있다(矢內原, 1985, 41, 259). 하지만 자본주의적 생산관계가 미작부문까지 확대될 것이라는 그의 예측은 역사적 사실과 부합하지 않는다. 자본주의적 고용에 의한 농업생산은 자작부문을 넘어서 미작부문까지는 확대되지 않았고, 자작부문조차 주요 부분을 구성하거나 현저하게 증가하지도 않았다. 1945년까지 가정경작식家庭耕作式 생산은 완강히 살아남았고, 농업의 주요 생산방식으로서 위치를 잃지 않았던 것이다. 이러한 사실은 우리로 하여금 '자본주의화'를 고용방식에서 생산관계의 확대(무산화)와 동일시하는 논법을 재검토하게 한다. 야나이하라는 일본자본이 당업을 지배한 경험을 기타 부문까지 유추하려는 경향을 보일 뿐 자본주의 생산방식과 기타 비非자본주의 생산방식 간의 공존과 분업의 측면은 무시한다.[7] 일제시대 전 기간을 놓고 볼 때 (고전 마르크스주의가 예측한 바 있는 무산화가 아니라) 이러한 공존과 분업의 관계야말로 식민지 발전을 이해하는 데 더욱 중요한 관건이다.

2. 시장균형 모델

야나이하라의 생산관계 및 독점자본의 지배에 대한 강조와 달리 가와노 시게토川野重任(1969)는 시장관계의 확대와 부문 간 균형의 형성에 중점을 두었다. 가와노는 '자본주의화'에 대해 상대적으로 광의의 정의를 채택해 상품생산의 확대와 시장 통합의 심화를 지칭했다. 생산력의 개선에 더하

7 자본주의에 대한 정의는 제설이 분분한데, 오해를 없애기 위해 본서에서는 자본주의 생산양식을 엄격하게 정의하여 노자관계를 기초로 하는 생산양식을 지칭하는 것으로 한다.

여 가와노가 중시한 것은 상품 생산 및 교환의 확대, 그리고 생계형 생산(또는 자급자족적 경제활동)의 상대적 쇠퇴였다. 상품경제의 발전에 따라 경제활동은 점점 더 (가족 · 공동체 · 종교 · 정치 등의) 비非시장적 요인의 간섭에서 벗어나 점점 더 시장 법칙의 지배를 받게 된다. 시장의 발전과 자율성의 증대는 종종 각지의 시장가격이 점차 통일되고 가격 변화 역시 일치하는 경향으로 나타난다. 미가米價를 지표로 가와노는 대만 내부와 일본 · 대만 시장에서 가격 격차가 점차 좁혀지고 가격 변화의 패턴 역시 일치함을 분명히 보여줬는데, 시장의 통합은 대만이 점차 일본 자본주의 경제체제로 편입되어 하나가 되어가고 있음을 분명히 보여준다.

그러나 식민지의 발전은 모국과 비교하여 필연적으로 특수성을 띠게 마련이다. 가와노가 묘사한 식민지적 발전은 일종의 불균등 발전이다. 식민지 경제성장의 동력이 외부(식민모국)와 정부(총독부)의 적극적인 개입에서 비롯된 것이므로 식민지의 경제부문 간에는 생산력의 발전 속도가 일치하지 않는 현상이 생긴다. 이로 인해 시장의 가격기제를 통해 균형을 달성하는 과정에서 종종 격렬한 마찰이 발생한다. 가와노의 이러한 부문 간 발전 속도의 불일치와 격렬한 마찰이라는 논법은 알버트 허쉬만Albert O. Hirschman이 묘사한 '불균등성장' 이론과 맞아떨어진다. 다만 잊지 말아야 할 것은, 허쉬만의 불균등성장은 일련의 불균등하에서의 '발전'으로(Sutcliffe, 1964, 635) 최종 목표는 균등발전에 도달하는 것이며(Hirschman, 1958, 93 ; Sutcliffe, 1964, 625~626), 균등성장과 불균등성장의 선택은 오랜 시간을 필요로 하고 어느 정도의 불균등은 과도적 단계로 설정되어 있다는 점이다(Sutcliffe, 1964, 626, 628). 선진국에 비해 후진국의 발전은 균등을 추구하는 과정에서 이러한 불균등이 심하지만, 식민지는 정치적으로 종속되어서 훨씬 더 심한 불균등을 강요받게 된다.

야나이하라의 관심이 외래 자본주의의 작동법칙이 대만의 사회경제적 과정에 '어떻게 표현되는가' 에 있었다면, 가와노의 관심은 대만 경제가 외부 충격이 초래한 균형의 상실에 '어떻게 적응하여' 균형을 달성했는지에 있었다. 야나이하라의 관심이 생산관계를 중심으로 한, 구조주의적 · 진화론적 색채를 띤 고전 마르크스주의 이론에 있었다면, 가와노의 관심은 자본주의 생산관계의 확대가 아니라 공존 부문 간의 시장관계에 있었다. 일본 자본 지배하의 자당부문을 연관시키지 않는다면, 가와노의 시장균형 모델은 봉래미蓬萊米와 재래미在來米 발전의 연구에 응용될 수 있고, 또한 경험적 현상과도 상당히 잘 들어맞는다. 미작을 대상으로 한 가와노의 분석은 봉래미와 재래미 간의 불균등발전이 과도적 현상이라는 점을 여지없이 보여준다. 미곡시장이 자유롭게 작동하는 상황에서 새롭게 대두한 수출용 미곡, 즉 봉래미와 도내島內 소비용으로 공급되어온 재래미 간에는 발전속도의 불일치로 인해 마찰이 생기는데, 시장의 가격기제의 조정을 통해 점차 균형을 찾아갈 수 있었다. 수출용 미곡부문이 우선적으로 발전하지만, 도내 소비와 자급을 위한 미곡부문 역시 발전할 수 있었다. 한 부문의 급속한 발전이 다른 부문의 발전을 억압하는 것이 아닐뿐더러 기타 부문의 정체와 낙후를 대가로 하지도 않았다.

이러한 과도적 마찰이 조화로 나아가는 과정은 미米 · 당糖 부문 간에도 존재하는 것일까? 가와노는 당시에는 단언하기 곤란하지만 적어도 장래에 그럴 가능성이 있다고는 예상했다. 가와노는 식민지의 종속적 지위 때문에 일본자본이 지배하는 부문과 토착부문 간에 정치적 차별이 존재한다는 점을 인식하고는 있었다. 이러한 차별은 시장기능의 작동을 상당히 왜곡시켰다. 하지만 가와노는 이 문제를 애써 회피한 것 같다. 그는 종종 이 문제를 지나가듯이 언급했는데, 예컨대 각주로 처리하거나 아니면 "독자 스스로의 판단에 맡기는" 식이었고(1969, 89), 식민지적 발전이 정치적 요인으로 인해 감수해야 하는 구조적 불균등에 대해서는 본격적으로 탐구하지 않았다.

야나이하라의 제국주의 모델이 당업을 사례로 기타 부문까지 유추한 것이라면, 가와노는 반대로 미작을 사례로 의식적으로 자신의 시장균형 모델을 미·당 두 부문의 관계까지 유추해나갔다. 야나이하라와 가와노는 각자가 선택한 주제를 출발점으로 삼아 미·당 관계를 이해하려 한 것이다. 상호간에 출발점이 달랐으므로 당연히 관점상의 차이가 생겼다. 필자는 두 모델이 기본적으로 대립적이라고 보고(마르크스주의 학자와 고전 경제학자가 맞닥뜨린 상황을 상상해보라), 이 두 이론과 경험적 자료를 상호 대조하여 대화를 시도해보고자 한다. 야나이하라의 독점자본주의 모델에서는 자당 부문을, 가와노의 시장균형 모델에서는 미작 부문을 끄집어낸 후 이론을 상대방이 연구하는 부문에 적용해보면, 각자가 선택한 부문 내에서는 상당히 잘 들어맞았던 개별 이론이 상대방의 연구 부문에서는 그 효용이 크게 떨어지게 된다. 물론 미·당이라는 두 작물 사이의 중요한 연관성을 두 사람 모두 몰랐던 것은 아니지만, 두 모델은 사실상 이 연관성을 부수적 현상으로 처리하고 말았다. 특정 작물(쌀 또는 사탕수수)에만 부분적으로 적용되는 이론으로 나머지 부문까지 해결하는 방식으로 식민지의 전체 발전과정을 설명하는 것은 분명히 한계가 있다. 미·당 부문은 식민지 발전 과정에서 따로 떼어 이해할 수 없다. 야나이하라와 가와노가 쌀과 설탕을 사례로 삼아 제기한 이론을 '미당상극米糖相剋' 문제에 적용하여 양쪽의 맹점을 검토한 후, 필자는 재차 미·당 관계를 식민지 발전 과정을 분석하는 출발점으로 삼아 대안적인 이론 틀을 발전시켜 일제시대 대만의 식민지적 발전 모델을 제시해보고자 한다.

3. '국부적 자본주의화'와 복수의 생산양식의 공존

야나이하라의 다소 애매한 자본주의화 개념, 즉 원시적 축적, 자본주의적 생산의 확대와 독점자본의 집중화를 하나로 통합한 개념은 투자오옌의 신랄한 비판을 받게 된다. 투는 다음과 같이 솔직하게 지적했다. "야나이하라가 자본주의화 개념에 대해 명확한 정의를 내리지 않은 채 대만과 같은 식민지 사회를 분석한 것은 자본주의화 개념을 만병통치약처럼 모든 부문에 적용한 것이나 다름없다."(1991, 4) 이 개념이 이토록 불분명했기 때문에 투는 야나이하라의 저작에서 다룬 구체적인 분석 대상을 가지고 자본주의화가 도대체 어떤 개념인지 확인할 수밖에 없었는데, 투의 결론은 "『帝國主義下の臺灣』의 분석 대상이 당업을 대표로 하는 일본 자본가기업에만 국한되었고, 따라서 이들 (분석 대상으로 선정된) 몇몇 자본가기업의 발전이 곧 대만의 자본주의화라고 말해버리는 결과가 되었다"는 것이다(1991, 4).[8]

야나이하라의 자본주의화 개념에 대한 투의 비판의 출발점은 야나이하라가 식민지 발전을 자본주의 발전의 일반법칙으로 단순화했다는 데 있다. 그의 말을 빌리면 "(야나이하라의) 자본주의화 개념은 대만 경제의 개개 영역의 자본주의적 발전을 자본주의 발전사의 일반법칙에 적용해 설명하려 했다".는 것이다(1991, 3). 그러나 "자본제(자본가 기업)의 침투는 명백한 '한계'가 있었고, 일제시대 대만 경제는 '국부적 자본주의화'에 지나지 않았다."(1991, 5~6, 107) 야나이하라의 자본주의화가 일본자본만을 대상으로

8 야나이하라 이론의 핵심인 자본주의화 개념이 관심을 가진 구체적인 논제는 (필자가 이해하기로는) 투자오옌이 비판한 것처럼 단순히 일본 자본가기업의 발전에만 국한된 것은 아니었던 것 같다. 앞서 언급했듯이 야나이하라의 자본주의화 개념은 비교적 고전 마르크스주의 학파의 정의와 가까워서, (고용을 위주로 한) 자본주의적 생산관계의 발전을 그 핵심으로 하고 있다. 이 정의에 따르면 야나이하라는 지주를 자본가라고 할 수 없었다. 하지만 투자오옌은 광의의 정의를 채용하여 오히려 토착지주를 자본가와 등치시키고 있다(투자오옌 저서의 일어 원문에는 '토착자본=지주제'라고 되어 있다).

하고 '토착자본(지주제)'을 대상으로 삼지 않아 분석 범위가 좁은 데다 "일본 독점자본(자본가 기업)과 토착자본(지주제)의 공존이라는 현상"을 설명할 수 없었다(涂照彦, 1991, 6). 투는 이 공존 현상을 '대만 식민지 경제의 기본적 특징'으로 보면서, 식민통치자의 입장에서 토착 지주제를 소멸시키기보다는 '온존'·'이용'하는 것이 일본 자본주의의 이익에도 유리했다고 보았다(1991, 5~6). 투에 있어서 야나이하라가 사용한 '식민지화'라는 용어는 야나이하라가 자본주의화라는 개념을 사용할 때 부지불식간에 토착 지주제를 온존하고 이용했던 측면을 배제했음을 상징한다(1991, 6). 투는 이 점을 야나이하라의 『帝國主義下の臺灣』의 근본적 결함이라고 보았다.[9] 야나이하라의 과도한 단순화는 식민지 경제의 구체적인 작동 과정에서 자본주의의 일반법칙이 적용될 수 없는 부문을 분석할 여지 자체를 없애기 때문에, 야나이하라의 자본주의화 이론은 '단편적이고 외인外因만을 중시하는' 분석이며 식민지 경제의 '전모'를 온전히 이해하지 못하게 한다는 것이다(涂照彦, 1991, 6, 11).[10]

식민통치하에서도 완강하게 존속해온 토착 생산양식은 도대체 야나이하라 등이 말한 것처럼 자본주의 확대의 걸림돌이었는가, 아니면 자본주의 생산과 병행하거나 심지어는 자본축적의 불가결한 일부였는가? 투자오

---

9 투자오옌의 말을 빌리자면 "야나이하라의 '자본주의화'는 왜곡되지 않은 상태의 자본주의 발전과 혼동한 것이다. 그렇기 때문에 『帝國主義下の臺灣』에서 '자본주의화'라는 용어를 여러 차례 사용하면서도 '식민지화'라는 용어는 사용하지 않은 것은 전혀 이상한 일이 아니다. '식민지화'라는 용어가 출현하지 않았다는 점은 그 근본적인 오류를 상징하는 것이다."(涂照彦, 앞의 책, 1991, 6쪽). 스미타니 기사부로隅谷喜三郎(1998, 302쪽)이 『帝國主義下の臺灣』의 復刻版에 추가한 「해설」 역시 투자오옌과 동일한 논리를 전개하고 있다.

10 야나이하라의 책은 '제국주의하의 대만'이 아니라 '대만에서의 제국주의帝國主義在臺灣'이라고 명명해야 했다. 그래야 식민지에서 제국주의의 일반 법칙이 작동하는 현상을 강조할 수 있기 때문이다. 이에 비해 투자오옌은 일제시대 대만이라는 특정한 시공간에서의 일본 제국주의의 구체적인 작동을 강조했다. 그가 '일본 제국주의하의 대만'이라고 명명한 것은 그래서 타당해 보인다. 다만 '식민지화'의 측면을 두드러지게 하려면 '일본 식민주의하의 대만'이라고 하는 것이 더 나았을 것이다.

옌에 따르면 식민통치자가 대만의 지주제를 보존한 이유는 지주제를 '적극적으로 이용'하기 위해서였다(1991, 5). 투는 "식민통치자의 입장에서는 대담하게 지주제를 폐지하고 농업의 자본가적 경영을 촉진하는 것보다는 대만의 지주제를 교묘하게 이용하여 가혹한 소작료를 거두는 것, 즉 지주·소작 관계를 통해 농민을 착취하는 것이 일본 식민통치자의 이익을 훨씬 더 증대하는 길"이었다(1991, 5). 이와 동시에 투는 '일본자본과 토착자본의 대항관계'를 강조했다. "대만 경제의 식민지화는 일본자본의 침입과 지배, 대만 토착자본의 저항과 약화를 내용으로 하는 대항관계를 통해 실현되었다. 이 양자가 구체적인 역사적 조건하에서 어떻게 갈등했는지를 탐구하는 것이 연구과제이다."(涂照彦, 1991, 13) 초기에 식민지 통치체제를 구축할 때 "대만 토착자본 세력은 지주제에 의존하여 저항을 전개했고"(1991, 12) 식민통치 후기의 미당상극 문제는 '일본자본과 토착자본의 대항관계를 반영'하는, '두 민족의 경제세력 간의 항쟁'이었다는 것이다〔1975, 107~108(1991, 102~104)〕. 그리고 이러한 갈등을 해결한 것은 오직 정치·군사적 수단뿐이었다. "미당상극 문제에 대처하기 위한 일본의 국가정책과 식민지정책은 가격 정책이 되었든 수리水利정책이 되었든 간에 일본자본이 대만의 토착 지주제를 돌파하지 못하는 한 근본적인 해결책이 될 수 없었다. 그 결과 여러 제국주의 국가가 채택한 방식대로 전쟁을 통해 강화된 국가권력이 전면적인 통제를 하면서 일시적으로 이 문제에 대처하게 되었다."는 것이다(涂照彦, 1991, 112~113). 요컨대 투는 지주제와 자본주의가 각각 토착·외래 생산양식을 대표한다고 보고 양자가 병존하는 현상을 강조했고, 더 나아가 외래자본과 토착지주 간의 민족적 대항과 경제력의 소장消長을 통해 '식민지화'의 내용을 규정했으며, 직접적인 조세의 징수를 가지고 토착 지주제와 외래자본 간의 '온존과 이용'이라는 관계의 연결고리를 설명하고자 한 것이다.

투자오옌은 야나이하라의 자본주의화 개념의 부정확성은 학문적 분석의 걸림돌일 뿐 아니라 중요한 현상을 보지 못하게 만들었다고 비판했다. 투는 야나이하라가 그토록 바라던 '총체적 자본주의화'를 반박하면서, 식민지 경제구조에서 지주제와 자본주의의 병존(과 대항)이라는 중요한 경험적 현상을 발견했다(1991, 11). 그러나 투가 대만 식민지 경제를 사례로 삼아 발전시킨 이론은 당시 열강의 식민지에서 흔히 볼 수 있는 복수의 생산양식의 공존 현상으로 충분히 설명할 수 있는 것 아닐까? 투의 지주제와 자본주의의 공존(과 대항)이라는 모델에서는 지주제를 '토착사회의 주축'으로 삼으면서〔1975, 12(1991, 11)〕 토지의 소유 관계만을 일방적으로 강조했지만, 오히려 토착 생산양식이 (가족을 생산·소비의 기본단위로 하는) 가정경작식 농업family farm을 기본적인 특징으로 한다는 중요한 현상은 소홀히 다루었다. 투는 대만의 가정경작식 농업과 외래자본이 연결되는 구체적인 기제를 명확히 설명하지 못하고 단지 대만 지주층의 중개와 국가권력을 배경으로 한 직접적인 조세 착취만을 강조했을 뿐이다. 이에 따르면 지주제와 자본주의의 연결 기제는 비非경제적이고 정치적인 억압에만 의존하고 생산·교환에서 형성되는 경제적 분업과는 무관한 것이 되었다. 이러한 연결 기제는 정치적 억압과 민족적 대항을 빼고 나면 어떠한 실질적인 내용도 남지 않는다. 토착 생산양식(특히 가정경작식 농업)과 외래자본 양자 간의 연결 관계의 구체적인 기제를 명확히 해석하지 못한 상태에서 투자오옌의 '공존' 현상에 대한 해석은 정치적 측면에 치우쳐, '공존'을 식민통치자와 토착지주 간의 정치적 대항과 타협의 결과로 볼 뿐 경제법칙이 작동된 측면은 경시하는 결과를 낳는다. 야나이하라의 이론에 비해 투자오옌은 정치적 측면(민족 간의 대항)에 상대적으로 큰 자율성을 부여했지만, 경제이론이라는 각도에서 볼 때 충분한 대안이 되지는 못했다. 식민지 경제에서 자본 재생산의 기제, 즉 직접적인 정치적 강제력에 호소할 필요

없이 작동하는 경제적 기제는 여전히 설명이 필요하다.

식민지의 자본주의적 발전은 일반적으로 인정되는 것처럼 기존의 비자본주의적 생산양식의 저항을 극복·와해해야 진행될 수 있는 것인가, 아니면 도리어 후자의 존속을 돕는가? 만일 후자라면 이는 어떻게 해석해야 하는가? 투자오옌의 '공존설共存說'은 풍부한 이론적 의미가 있는 이 의문을 계속 탐구할 가능성은 있었지만, 이 문제에 대한 최종 분석에서도 그 해답은 없었다. 사실 이 문제는 투가 주로 대만 지주와 식민통치자 간의 정치적 대항과 타협이라는 각도에서 대만 생산양식의 완강한 존속을 이해했기 때문에 해결되지 못한 것이다. 그가 단언한 식민지 경제의 기본적 특징, 즉 토착 생산양식과 외래자본의 병존과 이용이라는 현상에 관하여, 투는 경제적 과정과 정치·사회적 과정 양자를 동시에 고려하는, 그리고 양자 간의 상호작용을 이해하는 총체적 분석을 하지 못했다.

앞서 언급했듯이 야나이하라는 대만 농촌에서 자본주의 생산관계의 확대를 열심히 설명했다. 그러나 그가 연구를 진행할 당시 상황은 농업 내부에서 자본주의 생산관계의 확대는 상당히 제한적이었고, 그의 예상과 달리 그 후 가속화되지도 않았다. 토착 생산양식(가정경작식 농업)은 결코 외래자본의 침투로 와해되지 않았다. 또한 어느 정도 개조를 거쳤다고는 하지만 토착 생산양식은 기본적으로 계속 유지되었고, 자본주의 생산양식과도 병존했다. 농민들의 가족단위 생산이 식민지 발전의 각 단계에서 완강히 존속한 현상은, 우리로 하여금 자본은 필연적으로 전자본주의적 생산양식을 분해·동화할 것이라는 고전 마르크스주의와 정치경제학파政治經濟學派의 예단을 벗어나 다른 각도에서 새로운 해석을 제시할 것을 요구하고 있다. 이와 관련해 투자오옌의 야나이하라의 논법에 대한 진단은 큰 문제는 없었지만, 투의 치료법 역시 문제를 해결하지는 못했다. '지주제'의 완강한 존속과 이용이 '국부적' 자본주의화라는 결과를 낳았다는 투자오옌의 논법은 과도하게 정치적 측면에 치우쳐서 식민통치하에서 토착 생산양식이 경험한 존속과 재편의 과정을 충분히 설명하지 못했다. 대만의 가정경작식 농업의 완강한 존속과 일본 자본의 연결 관계는 보다 명쾌한 설명이 필요한 문제이다.

필자는 차야노프Chayanov 학파와 마르크스주의학파가 자본주의 경제의 가정농장을 분석할 때 전개한 논쟁, 그리고 비교적 거시적인 차원에서 종속이론학파와 고전 마르크스주의학파의 저개발국가 발전 모델에 관한 논쟁이 앞에서 말한 문제와 이론적으로 밀접히 연관되어 있다고 생각한다. 이들 논쟁들을 비판적으로 재검토하는 과정에서 필자가 설정한 문제에 대해 유용한 이론 틀을 제공받을 수 있을 것이다. 또한 발전이론이 국제적인 비교연구 분야에서 거둔 일정한 성과를 받아들여 우리의 사고 공간을 확장할 수 있을 것이다. 이들 이론적 참조 대상들을 통해 필자는 비교적 정확한 개념을 사용해 상술한 문제를 다음과 같이 정의하고자 한다. "대만의 가정농장은 어떤 기제를 통해 외래의 지배적 자본과 연결 관계를 가지게 되었는가?" 그리고 "이는 식민지 내의 '주변부 자본주의' 발전과 어떤 관련을 가지는가?"

4. 가정경작식 농업의 '연속'

투자오옌은 야나이하라가 '일본 독점자본 운동의 반영'이라는 분석을 통해 대만의 식민지적 자본주의화를 이해한 것을 반박한 후에 식민지 경제의 기본적 특징은 외래자본과 토착 생산양식의 병존이라고 밝혔다. 판매를 위한 농산품의 생산 확대와 수출 증대에 따라 일제시대 대만은 점차 일본 자본주의 경제체제로 편입되었다. 이러한 통합incorporation은 존속과 분해가 동시에 발생하는 과정이었다. 대만의 사회경제체제는 '존속과 분해

conservation/dissolution'의 과정에서 기본적인 생산방식을 보존하지만, 상품화라는 개조를 거친 후에는 자본주의 경제에 편입되었다. 이 통합의 과정은 농업생산의 상품화로 표현되지만 농가의 노동력이 상품으로 전화轉化할 정도로 발전하지는 않았다. 농업생산의 상품화는 일본자본의 농기업農企業이 농업생산을 지배하기 위한 선결조건이었지만, (대만을 제외한 서구의 열대식민지가 자본주의 농업으로 재편되는 직접적인 경로인) 고용관계의 농업생산으로의 확대는 결코 발생하지 않았다.

19세기 말과 20세기 초 서구 열강이 라틴 아메리카와 남태평양의 열대식민지에 플랜테이션을 대거 확장할 때, 어째서 일본 자본주의 지배하의 대만 토착 가정농장은 보존될 수 있었으며, 심지어는 (대만총독부와 일본민간자본의 투자와 기술도입하에서도) 생산력을 개선하여 농업혁명의 주역이 될 수 있었을까? 대만의 사례를 서구의 식민지와 비교해보면, 자본주의의 확대가 필연적으로 비자본주의 생산방식의 분해와 동화를 초래한다는 일방적인 주장을 피해야 한다는 점을 알 수 있게 된다. 농촌 노동력의 상품화가 일제시대 대만에서 결코 완성되지 않았다는 사실은 가정경작식 농업이 장기간 존속한 원인, 그리고 소농생산과 외래 자본주의 생산방식의 병존의 의미를 재검토하게 만든다.

앞서 언급했듯이 일제시대 대만에서 가정경작식 생산방식(또는 소농생산방식)과 자본주의 생산방식은 일종의 병존 관계이지 어느 하나가 다른 하나를 대체하는 관계는 아니었다. 두 종류(또는 여러 종류)의 생산방식 간에 존재하는 분업과 지배 관계를 필자는 '연속관계連屬關係'라고 부른다.[11] 연속이

11 본서에서 사용하는 '연속連屬'이라는 용어는 서구의 연속이론articulation theory에서 기원했는데, 이는 생산양식 간의 연결과 종속을 가리킨다. 상세한 논의는 Foster-Carter, *The Modes of Production Controversy*, New Left Review 107, 1978 ; Bradley, *The Destruction of Natural Economy, Economy and Society*, 1975 ; Wolpe, *The Articulation of Modes of Production*, London: Routledge and Kegan Paul, 1980 참조.

론articulation theory의 각도에서 보면 토착사회가 자본주의 경제에 편입된 후 가속화되는 상품화가 반드시 본래의 비자본주의 생산양식의 분해를 초래하지는 않는다. 오히려 상당수의 사례에서는 토착사회가 보유한 생산양식의 여러 특성이 상품화 과정을 거친 후 보존될 뿐 아니라 어떤 때는 더욱 강화되기도 했다. 베텔하임Bettelheim은 때문에 이를 '보존과 동시에 분해되는' 과정이라고 불렀다(1972, 297~299). 그는 저개발국가의 비자본주의 생산양식이 자본주의 경제에 편입되는 과정에서 발생하는 현상은 단선적 진화론에서 상정한 자본주의 생산양식을 향한 분해(자본주의에 의해 소멸·동화되어가는 과정)도 아니지만 순수한 보존도 아닌, 하나의 재편reconstruction과정이라고 지적했다. 이 과정에서 자본주의는 내부로부터 근본적으로 기존의 비자본주의 생산양식을 변화시키는 것이 아니라 매우 교묘하게 (부분적인 분해를 포함하는) 일정한 개조를 거쳐 비자본주의 생산양식을 자본의 지배하에 편입시킨다. 자본주의의 침투에 직면한 토착 생산양식의 저항과 적응은 기본적으로 그 내재적 구조의 특성에 따라 결정된다. 따라서 연속連屬관계를 검토하기 위해서는, 자본주의 확대의 동력을 분석하면서 동시에 연속連屬되는 비자본주의 생산양식의 내재적 구조를 고려해야만 비로소 두 생산양식이 여러 상이한 조건에서 상호 작용하는 과정을 구체적으로 분석할 수 있다.

일제시대 초기 일본자본은 식민 사업에 참여할 능력이 없었고, 따라서 대만총독부는 생산을 회복하고 상품화를 추동하며 사회치안을 유지하기 위해 대만의 가정농장을 존속시키는 데 유리한 정책을 채택했다. 대만총독부는 대만의 토지관행을 정밀하게 연구한 끝에, 기존의 다중지권多重地權 제도에서 전호佃戶(소조호小租戶)가 19세기에 이미 기본적으로 토지에 대한 최대 실권을 장악, 영전권永佃權(전저권田底權)을 강화하여 준準소유권(또는 소조권小租權)으로 발전했음을 알게 되었다. 일제 초기의 토지조사사업은 마침내 다중지권을 철폐하고 소조권을 합법적인 토지소유권으로 확립하고, 나아가 기존 가정경작식 농업생산방식의 지속을 보장하게 된다.

하지만 완강하게 존속한 대만의 가정농장은 일본자본이 자본주의적 플랜테이션의 확대를 시도할 때 극복하기 곤란한 걸림돌로 등장한다. 이미 소농경제가 확립된 상황에서 농업생산 과정에 자본주의적 고용·생산방식이 침투하는 데는 한계가 있었다. 대만총독부가 애써 대만에 부식扶植한 일본 당업자본은 전형적인 플랜테이션(대규모의 토지집중과 고농雇農을 통한 경영방식, 즉 '수평집중' 모델)을 회피하고, 개별 가정농장으로부터 사탕수수 원료를 구매했다. 대만에 진출한 일본 당업자본은 무리하게 농업생산 과정에 직접 개입하기보다는 시장통제 방식을 통한 농민 착취 쪽을 선호했다. 대만총독부가 규정한 사탕수수 구매 책임구역('원료채집구原料採集區') 내에서 일본 당업자본은 유일한 구매자로서 구매 독점권을 누렸고, 계약 경작을 통해 대만의 가정농장으로부터 염가의 원료를 구매할 수 있었다. 이에 그치지 않고 일본 당업자본은 '수직집중' 모델하에서 자신의 책임구역에 있는 가정농장을 효과적으로 장악하여 이들의 생산력을 크게 개선시켰다. 농민생산자는 위로부터 아래로 생산조직에 편입되어, 중세重稅와 방대한 공공투자(특히 수리관개), (경찰로 상징되는) 총독부의 지도·감독, 그리고 자본의 엄격한 통제·유도하에서 새로운 생산기술을 채용해서 생산력을 향상시켜 날로 증가하는 생계·생산 관련 지출에 대응하고 채무를 갚도록 강제되었다. 수직집중 모델하에서도 가정농장은 여전히 존재했고, 농민은 아무런 소유도 없이 자신의 노동력에만 의존해 살아가는 프롤레타리아트(고농)로 전락하지도 않았다. 그러나 이들 가정농장은 비자본주의의 잔재가 아니라 근대 자본주의가 개조하고 연속連屬시킨 새로운 형태의 가정농장이었다. 농민은 비록 자기 노동력의 사용권리를 계속 보존하면서 이러저러한 직·간접적 방식으로 제당회사가 강요한 불리한 교역조건에 저항했지만, 일본 당업자본은 설탕의 제조와 판매를 굳건히 장악하고 사탕수수 생산의 외적 조건을 통제해 풍부한 이윤을 독점할 수 있었다.

마르크스주의학파와 차야노프학파 간의 가정농장과 관련한 논쟁은 일제시대 대만의 농업발전의 경험을 재검토하는 데 훌륭한 이론적 기초를 제공한다. 고전 마르크스주의학파는 결정론적 · 단선적인 무산화無産化 개념을 견지해 가정농장이 필연적으로 자본주의 대농장大農場에 의해 와해되거나 아니면 토지를 상실하고 아무것도 소유하지 못한 고농, 즉 '반半프롤레타리아트(이하 '반프로'로 약칭) 농민'으로 전락할 것이라고 예견했다. 다시 말해 농민은 여전히 한 뙈기 토지는 보유하고 있어 외견상으로는 가정농장의 형태를 유지하지만 실질적으로 주된 경제활동은 자본주의적 농장 또는 공업 노동자 역할을 하게 된다는 것이다. 이는 야나이하라가 충실하게 따른 입장이기도 하다. 반면 차야노프학파는 농민경제가 (자본주의와는) 별개의 생산양식임에 주목하여, 가정농장은 소농생산을 단위로 가족 성원의 무보수노동에 의존하는 특이한 경제이성經濟理性〔Chayanov(1966)의 소위 '자기착취'〕이 농민경제에 경쟁상 유리한 조건을 제공함으로써 자본주의 경제에서도 강인하게 살아남을 것임을 강조했다. 일제시대 대만의 토착 가정농장과 일본 당업자본 간의 연속連屬관계를 면밀히 분석한 후, 필자는 앞서 밝힌 두 관점을 검토하여 이들과는 다른 이론을 가지고 자본주의 경제하의 가정농장을 분석해보았다. 대만의 경험은, 가정농장이 고전 마르크스주의학파(나 야나이하라)가 주장하는 것처럼 봉건시대의 잔재로서 점차 분해되어 자본주의적 생산관계에 편입되지도 않았을뿐더러, 차야노프학파가 강조한 것처럼 별개의 생산양식을 이루어 가족성원의 자기착취에 의존하여 자본의 침투로부터 완전히 독립하지도 못했음을 잘 보여준다. 전자前者에 관해 일제시대 대만의 토지소유 관계와 농업경영 방식에 대한 최근의 심도 있는 연구들은 이미 단선적인 무산화 이론에 사실적 근거가 부족함을 남김없이 밝혔다. 그러나 이것이 결코 차야노프학파의 관점을 수용하여 농민의 특수한 경제이성이 농민 생존의 유일한 원인이었다는 것을 의미하지도 않는다. 필자가 여러 번 강조하듯이, 가정농장과 농기업 자본 간에는 시장에서의 교환관계뿐 아니라 생산의 측면에서도 소홀히 할 수 없는 밀접한 관계가 존재했다. 자본은 가정농장을 장악하기 위해 다양한 경로를 활용했다. 시장통제 외에도 농기업 자본은 농업생산의 외적 조건을 장악했다. 필자는 일제시대 대만의 사탕수수 생산 연구를 통해, 당업자본 지배하의 수직집중이 가정경작식 농업의 생산력 향상을 촉진했고, 동시에 자본의 가정농장에 대한 통제를 확대했다는 점을 지적한 바 있다. 수평집중 방식의 자본주의적 플랜테이션은 반대로 농민의 저항과 경영상의 어려움으로 인해 당업의 이익에 그다지 적합하지 않았다. 독점적 성격의 제당기업은 이윤 추구를 위해 농업에 대규모로 투자했고, 가정농장이라는 소규모경영에 적합한 과학기술을 개발하고 확대해나갔다. 자본은 수직집중 방식을 통해 가정농장을 소멸시키지 않고 오히려 이를 재편하여 충분히 이용한 것이다.

식민지 자본주의 경제의 확대 과정에서 대만의 가정농장은 계속 살아남을 수 있는 공간을 찾았지만 이는 그들의 특수한 경제이성이나 정치적 타협에만 기인하는 것은 아니고, 외래 자본의 경영방식 또한 (농업생산의 기본조건을 형성하는 데 참여함으로써) 가정농장이 존속하는 데 중요한 원인 중 하나가 된 것이다.

5. 주변부 자본주의?

식민지의 경제성장 과정에서 종종 외래자본이 수출용 농산품 생산의 성장을 이끌고 수출을 통해 획득한 잉여를 이윤의 형태로 모국에 송금하거나 수출부문에 재투자하기도 한다. 전통적인 생계형 농업은 이러한 발전에서 제외되어 경제성장의 이익을 향유할 수 없게 된다. 이러한 상황에서 수출부문과 전통부문은 발전속도가 일치하지 않거나 상호 격절隔絶되기도 한다. 일부 외래자본이 지배하는 수출부문은 급속히 성장한 반면 식민지 경제의 절대다수를 이루는 생계부문은 낙후·정체 상태에 처하게 된다. 식민지의 사회경제체제는 두 부분으로 쪼개져 보이기 때문에 뵈케J. H. Boeke가 말한 대로 두 개의 상이한 사회경제적 논리에 근거해서 이해해야 한다(Boeke, 1953).

식민지 경제의 발전과정을 연구하는 학자들 중 이러한 식민지의 이원경제二元經濟, dualistic economy에 주목하지 않은 사람은 별로 없다(川野, 1969 ; Boeke, 1953 ; Lewis, 1954 ; Pauuw and Fei, 1973, 3~8, 16~17). 그러나 이원부문二元部門 상호간의 연결과 분업관계에 대해 심도 있게 분석하지 않는다면, 이원경제이론은 진화론적 이원론으로 전락하기 쉽다. 기본적으로 이들 이원론은 식민지나 저개발국가의 발전과정에서 외래 자본 주도의 수출부문과 토착사회의 생계부문이 (근대/전통 또는 자본주의/전자본주의처럼) 서로 관련 없는 별개의 사회경제체제라고 인식한다. 발전은 전자의 확장과 후자의 분해·동화와 동일시되고 이는 '근대화' 과정으로서 (아니면 일제시대의 용어를 빌리자면 '문명개화' 과정으로서) 미화된다.

이원론적 발상은 근대화이론이나 시장경제론(예컨대 가와노)뿐만 아니라 고전 마르크스주의학설(예컨대 야나이하라의 제국주의론)에도 내재되어 있다. 1945년 이전 일제시대 대만을 연구한 일본학자들 대부분은 야나이하라가 명확히 정의하지 않은 '자본주의화' 개념을 직접 인용하면서, 의식적이든 무의식적이든 토착부문을 낙후·정체되고 '자본주의화'에 저항하는 부문으로 인식했다. 이들은 토착적 생산방식을 '근대' 자본주의 생산방식으로 개조하는 것이 자연스럽게 일본 식민지정책의 역사적 사명이라고 인식했다. 따라서 식민지 연구는 종종 토착적 생산방식의 분해와 외래 생산방식의 동화 과정에 중점을 두기도 한다.

1945년 이후 수많은 학자들, 특히 종속이론학파는 진화론적인 이원론이 지나치게 서구중심적 사고방식이라는 점에 반대하여 저개발국가의 입장에서 비판하기 시작했다. 종속이론가들은 이원경제의 탄생을 선진국의 후진국에 대한 지배의 결과이며, 중심/주변의 관계로 선진국/후진국간의 종속관계를 개괄했다(Frank, 1969, 1979). 이원론과 대조적으로 종속이론은 (외자外資부문과 토착부문이라는) 경제부문 간의 불평등한 분업관계, 그리고 이 분업관계의 세계체제와의 관련을 명확히 했다. 주변국에서 볼 수 있는 기형적 발전의 특성으로 제기되는 사례 중에는, 수출부문 이외의 기타 부문 생산력의 상대적 정체, 전자본주의 생산양식의 지속, 외자부문 생산력의 신속한 성장에도 불구하고 부문 내 노동소득의 상대적 정체, 그리고 외자부문 및 중심국 생산력과 노동보수의 심각한 격차 등이 있다〔이들을 기초로 중심국과 주변국 간의 '불평등한 교환관계'가 생긴다(Emmanuel, 1972)〕. 종속이론의 공통된 관점은, 세계체제에 편입되어 주변적 지위에 처하게 된 저개발국가는 사회경제구조가 중심국의 구조와 확연히 다르다는 것인데, 이를 사미르 아민Samir Amin은 또 하나의 자본주의, 즉 주변부 자본주의peripheral capitalism라고 불렀다.[12]

12 아민에게 있어서 주변부국가의 자본주의로의 전환은 일반 종속이론이 말하는 소위 '저지된blocked' 자본주의 아니면 최소한 선진국의 '정상적인' 경로를 벗어나도록 강요받은 것이다. 그는 마르크스가 『자본론』에서 명확하게 개념화한 '진정한', '순수한' 자본주의와 다른 이 '기형적' 산물 그 자체가 또 하나의 자본주의로 규정된다고 생각했다. 중심부국가의 자본주의는 '자생적인autocentric' 자본주의로서 생산재와 소비재 간에 긴밀한 유기적 관련이 있으며 경제체제 자체는 생산력 확대의 과정에서 국내시장의 성장을 통해 생산능력과 소비능력의 균형을 촉진한다〔Amin, *Accumulation on a World Scale*, New York: Monthly Review Press, 1974, (1976)〕. 반면 주변부국가의 자본주의는 시작부터 '대외지향적extraverted'이다. 수출생산은 직접적으로 중심부국가에 종속되어 국내 기타 부문의 생산력 발전을 초래하거나 국내의 기본적인 소비품 시장을 확대하는 효과는 없었다.

자본주의 세계경제체제의 중심과 주변의 서층적序層的 지배체제를 통해 식민지 경제의 특성을 이해하는 학설 중에서 아민의 주변부 자본주의 이론은 프랑크Andre Gunder Frank 등이 창안한 종속이론 중 가장 완성된 형태를 띠고 있다.[13] 주변부 자본주의의 구조적 특징으로는 대외적 종속관계와 경제체제의 탈절脫節, disarticulation, 부문 간 생산력의 불균등 발전을 들 수 있다. 이들의 관계에 대해 아민의 말을 빌려 설명하면 다음과 같다.

> 주변부국가의 경제체제가 탈절된 상황에서 외자부문의 발전은 기타 경제부문에 연쇄효과mobilizing effect를 가져올 수 없다. 모든 연쇄효과는 지배국가로 이전된다. 피지배국가의 외자부문은 지배국가의 선진경제의 연장일 뿐이다. 경제체제의 탈절과 그 필연적 결과, 즉 생산력의 불균등 발전은 국내의 생산과 투자의 분배에 있어서 선진국과 강한 대비를 이루게 된다. (중략) 대외 종속은 이러한 동시적 상황을 낳는 원인이자 결과이다(Amin, 1974, 17).

아민의 주변부 자본주의 모델은 세계체제에 편입된 주변부국가의 기형적 사회경제구조에 상당히 설득력 있는 분석을 제공했다. 본서도 아민의 주변부 자본주의 모델을 이념형으로 삼아 대만의 식민지 발전에 대한 분석을 시도해보았다. 그 결과 아민의 이론 역시 프랑크 및 기타 종속이론가들의 공통된 문제점, 즉 중심부국가의 주변부국가에 대한 지배로 인해 나

13 필자는 아민의 주변부 자본주의 개념에 대해 추상이론의 차원에서 유보적인 태도를 가지고 있다. 그 이유는, 우선 자본이 주변부국가에서 (중심 국가와) 다른 운동법칙을 따르는지 여부는 좀더 명확한 해명이 필요하기 때문이다. 동일한 자본이 상이한 지역에서는 상이한 운동법칙에 따라 움직일까? 아민은 아마도 추상의 수준이 상대적으로 낮은 부문 간의 관계를 이용하여 주변부 자본주의를 정의한 듯하다. 뿐만 아니라 분석 단위unit of analysis의 문제도 있다. Andre Gunder Frank와 Immanuel Wallerstein 등의 연구자들은 세계 전체를 자본주의 분석의 기본 단위로 삼았고, 따라서 다양한 자본주의의 병존을 주장하는 아민의 논리에 동의하지 않을 것이다. 아민의 주변부 자본주의 개념에서 구체적인 경험 분석의 차원에서의 문제점은 4장에서 자세히 다룰 것이다.

타난 효과를 과대평가하는 문제를 피할 수 없었다. 아민의 주변부 자본주의론을 통해 중심과 주변 두 지역의 자본주의 발전의 구조적 차이는 분명하게 부각되었지만, 외래자본과 지배국가는 일방적으로 결정하고 전 세계를 자기 필요에 맞게 재편할 능력을 가진 반면 저개발국가는 동질적인 사회경제체제를 강요받기만 하는 것으로 묘사되었다.

자본이 식민지에 침투한 후 일반적인 추세는 기존의 토착적 생산양식을 파괴했는가, 아니면 보존하고 이용했는가? 비교연구의 결과를 토대로 말하면 아직 이렇다 할 정설은 없는 듯하다. 자본의 침투가 이렇게 상이한 결과를 낳는다면, 자본은 동질적인 작동법칙이 없거나 또는 (동질적인 작동법칙이 있다면) 어떻게 세계의 여타 부문을 개조하여 자기 필요에 맞출지를 일방적으로 결정할 능력이 없는 것이다. 구체적인 현실세계에 놓이게 되면 추상적인 자본은 '행동'할 수 없다. 자본은 그저 '인신적 대리자 human agencies'를 통해서만 작동된다.[14] 그러나 개별 자본가 상호간에, 상이한 부문의 자본가 간에, 그리고 자본가의 개별적 이익과 집단적 이익이 경쟁적인 시장경제체제에서 반드시 일치하는 것은 아니다. 뒤집어 말하면, 피식민지인들의 입장에서 볼 때 자본이 모든 것을 절대적으로 통제할 능력이 없는 상황에서 상이한 토착적 사회경제체제와 특수한 역사적 상황은 상이한 상호작용의 결과를 낳을 수 있고, 따라서 하나의 공통된 식민지 발전 모델을 설정하기는 곤란하다.

맨 처음 제기한 문제로 돌아가보자. "식민통치하에서 자본의 축적은 기존의 토착 생산양식에 의해 제한되는가, 아니면 역으로 그에 기대어 혜택을 입는가?" 연구자들은 우선 기존의 토착 사회경제체제, 특히 내부의 사회적 생산관계와 그에 상응하는 계급구조를 검토해야 비로소 토착 생산양

14 그렇기 때문에 사회경제적 관계의 형성은 자본의 법칙을 직접 적용하여 해석할 수 없다. 이 문제에 관한 보다 자세한 토론은 Foster-Carter, 앞의 책, 1978 참조.

식과 자본주의 생산 사이의 연관성을 이해하게 될 것이다. 토착 사회경제체제와 외래 자본주의 간의 상호작용을 명확히 드러내기 위해서 연구자는 역사적 과정에서 시작하여 개별 경제부문에서 계급관계의 변화와 계급 간의 연합·충돌 관계를 명확히 밝힐 필요가 있다. 기존의 토착 사회경제체제가 설정한 구조적 한계 속에서 지배국가가 현지에 파견한 국가기구(대만의 경우에는 대만총독부)는 식민지를 모국자본의 이익에 복무하도록 개조하려 한다. 식민정부와 독점자본주의의 전략적 선택은 식민지 발전 각 단계의 잉여착취 기제 형성에 일정하게 작용한다. 그러나 그 진정한 효과는 우선 계급 간의 연합·충돌로 인한 조건의 한계를 따져보아야 정확하게 파악할 수 있다.

대만의 식민지 경험이 우리에게 계시하는 바는, 식민지 경제의 자본축적에 대한 분석은 식민지의 잉여착취 기제 형성의 역사적 과정에 대한 분석과 분리할 수 없으며, 더욱이 (진화론적인 자본주의 발전이론과 결정론적인 국제분업 모델을 막론하고) 경직된 이론이나 모델을 무비판적으로 적용하는 것을 피해야 한다는 것이다. 아민의 주변부 자본주의는 토착 생산양식이 자본주의에 연속連屬되는 구체적 과정에 대한 분석이 결여되어 그저 경제법칙의 일반이론general theory에만 근거할 뿐 사회·정치적 과정에서 생기는 변이變異를 예측할 수 없었다.

본서에서 밝힌 일제시대 대만의 미당체제米糖體制에서 당업자본은 시장 독점에 의존해 대만사회의 가정농장이 제공하는 사탕수수 원료의 가격과 공급을 통제했다. 수매가격을 통제해서 자농蔗農의 수입과 미농米農의 수입을 균등하게 만드는 미당비가체제米糖比價體制로 인해 사탕수수 가격은 사실상 미작부문 농민의 생계수입에 의해 결정되었다. 일제시대 전반기(1925년 이전으로, 일본 품종인 봉래미가 대규모로 생산되기 이전) 미곡생산은 기본적으로 자가소비를 위한 것이고 그 나머지가 도내의 소규모시장에 제공되었다. 그래서 대만 미곡생산의 성장과 사탕수수 생산은 정체상태였다. 생계를 목적으로 한 미곡생산이 사탕수수 가격의 통제에 이용되면서 당업자본은 마침내 염가의 원료를 취득하여 생산원가를 낮출 수 있었다. 당업자본의 자본축적은 결국 정체된 미작부문과 낮은 미작수입을 전제로 한 셈이다. 전형적인 주변부 자본주의의 구조적 성격은 이 대목에서 선명히 부각된다.

하지만 아이러니하게도 1925년 이전까지는 당업 이윤에 크게 공헌한 미작부문이 일본 당업자본이 수립한 잉여착취 기제를 부단히 위협하기 시작했다. 1925년 이후 대만미臺灣米의 생산과 수출은 일본에서의 수요 폭증으로 급속히 성장했다. 미농의 생활수준 역시 생산력이 개선되면서 현저히 향상되었다. 자농이 미농과 동등한 수입을 올리고자 압력을 가한 것은 당연하다. 일본 당업자본이 이러한 요구에 응하지 않는 상황에서 자농은 수입이 지나치게 낮아져 미작으로 전작하거나 여러 투쟁을 통해 보다 높은 수매가격을 쟁취하고 수매조건을 개선시키려 했다. 이러한 일련의 변화는 사탕수수 원료의 안정적 공급과 당업 이윤에 위협을 주었고, 나아가 당업의 위기를 촉발하여 당업자본의 축적을 중심으로 한 식민지 경제체제의 파탄을 가져올 수도 있었다.

이상의 사실은, 1920년대 중반 이전에 당업 생산·수출의 확장이 탈절된 경제체제와 부문 간 생산력의 불균등발전을 초래했음을 잘 보여주며, 이러한 형태의 식민지 발전은 대체로 아민이 일반이론 차원에서 서술한 주변부 자본주의 모델과도 부합한다. 그러나 아민의 모델은 1920년대 중반 이후 미작 수출의 호황에서는 식민지 발전의 동태적 과정을 파악할 수 없고, 가와노, 마이어스R. Myers, 사무엘 호Samuel Ho 등이 애써 논증해 온 '균형적이고 균혜적均惠的인' 식민지 발전을 설명할 수 없다.

어째서 당업이 호황일 때에는 농민들이 경제성장의 이익을 향유하는 데서 배제되고 미작이 호황일 때 오히려 이익을 향유하게 되었는가? 아민의 일반이론 모델은 적절한 해답을 제공해주지 못한다. 위의 문제에 답하기 위해서는 가정농장과 당업자본 간의 연속連屬관계를 보다 세밀히 추적하여 가정농장이 완강하게 존속할 수 있었던 내재적 동인을 설명해야 할 뿐만 아니라 계급구조 분석도 역시 소홀히 해서는 안 된다. 계급구조의 분석을 통해 우리는 개별 경제부문의 계급지배 형태가 생산력 발전과 경제적 이익의 분배에 미치는 영향을 보다 깊이 파악할 수 있게 될 것이다. 필자는 연구를 통해 미작부문의 대만 지주계급과 토룽간土礱間(정미업과 고리대자본을 겸하는 대만 전통의 미곡상인) 계급이 보유한 지배능력은 자당부문에서 일본 독점자본의 역량에 비해 현저히 떨어짐을 발견했다. 상대적으로 박약한 지배능력은 1920년대 중반 이후부터 1930년대 말까지 미작의 호경기 동안 미작부문에서 상대적으로 균등한 수익분배와 농민 생활수준의 현저한 개선을 이해할 수 있게 해준다. 이 의외의 결과는 비록 일본 식민통치의 특수성을 설명해주는 단편적인 사례로서 거론되지만, 실은 대만사회의 계급구조에서 기인한 것이고 또한 (일본 당업자본의 자본축적을 중심으로 한) 식민지 경제체제의 파탄을 예시하는 것이기도 했다. 일제시대 후반기 수익분배와 농민 생활수준의 개선은 대만총독부 정책의 선의善意의 결과가 결코 아니었으며 오히려 이러한 상황은 식민통치자가 감당하기 곤란한 문제를 야기한 것이다.

식민통치하에서도 대만사회의 계급구조는 여전히 경제체제의 위기나 전환의 가능성을 촉발할 잠재력이 있었다. 이제까지 여러 연구자들이 무시해온 이 사실은 대만 식민지 발전 과정과 성격을 명확히 하는 데 도움을 줄 뿐 아니라 대만의 '독특한' 식민지 경험과 일반 종속이론이 묘사하는 주변부의 기형적 발전이라는 현상과도 분명히 대비를 이룬다. 필자의 연구는 일제시대 대만 식민지 발전의 구체적인 역사적 경험에서 출발하여 종속이론학파의 일반이론이 가진 경직된 논리구조를 돌파하고자 한다. 필자는, 대만의 특수한 식민지 발전의 정확한 경로에 대한 이해는 대만사회 계급구조의 이해로부터 시작해야 한다고 믿는다. 기존의 사회적 생산관계와 그 위에 수립된 계급관계를 통해서만 자본의 축적도 가능했고, 식민지 발전의 기본적 특징도 계급관계에 의해 결정되었다. 이러한 시각에서 식민지 발전을 분석해야만 식민지의 자본축적과 경제발전의 '가능성과 한계'에 대한 이해를 넓힐 수 있다.

본서의 구성은 다음과 같다. 1장에서는 대만총독부가 공공투자와 정치적 강제를 통해 식민지의 재정·경제적 자원을 개발하고 가정경작식 농업을 수립하며 상품경제를 확대함으로써 대만에 진출한 일본자본, 특히 당업자본을 위해 외적 조건들을 창출해나가는 과정을 분석한다. 이를 기초로 대만사회의 기존 사회경제체제가 어떻게 존속할 수 있었고, 동시에 고도로 상품화된 가정경작식 농업으로 전환되었는지 탐구하고자 한다. 2장에서는 대만의 가정농장이 '원료채집구' 제도하에서 수직집중 방식을 통해 소수의 독점 당업자본에 연속連屬되어가는 과정을 상세히 서술한다. 2장은 동시에 제당회사가 사탕수수 수매가격을 결정하는 가격결정 기제를 분석해서 사탕수수 가격이 미가米價와 비교된 것이 아님을 확인하고자 한다. 미곡과 사탕수수의 수익 비교야말로 사탕수수가격을 결정하는 기준이었다. 사탕수수의 실제 비교대상은 기본적으로 생계형 작물인 재래미였다. 수출(자작蔗作)부문의 농가수입과 생계(미작米作)부문의 농가수입 간에 존재한 밀접한 관련은, 당업자본이 염가의 원료와 풍성한 이윤을 취할 수 있었던 것이 실은 미농의 수입을 억제하고 생계부문의 (절대적이라고 하기는 곤란하지만) 상대적인 낙후를 유지한 결과였음을 말해준다. 2장의 발견을 근거로 3장에서는 일제시대 문헌에 자주 등장하는 '미당상극' 문제를 명확히 하면서 미당상극과 미·당 부문 간의 불평등분업과 불균등발전의 관련을 설명하고자 한다. 미당체제하에서 외국자본과 생계부문의 발전

사이에는 '상극'의 관계가 있었다고 생각한다. 다시 말해서 외국자본의 수출부문이 급속히 확대된 배경에는 대만의 생계부문의 상대적 낙후라는 현상이 있고, 때문에 구조적으로 외자부문은 대만의 생계부문의 발전에 대해 적대적인 태도를 취하면서 (정치력을 활용하여) 부단히 억압해왔던 것이다. 4장에서는 1920년대 중반 이후 미곡 수출과 미작부문의 호황이 어떻게 당업자본의 잉여착취 기제의 파탄을 낳고 당업의 위기를 초래했는지 분석할 것이다. 필자의 경험적 연구는 1920년대 중반에서 1930년대 말 농민의 수입수준이 현저히 개선되었다는 주장과 일치하지만, 이 현상을 통해 일본 당업자본의 자본축적에 가해진 위협도 선명히 드러나게 된다. 미·당 두 부문 간 계급지배 모델의 비교를 통해 필자는 부문 간 수익분배 형태의 차이를 해석할 수 있는 단서를 찾고자 한다. 이 발견은 미작부문의 발전이 어째서 미농의 수입개선을 가져왔으며(상대적으로 1920년대 중반 이전의 당업부문의 발전은 농민의 수입증가에 현저한 확산효과를 가져오지 못했다), 또한 어째서 기존의 미당비가米糖比價 기제를 통해 당업부문의 자본축적을 위협했는지 설명하는 데 도움이 된다. 그리고 식민지에서 자본축적 위기에 직면한 대만총독부가 1930년대 말 재차 정치적 강제력을 동원하여 전면적으로 시장을 관리·통제하고 대만 농촌의 사회경제구조를 개조(구체적으로 지주계급을 약화시키고 가정경작식 농업의 자경화를 시도)함으로써 해결방안을 모색한 과정도 살펴볼 것이다.

1장
상품화와 가정경작식 근대농업의 형성

청일전쟁 결과 대만을 획득한 일본은 승전의 기쁨도 잠시, 식민지 경영이 결코 만만치 않은 도전임을 곧 인식하기 시작했다. 무력 점령과 주민의 저항은 거액의 군사비 지출을 야기해 일본 재정의 밑 빠진 독이 될 가능성도 없지 않았다. 식민지 경제의 모든 부문은 개혁되어야 했고, 아직 산업발전의 초기단계인 일본자본은 치안의 불안, 투자조건의 미비와 자금력의 한계로 대만 진출에 선뜻 나서지 않았다. 따라서 식민통치 초기의 정책 목표는 자연스럽게 질서와 생산의 신속한 회복을 통해 재정자립을 달성하는 것이고, 동시에 식민지권력, 즉 대만총독부臺灣總督府는 일본자본의 대만 진출을 유인하기 위해 투자환경의 개선에 힘을 쏟아야 했다. 구체적으로는 상품생산을 확대하고 (대만인을 착취해서 마련한 재원으로) 대규모 공공투자를 통해 사회간접자본의 건설에 힘쓰는 것이었다.

일제 초기 대만의 일본 자본주의로의 편입은 크게 두 측면에서 진행되었다. 총독부가 사회간접자본의 대대적 확충과 농업생산의 상품화에 적극 개입했고, 일본의 상업자본과 농(기)업자본 역시 대만 농촌경제에 침투하기 시작했다. 당시 식민지 발전의 기초적 단계에서 특히 주목할 점은 총독부가 제도 정비와 투자환경의 조성에서 행한 핵심적 역할이다. 첫째, 제도적 측면에서 식민지의 기존 토지관행과 (사유제를 기초로 한) 근대 자본주의를 절충하여 가정경작식 농업을 창출해야 했다. 둘째, 경제적 측면에서 제반 정책을 통해 식민지의 상품생산을 추동·확대하면서 동시에 일본자본(특히 당업자본)의 자본 축적에 유리한 조건을 제공해야 했다.

이상의 내용을 염두에 두고 본장本章에서는 다음의 주제를 다루고자 한다. ① 일본자본의 부족과 대만사회의 격렬한 저항 속에서 대만총독부는 식민지 발전의 주요 동력을 제공했다. 총독부는 어떠한 임시적·타협적 전략을 통해서 식민지 자체의 자원을 활용하여 사회간접자본을 건설했으며, 또한 어떠한 정책·제도의 수립을 통해 상품화의 진전을 가능하게 했는가? ② 총독부가 재정자립을 위해 채택한 (공권력의 노골적 행사가 아닌) 점진적·평화적 전략은 토지조사사업 과정에서 어떤 방식으로 실현되어 식민지 이전 대만사회가 보유한 소농경제 방식이 계속 유지되는 결과를 초래했는가? 그 결과 사회간접자본의 진행과 결합하여 어떻게 가정경작식 근대농업의 형성을 촉진했는가? 일제 초기의 토지조사사업은 청말淸末 대만에 이미 형성되어 있던 토지소유 관계를 한층 더 발전시킨 것인가, 아니면 전적으로 일본으로부터 이식된 것인가? 이 밖에 필자는 유명전劉銘傳(1886~1889)과[1] 고다마 겐타로兒玉源太郎(총독)[2]/고토 심페이後藤新平(민정장관)(1898~1905)가[3] 주도한 토지제도 개혁의 비교를 통해 두 지방권력이 취한

1 | 역주 | 유명전劉銘傳(1838~1897)은 안휘성安徽省 합비合肥 출신으로, 1862년 태평천국 진압을 위한 군대 모집 당시 이홍장李鴻章 휘하에 들어가 태평천국군과 염군捻軍을 진압해 군사적 명성을 얻었다. 1884년 청불전쟁이 발발하자 대만 방위의 책임자로 활약했고 전쟁 후에는 대만의 건성建省 결정에 따라 최고 행정장관인 대만순무臺灣巡撫에 임명되어 대만에서 양무운동洋務運動을 주도했다. 대만순무 재임 중에는 대만사회의 거의 전 부문에 걸쳐 개혁을 단행해 대만의 면모를 일신했고, 그 결과 대만은 청말 중국에서 '가장 진보한 성省'이라는 평가를 받았다. 특히 청부淸賦라고 불리는 지세개혁을 단행해 일제 초기 토지조사사업의 순조로운

계급동맹 전략이 어떤 방식으로 개혁의 성패에 관여했는지 탐구함으로써, 토지제도의 변혁 과정에 정치·사회적 요인이 끼친 영향을 평가해보고자 한다. ③ 가정경작식 소농경제가 확립된 후 상품화는 어떻게 진전되었는가? 상품화는 농민의 토지경영방식과 생활방식, 농가수입에 어떤 영향을 미쳤는가? ④ 일본자본의 대만 농촌으로의 침투·지배는 어떤 방식으로 진행되었으며 어떤 특징이 있는가? 농민경제의 상품화는 또한 어떻게 일본자본의 침투·지배에 기여했는가?

1. 대만총독부와 상품화의 기초 작업

대만에 대한 무력점령은 대만인의 격렬한 저항과 뒤이은 사회경제적 동란을 가져왔다. 인명·재산의 손실은 제쳐두고라도[4] 일제 초기의 군사통치는 일본 국고에 심대한 부담을 안겨주었다. 1896년 일본정부의 특별예산

진행에 결과적으로 기여하기도 했다.

2 | 역주 | 고다마 겐타로兒玉源太郎(1852~1906)는 일본 야마구치현山口縣 출신으로 메이지유신 후 육군에 들어가 서남전쟁西南戰爭의 진압에 공을 세웠다. 청일전쟁 당시에는 대본영大本營 참모(육군중장)로서 활약했다. 1898년 제4대 대만총독으로 부임한 이래 민정장관 고토 심페이와 함께 항일운동의 진압, 교통·위생의 정비와 각종 조사사업을 통해 대만 통치의 기초를 닦은 것으로 평가된다. 1906년에는 총독을 사임하고 남만주철도주식회사(소위 '만철滿鐵') 창립위원장에 임명되지만 곧 병사했다.

3 | 역주 | 고토 심페이後藤新平(1857~1929)는 일본 이와테현岩手縣 출신으로 (須賀川) 의학교를 졸업한 후 아이치병원愛知病院 원장을 거쳐 1892년에는 내무성 위생국장에 임명되었다. 1898년 고다마 겐타로의 총독 부임과 동시에 민정장관에 임명된 이래 8년 8개월에 걸쳐 대만 통치의 기반을 마련, 일부 역사학자에 의해 대만 근대화의 '전기자奠基者'로 불리기도 한다. '구관舊慣 존중'의 원칙과 소위 '생물학적 정치'(급격한 변화보다는 식민지의 점진적 개혁을 지향)를 모토로 하여 구관 및 호구 조사, 토지조사사업, 아편 점금漸禁, 대규모 전매정책 등을 성공적으로 수행해 대만 통치의 기초를 닦았다. 그의 대만 통치 경험은 1908년 초대 만철총재로서 만주에서 활용되기도 했다.

4 1898년부터 무장 항일이 중단된 1902년까지 살해된 '비도匪徒' 만 12,000명 이상에 달했고, 그 중 2,998명은 체포 후 사형판결을 거쳐 처형되었다(東鄕實·佐藤四郎, 『臺灣植民發達史』, 晃文館, 1916, 158쪽 ; 後藤新平, 『日本植民政策一班』, 拓植新報社, 1921, 27~28쪽 ; 警務局, 1938, 268~269쪽).

항목에서 대만에 직접 지출된 군비는 대만총독부 세출 총액의 절반 이상을 차지했다(森, 1980, 363). 이후 대만총독부는 군비지출의 부담은 덜었으나 무력충돌은 사회적 혼란을 야기했고, 이는 세수稅收 부족으로 이어져 재정은 심각한 적자를 면치 못했다. 1896년에는 총독부 세입의 72퍼센트를 일본정부의 보조금에 의존해야 했다. 뒤이은 1896~1904년의 9년간 일본정부의 대만에 대한 (군사비 보조를 제외한) 행정비 보조는 총독부 세입의 22퍼센트를 차지했다(北山, 1959, 97, 99, 113, 115). 1896년 대만에 대한 군사·행정 비용의 국고보조는 총 1,800만엔萬圓으로 일본정부 세출의 11퍼센트를 차지하기도 했다(森, 1980, 363). 1895년부터 1902년까지 대만에 대한 보조금은 일본정부 세출의 7퍼센트를 차지했다(森, 1980, 363). 청일전쟁 직후의 경기불황으로 인한 세수 감소와 새로이 획득한 식민지에 대한 방대한 지출은 일본정부의 예산편성에 큰 부담을 준 것이다. 처음 3년간의 군사통치의 좌절과 재정 부담은 일본 국민과 정부로 하여금 일본의 '식민제국'으로서 역량마저 의심케 하여 1억엔에 대만을 매각하자는 주장도 나오기 시작했다(後藤, 1921, 7, 12 ; 矢内原, 1985, 9). 대만총독부는 심한 압박에 직면했다. 질서 회복과 재정자립에 성공하지 못한다면 일본은 식민제국의 미몽을 벗어던지고 대만을 팔아야 할지도 몰랐다.

대만총독부는 모국의 재정부담을 줄이기 위해 대만 현지의 세수, 특히 지세地稅 수입에 의존해 행정비용을 충당해야 했다. 그러나 청대 대만의 지적地籍과 지세地稅를 기록해놓은 어린도책魚鱗圖冊은[5] 이미 군사점령 와중에 소실되었다. 총독부는 어쩔 수 없이 1896년 청대에 발급한 장단丈單(일종의

5 어린도책魚鱗圖冊이란 지정地丁·전량錢糧 징수에 사용했던 일종의 지적도地籍圖로서 해당 지역의 토지를 모아놓은 총책總冊이었기 때문에 장량책丈量冊이라고도 했고, 지적도의 모양이 물고기 비늘 모양이어서 어린(도)책이라고도 했다. 도책 안에는 전호佃戶(소작인)와 업주業主(토지소유자)의 성명, 토지의 등급 및 토지의 사방 경계 등이 상세히 기록되어 있었다. 매년 지방관이 중앙정부에 예산을 보고하기 전에 호부戶部에 이 도책을 작성하여 제출하였다.

토지소유 증명서)과 지세납부 증명서를 관헌에 신고하게 하고 이를 근거로 과세했다(中村, 1905, 16~19 ; 江丙坤, 1972, 36~37). 궁여지책이었지만 지세납부는 의외로 순조롭게 진행되어 청대 원액原額의 77.57퍼센트의 지세를 거둘 수 있었다(中村, 1905, 16, 18). 당시 지세 징수를 주관한 총독부 세무과장 나카무라 고레키미中村是公가[6] 말한 것처럼 총독부가 기존 토지소유권의 인정·보호를 조건으로 내걸어 이러한 성적을 거두었다기보다는 대만 농민의 입장에서는 토지소유 관계가 불분명한 토지가 (납부 거부로 인해) 몰수될 것을 우려했고, 따라서 납부증명서를 근거로 토지소유권을 인정받으려 했기 때문에 의외의 성과를 거둘 수 있었다(中村, 1905, 18). 나카무라의 표현을 빌리자면 '단 한 장의 고시告示'만으로 총독부는 대체로 청대의 지세수입 수준을 회복하고 기본적인 지적 자료도 확보하게 된 것이다.

하지만 대만총독에 임명된 최초의 세 명(가바야마 스케노리華山資紀·가쓰라 다로桂太郎·노기 마레스케乃木希典, 모두 군인)의 일차적 관심은 무력진압에 있었기 때문에 일본정부의 재정 부담을 줄이려는 단기적 조치는 물론이고 재정자립과 투자환경의 조성이라는 장기적 계획이 있을 리 없었다. 총독부 세출 관련 통계에 따르면 경제발전과 관련된 지출은 1896년 총독부 지출의 68퍼센트를 차지했지만(『統計提要』, 986~989 ; 張漢裕, 1974, 451) 대부분은 총독부 건물의 신축이나 군사 목적의 도로 건설이어서 경제발전에는 매우 제한적으로 기여했다(森, 1980, 368). 1897~1898년 사이의 행정비 지출은 총독부 지출의 42.2퍼센트를 차지했는데(『統計提要』, 986~989), 이는 일본정부의 긴축예산과 사회질서 유지를 우선과제로 삼았던 총독부의 경향이 잘 반영된

6 | 역주 | 나카무라 고레키미中村是公는 일본 히로시마현廣島縣 출신으로 1893년 도쿄제국대학 졸업 후 대장성大藏省에 들어갔다. 1896년 대만총독부 사무관으로 부임하여 대만토지조사국 차장·국장·전매국장·총무국장·재무국장 등을 역임하며 토지조사사업에 깊이 관여했다. 1906년에는 초대 만철滿鐵 부총재에 임명되었고, 1907년에는 관동도독부關東都督府 민정장관民政長官, 1913년에는 만철 총재를 각각 역임했다.

것이다. 이러한 행정비 지출은 경제발전 관련 경비를 전용한 것이다. 한 분석에 따르면 1896~1898년 3년간 80퍼센트에 가까운 행정경비가 일반 행정에 사용되었고, 투자 관련 계획에는 10퍼센트 정도만 투입되었다(Chang and Myers, 1963, 27).

1898년 봄 제4대 총독 고다마兒玉와 민정장관 고토後藤가 부임한 후에야 총독부는 비로소 장·단기 재정문제에 관한 전략을 수립할 수 있었다. 고다마와 고토는 1898년부터 1906년까지 정책을 정치·경제적 통제의 공고화와 재정자립의 달성과 일본자본의 투자 준비에 집중했다. 이 시기의 대만 정책은 전체적으로 재정 안정과 경제성장을 촉진해 일본의 식민통치의 기초를 닦게 된다(Chang and Myers, 1963).

고토는 1899년 제국의회帝國議會에 재정계획을 제출하고 일본정부의 대만 투자를 촉구했다. 구체적으로는 일본정부가 대만총독부에서 발행한 사업공채事業公債를 매입하고 일정 기간 안에 대만총독부가 원리금을 상환하는 방식이었다. 고토는 4,000~6,000만엔의 공채 발행을 계획하여 토지측량이나 철도·항만·감옥 건설 등에 사용하려 했다〔鶴見, 1983(卷1), 168~171〕. 제국의회는 총독부의 세수 담보를 조건으로 1899년 12월 사업공채 발행에 동의했지만 액수는 크게 삭감되어 3,500만엔이 되었다〔鶴見, 1983(卷1), 185~189〕. 고토의 사업공채 발행 계획이 현실화된 1899년 이후 일본정부의 대만에 대한 국고보조는 점차 공채로 대체되었다(표 1-1). 공채를 통해 모집한 자금은 그 명칭('사업' 공채)에 걸맞게 주로 공공투자에 투입되어 생산력 향상에 기여했다. 공채 발행 후 경제발전 관련 계획 경비는 1899~1905년 사이에 정부 지출의 68퍼센트까지 급증했는데, 이는 행정경비의 약 세 배였다(『統計提要』, 986~989). 같은 기간 공채로 조달한 자금 합계는 3,120만엔으로 각종 경제계획에 분배되었다. 54퍼센트는 철도건설에, 17퍼센트는 토지조사사업에, 18퍼센트는 대조권大租權 보상에, 7퍼센트는 항

| 표 1-1 | 대만총독부의 세입(1896~1907) 단위 : 100만엔

연도	총수입*	조세**	전매 순수입	관업·관유 재산 순수입	일본국고 보조금	사업공채 수입	전년 이월	기타
1896	6.97	2.03	−1.81	−0.21	6.94	0.00	0.00	0.02
%	100	29.1	−26.0	−3.0	99.6	0.0	0.0	0.3
1897	8.34	2.63	0.42	−0.84	5.96	0.00	0.00	0.18
%	100	31.5	5.1	−10.1	71.4	0.0	0.0	2.1
1898	8.08	2.91	1.47	−0.58	3.99	0.00	0.13	0.16
%	100	36.0	18.2	−7.2	49.3	0.0	1.6	2.0
1899	9.18	3.51	0.75	−2.42	3.00	3.20	1.07	0.07
%	100	38.3	8.2	−26.4	32.7	34.9	11.6	0.8
1900	10.55	3.27	2.63	−4.65	2.60	5.50	1.10	0.10
%	100	31.0	24.9	−44.1	24.6	52.1	10.5	1.0
1901	10.28	3.52	1.83	−3.25	2.39	4.86	0.80	0.14
%	100	34.2	17.8	−31.7	23.2	47.3	7.7	1.3
1902	10.65	3.81	2.64	−3.51	2.46	4.74	0.40	0.11
%	100	35.8	24.8	−33.0	23.1	44.5	3.8	1.0
1903	10.52	3.82	1.85	−2.87	2.46	4.07	1.06	0.10
%	100	36.3	17.6	−27.3	23.4	38.7	10.4	1.0
1904	12.37	5.67	3.00	−2.53	0.70	4.49	0.93	0.11
%	100	45.9	24.2	−20.4	5.7	38.4	7.5	0.9
1905	13.92	7.65	3.54	−1.05	0.00	0.22	3.44	0.12
%	100	55.0	25.5	−7.6	0.0	1.6	24.7	0.9
1906	17.08	8.34	5.16	−1.53	0.00	0.00	4.67	0.15
%	100	48.9	30.2	−8.9	0.0	0.0	29.1	0.8
1907	20.08	8.54	7.00	−2.03	0.00	0.00	5.36	1.22
%	100	42.6	34.9	−10.1	0.0	0.0	26.7	6.1

* 총독부 세입의 정확한 산정을 위해 생산원가는 관영사업 수입에서 제외함.
** 조세는 토지세 · 설탕소비세 및 관세를 포함함.
자료 근거 : 張漢裕, 1955, 107~119의 표 1 · 31 · 32 ; 『統計提要』, 982~989, 1002~1003 ; 『臺灣總督府統計書』(各年)

만건설에 사용했고, 남은 4퍼센트는 총독부 건물과 감옥의 건축에 사용하였다(北山, 1959, 91~92). 이와 같이 공채에 의존해 진행된 투자는 일종의 적자예산이었다. 정치 · 군사적 통제에만 집중한 전임 총독들에 비해 고다마와 고토가 이끄는 총독부는 적극적으로 경제건설계획을 추진하여 공채로 인해 발생한 재정적자도 감수한 것이다(Chang and Myers, 1963, 91~92).

고토는 적자예산을 통한 생산력 증대 계획을 제안했을 뿐 아니라 토지조사사업을 통해 경비조달과 채무상환에 나서야 한다고 역설한 인물이기도 하다〔鶴見, 1983(巻1), 912~919 ; (巻2), 163~190, 199〕. 그는 토지조사사업이 지세수입을 크게 늘려 1904년 이후에는 200만엔 이상의 지세를 거둘 것으로 예견했다(江丙坤, 1972, 54~55). 지조개정地租改正을 통한 지세수입이 메이지유신 과정에서 중요한 역할을 했던 것을 잘 알았던 고토는 토지조사사업을 세입 증가의 주요 수단으로 인식한 것이다〔鶴見, 1983(巻2), 199, 江丙坤 ; 1972, 52~53, 57~58〕. 실제 수치 역시 이 점을 잘 보여주는데, 일제시대 전반기(1895~1920) 관세와 인화세印花稅를 제외하면 토지세가 총독부 전체 수입의 34퍼센트를 차지했다(『統計提要』, 983, 996~999). 고토는 토지조사와 지세개혁을 통해 은전隱田의 발굴과 대조권 보상 후 세수가 대폭 증대될 것이라고 기대했다(江丙坤, 1972, 57~59).[7]

고토는 공채를 상환하고 모국정부의 재정부담을 줄이기 위해 또 다른 중요 수입원인 전매專賣수익을 개발했다. 총독부는 고토가 1896년에 건의한 아편관리계획을 채택한 후 양상洋商에게서 아편의 생산·유통권을 거두어들였다.[8] 총독부가 1897년에 설립해 아편 관련 사무를 전담하도록 한 '제약소製藥所'는 아편의 생산·유통 이익을 독점했다〔鶴見, 1983(巻1), 880~884, 886~895 ; 劉明修, 1983, 74~75, 406~408〕.[9] 고토는 아편가격의 인상을 통해 약 160만엔의 수입을 올릴 수 있고 아편수입세阿片輸入稅까지 포함하면 총독부가 연간 최소한 240만엔의 수입을 올릴 것으로 예측했는데, 이는 1897년 대만총독부 세수 총액에 해당하는 수치였다〔鶴見, 1983(巻1), 884 ; 北山,

7 보상을 통해 대조권을 소멸하는 방식은, 본래 전호佃戶가 대조호大租戶에 납부해야 했던 소작료를 토지세로 대체한다는 성격도 어느 정도 띠고 있었다.

8 아편은 1885년 대만성臺灣省 수입 총액의 60퍼센트를 차지할 정도였다(東, 1985, 201~202쪽).

9 일본 본토에서는 아편 교역을 엄금했다.

| 표 1-2 | 전매 수입 내역(1897~1907) 단위 : 100만엔

연도	전매 총수입(1)	아편 순익(2)	(2)/(1) %	장뇌 순익(3)	(3)/(1) %	소금 · 기타 순익(4)*	(4)/(1) %
1897	0.42	0.42	100.0	0.00	0.0	0.00	0.0
1898	1.47	1.47	100.0	0.00	0.0	0.00	0.0
1899	0.75	0.93	124.6	−0.24	−32.0	0.07	9.6
1900	2.63	0.90	34.1	1.75	66.5	−0.02	−0.6
1901	1.83	0.65	35.4	1.09	59.4	0.10	5.2
1902	2.64	1.44	54.6	1.10	41.8	0.10	3.6
1903	1.85	1.41	76.2	0.27	14.7	0.17	9.1
1904	3.00	1.55	51.8	1.29	42.9	0.16	5.3
1905	3.54	1.18	33.2	1.99	56.1	0.38	10.8
1906	5.16	1.32	25.6	1.77	34.3	2.07	40.1
1907	7.00	1.57	22.4	3.58	51.1	1.85	26.4

* 1906년부터 담배(煙草) 전매가 시행됨.

자료근거 :

1. 전매 총수입은 표 1-1을 참조.
2. 아편전매 수지(1897~1900)는 『臺灣總督府統計書』, 1901, 730, 746 ; 1901~1907년은 『統計提要』, 1946, 1002에 근거함. 지출에 관해서는 北山, 1959, 136~137의 표9(阿片軟膏製造費)에 근거함.
3. 장뇌전매 수지(1899~1900)는 『臺灣總督府統計書』, 1901, 729, 746 ; 1901~1907년은 鶴見, 1937(卷2), 272에 근거함.
4. 소금전매 수지(1899~1900)는 『臺灣總督府統計書』, 1901, 729, 745에 근거함.

1959, 134~135 및 표 1-1 참조]. 1898~1907년 사이에 아편의 생산 · 유통을 통한 실제 순수입은 매년 약 124만엔 정도로 고토의 예측과 비슷한 수준이었다(표 1-2). 장뇌전매국樟腦專賣局은 1899년 8월에 설립되었는데,[10] 1900년 이후 장뇌는[11] 아편에 이은 제2의 전매 수입원이 되었다.[12] 전매수익은 대

10 대만 · 일본의 장뇌 생산을 합하면 전세계 장뇌 생산량의 60퍼센트 이상을 차지해 세계시장을 지배했다고 할 수 있는 수준이었다(臺灣銀行經濟硏究室 編, 『臺灣之樟腦』, 臺灣銀行, 1952, 3쪽).

11 | 역주 | 1860년대 대만의 개항과 함께 대만 3대 수출품의 하나로 등장한 장뇌樟腦는 1890년 셀룰로이드와 무연화약無煙火藥의 원료로 사용되기 전까지 주로 약용으로 사용되었다. 중국에서는 풍진風濕 · 진선疹癬 · 곽란癨亂의 치료에 사용되었고 서구에서는 내과용 강심제强心劑나 피부병 · 신경쇠약을 치료하는 데 사용되었다. 인도에서는 종교 의식에 사용되었다. 하지만 장뇌 생산 지역은 일본과 중국 일부와 대만으로 극히 제한되어 있었는데 일본이 대만을 할양받은 후 세계 장뇌시장은 일본이 독점하게 된다. 그러나 플라스틱이 개발된 1910년대 이

만 통치를 공고히 하고 상품생산의 기초를 닦는 데 주력한 시기(1895~1905)에 총독부의 주된 수입원이었다.

아편·장뇌의 전매를 통해 총독부는 양상을 배척하고 독점적 이익을 거두어 기대 이상의 재정수입을 올렸다. 이 전매수익과 인상된 관세는 총독부 수입의 주요 원천이었는데, 이는 곧 대만에서 양상의 쇠퇴를 의미한다. 전매수익과 관세를 일종의 간접세로 볼 수 있다면 1905년 이전 간접세는 전체 세수의 약 60퍼센트를 차지한 셈이다(北山, 1959, 155~156).[13] 전매제도는 이후 담배(1905)와 주류(1922)로 확대되었다. 전매사업(아편·장뇌·담배·주류·소금)의 수입은 1930년대에도 여전히 간접세의 주요 부분을 이루어(北山, 1959, 155~156) 소비자의 이익을 실질적으로 침해하는 간접세의 비율이 총세수의 50~60퍼센트를 차지했다.

대만은 이런 방식으로 1905년에 재정자립을 달성했고 일본정부는 대만의 행정비용을 보조할 필요가 없게 되었다(표 1-1). 재정자립은 과중한 직접세(토지세 등)와 아편·장뇌·소금 전매 등의 간접세를 통한 착취에 의존해 달성되었다. 전매로 인한 간접 부담을 제외하더라도 식민지 대만의 1인당 직접세 부담은 1904~1905년 사이에 매년 평균 4.55엔으로 일본의 1인당 직접세보다 36.2퍼센트가 많았고(竹越, 1905, 220~221) 청대에 비해서도 월등히 많았다(竹越, 1905, 221). 이러한 과중한 세금부담으로 일제 초기 대만의 자당蔗糖생산은 쇠퇴하기도 했다(『臺灣の糖業』, 1935, 8 ; 臺灣銀行, 1919, 210 ; 山根, 1969, 269 ; 森, 1980, 374~375 ; 矢內原, 1985, 78). 1914년 고토는 한 공개

후에는 사양산업이 되었다.

12 소금전매는 1899년에 시작되었다. 아편·장뇌의 방대한 수익에 비해 소금 전매의 총독부 수입에 대한 공헌도는 훨씬 못 미치는 수준이지만, 상품가격을 임의로 결정할 수 있는 독점품목으로서 총독부 수입 증가의 수단이 되었다. 소금 생산량의 절반 이상은 일본으로 이출되었는데, 대만 현지판매가는 일본 이출가격의 세 배에 달했다(北山, 周憲文 譯, 『日據時代臺灣之財政』, 臺灣銀行經濟硏究室, 1959, 149쪽).

13 대만 관세는 1909년 이후 일본정부의 회계 항목으로 편입되었다.

강연에서 다음과 같이 지적했다. "재정자립 달성을 위해 사용한 여러 가지 임시변통(직접 · 간접의 중세重稅–필자)이 외국인이나 대만인에게 발각되었다고 생각하면 얼굴에 식은땀이 흐를 정도였다. 결코 장구지계長久之計는 못 되었다"(後藤, 1921, 50). 고토는, 총독부의 전매수익 의존은 점차 축소 · 폐지되어야 하며 생산력의 제고와 상품생산의 확대를 통한 세수 증가가 정도正途임을 분명히 한 것이다(後藤, 1921, 50~51).[14] 그는 농업생산력의 성장과 설탕 수출의 확대가 보다 많은 세원을 제공하고 토지세와 설탕소비세의 증가도 유발할 것으로 기대했다(표 1-3에 표시된 각항 세수의 비율 참조). 바꿔 말하면 총독부는 황금알을 낳는 거위를 죽이는 식의 착취를 통한 세수증대는 최대한 피해야 하며, 장기적으로 볼 때 상품생산과 시장 확대가 세원 확대의 근본방안이라고 보았다.

사회질서의 점진적 회복과 적자예산(공채)을 통한 충분한 재정 지원으로 총독부는 생산을 촉진하고 시장을 확대하는 일련의 조치를 실시하게 된다. 정밀한 지적도地籍圖는 탈세의 온상인 은전隱田을 적발해냈고 동시에 근대적 토지소유제 수립을 도와 토지의 자유로운 매매와 이용을 가능하게 했다. 토지조사사업과 이후의 지세개혁地稅改革은 근대적 토지소유권을 확립하고 시장생산의 유인誘因을 제공했다. 화폐의 통일과 도량형의 도입으로 대만 시장이 정비됐을 뿐 아니라 대만과 일본시장이 긴밀하게 연결되었다(『統治綜覽』, 1908, 222~230, 405~408). 대만은행臺灣銀行(일제시대 대만의 중앙은행)의 설립은[15] 자금의 원활한 흐름을 도와 상공업의 창업과 공공사업을 추

14 더욱이 아편은 총독부의 장기적 수입원이 되어서는 곤란했다. 때문에 고토와 그 후임자들은 점진적으로 아편을 금지하는 조치를 취했다. 하지만 1920년 이전에 아편 전매수입은 총독부 재정수입의 중요한 버팀목이기도 했다(劉明修, 『臺灣統治と阿片問題』, 山川出版社(東京), 1983, 183~236쪽 ; 鶴見, 『後藤新平』, 勁草書房(東京), 1983, 255~263쪽 ; 周憲文, 『日據時代臺灣經濟史』, 臺灣銀行, 1958, 108~111쪽).

15 | 역주 | 1897년 대만은행법이 공포되고 2년 후인 1899년에 대북에 본점을 개설하였다. 개설 목적은 화폐개혁을 통해 대만화폐를 발행하고 대만을 근거지로 일본 기업의 남부 중국과 동

| 표 1-3 | 조세 수입 내역(1896~1915) 단위 : 100만엔

연도	조세 총수입(1)	토지세 (2)	(2)/(1) %	설탕 소비세(3)*	(3)/(1) %	관세 (4)**	(4)/(1) %	기타 세수(5)***	(5)/(1) %
1896	2.03	0.75	37	0.00	0	0.67	33	0.61	30
1897	2.62	0.84	32	0.00	0	0.73	28	1.06	40
1898	2.91	0.78	27	0.00	0	0.91	31	1.22	42
1899	3.51	0.84	24	0.00	0	1.49	42	1.18	34
1900	3.27	0.91	28	0.00	0	1.58	56	0.77	24
1901	3.52	0.87	25	0.37	11	1.56	44	0.72	21
1902	3.81	0.90	24	0.78	20	1.50	39	0.64	17
1903	3.82	0.92	24	0.76	20	0.43	37	0.71	19
1904	5.67	1.96	35	1.45	26	1.44	25	0.82	15
1905	7.65	2.98	39	1.87	24	1.72	22	1.09	14
1906	8.34	3.98	36	2.40	29	1.62	19	1.33	16
1907	8.54	3.01	35	2.00	23	2.15	25	1.38	16
1908	10.94	3.04	28	3.50	32	2.54	23	1.86	17
1909	11.28	3.08	27	5.47	49	0.38	3	2.35	21
1910	19.21	3.11	16	12.12	63	0.31	2	3.67	19
1911	18.56	3.12	17	10.72	58	0.00	0	4.71	25
1912	17.50	3.12	18	7.49	43	0.00	0	6.91	40
1913	13.12	3.07	23	5.63	43	0.00	0	4.43	34
1914	12.21	3.09	25	5.31	44	0.00	0	3.82	31
1915	9.01	3.59	40	0.91	10	0.00	0	4.52	50

* 설탕소비세는 일본이 설탕 무역에 대해 징수하던 조세가 대만총독부 세수로 편입된 항목으로 1914년 이후 폐지됨.

** 1909년 이후 관세 수입은 일본정부 수입으로 편입됨.

*** 이 항목은 인화세印花稅 · 주세酒稅 · 소득세 · 광구세鑛區稅 · 직물소비세 · 제차세製茶稅 등을 포함하는데, 이들 세수는 상품화의 확대에 따라 중요도가 증가함. 장뇌세樟腦稅는 1900년 장뇌 전매 이후 폐지됨.

자료근거 : 『統計提要』, 996~997

진하는 데 불가결한 요소였다(臺灣銀行, 1939). 도내島內 운송과 일본과의 교통 설비 또한 개선되어 해운 비용이 크게 절감되었다. 적극적으로 실행한 공공위생은 사망률을 낮추고 노동 능력을 향상시켰고 속속 설립된 언어·의약·기술학교는 전문 인재의 양성에 공헌했다(『統治綜覽』, 1908, 135~169,

남아시아로의 진출을 도우며 자금의 융통을 통해 대만 상공업과 공공사업의 진흥을 돕는 것이었다.

408~438, 456~464 ; 竹越, 1905, 406~500).

대만을 식민지로 획득할 무렵, 산업화 초기 단계에 있던 일본의 자본가들은 자금력의 한계와 대만의 사회경제적 조건의 미성숙으로 인해 대만 투자를 주저하고 있었다. 대만사회의 동란을 평정하는 데 드는 비용 역시 일본정부에 큰 부담이었다. 그러나 오래지 않아 식민통치자들은, 대만이 풍부한 농업 잠재력을 보유하고 있어 성장 중인 일본의 공업화에 크게 기여할 수 있다는 점을 의식하게 되었다. 총독부는 일본 민간자본을 동원해 대만 농업자원을 개발하기 위하여 막대한 비용이 소요되는 사회간접자본의 건설을 감당했고, 기업경영에 편리한 근대적 시장체계의 건설에 착수해 모국자본이 진출할 수 있도록 길을 닦았다. 일제 초기의 재정·경제 정책은 이로 인해 대만 농업생산의 상품화, 그리고 현지조달 방식을 통해 대만 스스로 재정부담을 감당하도록 하는 데 초점이 맞추어져 있었다. 대규모 기반시설의 구축으로 기업의 사회간접자본 투자비용을 크게 경감시켜 일본자본의 투자를 이끌어낼 수 있었다.

일제 초기 일본 민간자본의 참여가 전무한 상황에서 총독부는 대만 현지 자원을 동원해 농촌의 상품생산을 촉진하는 데 성공했다. 농산품의 수출(주로 설탕과 제1차 세계대전 이후의 쌀)은 일본의 식량문제 해결에 크게 기여했다. 총독 고다마가 강조한 것처럼, 열강 간의 약육강식의 경쟁 속에서 대만 농산품은 일본의 자급자족 능력 강화에 공헌했다(兒玉, 1901, 173). 또한 식민지 대만에서 흘러들어온 대량의 농산물은 일본 국제수지 균형의 유지에도 기여했다. 1897~1903년 사이에 일본은 매년 2,300만엔을 설탕 수입에 지출했고, 이는 일본 대외무역 적자의 54퍼센트에 달하는 규모였다(高橋, 1937, 237). 대만당臺灣糖 수입으로 인해 설탕 수입 때문에 발생한 적자를 개선할 수 있었다. 1920년대 말 일본의 설탕 수요는 이미 자급 단계에 도달했는데, 대만당이 수요의 90퍼센트 이상을 만족시켰다〔『糖業統計』(各

年)]. 이와 동시에, 식민지로부터 끊임없이 흘러들어온 저가의 농산품 덕분에 모국 노동자들의 생활비 지출은 크게 줄었고 이는 임금 절감과 일본자본의 축적을 가능하게 했다(陳逢源, 1937, 194). 마지막으로 총독부의 지원하에 대만에 와서 농기업 경영과 농산품 수출을 담당한 일본 자본가들은 농업생산 규모의 확대와 대외무역의 성장을 통해 막대한 이윤을 획득할 수 있었다.

2. 토지제도의 보존과 개조

대만 식민지정책의 설계자인 고토 심페이가 일관되게 대만 통치의 원칙으로 삼은 것은 소위 '생물학적 정치' 였다〔鶴見, 1983(卷2), 26~27〕. 식민지정책의 목적은 대만의 사회경제적 환경을 개조하여 식민통치자의 이익에 부합하도록 하는 것이다. 고토는, 우선 피치자被治者의 풍속·관습을 이해해야 좋은 전략을 수립할 수 있다고 생각하고 이를 위해 저명한 일본학자들을 대거 초빙, 대만의 기존 제도·법률과 습속 등에 대해 체계적이고 심도 있는 연구를 수행하도록 했다(『統治綜覽』, 1908, 504~517).[16] 실제 정책 집행에서 '생물학적 정치'라는 원칙은 기존의 풍속·관습과 사회경제 체제에 대해 점진적 개량이라는 전략을 지향하게 했는데 일제 초기 다중지권多重地權의 변화에 순응하여 시행한 토지조사사업이 그 대표적인 사례이다.

다중지권은 청초의 간호墾戶·전호제佃戶制에서 기원한 것이다(대大·소조

16 오카마쓰 산타로岡松參太郎 박사가 주도한 임시대만구관조사회臨時臺灣舊慣調査會(이하 '구관조사회舊慣調査會' 로 약칭)는 청대 대만의 토지제도와 풍속·관습에 관한 자료를 정력적으로 수집하기 시작했다. 구관조사회의 성과, 예컨대 『臺灣私法』(이하 『私法』으로 약칭)이나 『淸國行政法』 등의 출판물은 그 자료의 완벽함이 당시 중국 여타 지역에 대한 연구와는 비교할 수 없을 정도로 높은 수준을 자랑했다. | 역주 | 구관조사회의 기원과 성립·운영·업적 등에 관한 상세한 설명은 鄭政誠, 『臺灣大調查-臨時臺灣舊慣調查會之研究』, 博揚文化, 2005 참조.

업小租業의 성격과 기원에 관한 상세한 분석은 戴炎輝, 1963 ; Ka, 1995, 16~27을 참조). 청초淸初 대만의 특수한 사회경제적 조건으로 인해 행정력과 군사력이 부족했던 청조 중앙은 대만 통치를 간호층墾戶層에 의존해야 했다.[17] 간호는 개간開墾의 지도자이고 징세 중개인이자 사회질서 안정의 지주支柱였으므로, 청조 정부는 간호의 사회적 지위를 인정하여 전호佃戶 관리를 책임지게 하고 개간지역의 치안 유지 등의 임무를 부여하고(戴炎輝, 1963, 15~16, 戴炎輝, 1979, 43~44), 그 반대급부로 간호의 개간 토지에 대한 법적 권리를 보장해주었다. 때문에 간호를 업주業主(또는 전주田主)라 칭하기도 했다.[18] 청초에 지방관은 세원 확보와 지적의 혼란으로 인한 징세의 곤란을 막기 위해 전호의 '구전성업주久佃成業主'(오랫동안 특정 토지를 소작하면 전호가 결국에는 업주가 되는 관행)를 막으려 각별히 애썼다.[19]

간호는 위로는 지방관에게 황무지 개간의 허가를 받고 아래로는 전호를 모집하여 이들에게 토지 개간을 맡김으로써 소위 전면田面을 획득하여 전

17 간호는 업호業戶라고도 한다. 그러나 간호는 개간을 완성한 후 지방 관청에 개간한 토지를 등기하고 납세(승과陞科)함으로써 해당 토지에 대한 소유권을 정식으로 인정받게 되고, 이 과정을 거쳐야 비로소 업호가 될 수 있다. 간호가 소유한 '업業'은 승과를 거쳐 합법적 지위를 획득하게 된다.

18 구관조사회의 설명에 따르면 "업주는 중국 법률에서 특정한 토지에 대해 최대 실권을 보유한 지배자를 지칭하는 용어"이며, "전부田賦는 업주 자격의 소지자가 부담하는 것을 원칙으로 한다."(『私法』, 234쪽)

19 이 점은 공문서나 지방지地方志를 통해 쉽게 확인할 수 있다. "신구新舊 토지를 막론하고 업주가 전호에게 소와 종자를 지급한 토지가 60~70퍼센트이고, 업주 스스로 개간한 토지는 30~40퍼센트에 불과하다. 오랜 시간이 흐르면 전호는 간주墾主를 자처하면서도 전부의 납부는 회피한다. 업주가 한 전호를 바꾸려 하면 무리지어 들고 일어나니, 장차 틀림없이 구전성업주久佃成業主의 폐해가 생길 것이다. 소송은 날로 치열해지고 소송 서류는 날로 쌓여가니, 이는 장차 바람직하지 못한 결과를 낳을 것이다. 또한 전호가 자신이 (소작하는) 토지를 아랫사람에게 전태典兌한 것을 전저田底라 하는데, (이 전저를) 서로 주고받는 관례가 생겨 매매하는 것과 같게 되었다. 업주가 이미 바뀐 경우라 하더라도 전호는 여전히 눌러앉아 있으니, 장래에 틀림없이 일전삼주一田三主의 폐단이 생길 것이다. 전부를 납부하는 이(납호納戶)는 갑甲에서 을乙로 바뀔 수 있으니, 서리들은 (이 틈을 타) 농간을 부릴 것이다. (토지관련) 도책圖冊은 날로 혼란스러워지고 (명목뿐인) 소유권은 계속해서 겹치게 되니, 이 또한 점차 바람직하지 못한 결과를 낳을 것이다(陳夢林 · 周鍾瑄, 『諸羅縣志』, 臺灣銀行, 1962, 95~96쪽).

조佃租를 수취하며, 개간이 완성된 후에는 관에 신고(승과陞科)하여 정식으로 법정 업주, 즉 업호業戶가 된다. 전호는 개간에 들인 노동력과 자본을 인정받아 민간의 관례 및 간호와 체결한 계약에 따라 전저田底를 취득하여 영전永佃할 수 있게 된다.[20] 지방관은 간호를 업주로 간주했지만, 전호의 토지에 대한 지배력이 날로 강해지면서 민간에서 실제로 통용되는 조전租佃 관습은 건륭乾隆 연간(1736~1795)에 이미 동일한 토지에 2인의 소유자가 설정된(一田兩主) 대大·소조업小租業으로 변화하게 된다. 대략 건륭 초기에 전면田面에서 발생한 전조佃租 외에 민간의 관례가 승인한, 개간의 노동력·자본으로 인해 전호에게 귀속된 전저田底에서도 또 하나의 전조가 발생하는데 이것이 소조小租이다. 원래 간호로부터 개간 권리를 부여받아 전저권田底權을 취득한 전호는 토지이용상의 개선(예컨대 한작旱作에서 수도작水稻作으로의 변화)에 성공한 후 개간된 토지를 재차 분조分租해 전호의 다층화多層化 현상이 발생하게 된다. 전호와 구별하기 위해 전호가 모집한 전인佃人을 따로 현경전인現耕佃人 또는 현경現耕이라 불렀다. 전호는 소조를 수취했기 때문에 소조호小租戶라 불리게 된다. '소'조에 대해 본래 전호가 업호에게 납부하던 전면조田面租는 '대'조라 불리게 되었고, 그 업호 역시 대조호大租戶라 불리게 된다(그림 1-1). 구관조사회舊慣調査會는 게르만 고유법의 분할소유권

20 복건순무福建巡撫 서사증徐嗣曾의 건륭53년(1788) 상주문에 아래와 같이 명쾌하게 설명되어 있다. "대만의 업호는 토지를 개간할 때 전호를 모집하여 경작하도록 하고 자신이 제공한 노동력·자본을 회수하는데 이를 '이두전犁頭錢'이라 하며 1갑甲에 100~200량兩을 거둔다. 그 후에는 매년 조곡租穀으로 6~8석을 거두는 데 그친다. 전호가 자신의 노동력·자본을 들여 개간하는 경우도 있는데, 이들 전호가 세금 규정(科則)에 어두워서 읍내의 유력가(殷實之家)에게 업호의 지위를 위임하여 지세 납부를 책임지도록 했는데, 이 때 거두는 조곡 역시 1갑에 몇 석 정도이다. 이를 '전면조田面租'라 한다. 그 전호는 경작권을 취득한 후 재차 사람을 고용하여 대신 경작하도록 하기도 한다. (중략) 전호는 수확물을 (피고용인과) 나누는데 매년 1갑에 수십 석에 달하고, 이를 '전저조田底租'라 한다. 결과적으로 업호는 약간의 조곡만을 거두고 전호는 꽤 많은 조곡을 거두게 된다. 토지의 공식적인 소유자는 업호이지만, 실제로는 전호의 소유나 마찬가지이다"(臺灣銀行, 『臺案彙錄甲集』, 經濟硏究室 編, 182쪽).

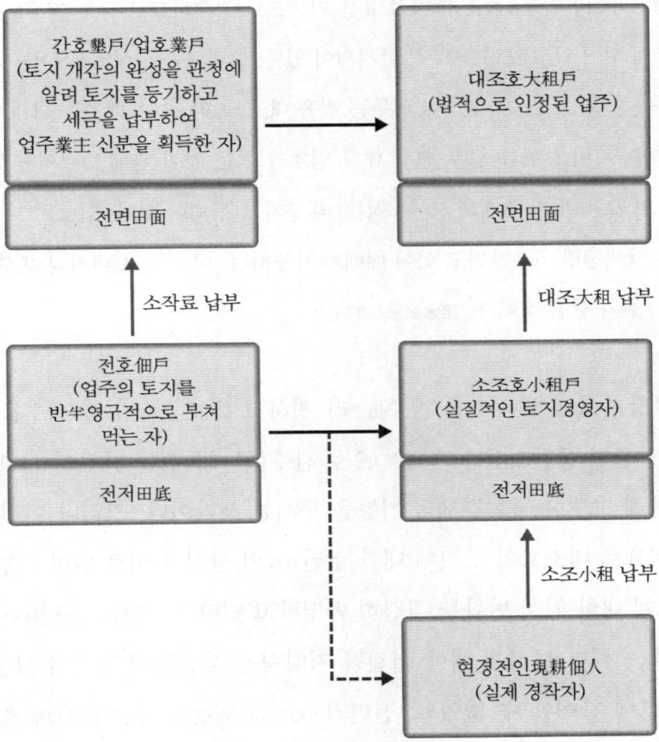

| 그림 1-1 | 청대 대만의 대·소조업 분화도

Geteiltes Eigentum을 원용하여 대·소조업을 각기 다른 계급에 분속된 유럽의 상급소유권obereigenthum과 하급소유권untereignenthum 개념에 유비類比한 바 있다(『私法』, 268 ; 戴炎輝, 1963, 21).

그런데 대조호의 토지에 대한 지배력은 계속 축소되어 끝내는 토지의 경영이나 처분과는 무관한, 단지 소조호에 대해 약정된 조액租額만을 수취하는 존재로 전락하게 된다. 청말에 편찬된 『담수청지淡水廳志』에는 엄금청嚴金淸의 말을 빌려 다음과 같이 서술되어 있다.

내지內地의 전부田賦는 토지 소유를 기준으로 징수하므로 모두 전주田主가 납부하게 되어 있고 포량包糧은[21] 금지되어 있다. 그러나 단수이淡水에서는 전주가 거두는 것을 소조小租, 관官이 거두는 것을 대조大租라 하며, 대조는 대개 업호가 징수한 후 이를 관에 납부한다. 대개 업호가 거둔 것이 관에 납부하는 것보다 많으며 모든 토지에 대해 (많든 적든) 대조가 설정되어 있다. 업호는 토지계약서와 납세증명서를 가지고 있어 매매가 가능하다. 이는 실로 내지의 포수包收·포납包納과 같은 것이다(『淡水廳志』, 87~88).

엄금청은 소조호小租戶를 전주田主라 칭하고 대조호大租戶를 세수를 포람包攬하는 불법 중간기생층('包糧者')으로 간주했는데, 이는 간호의 기원과 간호가 본래 수행한 사회경제적 기능을 무시한 생각이다. 그러나 이러한 생각은 역으로 대조호의 토지에 대한 실권實權의 상실과 이로 인한 지방관의 대조호에 대한 인식 변화를 적절히 반영하고 있다. 가경嘉慶 초년(19세기 초)에 업호는 이미 토지에 대한 실질적 지배력을 상실하여 토지의 사용·수익·처분에 간여할 수 없었고, 전면권田面權의 내용도 수조권收租權에 국한되었다(戴炎輝, 1963, 26~28, 38). 때문에 대소조업은 이미 게르만 고유법의 분할소유권에 유비될 수 없었고 전면은 이미 '물상부담物上負擔'으로 전락하게 된다(戴炎輝, 1963, 28). 구관조사회는 이러한 변화의 시점을 특별히 정하지는 않았지만 변화의 추세에 대해서는 역시 유사한 관점을 취했다(『私法』, 302~303). 오카마쓰 산타로岡松參太郎[22]와 마찬가지로(1901a, 1901b) 구관조사

21 |역주| 전부田賦를 개별 농가가 관청에 납부하는 것이 아니라 일종의 징세 중개인을 통해 전부 납부를 대리하도록 했던 명明·청대淸代 중국의 납세 관행을 지칭한다. 일반적으로 포람包攬이나 남수攬收라고 한다. 납세와 징세를 연결하는 이 중간적 존재로 인하여 각종 사회경제적 폐단이 발생했기 때문에 공식적으로는 금지되어 있었다. 하지만 (인용문의 내용과는 상반되게) 실은 전통시대 중국의 지배층인 신사층紳士層이 소농小農을 지배하는 구체적인 형식의 하나로서 광범하게 행해진 사회적 관행이었다는 것이 정설이다.

22 |역주| 오카마쓰 산타로岡松參太郎(1871~1921)는 일본 구마모토현熊本縣 출신으로 1894

회는 청말 대만의 대조업의 성격을 채권債權으로 보아 소조업이 물권物權인 것과는 대비된다고 파악했다(『私法』, 311~314). 바꿔 말하면 대만 지방관, 〔구관조사회 및 임시대만토지조사국臨時臺灣土地調査局(이하 토지조사국으로 약칭)에 소속된〕 일본 법학자 및 다이옌후이戴炎輝는[23] 19세기 대만의 진정한 토지소유자는 소조호라고 인식한 것이다. 비록 그렇긴 했지만 유명전의 지세개혁과 '감사유육減四留六'(1888)[24]에 이르러 소조호로 하여금 영단승량領單承糧(토지소유권을 보유하면서 납세의무를 짐)하게 할 때까지, 관부의 공식문서에서 업호(간호)·전호는 여전히 각각 전면권자田面權者·전저권자田底權者로 불리고 있었다. 이를 한 연구자는 '관료주의의 산물일 뿐'이라는 말로 민간의 토지관행과 큰 괴리가 있던 관방 용어를 묘사하고 있다(戴炎輝, 1963, 24). 일제 초기의 토지조사사업에서는 "청조의 기존의 업주業主 관념을 채용하여, 토지에 대해 최대 실권을 보유한 자를 업주로 삼고 업주권을 그 최대실권자의 권리로 삼기로"(1898년, 율령律令 제14호 〈토지조사규칙土地調査規則〉의

년 도쿄제국대학을 졸업한 후 독일·프랑스·이탈리아에서 유학했다. 귀국한 후 경도제국대학 교수에 임명되고 동시에 임시대만토지조사국臨時臺灣土地調査局의 촉탁囑託을 겸임하게 된다. 1901년부터는 구관조사회 제1부장部長으로 『私法』이나 『臺灣番族慣習硏究』 등의 대작을 완성했다. 고토 심페이로부터 인정받아 만철 이사理事에 임명되기도 한 그는 독일 법학의 강한 영향 하에서 일본 민법을 깊이 연구했고 비교법학에도 밝았다.

23 다이옌후이戴炎輝(1909~1992)는 대만 병동屛東 출신으로 1930년 도쿄제국대학 법학부 법률과에 입학한 후 중국·대만 법제사法制史 연구를 계속하여 『당률통론唐律通論』으로 박사학위를 취득했다. 1936년에는 일본 고등문관 사법과司法科 고시에 합격하여 가오슝高雄에서 개업하기도 했다. 1971년에 사법원司法院(한국의 대법원에 해당) 대법관에 임명되었고 후에 사법원 원장을 역임하는 등 대만 법조계의 태두로 일컬어진다. 대만사 연구와 관련해서는 청대 대만의 기층행정문서인 『담신당안淡新檔案』을 정리·연구한 것으로 잘 알려져 있다.

24 | 역주 | 유명전은 지세개혁 처음에는 대조권大租權을 완전히 없애고 소조호小租戶에게 완전한 토지소유권을 부여하면서 동시에 납세의 의무도 지우는 방향으로 지세개혁을 구상했다. 하지만 이 소식이 알려지자 대만의 유력 대조호들, 예컨대 유명전이 이끈 소위 '대만신정臺灣新政'의 오른팔이라 불리던 린웨이위안林維源 등이 대조호 소멸 방침의 철회를 호소했다. 이에 유명전은 일종의 타협책으로서 기존에 소조호가 대조호에 납부하던 대조액大租額 중 40퍼센트는 소조호에게 돌려주어 지세 납부에 보태도록 하고 나머지 60퍼센트만을 대조호의 수입으로 변경하게 된다. 이로써 대조호의 반발을 일단 무마할 수는 있었지만 대만신정을 지지하던 대조호 계층의 정치적 지지를 잃게 된다.

제1조) 함으로써 소조호가 업주임을 확인하고 있다. 토지조사사업 직후 지세개혁이 뒤를 이었고 곧이어 대조권의 보상·폐지를 거치면서 토지에 대한 근대적 소유권이 확립되었다(『私法』, 234, 289).

총독부는 대만토지제도의 (특히 조전관행租佃慣行) 변화에 맞추어 토지제도와 관련 세제를 개혁해 몰락해가는 대조권을 폐지하고 진정한 토지경영자(소조호)를 업주로서 확립했고, 근대적 사유재산권의 법적 보장을 통해 자유롭고 절대적인 토지소유권free and absolute ownership of land을 보장하게 된다. 혼란스러웠던 각종 토지 관련 권리와 토지에 가해진 인위적 속박이 해제되어, 토지소유권은 단일화되고 법적으로 보장되면서 자유로이 매매할 수 있게 되었다. 대만의 전통적 토지제도에 대한 점진적 개혁을 통해 영전농永佃農 출신이면서 자작농인 소조호를 보호했기 때문에 가족단위의 생산을 기본으로 하는 대만 농촌에 광범하게 존재하던 가정농장family farm을 보존할 수 있었다.

토지세를 개발 잠재력이 가장 큰 세원으로 인식한 총독부는 토지조사사업을 식민통치 첫 단계(1898~1905)의 핵심정책으로 간주하고 이를 통해 사회간접자본 건설비용과 행정경비를 충당하려 했다. 고다마와 고토는 토지세를 확대하기 위해서는 우선 정밀한 지적도를 만들어 소유권의 확인, 토지등급의 구분 및 토지가격의 평가에 활용해야 한다는 점을 잘 알고 있었다. 더욱 중요한 것은 정밀한 지적자료가 완성된 후에야 근대적 토지소유제도를 수립하여 소유자 겸 직접경영자에게 징세함으로써 (국가와 토지소유자 간의) 중간적 존재(예컨대 서리胥吏나 지역엘리트)의 방해를 받지 않을 수 있었다. 표준화된 토지세와 각종 전前자본주의적 속박을 벗어난 토지소유권을 통해 총독부는 재원을 넓히고 나아가 행정·건설비용을 충당할 수 있었다. 근대적 토지소유제는 징세에도 유리할 뿐 아니라 토지 이용과 농업생산의 상품화에도 유리한 사회경제적 조건을 창출했다. 이 외에도 재정적 목적과 직접 관련은 없지만 주목할 점은, 근대적 토지소유제 수립의 당초 목적 중 하나는 일본자본의 토지 투자와 대만 농업생산으로 침투하는 데 방해되는 구조적 걸림돌을 제거하는 것이었다.[25]

총독부는 1898년 토지조사사업에 관한 고시告示에서 재정적 목적을 교묘하게 은폐하면서 토지소유권의 확인과 납세의 편의를 위한 자료수집이라고만 공표했다(竹越, 1905, 207 ; 江丙坤, 1972, 46). 증세 의도는 조심스럽게 위장했는데, 이는 과거 유명전이 증세를 위해 진행한 지세개혁이 연상되는 것을 피하기 위해서였다(江丙坤, 1972, 44~46 ; 竹越, 1905, 207). 총독부가 1899년에 실시한 초보적 통계에 따르면 미등기토지는 등기토지의 50퍼센트에 달했다. 이는 정밀한 토지조사사업을 통해 대폭적인 세수 증가를 이룰 수 있음을 의미했다(江丙坤, 1972, 59). 총독부는 동시에 대조호의 수조권을 취소하고 그 조액租額을 토지세에 산입하여 세수 증가를 꾀하고자 했다(江丙坤, 1972, 41, 45, 57). 토지조사사업은 1898년에 시작해서 1903년에 종결되었다. 사업은 토지소유 상황을 파악하고 등기를 마치는 것은 물론, (수확량 · 수익률 · 소작관계와 매매가격 등의) 토지 관련 정보를 수집해서 이들 정보를 토대로 토지등급을 판정하여 과세기준을 마련할 수 있었다(江丙坤, 1972, 133~134).[26] 총독부는 이를 사업공채 발행의 전제가 되는 증세 계획(은전의 발굴과 대조액大租額의 토지세 산입)의 수립에 활용했다. 그러나 토지정책의 급격한 변화가 사회불안을 야기하고 행정적 통제를 위태롭게 할 수도 있다고 판단한 총독부는 토지조사사업 완성 후 얼마간은 이전 방식으로 토지세를

25 그러나 이 목적 자체는 여러 가지 구조적 요인으로 인해 그 효과가 미미했다(이에 대해서는 2장 2절의 네덜란드 지배하의 자바와의 비교연구를 참조).

26 총독부는 토지수확량을 근거로 토지등급을 구분하여 과세 표준으로 삼았다(江丙坤, 『臺灣田賦改革事業之研究』, 臺灣銀行, 1972, 131~135쪽 ; 程家穎, 『臺灣土地制度考查報告書』, 臺灣銀行, 1963, 63~90쪽). 과세는 토지의 생산력(즉, 담세 능력)에 따라 정해진 것이지 (일반적인 자본주의 경제에서처럼) 토지의 시장가격에 따라 정해진 것이 아니었다.

징수했다. 세액은 청대의 구액舊額을 유지하여, 대략 일본 제국의회가 1896년 총독부 예산 심의 당시 예측한 90만엔에 가까웠다(江丙坤, 1972, 36, 135, 138, 143 ; 中村, 1905, 16~18, 실제 징수액은 표 1-3을 참조).

토지조사사업 실시 이전에 고다마와 고토는 총독부의 통치능력을 강화하는 데 힘써 청대 대만에 빈발했던 사회적 동란의 예방에 주력했는데, 이를 위해 강력한 경찰체제를 도입했다(竹越, 1905, 211 ; 江丙坤, 1972, 53, 141). 경찰력은 1899년에 경부警部 259명과 순사巡査 4,061명으로 증가했는데, 이들은 3개월 이하의 구류와 100엔 이하의 벌금을 판결할 권한을 가지고 있었다(『統治綜覽』, 1908, 99, 104, 110~114 ; 竹越, 1905, 244, 249). 경찰은 정치적 통제는 물론이고 납세 · 위생 · 교육 · 농정農政 등 관여하지 않는 분야가 없을 정도로 전방위로 활동했고(竹越, 1905, 245~246, 248~249), 호구조사와 토지조사사업에 협조하고 새로운 토지세의 집행에도 참여했다. 행정경비 중 상당 부분은 경찰체제의 도입 · 정착에 사용되어 1898~1904년 사이에 경찰경비는 민정경비 총액의 40~48퍼센트에 달했다(鹽見, 1954, 131).[27] 1902년 무력진압이 일단락된 시점에[28] 전도全島 20개의 청廳과 97개의 지청支廳에는 992개의 파출소가 설립되어 가장街庄(일제시대 대만의 말단 행정구획으로 동리洞里에 해당)까지 빠짐없이 보급되었다. 실제 경찰인원은 경부 177명, 경부보警部補 271명, 순사 3,224명, 순사보巡査補(대만인으로 충당) 1,424명으로(『統計提要』, 1,321), 당시 지방행정의 기본단위인 가장街庄 역장役場 인원을 훨씬 초과하는 수준이었다(鹽見, 1954, 142~143). 총독부 이하의 지방행정단위(청廳)에는 총무 · 세무 · 경무警務의 3과課가 설치되었는데, 실제 총무과 · 세무과의 사무 중 적지 않은 부분은 경찰의 협조를 얻어야 집행될 수 있었다. 청 이하

---

27 민정경비는 세출의 경상경비 중 전매 · 철도 · 통신 등 관영사업경비를 제외한 것이다. 경찰경비에는 법원경찰과 경찰, 감옥인원 훈련소 및 감옥 운영비용을 포함한다.

28 고다마는 1902년 조직적인 무력저항은 이미 사라졌다고 선언한 바 있다.

의 지청은 거의 예외 없이 경부가 지청장을 겸했고, 그 이하의 관리 역시 순사가 담당하고 있었다(竹越, 1905, 49, 246). "순사는 세무 · 위생 · 농정 등을 책임졌기 때문에 인민들 눈에 띄는 관리는 경찰뿐이었다."(竹越, 1905, 246). 다케코시 요사부로竹越與三郞는[29] 다음과 같이 정리하였다. "이러한 체제는 표면적으로는 총독總督―청廳 · 과課―인민이지만, 실제로 총독은 경찰을 통해서만 인민과 접촉할 수 있었다"(竹越, 1905, 246). 무력진압이 종결된 후 경찰력은 어떻게 처리해야 좋을지 모를 정도로 팽창해 있었고 고다마 총독은 이들을 행정에 투입한 것이다(鹽見, 1954, 143). 그 결과 경찰은 거의 모든 행정사무를 장악하면서 실질적인 경제정책의 집행자가 되었다(鹽見, 1954, 141~142).[30]

경찰의 지방행정에 대한 영향력은 보갑제도保甲制度와 밀접한 관계가 있

29 |역주| 다케코시 요사부로竹越與三郞(1865~1959)는 일본 니가타현新潟縣 출신으로 20세기 초에 활동한 정치가이다. 게이오의숙慶應義塾을 중퇴한 후 『時事新報』 등의 기자를 거쳐 1929년에는 잡지 『世界之新聞』을 창간했다. 정치적으로는 입헌정우회立憲政友會 계열로서 5회에 걸쳐 중의원 · 귀족원 의원을 역임했다. 그는 대만에 일본의 법률이 동일하게 적용되는 데 반대하고 대만총독부에 독자적 입법 권한을 부여한 소위 '육삼법六三法' 체제를 지지함으로써 식민정책에 있어서 동화주의同化主義에 반대하는 입장을 분명히 했는데, 그의 이러한 사고는 『臺灣統治志』나 『比較植民制度』 등의 저서에 잘 반영되어 있다.

30 1920년 덴 겐지로田健治郎 총독 때에 이르러서야 고다마가 설립한 경찰제도에 대한 개혁이 진행되어, 경정警政과 민정民政을 분리하려는 시도가 있었다(鹽見俊二, 周憲文 譯, 『日據時代臺灣之警察與經濟』 臺灣銀行, 1954, 128~129, 141~142쪽). 개혁 후 경찰기관이 행정사무를 직접 장악하는 제도는 폐지되었지만 경찰의 지방행정에 대한 영향력은 여전히 강력하여 경찰(및 그 지배하의 보갑제도保甲制度)의 협조 없이는 행정사무를 진행하는 것 자체가 곤란한 정도였다(鹽見俊二, 앞의 책, 1954, 129, 142쪽). 개혁 이후 경찰의 지방행정 참여 규모는 크게 줄었지만, 1931년 경무국警務局 통계에 따르면 '본무本務' 외의 업무를 지원한 시간과 범위는 여전히 놀라울 정도인데, 그중 토지와 산업 관련 항목에 투입된 시간은 58퍼센트에 달했다(臺灣總督府警務局 編, 『臺灣の警察』, 1932, 109~115쪽 ; Chen, *The Japanese Colonial Empire, 1895~1945*, Princeton: Princeton University Press, 1984, pp.234~235). 이러한 경찰의 본무 이외의 업무가 지방행정 운영에 끼친 거대한 효과에 대해 경무국 스스로 '대만 경찰의 특색'이라고 인정하고 있다(臺灣總督府警務局 編,『臺灣の警察』, 1932, 109쪽). 경찰과 경제정책의 관계에 관하여 鹽見俊二(앞의 책, 1954, 142쪽)는 덴 겐지로의 1920년(경찰제도 개혁)을 기준으로 전 · 후기로 나누고, "전기 25년간 경찰기관은 경제정책의 직접적 실천자였고, 후기 25년간 경찰기관은 경찰정책의 간접적 지지자 · 추진자였다"고 평가했다.

다. 보갑은 원래 청대부터 있던 제도인데,[31] 무력진압 시기에 치안의 유지와 동란의 평정을 목적으로 부활되어 '자율방범'과 같은 임무를 수행했다. 일제시대에 일정한 변화를 거쳐 정착된 보갑제도는 대체로 가장街庄의 구획과 일치하며, 10戶를 1甲, 10갑을 1保로 삼아 갑장甲長과 보정保正을 분설하고 구성원 간에는 연좌제를 시행하며, 보갑 아래는 장정단壯丁團을 설치하여 경찰의 지휘·감독하에 소집·훈련 등을 실시했다(『統治綜覽』, 1908, 116~118 ; 竹越, 1905, 251~254 ; 持地, 1912, 76~79). 총독부의 입장에서 보갑은 경찰의 하위 보조기구였던 것이다(『統治綜覽』, 1908, 116). 무력진압이 종결된 후 일제시대의 최말단 행정조직인 보갑은 여전히 경찰의 감독을 받으면서 가장街庄의 행정사무를 보좌했고, 경찰조직의 확장과 맞물리면서 경찰의 지방행정 장악을 위한 유력한 수단이 되었다(鹽見, 1954, 146~147).

총독부는 조직적인 무력저항이 종식되고 전도全島의 경찰체계와 보갑제도의 전체적인 배치가 완료되고 군사행동을 지원할 수 있는 전도를 관통하는 운수체계 역시 완성된 후인 1904년에 (청대에는) "시행할 때마다 어김없이 반란이 일어났던" 토지세 인상을 단행했다(中村, 1905, 44 ; 江丙坤, 1972, 135~141).[32]

---

31 청대 관청이 치안 목적을 위해 지방에서 실시한 보갑제도에 관해 다이옌후이戴炎輝는 "보갑은 실질적으로는 호구조사에 불과"하며 "보정保正이 일반 가장街庄 사무에 참여하는 것일 뿐"이라고 평가한 바 있다(戴炎輝, 『清代臺灣之鄉治』, 聯經出版社, 1979, 117쪽). 다이에게 있어서 청대 대만의 지방자치 조직은 "자연적으로 형성된 가장을 기본으로 하며," "가장은 스스로의 힘으로 치안을 유지하고 주민을 단속"(戴炎輝, 앞의 책, 1979, 116쪽)한 것이지, 관청이 설립한 보갑제도가 실질적으로 운영되는, 즉 치안유지 기능을 발휘하는 의미 있는 조직체는 아니었던 것이다. 다이는 "당시 소위 보갑은 단지 호구 분류의 단위였을 뿐 진정한 보갑제도가 실제로 존재한 것은 아니다."라고까지 말하고 있다(戴炎輝, 앞의 책, 1979, 79~85쪽).

32 예컨대 "건륭 연간(1736~1795)에 대만 토지에 대해 장량丈量을 청하는 자가 있었는데, 시작하자마자 임씨林氏 도당의 반란(임상문林爽文의 난을 지칭-역자)이 일어났고 장량은 곧 중지되었다. 대만 인민은 성정이 부박浮薄하여 쉽게 행동하고 호강豪强의 무리들은 청장清丈이 일단 시작되면 소문을 만들어내고 소요를 일으킴으로써 요행을 바란다. 하지만 이들을 내버려두는 것은 마치 걱정이 있다고 해서 식음을 전폐하는 것과 같으니 이들을 마냥 방치할

총독부의 임무는 재정자립을 달성하고 대만을 일본의 식량·원료의 공급지로 만들고 이념적 측면에서는 대만인을 상품의 생산자이자 소비자로 만들어 '문명개화'의 세례를 받도록 하는 것이었다. 이러한 임무를 완성하기 위해 고다마와 고토는 유명전이 청말에 시도한 바 있는 노선을 따른다. 강력한 경찰체제와 모국의 풍부한 자금 지원 속에 진행된 토지조사사업의 규모와 정밀도는 유명전이 1886년 지세개혁을 추진할 당시의 수준을 훨씬 뛰어넘었다. 토지조사사업 결과 과세 대상 토지면적은 633,065갑甲,[33] 토지세 총액은 2,989,287.1엔으로 청말의 세 배에 이르는 규모였다(中村, 1905, 44 ; 程家穎, 1963, 69).[34] 토지측량이 완료된 후 총독부는 일 년분 대조

수는 없는 노릇이다"라고 적고 있다(丁紹儀,『東瀛識略』, 臺灣銀行, 1957, 18~19쪽). 유명전도 비슷하게 인식했는데, 그는 1886년의 상주문에서 "대만은 민풍民風이 강한强悍하여 말이 한마디만 서로 어긋나도 칼을 뽑아 원수로 삼으려 하고, 무리를 모아 지방관을 위협하는 것을 상사常事로 여긴다. 혹자는 말하기를 임상문의 변變은 승과陞科를 강요했기 때문에 일어난 것이라고 말하기도 한다. 청장위원淸丈委員들이 전부田賦를 조사할 때 향촌에 내려가는 것을 매우 두려워하는 실정이다."라고 말하고 있다(劉銘傳, 앞의 책, 1958, 304쪽).

33 | 역주 | 청대 대만에서는 대륙에서 무畝를 사용하는 것과 달리 토지면적에 대해 갑甲이라는 단위를 사용했는데, 이 '갑'의 기원을 일반적으로는 네덜란드 점령기에서 찾아왔다. 예컨대 『重修臺灣府志』에서는 '홍이紅夷'(네덜란드인)가 대만을 점령한 이래 10무(정확하게는 11畝3分)의 토지를 1갑으로 칭했음을 지적하고 있다(1660). 하지만 '갑'(대만 현지에서는 'Kae'로 발음)의 어원으로 추측되는 네덜란드어 Akker는 영어의 에이커Acre에 해당하는데, 사실 1갑은 대략 2.396에이커에 해당하므로 갑이라는 단위가 Akker에서 기원했다는 설은 성립하기 어렵다. 또한 혹자는 '갑'이 중국 전통의 도량형 단위인 '과戈'에서 비롯되었다고 주장하지만, '과'는 길이 단위이지 면적단위가 아니라는 점 때문에 수긍하기 어렵다. 현재까지 '갑'이라는 면적 단위의 기원에 대해서는 정설이 없는 실정이다. 1갑은 0.96992헥타르에 해당한다(본서 말미의 도량형 환산표 참조).

34 1886년 유명전의 지세개혁 당시 파악한 과세 대상 토지면적은 426,000갑 정도였고 지세 총액은 970,400엔 정도였다(中村是公, 臺灣省地政局地籍測量人員訓練班 譯,『臺灣土地調査事業槪要』, 1905, 16쪽). 1886년 이전 대만의 과세대상 토지면적은 겨우 71,150갑에 지세 총액은 439,000엔이었다(中村是公, 앞의 책, 1905, 10쪽). 유명전의 상주문에 따르면 1886년 전부田賦 중 쌀로 거두는 전부는 198,057석石(기타 세수는 포함하지 않음)이었다(劉銘傳, 앞의 책, 1958, 303쪽). 1843년부터 정공正供은 납곡納穀에서 납은納銀으로 변경되었는데, 1石=2(銀)元으로 평가되었고(中村是公, 앞의 책, 1905, 10쪽 ; 江丙坤,『臺灣田賦改革事業之硏究』, 臺灣銀行, 1972, 15쪽) 1元은 0.72兩에 해당하므로(張庸吾, 앞의 책, 1954, 27쪽), 전부田賦 1兩의 일제 초기 관정官定 환산가는 1.538엔이 된다(中村是公, 앞의 책, 1905, 16쪽 ; 江丙

액의 3~5배의 가격에 해당하는 공채公債로 대조권을 보상해 당시 60퍼센트 정도의 토지에 설정되어 있던 대조권을 모두 구매했다(程家穎, 1963, 56~62 ; 江丙坤, 1972, 11, 143~144). 이들 공채는 대규모 투매投賣로 인해 눈 깜짝할 사이에 액면가의 40~50퍼센트로 가치가 떨어졌다(臺灣銀行, 1919, 101~104 ; 涂照彦, 1991, 40). 1905년 토지세 인상 후 토지세 총액은 2,975,736엔, 즉 1903년보다 3.2배 급증했다(표 1-3). 총독부가 대조권을 보상하는 데 투입한 공채 총액을 액면가의 90퍼센트로 계산하더라도 총 3,779,479엔에 불과한 규모가 된다(臺灣銀行, 1919, 100 ; 江丙坤, 1972, 143). 결과적으로 총독부는 매년 증수되는 200만엔 전후의 토지세로 대조권 보상금을 쉽게 메울 수 있었다(표 1-3).

일제시대 대만 농촌의 토지소유 관계의 변화는 가히 혁명적이었다. 그러나 일제시대 이전의 변화를 꼼꼼히 추적해보면 양자 간의 연속성을 어렵지 않게 발견할 수 있다. 일제시대의 토지조사사업은 19세기 말 대만 토지소유 관계의 변화에 맞춰 더욱 완성된 형태로 결실을 맺었다. 19세기 말 대만의 다중지권 관행은 사실 전환점에 도달해 있었다. 원래 전호 신분이었던 소조호는 토지의 사용·수익·처분에 관한 실권을 직접 장악하면서 점차 토지의 실제 지배자로 변화해갔다. 상대적으로 원래 간호로서 지방관이 승인한 업주권業主權을 보유하던 대조호는 대조만 수취하고 경영에는 참여하지 않아 토지로부터 유리가 점점 심해지게 된다. 토지에 대한 통제력이 약화되면서 대조호 수중에 남은 토지권리는 점차 약화되었다(戴炎輝, 1963). 유명전의 지세개혁은 비록 철저히 관철되지는 못했지만, 소조호의 대두와 대조호의 점진적 몰락과 토지제도가 (이중소유가 아닌) 단일소유

坤, 앞의 책, 1972, 23쪽). 환산 결과 1886년의 전부 총액은 438,640.79엔으로, 토지조사국장 나카무라가 제시한 수치와 거의 일치한다. 나카무라가 인용한 수치의 정확성을 알 수 있는 대목이다. 이하에서는 은원銀元에 대해서는 원元, 石은 일본의 것을 기준으로 표기함을 밝혀둔다(일본석日本石에 대해서는 본서 말미의 도량형 환산표 참조).

권으로 변화되고 있음을 잘 보여준다.

곡절도 많고 여러 면에서 불완전했던 유명전의 지세개혁을 통해 볼 때 당시 수중에 잉여농산물을 장악하고 이것들을 시장에서 교역할 수 있었던 부농계층(소조호)은 이미 형성되었지만, 청말 정치·사회적 조건의 미성숙으로 인해 이들 부농계층은 근근이 버텨오던 다중지권 관행에 최후의 일격을 가하지 못했다. 새로운 통치자인 대만총독부는 바로 이 최후의 일격을 대만사회에 가한 셈이다. 그러나 동시에 주의깊게 보아야 할 점은 일제시대 대만 토지제도의 변혁은 평화적으로 진행되었다는 것이다. 총독부는 소조호가 전통적인 기득권층(대조호)의 호적수이자 대조호의 잠재적 대체세력임을 간파했고, 때문에 이들을 측면에서 지원하여 농촌의 정치적·법적 질서를 재정비해 한창 부상하는 세력이던 소조호 계층을 고무했다. 이렇게 (혁명이 아니라) 개혁이라 부르는 것이 적절한 이 변화의 과정에서 총독부는 (비록 의식하지는 못한 것 같지만) 신속하고도 강력하게 유명전이 이미 그려놓은 밑그림을 완성해나갔다. 총독부는 '자유롭고 절대적인' 근대적 토지소유제도를 유지하기 위한 법적 장치를 제공하고 토지조사사업을 시행함으로써 유명전이 완성하지 못한 변화를 완성하게 된다.

강력한 행정력과 경찰 통치에 더하여 사업공채가 제공하는 풍족한 경비 덕분에 총독부는 (대만사회의 지배층이던) 대조호와 타협할 필요가 별로 없었다. 고다마와 고토는 단숨에 소조호의 토지소유권을 확립하고 대규모 기반시설의 건설에 착수했다. 총독부는 수리와 관개의 확충, 품종 개량, 비료 개선, 병충해 방지, 교통운수, 농산품 가공, 공공위생과 교육에 막대한 투자를 하기 시작했다(『統治綜覽』, 1908, 85~471). (총독부를 비롯한) 효율적이고 '기업가정신'으로 충만한 행정조직들도 농업생산의 표준화·합리화를 적극 추진했고, 아울러 일본과 대만에서 필요한 상품생산의 확대에 힘썼다(Chang and Myers, 1963 ; 竹越, 1905 ; 矢內原, 1985, 12~156). 도내島內 자본의 형성에 대한 총독부의 개입은 대단히 광범위했다. 1903~1912년의 공공투자는 대만 자본 형성의 74퍼센트를 점했다(Mizoguchi and Yamamoto, 1984, 415). 경비는 비록 사업공채에 크게 의존했지만 궁극적으로는 징세와 전매수입(특히 아편 · 장뇌)을 통한 식민지 인민의 착취에 가장 크게 의존했다.

총독부는 새로 수립한 근대적 토지소유제를 바탕으로 공공투자를 통해 생산력의 병목현상을 성공적으로 극복했다. 1901~1938년 사이의 토지생산력은 81퍼센트 성장했다(『統計提要』, 538~539). 1940년의 경지면적은 1898년의 두 배 이상인 860,456헥타르에 달했고, 같은 기간 수전水田 면적은 2.24배 증가했다(『統計提要』, 516). 청대 200년간 대만인이 관개에 성공한 토지가 150,456헥타르에 불과했지만, 총독부의 감독과 대규모 공공투자를 거치면서 1903~1942년까지의 관개면적은 3.6배 증가해 394,638헥타르였다. 같은 기간에 관개 가능한 경지의 비율도 28퍼센트에서 64퍼센트로 증가했다(『統計提要』, 594). 소조호는 과중한 납세부담을 불만스러워했지만 생산과 수입의 증가로 보상받았다. 이 점은 대만총독부와 소조호의 정치 · 경제적 연합에 긍정적 요인으로 작용했다.

유명전과 마찬가지로 고다마와 고토의 토지조사사업의 목표가 기본적으로 증세를 위한 것임은 부인할 수 없다(江丙坤, 1972). 즉, 증세가 청말의 지세개혁과 일제시대의 토지조사사업의 최대목표였던 것은 사실이지만 이 양자를 동일시하는 것은 곤란하다. 대규모 증세와 ('감사유육'으로 대표되는) 대조호 계층과의 타협을 거치면서 본래 소조호에 기대어 추진하려 한 지세개혁은 퇴색할 수밖에 없었다. 유명전은 한편으로는 증세를 통해 소조호와 연합할 기회를 상실했고, 다른 한편으로는 대조호의 소멸을 지향한 지세개혁으로 인해 순무권력의 가장 강력한 지지자였던 대조호의 불만을 사게 되었다. 결과적으로 대조호와 소조호 양측의 정치적 불만을 초래해서 대만사회 전체와 대립하였고 결국 유명전은 대만순무臺灣巡撫를 그 만들 수밖에 없었다. 고다마와 고토의 토지조사사업은 증세라는 동일한 목표를 추구했지만 소조호와의 전면적인 대립을 피하는 조심스러운 전략을 선택했다. 총독부는 대조권을 취소하면서 동시에 대규모의 공공투자를 통해서 농업생산력을 현저히 향상시켰다. 장기적 관점에서 볼 때 생산력의 향상이 가져온 수입의 증가는 증세로 인한 소조호의 경제적 손실을 어느 정도 메워주는 역할을 했다.

3. 농업생산의 상품화와 일본자본의 침투 및 지배

서양자본의 구축과 대만 토착자본의 순화

대만은 어떻게 일본 자본주의체제에 편입되었는가? 우선 검토해야 할 것은 일본자본이 서양자본과 토착자본의 지배적 지위에 어떻게 대항하면서 침투했는가의 문제이다. 식민통치 이전 일본은 대만 무역에서 보잘것없는 위치였다. 대만 점령 이후 확장에 목마르던 일본자본은 우선 서양 상인·은행과 대만 상인을 상대해야 했다.

개항(1860년)[35] 이후 서양자본의 대만 침투는 상당히 제한적이었고 더구나 생산부문까지 확대할 능력은 없었다. 은행의 충분한 금융지원을 받은 양행洋行은 대만인 중개자(매판)를 건너뛰고 직접 자당蔗糖[36] 생산자에게 선

35 | 역주 | 중국의 개항은 1841년 아편전쟁 결과 체결된 난징조약南京條約에 규정된 상하이上海 등 5개 항구의 개방을 기점으로 삼는 것이 통상적이지만, 대만의 경우에는 1860년 애로우호 사건(제2차 중영전쟁)의 결과 체결된 베이징조약北京條約에 근거하여 단수이淡水와 타이난臺南의 개방을 개항 시점으로 잡는다.

36 | 역주 | 엄밀하게 말하면 자蔗는 사탕수수, 당糖은 사탕수수를 압착하여 제조한 설탕을 지칭하는데, 청대 대만의 사탕수수 농가 중에는 사탕수수만을 경작하여 이를 당곽糖廓에 넘기는 농가도 있었지만, 직접 당곽을 운영하면서 설탕제조까지 하는 농가도 있었다. 따라서 본서에서 사탕수수와 설탕 양자를 통칭할 때에는 '자당蔗糖'이라고 하고, 설탕의 원료로 사탕수수〔蔗〕만을 지칭할 때에는 '사탕수수', 사탕수수의 최종 가공품으로서 설탕〔糖〕만을 지칭할 때에는 '설탕'으로 표기하기로 한다.

대先貸를 통해 자당蔗糖을 선매先買하려 했으나 이는 곤란하고도 위험한 일이었다. 대만인 당상糖商은 장기간의 경영 경험과 풍토 · 관습에 밝다는 장점으로 자당생산을 철저히 통제할 수 있었다. 반면 양상은 현지 사정에 어두운 데다 대리인 없이는 사실상 자당생산을 감독하거나 농민의 계약이행 여부를 감독할 능력이 없었다. 오직 대만상인만이 자당 교역의 각 단계를 통제하고 경작을 지도할 수 있었다. 중개자로서 매판은 많은 경우 자당의 수요 · 공급과 가격을 조종하는 방식을 통해 양상보다 우위에 있었다(Myers, 1890, 15).

청말 대만의 3대 수출품은 차 · 설탕 · 장뇌였다. 수출상품을 생산하는 적지 않은 대만 농민과 소상인小商人은 과점 성격의 대상大商으로부터 자금을 대출받고 있었다. 양안兩岸 간의 장거리무역에 장기간 종사하여 상당한 자산을 축적한 대만의 과점적 상인집단은 '행교行郊'라 불리는[37] 동업조합을 결성했는데, 그 영향력은 종종 양상의 침투에 효과적으로 대항할 수 있을 정도였고 양상의 통제에서 벗어난 상품인 경우에는 더욱 그러했다(Myers, 1890, 23 ; 林滿紅, 1978, 54~55 ; Davidson, 1903, 449 ; 孟國美, 1957, 117~120). 대만에서 미국 · 유럽으로 수출되는 설탕은 1880년대 중반 이후 대폭 축소되고 1885~1895년 사이의 설탕 수출은 중국 대륙(49퍼센트)과 일본(48퍼센트)에 크게 의존하였다(표 1-4). 자농蔗農과 당곽糖廍에[38] 대한 선대先貸와 자당의

37 | 역주 | 행교行郊는 대만과 대륙 사이에서 수 · 출입에 종사하는 무역상이나 동업 상인이 조직한 상업조직을 지칭하는 용어이다. 크게 보아 세 종류의 행교가 존재하는데 첫째, 특정 지역으로 가는 행교(예컨대 복건성 천주泉州나 하문廈門으로 가는 천교泉郊 · 하교廈郊) 둘째, 특정 지역에 형성된 행교(예컨대 신주新竹 지역에 형성된 참교塹郊) 셋째, 동업 상인이 조직한 행교(예컨대 약교藥郊나 유교油郊, 당교糖郊)가 그것이다. 청대 대만의 행교에 관한 상세한 설명은 卓克華, 『清代臺灣行郊研究』, 福建人民出版社, 2006 참조.

38 | 역주 | 일본이 대만을 통치한 이후 대만의 전통적 제당시설을 지칭하는 용어이다. 청말까지 남부에서는 당곽糖廍, 북부에서는 자곽蔗廍이라 불렸다. 소가 암석으로 만든 착즙거搾汁車를 회전시켜 사탕수수에서 즙을 추출하고, 이 즙을 다시 커다란 솥에 넣고 끓여 수분을 증발시켜서 설탕을 만들어내는 방식이었다. 이렇게 만들어진 설탕은 적당赤糖과 백하당白下糖으로 나뉘었다.

| 표 1-4 | 청말 대만의 설탕 수출(1868~1895) 단위 : 1,000담擔

기간	총수출량(연평균)	각국이 총수출량에서 차지하는 비율(%)		중국이 총수출량에서 차지하는 비율(%)
		일본	기타국가	
1868~1885	589.4	32.60	25.23	42.17
1885~1895	550.0	48.26	2.98	48.76
1868~1895	573.9	38.50	16.86	44.65

자료근거 : 林滿紅, 1978, 7~11, Chinese Maritime Customs Publications에서 출판한 각종 기록

생산 · 제조 과정에 대한 통제를 통해 다거우打狗(현재의 가오슝高雄)와 타이난臺南에 근거를 둔 대규모 토착당상이 얻게 되는 설탕가격은 양상이 매판을 거친 후 얻는 가격보다 당연히 훨씬 낮았다(Myers, 1890, 15). 다거우의 진복겸陳福謙[39] 같은 대규모 토착당상들의 일본시장에 대한 충분한 이해와 저가 공세는 일본과 대륙에서 대만설탕을 파는 양상에게 적지 않은 타격을 주었다. 양상은 끝내 이들 당교糖郊 세력의 적수가 되지 못하고 중국 대륙의 설탕시장에서 퇴출되고 만다(林滿紅, 1978, 54~57). 일본으로 향하는 다거우 설탕의 대부분은 양상이 장악한 윤선輪船을 통해 운송되었기 때문에 양상에게 남은 기회는 일본시장 정도였다(孟國美, 1957, 118~120 ; Myers, 1890, 15).

대만의 대규모 토착당상들은 사실상 양상에 굽실거릴 필요가 없는데도 양상과 우호적인 관계를 유지하려 애썼는데, 그 이유는 매판 신분을 획득하면 대만 지방관의 여러 부당한 요구로부터 자신들을 보호할 수 있었기 때문이다(Myers, 1890, 23~24). 때문에 토착당상은 양상과 형식적인 상업관

39 | 역주 | 진복겸陳福謙(1834~1882)은 청말 대만 남부의 최대 당상糖商으로 대만이 개항된 1860년대 '순화행順和行'이라는 미곡 · 자당 상점을 개설하여 남부 지역의 자당 생산 · 판매에 대한 축적된 경험과 정보를 바탕으로 타구打狗 지역에서 절반 이상의 자당을 독점하기에 이른다. 1870년대에는 양상과의 접촉을 통해 일본 판로를 개척, 요코하마와 도쿄는 물론 나가사키, 고베까지 지점을 개설하는 등 설탕 무역의 전성기를 구가함으로써 타구 지역 최대 부호로 성장하게 된다. 대만의 가장 대표적인 대만사 개설서 중 하나인 롄형連橫의 『대만통사臺灣通史』에서는 죽남竹南의 장뇌업자 황남구黃南球, 대만 최대의 매판 이춘생李春生과 함께 근대 대만의 3대 부호('貨殖家') 중 한 사람으로 평가하기도 했다.

계를 맺고 이익을 분점하여 매판 신분을 유지하려 했다. 이는 양상이 대만의 설탕무역에서 버틸 수 있었던 중요한 요인 중 하나이다. 토착당상은 양상이 자신들의 영역을 침범하는 것을 막을 능력과 대책은 있었지만, 선대와 시장통제의 과도한 의존은 근대적 과학기술과 제당기계 도입은 물론 새로운 시장의 개척을 방해하는 요인이 되었다. 토착당상들에게는 양상이 도입하려 한 새로운 생산 · 무역 방식은 양상이 제당업 통제 의도를 포장하려는 것으로밖에 비치지 않았다. 토착당상의 근대적 과학기술에 대한 거부는 결과적으로 자당생산의 발전을 크게 가로막았다(Myers, 1890, 24~25 ; Davidson. 1903, 447~451).

청말 대만의 최대 수출품은 차茶였고 주로 미국(약 90퍼센트)과 유럽으로 수출되었다(표 1-5). 대만인들이 나중에는 포장 · 건조 등의 가공과정을 대부분 담당했지만 대만인과의 경쟁에 직면한 양상은 모국 시장에 대한 상대적으로 우월한 정보와 기존의 경제적 관계를 활용하여 차 무역에서 (대만 토착상인에 비해) 우월적 지위를 안정적으로 유지했다(Davidson, 1903, 377 ; 林滿紅, 1978, 4, 50~52). 막대한 이윤을 보장했던 장뇌樟腦에 대해 청조는 두 차례에 걸쳐 전매를 시도했지만, 결국 소위 '장뇌조약樟腦條約'을[40] 명분

40 | 역주 | 19세기 말 공업용 셀룰로이드가 발명되기 이전에는 장뇌의 용도가 약용 등으로 제한되어 있어서 수요는 더디게 증가하는 반면 공급은 급증하는 현상도 발생해 장뇌 수익률은 현저히 떨어져 이는 대만 장뇌산업의 일시적인 침체를 가져왔다. 이에 더하여 양상의 입장에서 상황을 결정적으로 악화시킨 것은 1863년 대만도臺灣道 진무열陳懋烈의 전매 조치였다. 진무열은 종래 체결된 양상과의 밀약에 의한 장뇌독점권 보장을 철회하고 재정확충을 위해 장뇌의 사적인 제조 · 판매를 금지함과 동시에 장뇌생산을 위한 공영공장(뇌관腦館)으로 개편하고 관청의 출자를 통해 장뇌의 생산과 유통을 독점하기 시작했다. 이 과정에서 양상과 대만 지방관 사이에 무력 충돌이 발생했고 대만 주재 영국 영사 깁슨Gibson은 교안教案과 장뇌 손실에 대한 배상을 요구했다. 대만도가 응하지 않자 영국공사 앨코크Alcock는 영국 군함 2척을 동원하여 타이난臺南을 포격했고 타이난은 이로 인해 큰 피해를 입었다. 그 결과 양상으로부터 몰수한 장뇌에 대한 배상은 물론 전매의 폐지와 조약(장뇌조약)의 체결을 통해 양상의 자유로운 장뇌 수매 및 수출이 재차 허용되었다. 제1차 전매의 실패에 이어 1888년 유명전이 제2차 전매를 시도했지만 과거에 맺은 장뇌조약에 근거한 양상과 열강의 외교적 압력에 굴복하여 다시 실패하고 만다.

| 표 1-5 | 대만의 주요 수출품(1870~1943)

단위 : 1,000兩(1870~1895), 1,000엔(1895~1943)

연도	총수출액	지수	설탕 수출(%)	미곡 수출(%)	차 수출(%)	장뇌 수출(%)	기타 수출(%)
1870~1874	1,720.2		63.40	—	22.00	4.24	10.36
1875~1879	2,823.2		46.96	—	45.22	2.27	5.55
1880~1884	4,272.8		39.94	—	53.16	1.24	5.66
1885~1889	4,357.4		25.19	—	69.40	0.46	4.95
1890~1894	5,706.8		26.97	—	59.09	7.90	6.04
1868~1895	3,560.1		36.22	—	53.49	3.92	6.37
1896~1899	14,489.8		19.22	12.82	43.67	12.56	11.73
1900~1904	19,016.2	100*	17.01	20.93	29.45	15.31	17.30
1905~1909	32,284.8	170	33.75	24.13	17.84	9.70	14.58
1910~1914	59,936.4	315	48.79	15.95	11.30	7.70	16.27
1915~1919	130,192.4	685	50.85	13.63	6.56	4.19	24.78
1920~1924	195,767.6	1,030	56.72	12.54	4.68	2.92	23.13
1925~1929	256,325.2	1,348	45.08	23.86	4.33	1.58	25.15
1930~1934	251,476.8	1,322	50.21	24.62	3.05	1.27	20.87
1935~1939	445,652.2	2,344	43.01	27.53	2.99	1.09	25.39
1940~1943	471,000.0	2,477	41.93	16.14	5.77	0.65	35.51

* 1900~1904년까지를 지수의 기준기간으로 설정하며, 이하의 표에서도 마찬가지임.

자료 근거 : 林滿紅, 1978, 2~3, Chinese Maritime Customs Publications가 출판한 각종 기록 ; 『統計提要』, 944~951

으로 내건 양상의 저지로 전매를 포기할 수밖에 없었다(Davidson, 1903, 400~408 ; 林滿紅, 1978, 58~61).

일제 초기에 양상은 매판과 결합하여 대만차와 대만장뇌 수출을 확고하게 장악했고, 토착당상 또한 여전히 설탕수출을 장악하고 있었다. 이에 총독부는 일본자본의 침투를 용이하게 하는 일련의 조치를 취하게 된다. 우선 일본은 관세와 수출세를 통해 대만과 기타 국가의 무역을 제한하고 출항세出港稅에 대한 우대를 통해 미곡·설탕 등 주요 생산품의 대일 이출移出을[41] 장려했다(東, 1985, 87~88 ; 周憲文, 1980, 624 ; 『統治綜覽』, 1908, 441~445). 대만

41 | 역주 | 1895년 대만 할양 이후 대만은 '대일본제국'의 영토로 편입되었으므로 원저에서 사

| 표 1-6 | 대일對日 이출이 총수출액과 주요 수출품에 대해 차지하는 비율(1896~1943)

연평균, 단위는 100만엔

연도	대일 이출이 차지하는 비율(%)	설탕 수출	설탕의 대일 이출이 설탕 수출에서 차지하는 비율(%)	미곡 수출	미곡의 대일 이출이 미곡 수출에서 차지하는 비율(%)	차 수출	차의 대일 이출이 차 수출에서 차지하는 비율(%)
1896~1899	22.77	2.79	40.80	1.86	17.28	6.33	—
1900~1904	41.35	3.23 (100.0)	80.19	3.98 (100.0)	56.08	5.60	6.42
1905~1909	68.32	10.90 (337.0)	99.61	7.79 (196.0)	95.92	5.76	3.19
1910~1914	77.96	29.24 (904.0)	97.83	9.56 (240.0)	99.66	6.77	4.25
1915~1919	76.02	66.20 (2,047.0)	87.53	17.75 (446.0)	98.01	8.54	18.48
1920~1924	84.57	111.05 (3,434.0)	96.38	24.56 (617.0)	99.46	9.17	3.09
1925~1929	83.70	115.56 (3,574.0)	97.69	61.16 (1,537.0)	99.95	11.10	1.32
1930~1934	91.69	126.26 (3,905.0)	99.00	61.91 (1,555.0)	99.93	7.66	7.84
1935~1939	90.35	191.66 (5,927.0)	94.47	122.68 (3,082.0)	99.13	13.33	12.40
1940~1943	76.99	197.49 (6,107.0)	79.00	76.03 (1,910.0)	98.81	27.17	16.47

자료근거 : 周憲文, 1980, 648~651 ; 『統計提要』 ; 『臺灣貿易五十三年表』

과 대륙·구미 간의 무역은 총독부가 설정한 관세장벽으로 인해 대폭 감소했다. 1896년 양안 무역은 대만 전체 수출액의 76.1퍼센트를 차지했지만, 1908년에는 이 비율이 10퍼센트 아래로 떨어졌다. 같은 기간 대일 이출은 10퍼센트 미만에서 72.4퍼센트로 급상승했고 1930년대에는 90퍼센트까지 도달했다(周憲文, 1980, 634~635 ; 표 1-6).

용한 '출구出口'의 번역어로서 '수출輸出'이라는 용어를 쓸 수도 있지만 (국내國內 또는 역내域內의 상품 이동을 의미하는) '이출移出'이라고 표현하는 편이 더 적절한 듯하다. 이하에서는 명백하게 '대일본제국' 역내 이동을 지칭할 경우 '이출'로 쓰기로 한다.

여기서는 당업을 사례로 일본자본이 총독부와 일본 '재벌'의 지원하에서 어떻게 서양과 대만 토착자본(이하 토착자본으로 약칭)을 몰아냈는지 구체적으로 살펴보자. (미쓰이三井 · 마스다야增田屋 등) 일본의 독점적 성격을 띠는 대규모 상사는 매판을 활용하기 시작했다(『臺灣の糖業』, 1935, 76~78 ; 涂照彦, 1991, 284~285 ; 杉野, 1919, 189~191 ; 矢內原, 1985, 32~37 ; 東, 1985, 63). 그리고 일본 당상은 중간상인을 거치지 않고 직접 생산자로부터 설탕을 구입했다(『糖業概觀』, 1927, 233~235 ; 矢內原, 1985, 33). (은행 등) 일본 금융자본의 지원 속에서 일본 당상은 대만 당상보다 낮은 이자율로 자농蔗農에 선대先貸하기 시작했다(『糖業舊慣附錄參考書』, 1909, 110). 오사카상선주식회사大阪商船株式會社는 일본 · 대만 간의 무역 · 운수의 편의를 명분으로 제공한 총독부의 보조금 혜택을 통해 1905년에는 영국 더글라스Douglas기선회사를 대만 해운업계에서 몰아내고 설탕의 대일 운송을 독점하는 데 성공했다(『統治綜覽』, 1908, 426~430 ; 矢內原, 1985, 33). 총독부의 독려하에 일본 당상은 1910년 강력한 독과점조직인 당상연합회糖商聯合會를 조직했다(『糖業概觀』, 1927, 61~64 ; 矢內原, 1985, 220~221). 이런 일련의 조치는 명백히 일본상인이 외국인 경쟁자를 몰아내고 대만 당상조직을 좌지우지할 힘을 갖도록 만들어주었다. 일본자본은 유통 영역에서의 통제를 확대하는 것 외에도 본래 대만상인이 전담한 설탕제조까지 직접 개입하게 되었다. 일본 당업자본은 1906년 이후의 경제호황을 틈타 대거 대만에 진출, 대형 신식제당공장을 설립했다(森, 1980, 373~380 ; 信夫, 1942, 335~350). 대만의 양상 당업자본은 1910년에 실질적으로 사라졌다(信夫, 1942, 350 ; 伊藤, 1939, 166~167). 토착자본은 중 · 소형 당곽糖廍에 대한 투자로 전환(이는 1906년까지 일본자본의 부족한 점을 보완하려는 의도에서 총독부가 장려함)하거나, 대만시장을 위주로 한 미곡의 매매와 정미精米로 방향을 선회하기 시작했다(矢內原, 1985, 33 ; 森, 1980, 388, 398~401, 405~409).

양상의 차 무역도 똑같이 비우호적인 조치에 직면했지만 우월적 지위는 상당히 오랫동안 유지되었는데, 이는 장기간의 경영을 통해 다진 튼튼한 기초와 더욱 중요하게는 차 수출이 여전히 구미 시장을 위주로 하고 있었기 때문이다(표 2-6 ; 矢內原, 1985, 34). 설탕이나 차와 비교하여 장뇌무역에서 서양자본의 축출은 훨씬 간단했다. 총독부는 국가권력이 미약했던 청조가 양상과의 싸움을 힘겨워했던 것과 달리 장뇌산업을 간단히 전매항목으로 전환하여 세수증대에 활용할 수 있었다(『統治綜覽』, 1908, 380~389 ; Davidson, 1903, 435~441).

미곡 교역은 고도로 상품화된 다른 수출품(예컨대 차)과 달리 외국자본이 대거 침투하지 않았다. 미곡은 기본적으로 생계형 작물이고 대만의 소규모 정미업자(土礱間)가[42] 장악하고 있던 미곡교역의 수익률도 낮아서 서양자본이나 일본자본을 유인하기 곤란했기 때문이다(孟國美, 1957, 117 ; 東, 1985, 64~65, 68). 대만 미곡은 국제시장에서 경쟁력도 결코 강하지 못했기 때문에 양상은 대만 미곡교역에 아예 흥미가 없었다. 뿐만 아니라 과거 줄곧 대륙으로 수출되어 복건성福建省의 쌀 부족을 해결하는 역할을 했던 대만 미곡은 19세기 중반 이래 양상이 인도차이나반도와 남양군도南洋群島로부터 대량 수입한 저가의 미곡으로 인해 타격을 입었다(王世慶, 1958a, 23~24 ; 馬士, 1957, 87, 96 ; 孟國美, 1957, 117 ; 栗原, 1984, 33~35). 일제 초기에는 일본자본 또한 대만 미곡 수출에 그다지 관심이 없었다. 1905년 이전 일본에 이출된 대만 미곡은 총생산량의 8퍼센트에도 미치지 못했다(표 1-7). 러일전쟁 기간(1904~1905)에 대만 미곡의 대일 이출이 다소 늘어났지만 미곡생산과 이

42 | 역주 | '토롱土礱'은 절구를, '간間'은 방房을 각각 의미하며, 따라서 토롱간은 방앗간 또는 정미소를 의미한다. 전통 농가는 이 토롱간에 정미精米를 의뢰했다. 1912년부터는 전동식 정미기계가 도입되었다. 미곡생산이 증가하면서 토롱간의 기능도 다양화되어 일종의 농촌금융이나 미곡 중개 등의 역할도 수행하게 된다. 다만 정미·건조 기술 수준이 조악했고 나중에는 고리대의 성격을 띠기도 했다. 대만총독부는 1930년에 토롱간을 산업조합産業組合 농업창고農業倉庫로 전환하도록 유도하기도 했다.

| 표 1-7 | 설탕·미곡 수출의 비율(1900~1944)

연평균, 단위는 당(1,000톤)·미곡(1,000hl)

연도	설탕 생산량	설탕 수출의 생산량에 대한 비율(%)	설탕 일본 이출의 생산량에 대한 비율(%)	미곡 생산량	미곡 수출의 생산량에 대한 비율(%)	미곡 일본 이출의 생산량에 대한 비율(%)	설탕 수출 지수	미곡 수출 지수
1900~1904	37.96 (100.0)	79.86	74.84	5,727 (100)	14.23	7.32	100	100
1905~1909	75.55 (174.0)	93.74	93.29	7,981 (139)	19.77	18.82	234	193
1910~1914	174.48 (401.0)	91.00	88.02	8,103 (140)	16.83	16.72	524	167
1915~1919	324.71 (747.0)	96.80	83.87	8,595 (150)	19.94	19.26	1037	213
1920~1924	327.24 (753.0)	103.90	99.84	9,455 (165)	21.32	21.15	1122	249
1925~1929	552.01 (1270.0)	97.30	95.09	11,845 (205)	36.40	35.57	1772	529
1930~1934	775.52 (1784.0)	95.28	93.59	14,882 (260)	42.15	41.42	2438	770
1935~1939	1,056.71 (2431.0)	94.93	88.48	16,914 (295)	49.29	47.69	3310	1023
1940~1944	996.58 (2292.0)	71.55	63.43	14,377 (251)	24.85	24.20	2352	438

자료근거 : 『糖業統計』(各年) ; 『米穀要覽』(各年) ; 『臺灣糧食統計要覽』 ; 『統計提要』, 543~545 ; 陳正祥, 1950, 「附錄」(325, 328, 330)

출의 뚜렷한 변화는 1920년대부터 시작된다(표 1-7). 1920년을 전후하여 대일 이출 비율은 이미 총생산량의 20퍼센트까지 확대되었다(표 1-7). 좋은 품질의 봉래미蓬萊米가[43] 대만에 도입된 후 대만 미곡의 대일 이출은 급증

43 | 역주 | 대만총독부가 1899년부터 대북농업시험장臺北農業試驗場에서 대만 재래미의 품종 개량에 나서 다년간의 노력 끝에 1922년에 신품종을 개발했고, 1926년 '대일본미곡대회大日本米穀大會'에서 당시 총독이 이 신품종을 '봉래미'라 명명했다. 보급된 지 얼마 되지 않아 도열병稻熱病에 약하다는 단점이 발견되어 재차 개량을 시도한 끝에 '타이중臺中65호'라는 신품종 개발에 성공해 전도에 보급되었다. 이후 봉래미 생산의 과열 현상으로 사탕수수 경지를 잠식하자 총독부는 1930년 이후 일련의 미곡 통제정책을 시행하기도 했다.

했고 1930년대에는 총생산량의 40~50퍼센트에 도달하여(표 1-7), 미곡의 상품으로서의 성격이 크게 강화되었다. 일본자본은 1925년 이후 급증한 봉래미의 이출에 관심을 가지고 경쟁적으로 미곡무역에 나서기 시작했다(根岸, 1959, 68~69 ; 川野, 1969, 129~130). 1924년 일본인 미곡 수출상은 대일 이출 중 13.37퍼센트만을 차지했으나 1934년에는 이미 95.73퍼센트가 일본 4대 미곡 수출상(미쓰이三井 · 미쓰비시三菱 · 스기하라杉原 · 가토加藤)의 수중에 들어가게 된다(根岸, 1959, 68~69 ; 표 25 참조).

1905년 러일전쟁 종결 전 일본자본의 대만 경제에 대한 침투와 지배는 주로 유통영역에 집중되었고, 이는 곧 대만의 대외무역과 도내교역이 일본자본의 수중에 떨어졌음을 의미한다. 서양자본과 비교하여 일본자본은 총독부와 독점자본(재벌)의 절대적인 지원하에 미곡과 기타 도내소비를 위한 생계형 작물을 제외한 영역에서 서양자본과 토착자본을 축출하고 와해시킨 후 유통과정을 지배하게 된 것이다. 토착자본 동업조직의 제약을 받아 지연된 시장확대와 과학기술의 도입은 토착자본을 일본자본이 대체한 후 본격화되기 시작했다. 특히 대일 이출 품목의 상품화는 큰 돌파구를 마련하게 된 셈이다. 일본자본의 지배는 대만의 농업생산을 일본의 수요에 맞추는 방향으로 이끌면서 동시에 대만경제의 상품화를 확대 · 심화시켰다.

농업생산의 상품화

식민지 경제의 상품화는 일본시장이 필요로 하는 상품의 생산 확대를 기본 동력으로 했다. 상품화는 농업생산의 전문화 · 세분화를 초래해 생계형 작물의 감소와 환금작물의 증가를 불러왔다(根岸, 1959, 55). 점점 더 많은 토지가 상품생산, 특히 수출 작물의 생산에 사용되었다. 1935년 전체 경지면적에서 사탕수수와 수출 미곡(환나미丸糯米[44]와 봉래미)을 생산한 토지는 36퍼

| 표 1-8 | 주요 작물의 재배 면적 단위 : 1,000헥타르

연도*	총경작 면적**	사탕 수수	봉래미	재래미	기타 미곡***	감자	차	녹비 綠肥	기타****
1915	937	86	0	410	81	110	38	100	112
%	100	9.2	0	43.8	8.6	11.8	4.0	10.6	12.0
1925	1,109	127	131	359	124	123	46	140	60
%	100	11.4	11.8	32.4	11.2	11.1	4.2	12.6	5.4
1935	1,343	118	296	255	128	138	45	212	52
%	100	8.8	22.0	19.0	9.5	10.3	3.3	15.8	3.9

* 1915년 이전 자료는 없음.
** 총경작면적은 복작複作 면적도 포함함.
*** 1935년의 기타 미곡은 주로 환나미丸糯米로서 일본에 이출됨.
**** 기타는 채소·과일을 포함함.
자료근거 :『統計提要』, 540~542, 552~585

센트를 차지해 1915년의 10퍼센트 미만을 훨씬 초과했다(표 1-8). 수출을 위한 농업생산은 꾸준히 확대되어 사탕수수 같은 환금작물뿐 아니라 식량작물인 쌀의 상당부분도 수출되었다. 미곡수출이 총생산량에서 차지하는 비중은 1900~1904년까지 14.23퍼센트에서 1935~1939년 사이에는 49.29퍼센트로 상승했다(표 1-7).

장기 침체를 겪은 후 미곡의 판매율은 1925년 경 일본시장의 수요 급증으로 급성장하게 된다(표 1-9). 1935~1939년 사이에 74퍼센트의 미곡이 직·간접적 경로를 거쳐 시장으로 유입되었다(표 1-9). 미곡은 (생활상의 지출이나 세금, 기타 채무에 대처하거나 기술적 요구로 인한 투자 증가 등의) 농민의 현금수요로 인해 시장에 직접 진입하거나, 또는 현물지조나 현물상환의 방식을 통해 시장에 간접 진입하게 되었다. 대만은 미곡 판매율

44 | 역주 | 1902년 개량에 성공하여 1910년부터 일본에 이출되기 시작한 찰벼의 일종이다. 주요 산지는 신주新竹와 타이베이臺北이고, 나糯·미米 이모작으로 각광받았다. 벼의 모양이 거위알과 같다고 하여 '아란나鵝卵糯'라고도 불렸다. 착근이 잘되고 바람에도 강해 대만 기후에 적합했지만 재배기간이 다소 길고 많은 비료를 사용하는 것이 단점이었다. 하지만 저렴한 가격에 주정酒精의 원료로도 사용할 수 있어 인기가 높았다.

| 표 1-9 | 미곡 판매율(1905～1939) 연평균, 단위 : 1,000hl

연도	(A)미곡 총 생산량	(B)미곡 수입	(C)미곡 수출	(D)비농업 인구 비율(%)	(E) 총인구 (100만)	판매율 (%)*	1인당 가용 대만미 (hl)**	1인당 가용 미곡 (hl)***
1905～1909	7,981	83	1,578	37.29	3.19	49.05	2.01	2.04
1910～1914	8,103	194	1,364	36.97	3.43	45.79	1.96	2.02
1915～1919	8,595	358	1,714	37.39	3.64	47.41	1.89	1.99
1920～1924	9,445	325	2,016	42.78	3.90	53.35	1.91	1.99
1925～1929	11,845	1,137	4,311	44.41	4.34	59.32	1.73	2.00
1930～1934	14,882	156	6,273	47.17	4.93	68.89	1.74	1.78
1935～1939	16,914	16	8,337	48.76	5.60	73.99	1.53	1.53

* 판매율＝〔(A＋B－C)×D－B＋C〕/A°
** 1인당 가용可用 대만미＝(A－C)/E°
*** 1인당 가용 미곡＝(A－C＋B)/E°
자료근거 : 『米穀要覽』(各年) ; 『統計提要』, 80～85, 513

이 가장 높은 지역 중 하나였는데, 일본 미곡은 1924～1928년 사이에 57퍼센트 정도의 판매율에 그쳤다(八木, 1932, 428).

농촌의 상품화는 생산의 측면에서 보면 자급적 생산에서 시장지향적 생산으로의 변화를 의미하며, 소비의 측면에서 보면 농민의 생계비 지출 중 현금 비율의 증가를 반영한다. 1918년 현금 지출은 미농米農 생계비 지출의 56퍼센트를 차지했다(표 1-10). 사탕수수는 기본적으로 시장지향적 작물이므로 자농蔗農의 현금 수요는 비교적 높아 현금 지출이 생계비 지출의 78퍼센트를 차지했다. 하지만 1937년에는 미농의 현금 지출 비율 역시 72퍼센트로 높아졌는데, 이는 미농의 현금 수요가 증가일로에 있음을 보여준다(표 1-10).[45] 현금은 주로 식품 · 의약 · 의복 · 교통 · 의례 · 오락 · 교육 · 가구 · 조명 · 연료 등으로 지출되었다.[46] 농가의 주요 지출은 물론 식품이었

45 쌀과 사탕수수의 윤작이 확대되면서 사탕수수 생산은 원래 쌀을 생산하던 토지까지 확대되었고, 이는 미작 위주 농가의 현금 소비 비율의 상승을 초래했다. 이와 동시에 자작 위주 농가의 생계지출 중 현금 비율은 약간 낮아졌지만, 미작 위주 농가의 현금지출 비율의 상승 정도와 비할 바는 결코 아니었다(표 1-10).

46 기타 생활비 중 현금지출의 상당 부분은 납세(집세 · 우거세 · 자전거세 · 보갑세 등)에 사용되

| 표 1-10 | 현금지출이 농가의 생활비 지출 및 식품비 지출에서 차지하는 비율 (엔/戶)

연도		호당 생활비 지출 (현금 환산액)	식품비 지출의 생활비 지출에 대한 비율(%)	현금 지출의 생활비 지출에 대한 비율(%)	현금 지출의 식품비 지출에 대한 비율(%)
미농	1918	1162.00	—	56.47	—
	1934	847.87	39.59	69.20	43.91
	1937	1057.73	41.20	71.67	50.41
자농	1918	812.17	—	78.32	—
	1934	2057.24	39.97	70.03	47.70

* 1918년 식품비 지출 자료는 없음.

** 조사 대상은 다음과 같음 : 1918년(37호의 미농과 12호의 자농), 1934년(50호의 미농과 28호의 자농), 1937년(22호의 미농, 자농 자료는 없음)

*** 생활비 지출은 식품비 지출을 포함하며, 조세(집세 · 우거세牛車稅 · 자전거세脚踏車稅 · 보갑세保甲稅 등이며 토지세는 생산비 지출로 간주하여 포함시키지 않음)와 보건비 · 피복비 · 교통비 · 의례비儀禮費 · 오락비 · 교육비 · 가구비 · 광열비 등으로 구성됨.

**** 쌀과 사탕수수의 윤작이 보급된 후 미농과 자농을 구분하기는 쉽지 않음. 여기서 미농과 자농은 미작 위주 농민과 자작 위주 농민을 의미함.

자료근거 : 『農調書』, 제37호, 1938, 34~35, 39 ; 제34호, 1936, 26~31 ; 제30호, 1934, 58~63, 98~103, 140~143 ; 제1호, 1920, 12~15, 16~17

다. 식품 지출은 총 생계비 지출의 40퍼센트를 차지했다(표 1-10). 놀라운 것은 1937년 미농의 식품구입에 드는 비용 중 현금 지출이 50.4퍼센트를 차지했다는 점이다(표 1-10). 같은 해 미농은 자가소비한 쌀의 37퍼센트를 현금으로 구입했다(『農調書』, 제37호, 1938, 34~35). 농민의 생존방식 자체가 자급자족이 아닌 시장에 의존하는 방식으로 변화한 것이다. 이는 농민의 현금수요를 확대시켜 농민은 보유한 작물을 내다 팔거나 (사탕수수 · 봉래미 등) 기타 환금작물로 미작을 대체하여 현금을 얻게 되었다. 농민의 소비에서 시장의존은 날로 심화되어 이는 다시 시장을 위한 생산을 농민에게 강요했다.

농민은 소비뿐만 아니라 생산요소의 원천도 시장에 의존했다. 비료 사

었다. 토지세는 생산 원가에 포함시켜 생계지출에 포함시키지 않았다. 토지세 등 생산과 관련된 세금 부담과 상품화의 관계에 대해서는 후술하고자 한다.

| 표 1-11 | 농가의 비료 자급률 (엔/戸)

연도		(A) 호당 자가생산 비료(현금환산액)	(B) 호당 비료지출 (현금환산액)	비료자급률(%) (A)/(B)
미농	1918(37호)	91.54	159.08	56.43
	1934(50호)	69.26	202.43	34.21
자농	1918(10호)	98.03	229.03	42.80
	1934(28호)	157.10	734.08	21.40

자료근거 : 『農調書』, 제5호, 1923, 35~37, 52~53 ; 제30호, 1934(米), 51, 91, 133 ; 제34호, 1936(蔗), 19

용을 예로 들면 1918년 미농이 사용한 비료의 56퍼센트는 자급한 것인데, 이 비율은 1934년에 34퍼센트로 하락한다(표 1-11). 자농의 비료 자급률은 더욱 낮아, 같은 기간에 자급률이 42.8퍼센트에서 21.4퍼센트로 하락했다(표 1-11). 농민은 날로 변화하는 생계비 지출 형태에 대응하기 위해서는 충분한 현금이 필요했고 이를 위해 환금작물로 바꿔 심었고, 환금작물은 경작기술의 개선과 투자를 위해 더욱 많은 현금을 필요로 했다. 이러한 현금수요의 누적은 연쇄적으로 순환해서 소비와 생산에 있어 현금수요는 서로 상승작용을 일으켰다.

생산과 관련된 조세부담은 농민의 현금수요의 또 하나의 주된 원인이다. 총독부가 부과한 조세는 농업총생산의 6~8퍼센트를 차지했다(李登輝, 1972, 10~11). 쌀을 경작하는 소작농은 소작료를 실물로 납부했지만, 토지소유자의 농업세는 현금으로 납부해야 했다. 1934년 16호의 자작自作 미농과 9호의 자작 자농에 대한 조사는 농업생산과 관련된 조세부담(토지세 · 소득세 · 수리비 · 농회農會 회비 등)이 미농은 생산원가의 15퍼센트, 자농은 생산원가의 10퍼센트를 차지했다.[47] 생산과 관련한 현금 지출에서 조세부담이 차지하는 비율은 더욱 커서 미농이 21.16퍼센트, 자농이 14.60퍼센트를 차

47 소작농은 토지세를 납부하지 않았고, 지주가 소작료의 일부를 토지세로 납부했다(미작의 경우 실물을 현금으로 바꾸어야 했다).

지했다(『農調書』, 제30호, 1934, 52~53 ; 제34호, 1936, 20~21). 쌀을 경작하는 소작농은 소작료를 실물로 납부하므로 납세로 인한 현금수요는 없는 반면 사탕수수를 경작하는 소작농은 소작료를 현금으로 납부하기 때문에 현금수요가 비교적 컸다. 뿐만 아니라 사탕수수 수확 시점에 소작농은 재정적으로 가장 불리한 상황이어서 소작료 납부 기한에 맞추기 위해 종종 낮은 가격으로 사탕수수를 팔아 현금을 마련했다. 납세 외에 현금 형태의 소작료 납부 역시 상품화를 강요하는 주된 요인 중 하나이다.

작물이 상품화될수록 농민은 시장의 지배를 더 강하게 받는다. 시장의 변화도 감당해야 할 뿐 아니라 시장 경쟁에서도 살아남아야 한다. 식량작물을 생산하는 농민과 비교해 환금작물을 생산하는 농민은 커다란 경쟁압력을 받기 때문에 투자를 증가하고 신기술을 채용하여 생산력과 품질을 제고해야 시장에서 도태되지 않을 수 있다. 위험요소와 투자의 증가는 농민이 채무자로 전락할 가능성을 한층 높인다. 채무자가 된 농민은 더욱 많은 농산물을 팔거나 환금작물 재배를 늘려 채무를 갚아야 하기 때문에 상품화는 한층 더 촉진된다.

미곡의 상품화와 수출은 농민에게는 양날의 칼이다. 농업생산의 전문화는 농민에게 시장에 대한 의존을 강요하여, 시장에서 (비료·농기구 등의) 생산요소를 구매해야 할 뿐 아니라 생계를 위해 필요한 물품들 역시 시장에서 구입해야 한다(표 1-10). 수출의 확대는 미가米價의 상승과 연동되는데, 이는 곧 식품비 지출과 생계비 지출의 상승을 의미한다. 빈농貧農의 생계비 지출 중 식품비 지출은 절대적 비중을 차지해 미가 상승은 빈농에게 가장 불리했다. 이들에게 남겨진 선택은 잔인할 수밖에 없어서 이전보다 덜 먹든지, 아니면 사탕수수나 인도차이나반도에서 수입한 저가미低價米 같은 더 낮은 품질의 음식을 먹어야만 했다(根岸, 1959, 66~67 ; 川野, 1969, 155~156 ; 周憲文, 1980, 502~503).

1900~1904년까지를 기준 시점으로 할 때 1935~1939년 사이의 미곡 수출의 성장은 미곡 생산량의 증가에 비해 3.5배 정도 빠르다(표 1-7). 미곡 수출의 급속한 증가는 농민의 자가소비와 도내 시장을 위한 재래미在來米의[48] 희생을 바탕으로 한 것이다. 수출을 위한 (봉래미나 사탕수수 등의) 생산 확대로 생계용 미곡인 재래미를 생산하는 농민은 크게 감소하여, 총경지에서 차지하는 비중이 43.8퍼센트(1915년)에서 19퍼센트(1935년)로 줄었다(표 1-8). 같은 기간 재래미 경작 면적은 410,000헥타르에서 255,000헥타르로, 생산량은 752,000톤에서 580,000톤으로 줄었다(표 1-8 및 『統計提要』, 543, 545).

판매를 위한 미곡생산의 확대는 식미食米의 감소로 이어져 빈농은 더 열등한 수입쌀로 대체할 수밖에 없게 된다. 1920~1924년에서 1925~1929년까지 수출 미곡은 미곡 생산량의 21.32퍼센트에서 36.40퍼센트로 급증했고, 같은 시기 수입 저가미의 총생산량 역시 3.44퍼센트에서 9.60퍼센트로 상승했다(표 1-7 및 표 1-9). 대만 농민은 낮은 품질의 수입쌀을 섞어 먹었기 때문에 1905~1929년 사이에 대체로 1인당 매년 2헥토리터hl(약 155킬로그램)의 쌀을 소비하는 수준을 유지했다(표 1-9). 쌀 수입이 1930년에 제한을 받은 이후 도내 쌀 소비는 수출증가로 인해 직접적인 피해를 입게 된다. 대만의 주식인 쌀의 소비량은 급격히 하락하여 1930년 이전 1인당 2헥토리터에서 1930~1934년에는 1.78헥토리터, 1935~1939년에는 1.53

48 | 역주 | 청대 초기 대만에 이주한 푸젠福建·광둥廣東 이민들이 대만에 가지고 들어온 품종의 총칭으로 선도秈稻에 속한다. 대만총독부는 당초 일본 품종이 대만에 성공적으로 이식되는 것은 불가능하다고 판단하여 주로 재래미 품종의 개량에 힘썼다. 1912년에는 4년을 1기期로 하는 '재래미종개량사업在來米種改良事業'을 확정하고 1920년 농사시험장農事試驗場에서 개량을 전담할 때까지 전도에 걸쳐 개량사업을 추진했다. 그 결과 전체 1,679종에 이르던 재래미 품종의 약 75퍼센트가 도태되었다. 봉래미가 도입되기 전까지는 대일 이출 미곡의 주종을 이루기도 했고, 척박한 토지에 잘 견뎌 1945년 이후 비료 부족을 겪자 재래미 재배가 재차 성행하기도 했다.

헥토리터로 줄었다(표 1-9). 빈농은 이제 더 열등한 식량인 감자를 먹기 시작했다(川野, 1969, 155~156). 재래미의 경작면적과 생산량의 체감에 비례해 1915~1935년 사이에 사탕수수의 경지면적은 38퍼센트, 생산량은 2.01배 늘었다(표 1-8 및 『統計提要』, 556).

물론 토지생산력의 제고가 미곡 판매율의 증가에 도움이 되었지만 1925년 이후 판매율 증가의 상당부분은 농민이 미곡 소비를 줄인 결과이다.[49] 상품화 과정에서 농민은 더욱 많은 작물을 팔아 더욱 많은 현금을 획득하여 (본래는 자급자족했던 식량을 포함해) 더욱 많은 상품을 구입하도록 강요받았다. 경제적으로 취약한 빈농은 열악하거나 또는 적은 양의 식품에 의존해 생계를 유지했다.

점진적으로 전개된 상품화의 과정은 동시에 세밀한 경제적 분업을 낳았다. 농업생산이 전문화·세분화되면서 또 하나의 중요한 분업과정, 즉 농공農工 간의 분업 또한 농촌에서 더욱 가속화되었다. 자본의 침투는 본래 농업에 부속되었던 농산품의 일차적 가공을 한층 더 분리시켜 공업에 편입시켰다. 순수한 농업종사자인 농민은 시장경쟁의 압력 속에서 생산력의 부단한 향상을 통해 수입을 유지하도록 강요받는 동시에 다시는 부업(농산품 가공업)을 통한 가외의 수입을 얻을 수 없는 상황이 되었다.

당업을 예로 들면 설탕제조는 애초에는 농민들이 조직한 합작형合作型 당곽에서 진행되었다(『糖業舊慣』, 1909, 10~61 ; Davidson, 1903, 48).[50] 합작형 당

---

49 농민들의 식미 소비의 감소가 반드시 농가 수입의 감소를 의미하는 것은 아니다. 미곡의 높은 판매율은 상당한 정도로 농민의 현금 수요에 기인한다. 1940년대 초 아시아·태평양전쟁 기간에 총독부는 식량 배급을 실시하여 미가를 억제했는데, 농민은 불리한 시장가격에 직면하여 내다 팔기보다는 차라리 이전보다 많이 스스로 생산한 쌀을 자가소비하기도 했다.

50 대만의 전통적인 '재래당곽在來糖廍'은 구성원의 자금력과 경영규모에 따라 우괘곽牛掛廍·우분곽牛犇廍·공가곽公家廍·두가곽頭家廍으로 나뉜다. 두가곽이 대조호에 의한 단독 출자·경영 형태를 띤 것을 제외하고 다른 유형의 구식 당곽은 합자 형태였고, 분당分糖 방식을 채택해 투자한 자금규모나 노동력에 따라 완제품을 분배했다(臨時臺灣舊慣調查會 編, 『臺灣

곽은 종종 농민이 공동투자 방식으로 설립·보유했는데, 주로 자신들의 수확을 처리하기 위해서였다. 19세기말 시장이 확대되면서 상인과 대지주에 의한 당곽 설립이 늘어나, 농민을 대신해 사탕수수를 처분하고 일정 비율(예컨대 5대5)의 완제품(설탕)을 가공비용으로 수수하거나 사탕수수를 매입하여 직접 설탕을 제조했다(『糖業舊慣』, 1909, 61~63, 65~66 ; Myers, 1890, 16). 설탕 시장이 성장하면서 농업에서 공업 활동은 점차 분화되었다. 당상 외에도 대지주와 고리대금업자(둘을 겸하는 경우가 많았음)들은 제당업에 속속 뛰어들었고, 소작농과 빚을 진 농민들은 사탕수수를 이들이 경영하는 당곽에 처분하면서 직접 설탕을 가공하면서 얻었던 수입을 잃게 되었다(『糖業舊慣』, 1909, 66~68 ; 『糖業舊慣附錄』, 1909, 69 ; Davidson, 1903, 448).

전통적으로 자농이 당창糖廠에 원료를 공급하는 두 가지 방식으로는 기협寄硤과 매매賣買가 있었는데 기협이란 제당 원가를 제한 후 완제품의 일부를 자농에게 돌려주어 자농이 알아서 처분하도록 하는 방식이다. 매매란 사탕수수 값을 현금으로 지불받은 후 농민은 자기 작물과 아무런 관계 없이 당창이 알아서 처분하는 방식이다(『糖業舊慣』, 1909, 56, 64~65, 68~71). 일제 초기에 신식 제당공장은 원료 취득 시 매매 방식을 채용했지만 기협 방식도 어느 정도는 남아 있었다. 신식 제당공장의 분당分糖 방식에 따라 자농은 일정 비율의 설탕을 돌려받을 수 있었으나, 제당공장은 결코 설탕으로 지급하지 않고 시가에 따라 현금으로 지급했다(『糖業概觀』 ; 1927, 27~28 ; 根岸, 1932, 18 ; 張漢裕, 1955, 85). 이러한 분당 방식은 자농이 당가糖價 변동의 위험을 제당공장과 분담하게 되어 당가가 유리할 때는 이윤도 함께 나눌 수 있었다. 이러한 분당 방식은 얼마 지나지 않아 총독부의 특혜 결과로 자농이 높은 이윤을 차지하지 못하도록, 분규 발생의 방지를 내세워 (제당공

糖業舊慣一斑』, 1909, 4~5, 10~71쪽 ; 『臨時臺灣舊慣調查會第二部調查資料報告』(上卷), 1905, 150~152, 156쪽).

장이) 직접 구매하는 방식으로 바뀌었다.[51] 총독부는 그 후 '원료채집구原料採集區' 제도를 도입했는데 그 결과 특정한 사탕수수 생산지에서 신식 제당공장은 유일한 매주買主로서 일종의 독점권을 부여받게 된다(2장 5절에서 상술).

기협과 분당법, 현금 수매에서 독점적 수매(원료채집구 제도)에 이르는 과정은 농민이 순수한 원료생산자로 변모하여 원료(사탕수수) 가공과 완제품(설탕)의 판매와는 관계없는 존재가 되었음을 말해주지만, 더욱 주목할 점은 자농이 원료 판매를 통해 시장에서 가졌던 권리 또한 박탈되었다는 것이다. 사탕수수는 더 이상 자유로이 매매될 수 없었고, 가격 또한 당업자본의 독점적 지배에 의해 좌우되었다. 당업자본은 비록 농업의 상품화를 촉진하여 매매와 경영의 편의를 도모했는지 모르겠으나, 동시에 상품의 자유로운 유통을 제한해 원료가격의 조종을 통해 원가를 낮추는 목적도 달성하게 되었다. 독점 자본은 한편으로는 경제활동의 기초로서 상품화가 필요했고, 다른 한편으로는 상품화의 전면적 보급을 제한함으로써 초과이윤을 얻게 된 것이다.

일본 당업자본의 침투와 집중화

일본정부는 대만 자당 생산의 진흥을 모국의 대규모 무역역조를 개선하고 대만의 재정자립과 모국 재정부담의 완화를 위한 필수 경로로 인식했다. 당시 세계정세는 열강의 경쟁과 식민지쟁탈이 극에 달한 시점이었고, 군부는 당연히 '대일본제국'의 자급자족을 촉진하는 일련의 재정 · 경제정책을 전력으로 지지했기(兒玉, 1901, 169~182) 때문에 자당 생산은 당시 식민지 경제정책의 중심적 위치를 차지하게 된다(森, 1980, 375~376).

51 분당법分糖法은 1945년 이후 회복되어 현재까지 이르고 있다. 따라서 분규 발생이라는 명분은 분당법 폐지의 진정한 원인이 아니었다.

식민통치 초기의 사회적 동란과 중세重稅는 설탕 생산·수출 부문에서의 좌절을 초래했다(『臺灣の糖業』, 1935, 8). 1900년 설탕 생산량은 1895년의 63퍼센트에 불과했다(臺灣銀行, 1919, 210). 미국 프린스턴Princeton대학을 졸업한 농업경제학자 니토베 이나조新渡戸稲造 박사는[52] 1901년 총독부의 초빙에 응해 당업진흥정책을 입안·실행하게 된다. 당무국糖務局을[53] 창설하여 초대 국장이 된 니토베는 대만 당업발전의 기초를 닦았다. 그와 그의 후임자들에 의해 사탕수수의 품종·비료·관개·착당搾糖 등 과학기술의 개량과 당무행정의 효율은 장족의 발전을 이루었다. 대만의 당업생산을 고무하기 위해 일본정부는 관세보호제도를 도입, 대만당과 경쟁지역인 자바당Java糖 간의 생산원가의 격차를 메워주기도 했다.[54]

일본정부가 대만에서 일본으로 이출되는 설탕에 대해 징수한 설탕소비세는 1901년부터 대만총독부 예산으로 편입되었다(설탕소비세의 중요성에 대해서는 표 1-3 참조). 이 세수는 총독부를 당업진흥에 매진하게 한 중요한 요인

---

52 | 역주 | 니토베 이나조新渡戸稲造(1862~1933)는 일본 이와테현岩手縣 출신으로 도쿄제국대학을 거쳐 미국·독일 등에서 유학했다. 1898년에는 그의 명저 『武士道』(양경미·권만규 옮김, 『사무라이-무사도를 통해 본 일본 정신의 뿌리와 그 정체성』, 생각의 나무, 2004)를 저술했고, 후에 농학 박사학위를 취득했다. 1901년 대만총독부 기사技師에 이어 식산국장殖産局長·당무국장糖務局長 등을 역임했다. 「당업개량의견서糖業改良意見書」를 제출하여 대만 사탕수수의 개량과 증산에 힘써 대만 근대 제당업의 기초를 놓은 것으로 평가된다. 후에 도쿄제국대학 교수로 부임하여 식민정책 강좌를 운영했고, 1920년에는 국제연맹 사무차장으로서 국제적 명성을 쌓았다.

53 | 역주 | 1902년 〈임시대만당무국관제臨時臺灣糖務局官制〉를 반포하여 사탕수수 재배와 설탕 제조에 관련된 업무를 담당하도록 했다. 총국은 대만총독부에 두고 지국은 당업이 가장 성행한 타이난臺南에, 출장소는 자이嘉義·염수항鹽水港·평산鳳山 등지에 두었다. 1903년 감자시작장甘蔗試作場, 1905년 당업강습소의 설치를 통해 하급 기술자를 배양하기도 했다.

54 대만당의 1헥타르당 사탕수수 생산량은 자바의 절반에도 미치지 못했다(臺灣總督府殖産局, 『臺灣の糖業』, 1935, 89쪽). 1헥타르당 설탕의 생산원가는 1920~1930년 사이에 자바에 비해 59퍼센트나 비쌌다(臺灣總督府殖産局, 앞의 책, 89~90쪽). (관세장벽이 성행하던 당시) 높은 생산원가에 허덕이던 일본·대만 설탕을 보호하기 위해 일본정부는 관세보호를 실행했다. 관세는 1932년 도쿄의 외국설탕 시장가격의 35퍼센트를 차지할 정도였다(『糖業統計』, 1943, 189, 196쪽).

이었다(北山, 1959, 129). 당업진흥정책이 설탕의 생산·수출에 끼친 영향은 대단히 컸는데, 표 1-6과 표 1-7을 보면 쉽게 알 수 있다. 총독부가 설탕소비세로 거둔 수입은 1910년 1,200만엔으로 세수의 63퍼센트를 차지했다. 설탕소비세가 총독부 예산에 편입될 당초에는 37만엔(세수의 11퍼센트)에 불과했다(표 1-3).

대만의 사회질서는 여전히 불안하고 일본 내지內地는 자본의 부족으로 높은 이자율을 기록하는 상황에서 총독부는 막대한 재정지출과 (당업에 대한) 보조금 지급을 감당하면서 일본자본의 대만 진출을 유인해야 했다. 총독부는 당업과 관련하여 대만에 투자하려는 일본자본에 문호를 개방하기 위해 안전하고 유리한 투자환경은 물론이고 자본이윤율 또한 보장했다. 총독부의 자당생산에 대한 보조는 놀랄 만한 것이었다. 일본자본이 대규모 제당공장을 설립하는 데 적극적으로 협조했고, 관개시설 및 개간지 확충도 도왔다(『臺灣の糖業』, 1935, 12~13). 1921년에 총독부는 2억4천만 주株의 자묘蔗苗를 무상으로 제공한 외에도 총 1,300만엔을 들여 제당회사의 최신기계 구입과 대만당·외국당의 가격 차액을 보조했고(1911년 보호관세 실시 전까지), 아울러 사탕수수 수매원가 저감低減, 비료 구입, 관개시설 증설과 품종개량까지도 도왔다(『糖業統計』, 1943, 128~129 ; 平山, 1935, 138~139). 동시에 1,200만엔의 총독부 예산을 당업 관련 활동에 할당했다(『糖業概觀』, 1927, 22 ; 平山, 1935, 135). 총독부가 당업 장려를 위해 지출한 예산 총액은 2,500만엔으로 총독부의 1905년 전체 재정지출에 맞먹는 규모였다(『統計提要』, 982).

총독부는 당업 투자를 장려하려고 최대 투자자인 대만제당주식회사臺灣製糖株式會社의[55] 투자회수율을 보장하기 위해 대만제당이 투자한 자본에 대

55 | 역주 | 대만의 근대적 제당회사의 효시로서 1900년 미쓰이三井 등이 자본금 100만엔으로 창립했고 공장은 현재의 가오슝高雄 부근에 두었다. 1902년부터 설탕, 1907년부터는 주정을 생산했고, 제품은 모두 미쓰이물산주식회사三井物産株式會社에 판매를 위탁했다. 총 3회의 증자와 5회의 합병을 통해 자본금은 6,300만엔으로 급증했고, 보유 토지 면적은 49,300갑에

해 5년 간 6퍼센트의 이자지급을 보증했고, 이 외에도 실물과 신용의 제공은 물론 제당기계에 대한 보조도 마다하지 않았다(伊藤, 1939, 70~73, 80 ; 森, 1980, 398~401). 이러한 특혜로 대만제당주식회사는 1900년 최초의 대규모 신식 제당공장을 설립하는데, 이는 1906년 이전 외자로 건설한 유일한 신식 제당공장이었다(臺灣製糖株式會社, 1921, 35~41). 총독부는 이를 일본자본의 대만 투자의 상징이자 근대적 과학기술의 모범으로 삼기도 했다(森, 1980, 380, 398).[56]

당업자본은 총독부의 직접적인 자금원조 외에도 대만은행에서 대출을

달했다. 1939년에는 550만 담擔의 설탕을 생산했는데, 이는 일본 전체 설탕소비량의 30퍼센트에 달하는 수치였다.

56 그럼에도 불구하고 니토베 이나조를 비롯한 당무국 관료들은 당초 일본의 민간자본이 충분히 발달하지 못한 상황에서 대규모 신식 제당공장의 설립이 실효를 거둘지 의심하고 있었다. 당시의 운영실태로 볼 때 이들 신식 제당공장의 자립능력은 현저히 떨어져, 적자로 고생하던 총독부의 재정자원을 낭비하고 있었다(森久男, 『臺灣史論叢』, 聯經出版社, 1980, 401, 404쪽). 니토베와 그 속료들은 경제적 실효를 거두는 방식에 치중했는데, 그것은 토착자본을 동원하여 설탕 생산능력을 개선하는 것이었다(信夫淸三郎, 『近代日本産業史序說』, 日本評論社(東京), 1942, 338~339쪽 ; 森久男, 앞의 책, 1980, 386~388, 398, 406~408쪽 ; 『糖業概觀』, 1927, 42~43쪽 ; 山根幸夫, 東京女子大學 新渡戶稻造硏究會 編, 『新渡戶稻造硏究』,1969, 259~302쪽). 니토베는 독일 농민들이 사탕수수농가 합작사(甛菜農合作社)를 통해 농산물 가공업에 공동투자해 착취로부터 스스로를 보호했던 경험을 높이 평가하고 있었다. 그가 비교적 선호한 방식은 농민을 농산물가공업에 참여시키는 독일식이었다(山根幸夫, 앞의 책, 1969, 278, 286~287쪽 ; 森久男, 앞의 책, 1980, 386쪽 ; Kautsky, "A summary of Selected Parts of Kautsky's "The Agrarian Question", translated by J. Banaji, *Economy and Society*, 1976, pp.44~45 ; Djurfeldt, "Classical Discussions of Capital and Peasantry: A Critique", *Rural Development*, London: Hutchinson University Library, 1982, pp.146~147). 니토베의 구상은 점진적 방식으로 중·소형 제당공장을 발전시켜 농민이 (단지 원료공급만을 담당하는) 순수한 농업종사자로 전락하는 것을 막는 방식이었다. 자농에게 조합을 구성하도록 해 가격을 결정할 힘을 부여한다면 장차 농민을 시장의 위협으로부터 보호하여 농민을 착취하지 않으면서도 충분한 자금을 동원할 수 있다고 본 것이다(山根幸夫, 앞의 책, 1969, 286~287, 272, 283~284쪽 ; 矢內原忠雄, 앞의 책, 1985, 201~202쪽). 합작사를 통한 농민의 시장에서의 권리 보호라는 니토베의 인도주의적 접근방식은 아쉽게도 농업정책에 반영되지 못했다(山根幸夫, 앞의 책, 1969, 287~288쪽 ; 矢內原忠雄, 앞의 책, 1985, 201~202쪽). 총독부 고위층의 대규모 신식 제당공장에 대한 선호와 농민 및 중·소형 제당공장의 희생을 기반으로 한 당업정책에 직면한 니토베는 1904년 당무국을 떠나게 된다(山根幸夫, 앞의 책, 1969, 287쪽).

받아 필요한 자금을 얻었다. 대만의 중앙은행인 대만은행은 1899년에 설립되었는데, 그 설립 취지는 "일본인이 대만에서 사업에 종사할 때 필요한 지원을 하기 위해서" 였다(臺灣銀行, 1919, 15).[57]

대만에서 은행의 경제활동은 (청말 회풍은행匯豊銀行의 사례에서 보듯이) 본래 매판을 통해 농업생산자와 가공업자에 선대함으로써 양행洋行의 상품구매와 높은 이윤을 보장하는 것이었다(林滿紅, 1978, 51, 54~55 ; 東, 1985, 190~192). 1905년 이후 기반시설에 대한 투자를 일단락 지은 총독부는 유리한 투자조건을 제공하기 시작했다. 대만은행은 제당회사에 대규모로 대출을 해주면서 신식 제당공장의 창설과 사탕수수 생산의 개선을 도왔다(臺灣銀行, 1919, 287~288, 276~278 ; 臺灣銀行, 1939, 153).

청말 구미 계열 은행의 유동자본 위주의 업무와 비교해 대만은행이 당업의 초기단계에 제공한 자금은 주로 공장설비와 관개 등 고정자본 위주였다. (주로 대만은행이지만) 은행들의 1903~1920년까지 당업에 대한 대출은 267만엔에서 3억3천513만엔으로 증가했다(『統計提要』, 1086~1087 ; 臺灣銀行, 1919, 276~278, 285~286 ; 臺灣銀行, 1939, 160~161). 대만 소재 은행들의 1903년 당업에 대한 대출은 주요 물산(미곡 · 사탕 · 차 · 장뇌 · 금 · 주정 · 석탄 · 바나

57 대만은행은 총독부의 경제정책 및 일본의 국제무역을 적극 지원했다〔臺灣銀行 編, 『臺灣銀行二十年誌』, 臺灣銀行(東京), 1919, 248~251쪽〕. 대만은행의 해외 및 일본 내지의 경제활동에 대한 과도한 개입은 국제시장에서의 경제적 변화의 충격에 대만은행을 노출시켜 상당히 큰 경영상의 위험을 감수하도록 했다. 1920년대말 일본의 경기불황은 대만은행을 도산 위기로 몰고 갔다. 대만은행 최대의 채무자인 스즈키상점鈴木商店은 대만 설탕무역을 통해 급성장한 다국적기업이었는데, 1927년 파산하여 대만은행에 3억4,800만엔의 악성부채를 떠넘겼다. 이는 같은 해 대만은행의 해외와 일본에 대한 대출액(3억4,900만엔)과 맞먹는 수치였다(臺灣銀行 編, 앞의 책, 1939, 70, 310쪽 ; 臺灣總督府財務部金融課 編,『臺灣の金融』, 1930, 104~105쪽 ; 涂照彦, 앞의 책, 1991, 304~306, 313, 321쪽). 대만은행의 대만 소재 본점 · 지점은 물론 일본과 해외에 설립된 지점의 영업을 정지할 수밖에 없었지만, 다행히 일본정부가 1억8,500만엔의 긴급구제금융을 제공하여 영업을 재개할 수 있었다(臺灣銀行 編, 앞의 책, 1939, 306~308, 315~327쪽 ; 矢內原忠雄, 앞의 책, 1985, 139~140쪽, 涂照彦, 앞의 책, 1991, 313쪽).

나)에 대한 대출총액의 32퍼센트를 차지했고, 1920년에는 50퍼센트를 넘어섰다(『統計提要』, 1086~1087). 대만은행은 당업 창업에 필요한 자금을 제공했을 뿐 아니라 재무위기나 불경기 또는 천재지변으로 인한 손해(예컨대 1911~1913년 사이에 태풍으로 인한 사탕수수 생산의 급감)에 대해서도 거액을 대출해주었다(臺灣銀行, 1919, 278, 288).

총독부는 (일본정부와 민간의) 자본 부족, 농민의 토지침탈에 대한 저항과 사탕수수 확보의 어려움 등 여러 장애에 직면한 데다 세수도 고려해야 했기 때문에 통치 초기(1910년대 초)에는 토착자본을 위주로 한 개량당곽改良糖廓에 관용적인 태도를 취했다. 수입된 소형 압착기를 사용해 소규모자본으로 경영하는 이들 소형 개량당곽은 교역과 제조에서 장기간에 걸쳐 자농과의 긴밀한 협력을 통해 사탕수수 수매원가를 낮출 수 있었다. 총독부의 보조금에 과도하게 의존하는 신식 제당공장과 비교하여 대만의 개량당곽은 적은 재정지원으로도 신속하게 생산량을 제고할 수 있어서 최소한의 재정으로 최대한의 세수(설탕소비세)를 거두려는 총독부의 입장과도 맞아떨어졌다(森, 1980, 388, 410 ; 山根, 1969, 272, 284).

총독부의 장려와 협조로 개량당곽과 선진적인 기기설비를 설치하고 과학기술을 활용한 대형 신식 제당공장은 상호협조하면서 구식당곽舊式糖廓을 대체하기 시작했다(표 1-12).[58] 일제 초기 부진한 일본자본의 유입으로 개량당곽은 대부분 대만인들이 경영했고, 심지어 신식 제당공장조차 대부분 대만인의 출자로 운영되어(黑谷, 1935a, 15~20 ; 信夫, 1942, 343~348), 7개의

58 1901년에도 1,000개 이상의 구식당곽이 여전히 존재했다(표 1-12 참조). 앞서 밝힌 대로 상품화 과정에서 자농은 점차 농산물 가공업에서 유리되어 농업생산만을 담당하는 순수 경작자가 되었다. 하지만 설탕 가격의 상승 시기, 예컨대 1904~1905년 러일전쟁 시기의 경제호황 때 자농들은 속속 구식당곽을 세워 자기 작물의 가공에 종사하기도 했다(臺灣銀行 編, 앞의 책, 1919, 217쪽). 그 원인은 간단하다. 원료만을 제공해서는 높은 설탕 가격이 가져다주는 이익을 분점하기 어려웠고, 따라서 당곽을 설치하여 스스로 가공하는 것이 나았기 때문이다.

| 표 1-12 | 제당공장의 유형에 따른 제당공장의 숫자 및 생산량 (1,000톤)

기간*	설탕 총 생산량	신식 제당공장			개량당곽			구식당곽		
		갯수	설탕 생산량	%	갯수	설탕 생산량	%	갯수	설탕 생산량	%
1901~1902	54.5	1	1.1	2.04				1117	53.4	97.96
1902~1903	30.4	1	1.7	5.61				895	28.7	94.39
1903~1904	45.5	2	3.4	7.48				1029	42.1	92.52
1904~1905	49.6	7	4.5	9.15	4	0.4	0.78	1055	44.7	90.08
1905~1906	76.4	8	7.7	10.02	52	11.0	14.42	1100	57.8	75.56
1906~1907	63.9	7	10.2	15.97	60	14.4	22.52	878	39.3	61.51
1907~1908	65.5	9	17.2	26.24	61	12.9	19.73	847	35.4	54.03
1908~1909	122.3	15	71.3	58.27	40	17.5	14.29	582	33.6	27.44
1909~1910	204.2	16	119.6	58.54	69	34.9	17.08	663	49.8	24.38
1910~1911	270.3	21	194.2	71.85	74	40.8	15.08	499	35.3	13.07
1911~1912	175.6	29	150.6	85.78	50	17.3	9.84	212	7.7	4.38
1912~1913	71.5	26	63.0	88.16	32	4.4	6.10	191	4.1	5.74
1913~1914	150.8	31	133.4	88.50	34	8.3	5.54	217	9.0	5.96
1914~1915	208.5	33	187.8	90.10	34	11.2	5.36	216	9.5	4.54
1915~1916	321.1	35	292.6	91.13	32	16.6	5.18	217	11.9	3.69
1916~1917	458.1	35	409.2	89.32	28	26.6	5.80	256	22.4	4.88
1917~1918	344.1	37	298.7	86.80	33	15.7	4.56	311	29.8	8.65
1918~1919	291.8	37	261.5	89.63	25	10.3	3.54	251	19.9	6.83
1919~1920	223.2	39	210.9	94.48	24	5.2	2.33	202	7.1	3.19
1920~1921	252.7	42	241.2	95.42	22	5.2	2.06	171	6.3	2.51
1921~1922	352.7	45	343.8	97.49	16	3.9	1.10	136	5.0	1.41
1922~1923	355.4	44	348.9	98.17	11	2.3	0.64	101	4.3	1.20
1923~1924	452.2	44	443.2	98.02	13	4.0	0.89	104	4.9	1.09
1924~1925	479.5	44	467.3	97.44	13	4.8	1.01	132	7.5	1.55
1925~1926	499.9	44	486.8	97.38	15	6.3	1.25	136	6.8	1.37
1926~1927	411.1	45	402.6	97.93	9	3.3	0.81	115	5.2	1.26
1927~1928	580.1	45	571.7	98.55	9	3.9	0.67	105	4.5	0.78
1928~1929	789.3	46	777.9	98.56	9	5.8	0.73	97	5.6	0.71
1929~1930	810.5	46	798.3	98.50	9	7.1	0.87	90	5.1	0.63
1930~1931	797.3	46	787.1	98.72	7	5.7	0.72	78	4.5	0.56
1931~1932	989.0	46	977.2	98.81	8	6.7	0.68	68	5.1	0.51
1932~1933	633.7	45	616.8	97.34	8	10.1	1.59	79	6.8	1.08
1933~1934	647.0	45	634.4	98.05	6	4.7	0.73	92	7.9	1.22
1934~1935	965.7	47	942.7	97.62	6	10.0	1.03	97	12.9	1.34
1935~1936	901.7	47	880.6	97.66	7	10.4	1.15	87	10.7	1.19
1936~1937	1007.4	48	987.5	98.02	7	10.4	1.03	75	9.5	0.94
1937~1938	990.2	48	966.6	97.62	7	13.5	1.36	64	10.1	1.02
1938~1939	1418.7	49	1374.0	96.85	7	24.7	1.74	67	20.0	1.41
1939~1940	1132.8	49	1097.0	96.84	7	18.7	1.65	62	17.1	1.51
1940~1941	814.6	50	799.7	98.17	6	6.2	0.76	59	8.8	1.08
1941~1942	1101.8	50	1084.0	98.39	5	8.0	0.72	54	9.8	0.89
1942~1943	1041.4	47	1022.2	98.15	5	8.2	0.79	45	11.0	1.06
1943~1944	892.3	45	880.3	98.65	5	4.9	0.55	35	7.1	0.79

* 기간은 11월1일부터 다음 해 10월31일을 의미함.
자료근거 : 『糖業統計』(各年) ; 『臺灣之糖』, 1949, 68~69, 72~73

신식 제당공장 중 2개만이 일본인 소유였다(黒谷, 1935a, 17, 涂照彦 ; 1991, 282~283, 森 ; 1980, 390~391). 농산물가공업의 발전과 농·공의 분화는 사실상 일본자본이 아닌 토착자본에 의해 시작되었다. 구식당곽의 숫자는 1904~1906년에 최고조에 달한 후 급속히 쇠퇴한 반면, 개량당곽과 신식 제당공장의 성장은 가속화되었다(표 1-12). 개량당곽은 1904년 4개에 불과했으나 전성기인 1910년에는 74개가 되었다.

당곽과 신식 제당공장은 동일한 지역에서 원료확보를 위해 경쟁관계에 있었기 때문에 사탕수수 가격의 상승을 피할 수 없었다. 신설된 대만인 소유의 중·소형 당곽의 상호경쟁 역시 1904~1905년 사이에 사탕수수 가격을 급등시켰고, 원료확보의 어려움에 부딪힌 신식 제당공장은 더욱 더 앞날을 보장하기 힘들어졌다(臺灣銀行, 1919, 217). 이에 과거 당무국이 주창한 (개량당곽과 신식 제당공장의 동시발전을 지향한) '대소제당론大小製糖論'(森, 1980, 406~409)에 반하는 정책, 즉 1905년에 실시된 법규(〈제당창취체규칙製糖廠取締規則〉)하에서 신식 기기를 사용하는 제당공장을 설립할 때에는 공장 규모 및 원료채집구와 관련된 사항에 대해 총독부의 허가를 받는 정책이 만들어졌다(『糖務關係例規集』, 1919, 48~56). 총독부는 관청이 설립을 허가한 신식 제당공장에 대해 원료채집구를 지정하여 채집구 내에서 새로운 당곽의 설립을 금지했고, 채집구 내의 자농이 채집구 이외의 지역에서 사탕수수를 판매하는 것도 금지했다(『糖務關係例規集』, 1919, 47~88). 원료채집구 제도는 행정력의 직접 개입을 통해 대형 신식 제당공장에 원료시장 독점권을 부여함으로써 자농의 독자적인 가격결정권을 빼앗아버렸다(2장 5절에서 상술). 신식 제당공장의 원료구매 경쟁자를 배제하기 위해서 토착자본이 설립한 개량당곽에 많은 제약을 가해 결국에는 신식 제당공장에 할당된 원료채집구 내에서 개량당곽은 자취를 감추게 되었다(『糖業概觀』, 1927, 28~29 ; 『臺灣の糖業』, 1935, 13).

막대한 보조금과 수많은 보호장치를 등에 업은 일본자본은 러일전쟁 직후인 1906년 이후 전후 경기를 타고 대거 대만에 진출했다. 총독부는 마침내 직접적인 물적 지원의 부담에서 벗어나 행정적 지원을 통해 신식 제당공장의 설립을 지원하게 되었다(森, 1980, 412~413). 총독부는 이제 당업 장려 방침에서 사탕수수 증산을 위한 농업개량(수리관개나 품종개량 등)으로 방향을 전환하고 공업생산의 효율성 제고와 기술 혁신 등은 신설된 일본자본의 제당공장에 맡겼다(『糖業概觀』, 1927, 43~45 ; 矢內原, 1985, 205~209 ; 森, 1980, 406~407, 416~417). 총독부는 1911년 마침내 사탕수수 생산의 개선과 당업 장려를 위한 전담기구인 당무국을 폐지하고 관세보호를 통한 당업진흥으로 전환하게 되었다(『糖業概觀』, 1927, 49, 51).

이제 대만인 소유의 당곽은 신식 제당공장과 경쟁하기 힘들게 되었다. 1906년 이전 개량당곽과 구식당곽은 설탕 총생산량의 90퍼센트 이상을 점했으나, 1915~1916년 이후로는 10퍼센트 이하로 떨어졌다(표 1-12). 일본자본이 운영하는 제당공장은 이제 생산 면에서 '규모의 경제'와 효율성을 발휘할 뿐 아니라 합병과 집중을 통해 지속적으로 확장했는데 그 과정에서 토착자본이 운영했던 당곽을 하나하나 소멸시켜나갔다. 이러한 상황에서 토착자본이 세운 신식 제당공장과 일본자본이 세운 제당공장의 양립 역시 오래갈 수 없었다. 일본자본은 1909년부터 토착자본이 세운 신식 제당공장을 합병하기 시작했다(黑谷, 1935a, 23~25 ; 1935b, 29, 33~34 ; 信夫, 1942, 345~348 ; 涂照彦, 1991, 286~295, 『糖業概觀』, 1927, 144~218). (유신維新 · 마두麻豆제당은 명치제당明治製糖에, 난창南昌 · 타이난臺南제당은 대만제당臺灣製糖에 병합되는 등) 토착자본이 투자한 신식 제당공장은 일본자본에 합병되거나 (염수항제당鹽水港製糖의 사례처럼) 증자를 통해 일본자본의 비중이 높아져 경영권을 상실하게 되었다. 1907년 이전의 일본자본은 단 1개의 신식 제당공장을 보유했고 대만 동부에 위치한 일본자본 하전조제당賀田組製糖 또한 규모면에서 토착자본이 설립한 6개의 신식 제당공장에 비할 바가 못 되었다(黑谷, 1935a, 17). 그러나 1911년 이후 살아남은 토착자본의 신식 제당공장은 신흥제당新興製糖 하나뿐이었다. 신흥제당은 대만은행을 통해 몇 차례의 증자에 성공하지만 점차 경영권을 상실하여 결국 대만제당에 합병되고 만다(涂照彦, 1991, 288～289 ; 森, 1980, 405, 413 ; 矢内原 ; 1985, 89, 212).

식민지권력은 대만인들이 근대적 상공업에 참여하는 것을 억누를 뿐 아니라 일본인 기업에는 각종 특혜를 부여하면서도 대만인 기업에는 의도적으로 각종 제한을 가했다. 더욱 주목되는 것은 1912년에 반포된 총독부령總督府令 제16호를 통한 대만인 자본가의 회사설립 금지인데, 표면적인 이유는 회사경영에 관한 지식·경험이 부족한 대만인의 회사 남설濫設을 방지하기 위해서였다(矢内原, 1985, 90～91).[59] 기업경영권을 박탈당한 토착자본은 주주 신분만을 가질 수 있었다.

총독부의 조직적인 보호 속에서 1910년대 후반의 설탕생산은 대만 공업 총생산액의 70～80퍼센트를 차지했고(高橋, 1937, 426～427), 1920년대와 1930년대에도 60퍼센트 전후를 기록했다(『統計提要』, 778, 802). 일본자본은 제당업에 대해 대규모로 투자한 후 초기의 유통부문 통제에서 생산부문으로 영향력이 확대되어 상업활동과 공업활동을 겸할 수 있게 되면서 생산·유통 두 부문의 모든 이윤을 독점하게 된다. 총독부의 지원·보호와 대만은행 및 일본 재벌이 막대한 자금을 제공하는 상황에서 일본 당업자본은 대규모 집중을 진행했다(涂照彦, 1991, 291～335). 당업의 집중은 수평집

59 일본의 민법·상법은 1923년부터 대만에서 시행되었고 그 이전에 대만인이 설립한 단체는 대만민사령臺灣民事令을 적용받았다. 민사령하에서는 일본인이 참여해야만 일본 법률을 적용받을 수 있었다. 때문에 대만인이 회사를 설립하려면 부득이 일본인의 참여를 요청하는 편법을 써야 했다(王泰升, 『臺灣法律史的建立』, 三民, 1997, 313～315쪽). 제16호 총독부령을 반포한 것은 대만인만으로 조직된 회사가 대체로 명실이 부합되지 않기 때문이라는 이유를 들고 있으나, 야나이하라에 따르면 법령의 실제 효과라는 점에서 볼 때 "대만인이 설립한 회사를 완전히 일본인의 지배하에 두기 위해서" 였다(矢内原忠雄, 앞의 책, 1985, 91쪽).

중과 수직집중 양자를 포함한다. 수평집중이란 약세에 처한 (특히 토착자본의) 제당공장을 병합하는 것을 의미한다. 대만 당업에 대한 대규모 수평집중은 1910~1916년과 1927~1928년 두 번에 걸쳐 진행됐다(涂照彦, 1991, 280~298, 307~312). 1916년에는 5개의 독점적 제당회사(남부의 대만제당, 중남부의 염수항제당·명치제당, 중부의 동양제당·대일본제당)가 신식 제당공장의 75.74퍼센트의 투자와 77.68퍼센트의 설탕 생산량(대만 전체의 70.78퍼센트)을 차지하게 된다(표 1-13). 제당공장의 합병은 원료 수확면적의 집중도 의미했다. 5개 제당회사의 1916년 원료 수확면적을 합하면 신식 제당공장 원료채집구 수확면적의 80.10퍼센트를 차지했고, 이는 대만 전체 사탕수수 수확면적의 69.86퍼센트에 해당한다(표 1-13). 1928년에 제2차 수평집중이 종결된 후 3대 일본자본에 각각 속하는 대만제당(三井系), 염수항제당·명치제당(三菱系), 대일본제당·신고제당(日糖系)의 5대 제당회사는 신식 제당공장에 88.00퍼센트를 투자했고 83.26퍼센트의 설탕 생산량(대만 전체의 82.06퍼센트)을 자랑하게 된다(표 1-13). 같은 해 5대 제당회사의 원료 수확면적을 합하면 신식 제당공장 원료채집구 수확면적의 81.36퍼센트를 차지했고, 이는 대만 전체 사탕수수 수확면적의 77.47퍼센트에 해당한다(표 1-13).

수직집중이란 대형 제당회사의 당업 관련 활동, 예컨대 설탕 판매, 비료 제조, (사탕수수에서 추출한) 주정과 사탕의 생산, 철도·해운의 경영 등을 의미한다(矢內原, 1985, 214~218 ; 『糖業概觀』, 1927, 139~143, 149~154 ; 『臺灣の糖業』, 1935, 75~76). 설탕 제조 각 단계별 부산품의 생산·운송·판매가 통합되었고 제당회사가 원료를 확보하기 위해 농업생산에도 참여했다는 점 역시 주목할 만하다. 회사는 개간·구매·임대를 위해 필요한 토지는 회사가 운영하는 대농장大農場에서 제공받고 경작은 고농雇農이 하였다(『糖業概觀』, 1927, 79~81, 121). 그러나 여기서 주의할 것은 제당회사가 농업생산에 간여하기 위해 채택한 것은 (토지의) 직접 인수가 아닌 간접적 방식이라는 점

| 표 1-13 | 당업의 수평집중

연도*	1916			1928		
공장별**	수확면적(甲)	설탕생산량(萬斤)	자본액(萬엔)***	수확면적(甲)	설탕생산량(萬斤)	자본액(萬엔)
5대 회사(A)	79,735	37,876	7,680	74,875	79,327	24,892
기타 신식 공장(B)	34,398	15,635		21,851	17,348	
신식 공장 합계(A+B)	99,541	48,762	10,140	92,033	95,277	28,287
개량 당곽 합계(C)	6,963	2,773		1,470	647	
구식 당곽 합계(D)	7,629	1,976		3,146	751	
합계(A+B+C+D)	114,133	53,511		96,649	96,675	
5대 회사의 신식 공장에 대한 비율 (A)/(A+B)	80.10%	77.68%	75.74%	81.36%	83.26%	88.00%
5대 회사의 전체에 대한 비율 (A)/(A+B+C+D)	69.86%	70.78%		77.47%	82.06%	

* 연도는 사탕수수를 수확한 해를 의미함.
** 1916년에는 13개의 제당회사가 있었고 5대 제당회사는 대만臺灣[60]·염수항鹽水港·명치明治[61]·대일본大日本[62]·동양제당東洋製糖을[63] 가리킴, 1928년에는 11개의 제당회사가 있었고 5대 제당회사는 대만(三井系)·염수항·명치(三菱系)·대일본·신고新高(日糖系)제당[64]을 가리킴.
*** 자본금은 실제 자본금이 아닌 액정額定 자본금임. 액정 자본금은 자본의 장기적 상황을 보는 데 적절하므로 이 통계를 취함. 1928년 5대 제당회사가 신식 제당회사의 실수實收 자본금에서 차지하는 비율은 87.42퍼센트임(『糖業統計』, 1928, 6~8).
자료근거 : 『糖業統計』, 1920, 18~19 ; 1928, 6~9 ; 1929, 83~89

60 | 역주 | 대만제당주식회사는 대만 신식 제당회사의 효시이다. 1900년 미쓰이三井 등이 자본금 100만엔으로 창립했고 공장은 가오슝高雄 부근에 두었다. 1907년에는 주정酒精공장도 건설해 대만에서는 최초로 당밀糖蜜을 주정으로 활용하기도 했다. 세 번의 증자와 다섯 번의 합병을 거쳐 자본금은 100만엔에서 6,300만엔으로 증가했고, 보유 토지도 49,300甲에 달했다. 1939년 무렵에는 연간 550萬擔의 설탕을 생산했는데, 이는 당시 일본 설탕 소비량의 30퍼센트에 해당했다.

61 | 역주 | 1906년 澀澤榮一, 相馬半治 등의 발기로 자본금 500만엔으로 명치제당주식회사를 설립한 이래 1920년대는 지속적인 합병을 통해 자본금을 4,800만엔까지 늘렸다. 원료채집구의 경지면적만 107,709갑이었고 이 중 사탕수수 재배에 적합한 경지면적만 90,424갑에 이르렀다. 보다 자세한 내용에 대해서는 上野雄次郎 編, 『明治製糖株式會社三十年史』, 1936 참조.

62 | 역주 | 대일본제당주식회사는 아이스크림 산업에 일찍 눈을 떴던 鈴木藤三郎이 1895년 30만엔의 자본금으로 도쿄에 일본정제당주식회사日本精製糖株式會社를 설립한 것이 그 효시이다. 이후 1906년과 1910년에 대만 현지에 제1·제2공장을 차례로 설립하면서 본격적으로 제당업에 뛰어들었고 1919년에는 조선제당주식회사朝鮮製糖株式會社를 합병했다. 이후 여러 차례의 합병과 증자를 통해 1936년 총자본금 6,197만엔으로 성장하게 된다. 원료채집구

이다. 농산물의 품질과 규격을 표준화하고 원료의 수매원가를 낮추기 위해 당업자본은 (주로 농민의 생활자금에 해당하는) 자금의 대출이나 기술이전 및 감독, 대규모 수리 · 운수 · 저장 시설에 대한 투자 등을 통해 사탕수수 생산의 외적 조건을 좌지우지했다(2장 5절에서 상술). 농민들은 비록 직접생산자의 외양을 유지했지만 생산수단과 분리되어 사실상 이미 자본의 통제를 받기 시작했다. 수직집중은 농기업에서 시작해 농업생산으로 확대되었다. 본래 농업에서 분리되어 나간 공업활동이 다시 농업으로 진입한 것이다. 그러나 이때의 공업은 더 이상 농업의 보조적 역할이 아닌 지배적 역할로 전환되었다.

수평집중과 수직집중에 의해 일본자본이 설립한 대형 제당회사는 상업 · 제조업 · 공업 · 농업 및 이와 관련된 기업활동을 결합해 이윤을 분점할 수 있는 중간 존재를 최소한으로 제한할 수 있었다. 아울러 다원적 경영은 경영상의 위험요소를 감소시키는 역할도 했다. 그 결과 일본의 설탕소비자와 대만의 자농 간에는 제당회사 외에는 중개자가 거의 사라져(矢內原, 1985, 212~218) 제당회사가 거의 모든 이윤을 독점하게 되었다.

대만 농업은 일단 상품생산에 편입되자 곧 자본의 지배에 복종하는 운명을 맞게 된다. 청말 이래 해외 상업 · 고리대자본은 선대라는 방식을 통해 생산을 통제해왔다. 파종 전에 선대를 통해 수확물을 선매하거나 기타 여러 방식으로 농민들의 생활비용과 농기구 · 비료 · 종자 등에 소요되는

의 경지면적은 144,872갑, 사탕수수 재배에 적합한 경지면적은 118,594갑에 달했다. 1942년에는 증자와 함께 일당흥업주식회사日糖興業株式會社로 회사명을 변경했다.

63 | 역주 | 1907년 德久恒範 등이 자본금 500만엔으로 창업한 후 두육제당주식회사斗六製糖株式會社와 각지의 개량당곽을 합병하여 1916년에는 자본금이 1,175만엔으로 증가했으나 1927년에 대일본제당주식회사大日本製糖株式會社에 합병되었다.

64 | 역주 | 대만 당업과 깊은 관련을 맺고 있던 安部幸兵衛가 기획하고 大倉喜八郎 등이 자본금 500만엔으로 창립하였다. 1935년까지 자본금 총액은 1,420만엔, 원료채집구의 경지면적은 4,381갑에 이르렀으나 1935년 대일본제당주식회사大日本製糖株式會社에 합병되었다.

자금을 제공했다(林滿紅, 1978, 51~52, 55~57 ; Davidson, 1903, 448~449 ; 根岸, 1936, 54~62 ; 川野, 1969, 130~136). 이상의 설명은 상업 · 고리대자본이 어떤 과정을 거쳐 직접생산자가 필요로 하는 생존수단과 생산수단을 통제하는지를 설명하는 좋은 사례가 될 수 있다. 자본 지배의 보다 높은 수준의 사례는 대만의 일본 당업자본이 잘 보여준다. 당업자본가들은 총독부와의 긴밀한 협조 속에서 기술적 조건을 규정하고 비료와 종묘를 제공하며 농작물의 윤작 방식을 결정했다. 요컨대 교역 상대인 농민을 제당회사의 경영설계에서 전문적 집행자로 변화시킨 것이다. 동시에 자본은 농촌의 생산과정에도 침투했다. 단 개별 가족농장의 생산과정에 침투한 게 아니라 (예컨대 제당 자체가 농가부업에서 분리되어 공업의 일부분이 된 것과 같이) 가공 · 제조 활동을 분리해낸 것이다. 자본의 농업생산 과정에 대한 지배는 주로 가공에 집중되었는데, 이는 비교적 기계화가 가능한 경제활동이다. 그 외의 기본적인 농업생산 활동에 대해서 자본은 다양한 침투와 지배 방법을 가지고 있었는데, 예컨대 저당을 잡아준다거나 농가 유동자금의 대출, 수리관개 · 운수 · 저장 등의 투자와 시장 통제 등을 들 수 있다. 이러한 방법을 통해 농민은 표면적으로는 분산되고 독립적인 생산자의 면모를 유지했지만 실제로는 이미 수직집중의 구조에 편입되어간 것이다.

상품화 및 그 한계

일제시대 대만 농민이 자본주의 경제체제로 편입되는 과정은 앞서 밝혔듯이 시장경제(혹은 상품의 생산과 교환)의 확대를 그 주된 특징이라고 말할 수 있겠다. 이 과정을 상품화라고 부르며 상품화는 동시에 사회적 분업의 세분화라는 결과도 초래했다(Smith, 1976, 17~25). 대만 농촌의 상품화 과정에서 드러난 세분화는 다음의 내용을 포함한다. ① 농업 생산은 점차 자급자족적 색채를 벗어나 상품생산으로 변화했는데, 칼 폴라니Karl Polanyi(1944, 69)

의 표현을 빌리면 "생산물은 시장에서 팔리게 되고 수입 또한 시장에서의 소득으로부터 발생하게 되었다." ② 토지의 매매·이전도 점차 인간관계의 속박을 벗어나 순전히 시장관계에 의해 결정되게 되었다. ③ 토지 외의 기타 생산요소(비료·농기구 등) 역시 점차 자급적 색채를 벗어나 시장에 의존하게 되었다. ④ 농민은 시장경제의 세분화로 인해 점차 비농업(공업·상업) 활동에서 분리되어 순수한 농업상품 생산자가 되었다. 이러한 세분화된 분업은 자본이 교역과정에 개입하는 것을 가능하게 만들었다. 농민과 시장의 관계는 더욱 깊어졌으나 시장과의 거리는 자본의 개입으로 인해 더욱 멀어졌다. 농업과 공업이 분리되는 과정에서 본래 농업활동에 속했던 (제당업과 같은) 농산물 가공업은 농가부업이나 합작 생산의 특징이 사라지고 근대적 공업에 편입되면서 전형적인 자본주의적 고용·노동 방식으로 생산되었고, 심지어는 당시의 특수한 정치경제적 상황에 대응하여 분명한 집중화 경향이 나타나게 되었다.

그러나 농산물 가공업과 비교해볼 때 대만 농업은 비록 상품화가 심화되었지만 자본과 노동의 분화나 생산 집중 현상은 나타나지 않았다. 농업생산의 절대적인 부분은 가정농장에서 진행되었고, (플랜테이션 같은) 농업노동자에 의한 자본주의적 농장의 발달은 매우 제한적이었다. 자본은 농가의 생산조직까지 침투하여 노동과정을 강제로 분해하여 직접 장악하지는 못했다. 직접적인 생산은 여전히 개별 농민가정의 수중에 있었다. 앞에서 관찰한 현상에 따르면 일제시대 대만 농촌 상품화의 과정은 농민가정의 노동력을 시장에 내다 파는 상품(노동)으로 철저히 변모시키지는 못했다. 대만 농민은 마르크스가 묘사한 영국의 원시축적 단계의 농민처럼 자신의 토지에서 쫓겨나 자신의 노동력을 상품으로 파는 무산자無産者가 되지는 않았다(Marx, 1963, 787~842). 식민지 경제하의 대만 농민은 기본적으로는 여전히 가족단위의 생산방식을 보존했고, 가정은 생산·소비의 단위가 되었으며 가족 구성원은 노동력의 주된 원천이 되었다. 고전경제학에서 예측한 것처럼 해체와 무산화를 향해 나아가지는 않았다.

4. 상품화와 농업의 자본주의적 변모

고전경제학 이론의 자본주의 전환과 관련한 논의에서 상품화는 자본주의(고용·노동) 생산관계 탄생의 필요조건이 아니라 자본주의 생산관계 발전의 필연적 결과로 간주되어왔다. 상품화와 자본주의 생산양식의 확대, 이 양자 간의 인과관계에 관해서는 논의가 분분하지만, 양자 간에 밀접한 관련이 있다는 점에 대해서는 대부분 동의한다. 뿐만 아니라 상품화의 정의는 상품의 생산과 교환의 확대이며, 그 궁극적 결과는 생산물과 (농기구·토지·노동력 등의) 생산요소가 시장을 통해 자유롭게 이동하며 기타 (정치적 강제나 사회적 속박 같은) 비시장적 요소의 구속을 받지 않는다는 것이다. 상품화는 노동력의 매매를 포함하기 때문에 특정한 생산관계(고용 관계)의 형성을 의미하기도 한다.

이상의 설명을 종합해보면 상품화의 심화 정도는 동시에 자본주의(고용·노동) 생산양식의 확대를 의미한다. 고전경제학 이론은, 이 과정이 농촌에서는 종종 소농의 몰락과 토지의 집중으로 표현된다고 지적해왔다. 자본주의로의 전환에 관한 고전 이론(Brenner, 1985a, 1985b ; Dobb, 1963 ; Lenin, 1899, 간략한 설명으로는 Djurfeldt, 1982, 148~150을 참조)은 유럽(특히 영국)과 러시아의 사례를 통해 소농 생산자들이 상품화 과정에서 어떻게 해체되어 노동력을 파는 프롤레타리아가 되며, 고농雇農 생산을 위주로 한 농촌 부르주아지가 어떻게 형성되는지에 대해 설명해왔다. 이들은 이 과정을 농업의 자본주의로의 전환이라 부르면서, 생산관계의 자본주의로의 전환을 통해서만 생산규모와 신기술의 채용 및 시장 경쟁을 확대해 농업생산력의 혁명을 촉진하고 그 결과 공업화와 공업자본의 축적을 촉진한다고 보았다. 바꿔 말하면 앞서 말한 자본주의 전환 이론은 농촌연구에 적용되었지만, 실제로 논의된 것은 상품화 과정이 어떻게 소농경제의 붕괴를 이끌어냈는가 하는 문제이다.

그러나 근대 이후 농업연구에 종사한 수많은 학자들은, 농업혁명의 임무를 부여받은 주인공이 대규모 생산을 지향하는 자본주의적 농장이라기보다는 오히려 가정농장family farm이었다고 지적해왔다(Djurfeldt, 1982 ; Vegopoulus, 1978 ; Alavi, 1987 ; Chevalier, 1983 ; Friedmann, 1978). 때문에 상품화가 반드시 노자勞資관계의 형성으로 귀결되지는 않는다. 달리 말하면 농촌에서 상품화는 반드시 노자관계를 초래하지는 않으며, 노자관계의 형성 또한 반드시 고도의 상품화를 의미하지도 않는다. 노동력의 매매는 단지 상품화의 수많은 지표 중 하나일 뿐이다. 농촌의 상품화 또한 높은 생산력을 갖춘 소농경제를 기초로 해서 진전되기도 한다. 농촌에서 대규모의 토지 집중과 농민층의 분해·몰락은 보편적인 상황이 결코 아니며, 농민경제의 전환 문제는 따라서 반드시 고전경제학 이론이 관심을 가지는 것처럼 농촌의 생산관계의 전환(즉 농민이 분해되어 무산계급과 자본가계급으로 분화되는 과정)에만 집중될 필요는 없다.

자본주의의 확대는 생산관계로부터 이해해야 하는가, 아니면 시장관계로부터 이해해야 하는가의 문제는 줄곧 쟁점이 되어왔다(Sweezy, 1978 ; Aston and Philpin, 1985). 생산관계의 측면에서 일제시대 자본주의의 확대를 볼 경우 고농 경영에 의존하는 대규모 플랜테이션은 결코 충분한 정도로 확대되지 못했다는 점을 쉽게 발견할 수 있다. 표면적으로는 일본 당업자본가들이 지배적 지위를 차지한 듯하지만 실제로 자본주의 생산방식에 의해 소농경제가 분해dissolution되거나 동화assimilation되지는 않았다. 그러나 시장관계의 측면에서 대만 자본주의의 확대를 볼 경우 상황은 크게 달라진다. 대만은 무역을 통해 '대일본제국'의 경제적 분업체계에 편입된 후 식량생산이 크게 감소하고 (사탕수수 같은) 환금작물로 대체되어, (예컨대 봉래미가 순전히 판매용으로 재배된 것처럼) 식량작물조차 상당 부분 상품으로 전화되었다. 필자는 생산관계와 시장관계의 경중에 관한 논쟁에 휘말려들 생각은 없다. 여기서 분명히 하려는 것은, 상품화 정도의 심화에 따라 대만의 농업생산은 자본주의의 외면적 지배를 더욱 크게 받았으나 농민의 소농생산 방식은 이 과정에서 소멸하지 않았다는 점이다. 농민경제의 전환에 있어 최대의 변화는, 일제시대의 대만과 가정경작형 농업에 기반을 둔 여러 나라에 대해 말하자면, 결코 토지의 집중과 생산관계의 변화가 아니라, 소농생산이 어떻게 시장과 긴밀하게 결합해 상품유통의 원리에 순응하게 되었는지에 있다.

대만 농업이 시장 생산에 편입되는 과정은 일제시대에 시작된 것은 아니고 19세기말부터 이미 명확하게 관찰된다. 그러나 농업생산이 대규모로 상품 생산 · 교환으로 변화하는 과정은 일제시대부터이다. 일제시대에 이 과정은 꽤 철저하게 진행되어, 상품생산은 농민의 입장에서는 이미 부차적 생산일 수 없게 되었다. 농민은 사실상 이미 시장생산과 자급자족적 식량생산 중 하나를 자유롭게 선택할 수 없었기 때문에 생존을 위해 필요한 것조차 시장에 의존해야 했다. 따라서 앞으로 계속 추구해야 할 문제는, "일제시대 대만 농촌의 전통적인 자급자족적 경제에서 시장경제로의 변화과정에서 농민의 소농생산 방식은 어떻게 살아남을 수 있었는가? 대만 총독부와 일본자본은 이 전환 과정과 가정농장의 존속에 어떤 역할을 했는가?" 이다.

2장

당업자본과 대만농민

식민지의 전통 농업생산을 자본주의적 고농 생산으로 전환하는 것이 식민 통치자의 자본 축적에 정말로 필요할까? 서구 식민주의 국가들은 20세기 초 라틴 아메리카, 인도네시아 및 기타 지역에서 대규모의 사탕수수 플랜테이션을 수립했다(Mintz, 1974, 1986 ; Geertz, 1963 ; Furnivall, 1944). 반면 같은 시기 대만에 진출한 일본 당업자본은 주로 현지 농민들로부터 사탕수수 원료를 수매했다. 당업연구의 권위자인 인류학자 시드니 민츠Sidney Mintz, (1981, 440~441)는 이 특이한 현상에 큰 흥미를 가지고 다음과 같이 의문을 제기한 바 있다. "왜 일본인은 (서구 식민지에서) 일반적으로 통용되는 기업 방식을 선택하지 않고 소농에게서 사탕수수를 수매했는가?" 일제시대 대만 자당업의 경영방식이 전혀 다른 경로를 거쳤다는 점이 흥미를 유발했고, 그는 "일본인은 왜 전혀 다른 경로를 선택했으며, 더욱 중요하게는 이러한 생산방식이 대만의 농민경제에는 어떤 의미가 있었는가?"를 알고 싶어 했다.[1]

1 민츠의 일제시대 대만 당업과 다른 열대지역 당업에 관한 비교와, 그가 세계 당업 발전 과정에

1. 자본주의 경제하의 가정농장

농업발전 연구 분야에서 농민과 자본주의 경제의 관계는 줄곧 뜨거운 쟁점이 되었던 주제이다. 이 논쟁은 주로 소위 '고전 마르크스주의학파와 차야노프Chayanov학파의 대논쟁'으로 표출되었다. 두 학파에 속한 학자들은 모두 자본주의 경제에서 농민의 역할과 그 변화의 추세를 추적하는 데 힘을 쏟았지만 관점은 완전히 달랐다(Kautsky, 1976 ; Lenin, 1899 ; Chayanov, 1966 ; Patnaik, 1979 ; Ennew, 1977 ; Harrison, 1975 ; Bernstein, 1979 ; Chevalier, 1983 ; Friedmann, 1980 ; Llambi, 1988 ; Alavi, 1987). 고전 마르크스주의학파는 공업부문에 대한 연구에서와 마찬가지로 자본주의가 농업부문으로 확장될 때 필연적으로 농촌의 계급 양극화를 초래한다고 인식했다. 즉 전통 생산양식은 필연적으로 쇠퇴·소멸하고 자본주의 생산관계로 대체되어 농촌 자본가와 농민 무산계급이 탄생하고 계속적인 분화가 일어난다는 것이다. 마르크스는 자본의 원시적 축적이란 좁은 의미에서는 자본주의 발전의 초기 단계에서 농민이 소유한 토지를 박탈하고 농민을 임금노동자로 만드는 것을 주된 특징으로 하는 자본축적의 과정이라고 했다(Marx, 1963, 789).

차야노프학파의 논점은 완전히 상반된다. 자본주의 경제에서도 농민의 가정농장은 소멸되지 않을뿐더러 그 생존력은 자본주의 방식으로 경영되는 플랜테이션을 오히려 능가한다고 보았다.[2] 가정농장 경영은 자본가기업과는 다른 경제논리에 의거한다(Chayanov, 1966). 가정농장은 가족 성원이

서 대만의 당업을 어떻게 위치지웠지 알려면 졸저 *Japanese Colonialism in Taiwan*에서 「서론」(1995, xv~xx) 참조.

2 본서에서 말하는 '자본주의적 농장capitalist farm'은 고농에 의해 생산되는 대형 농장을 지칭한다. 이에 대비되는 '가정농장family farm'은 주로 가족 구성원의 노동력에 의존하는 농장이다(Chayanov, *The Theory of Peasant Economy*, Illinois: Irwin, 1966). 가정농장 경영에 종사하는 것은 자작농에 국한되지 않고 동일한 방식으로 경작하는 소작농도 포함한다.

제공하는 무보수 노동에 의존하기 때문에 가정농장의 회계장부에는 임금 항목이 없다. 이윤의 극대화를 추구하는 자본가기업은 고정적으로 임금, 즉 노동비용을 지출한다. 자본가기업의 존망은 (노동비용을 포함한) 생산 원가를 뺀 후 일반 자본시장의 평균이윤율을 유지할 수 있느냐의 여부와 직결된다. 반면 가정농장은 가족 성원의 생계에 필요한 만큼만 얻으면 계속 유지될 수 있다. 가족 성원의 소비수준과 노동강도는 가족의 필요에 따라 주관적으로 결정되는 것이지 외부 노동시장의 수요·공급에 따라 결정되는 것은 아니다. 동시에 가족 성원의 소비수준과 노동강도는 탄력적으로 조정이 가능하다. 가내의 노동력을 충분히 이용하기만 한다면 가정농장은 종종 노동보수勞動報酬의 체감을 고려치 않고 고도로 노동집약적인 생산에 종사하며, 심지어는 노동시간의 제한을 받지 않으면서 남녀노소를 불문하고 생산에 투입할 수도 있다. 이것이 차야노프의 소위 '자기착취'이다. 따라서 가정농장을 유지하기 위한 최저 비용은 평균이윤율을 유지해야 하는 자본가기업에 비해 낮은 수준이다. 고전 마르크스주의학파가 농민을 불안정하고 소멸과정에 있는 사회집단으로 간주한 것과 달리, 차야노프학파는 농민이 자본주의 생산양식의 제한을 받으면서도 효과적으로 자본의 침투에 저항해 또 하나의 생산양식, 소위 '농민적 생산양식 peasant mode of production'을 만들어낸다고 보았다.

차야노프학파의 '농민적 생산양식'에 호응하는 많은 학자들은 가정경작식 농업이 종종 자본주의 발전의 제도적 장치로서 이용된다고 주장한다. 농공農工 부문의 충돌을 강조하는 학자들은, 가정경작식 농업하에서 농산품 가격을 가장 효과적으로 억제할 수 있다고 강조한다(Vergopoulos, 1978, 446). 발전의 촉진이 목표인 정부의 정책은 늘 공업에 자원을 편중해 배분하고 농업에는 불리한 시장조건을 강요해 농민의 이익을 희생시켜 도시 자본가의 이윤획득과 자본축적을 돕는다(Lipton, 1977 ; Byres, 1977 ; Preobrazhensky, 1987 ;

Vergopoulos, 1978). 도시에 뿌리를 둔 자본가기업은 소농들에게 농산품을 공급하게 하는 것이 자본주의적 플랜테이션에 비해 훨씬 비용이 적게 든다. 왜냐하면 자본가기업은 평균이윤율에 도달하지 못하면 생산을 계속할 수 없지만, 소농은 그렇지 않기 때문이다. 그래서 베르고폴루스Vergopoulos (1978, 446)는 "가정경작 제도는 도시 자본주의가 농업에서 최대한의 잉여노동을 통제할 수 있는 최선의 방식이다."라고까지 말했다.

차야노프학파는 농민이 생존논리subsistence logic하에서 단순재생산에 종사할 수 있을 뿐이라는 가정에 치우쳐 있다. 마르크스주의학파는 마르크스가 상품경제하의 소농생산에 관해 제기한 소상품생산petty commodity production 개념의 옹호에 주력한다(Ennew, 1977 ; de Janvry, 1981 ; Bernstein, 1988). 마르크스에 있어서 농민이 자본에 복종하는 과정이 곧 원시적 축적 과정이며, 동시에 자본이 농촌에 존재하는 '전前자본주의적 생산양식'을 개조하는 과정이기도 하다. 고전 마르크스주의학설은 공업부문에서 소상품생산의 분해를 자본주의 생산의 확장과 집중화의 필연적 결과라고 간주하며, 따라서 동일한 논리로 상품경제하의 소농생산자의 운명을 판단한 것이다. 레닌은 이 고전 이론을 인용해 19세기 말 러시아 농민층의 분해를 설명했다.

> 의심할 바 없이 불균등한 경제적 분배의 출현은 이 전체 과정의 출발점이다. 하지만 이 과정은 재산의 분배에만 국한되지 않는다. 본래의 농민계층은 분화될 뿐 아니라 완전히 해체되어 다시는 존재할 수 없게 된다. 농민은 이미 성격이 완전히 다른 향촌 주민으로 대체된다. 이들 새로운 형태의 향촌 주민은 상품생산 및 자본주의적 생산방식이 성행하는 새로운 사회의 기초이다. 이들은 향촌의 부르주아지 계급과 향촌의 프롤레타리아 계급이다(Lenin, 1899, 177).

마르크스주의학파의 소상품생산 관련 주장은, 소농경제에서는 자본과 노동(또는 생산수단의 소유자와 피고용자)은 구분하기 어렵지만 자본의 축적은 부단히 진행된다는 점을 강조한다. 상품생산에 종사하는 소상품생산자로서 농민은 조만간 자본의 축적에 따라 내부 분화를 겪게 된다. 알랭 드 장브리Alain de Janvry 등 고전 마르크스주의학설을 지지하는 이들은 재산의 축적에 따라 농촌 내부의 계급분화는 피할 수 없다고 공언했다.[3] 농촌의 재부가 부단히 소수의 부농에게 집중되기 때문에 농민이라는 단일계급으로 구성된 사회는 장기간 지속될 수 없다는 것이다(de Janvry, 1981, 103, 111). 뿐만 아니라 드 장브리는 농민은 종종 자본주의적 플랜테이션이나 공업의 겸업 노동자(소위 '반프로 농민')였음을 발견했다. 농촌의 무산계급은 종종 한 뙈기 땅을 보유해 겉으로는 농민처럼 보이지만 이들의 사회적 생산관계는 이미 노동자의 특징이 있었다는 것이다(de Janvry, 1981, 99, 112). 드 장브리는 반프로 농민을 프롤레타리아와 부르주아지로 분화되기 전의 일종의 과도적 현상이라고 파악했다.

농촌의 재부財富 분배의 불균등 및 (반프로) 농민과 자본가 간의 실질적 고용관계라는 두 가지 현상을 찾아낸 드 장브리의 결론은, 농촌에는 계급분화가 존재하며 노동 · 자본의 관계가 형성된다는 것이다. 때문에 그는

---

3 드 장브리de Janvry는 도시 자본주의가 시장의 통제를 통해 농촌에서 잉여착취를 행한다는 점을 인정하지만, 불리한 교역 조건은 전체 농업 부문에 가해지지 개별 농가에 가해지는 것은 아니라고 생각했다. 즉 시장은 개별 농가에 대해 개별적으로 농가의 잉여를 가져갈 능력은 없다는 것이다. 때문에 농촌 내부에 원래 존재하던 계급분화 과정을 해석할 도리가 없었다(de Janvry, *The Agrarian Question and Reformism in Latin America*, Baltimore and London: John Hopkins University Press, 1981, pp.102~103). 드 장브리는 농촌 내부의 재산 분배의 불균등으로 인해 재산은 소수의 손에 집중되고 마침내 단일 계급의 농촌과 소위 농민적 생산양식이란 것은 존재할 수 없게 된다고 강조했다. 그는 때문에 버고폴루스Vergopoulos 등이 제기한 농민적 생산양식의 단순재생산이란 관점에 반대했다(Vergopoulos, "Capitalism and Peasant Productivity", *Journal of Peasant Studies*, 1978 ; Wolf, *Peasants*, Englewood Cliffs, NJ: Pretice Hall, 1966 ; Shanin, "Delineation of a Sociological Concept and a Field of Study", *European Journal of Sociology* 12, 1971).

농민생산을 (제한은 받더라도) 자본주의 생산양식과 병립하는 생산양식으로 간주해서는 안된다고 강변한다. 그는, '농민적 생산양식'이라는 개념을 사용하는 이들이 본질적으로 계급적 착취에 속하는 관계를 억지로 두 생산양식 간의 연속連屬 관계에 있다고 의도적으로 주장했다고 의심했다. 드 잔브리de Janvry(1981, 106)는 '농민적 생산양식' 개념이 비록 농민과 플랜테이션, 혹은 농업과 공업 간의 불평등관계라는 특징을 말하고는 있지만 계급착취 관계를 호도하는 왜곡된 해석이라는 점을 강조했다.[4]

자본주의 경제하의 가정농장이 촉발시킨 대논쟁 과정에서 앞서 밝힌 두 논점은 상호 대립하고 있다. 한쪽은 (가정이 계급으로 분화되지 않은 생산단위라는 의미에서의) 가정경작이 특수한 생산양식을 이루어 자본주의 생산양식과 병존하면서 부단히 재생산된다고 주장한다(Chayanov, 1966 ; Harrison, 1975 ; Vergopoulos, 1978 ; Kerblay, 1987 ; Djurfeldt, 1982 ; Lipton, 1977 ; Thorne, 1987). 다른 한쪽은 가정농장을 과도적 형태, 즉 상호 대립하는 두 계급(부르주아지와 프롤레타리아트)으로 전화될 것이며, 가정농장은 불안정하여 결국에는 소멸할 것이라고 보았다(Lenin, 1956 ; Ennew, 1977 ; de Janvry, 1981 ; Patnaik, 1979 ; Byres, 1979). 일제시대 대만 농업 발전의 사례는 이 논쟁을 해결하는 데 어떤 단서를 제공해줄 수 있을까?

2. 토지 집중의 걸림돌

야나이하라는 고전 마르크스주의학설의 농업자본주의 이론을 직접 인용해, 근대적 토지소유 제도의 수립이 일본자본의 토지 집중을 도와 대만 농

4 예를 들면 Erick Wolf(앞의 책, 1966, 3~4, 9~12쪽)와 Shanin Theodor(앞의 책, 1971, 296, 298쪽)는 모두 '외부인outsiders'의 농업 잉여에 대한 착취'를 농민을 정의할 때 핵심적인 특징 중 하나로 삼고 있다. Shanin은 이러한 특징을 '약자의 지위underdog position'라 불렀다(앞의 책, 1971, 296쪽).

민의 무산화를 촉진했다고 지적했다(矢內原, 1985, 27). 그러나 마르크스가 영국의 인클로저enclosure 운동을 예로 들어 설명한 농민 토지의 박탈이 대만에서는 발생하지 않았다. 1904~1905년까지의 토지조사사업 과정에서 대만의 소조小租 업주가 보유한 토지권리는 법률적으로 공인받아 근대적 소유권으로 전환되었고, 단지 주인이 없는 수전水田과 한전旱田(청대 대만에서는 이를 각각 전田 · 원園이라 부름)만이 공유지로 간주되어 총독부를 거쳐 민간(대다수는 일본자본가)에 불하되었다(江丙坤, 1972, 145, 147).[5] 야나이하라는, 일제시대 대만의 이러한 토지제도 변화과정에서 국가권력의 폭력적 · 강제적 직접 개입은 대단히 제한적이었지만, 자신이 '원시적 축적'이라 부른 과정에 장애가 되지는 않았다고 보았다(矢內原, 1985, 25). 뿐만 아니라 야나이하라는 그가 『帝國主義下の臺灣』을 집필할 당시(1929) 일본 당업자본은 '소유지를 계속 확충'하고는 있었지만, 당시 일본자본은 이미 고도로 성장해 총독부 권력에 의지하지 않고 자신의 자본력으로('순수한 경제 교역을 통해') 대량의 토지를 집중할 수 있었다고 생각했다(矢內原, 1985, 23).

그러나 경험적 사실은 야나이하라의 주장과 일치하지 않는다. 근대적 토지사유제가 대만 농촌의 상품생산의 확대를 크게 도운 것은 사실이지

5 수전과 한전의 경우에는 업주로서의 권리를 증명할 수 있는 계약서나 서류를 제출하지 않았더라도 점유 사실만 확정할 수 있다면 토지소유권을 인정받을 수 있었다(江丙坤, 1972, 111~112쪽). 하지만 (산림) 임야는 이 규정을 적용받지 못했다. 1895년 일령日令 제26호(관유임야취체규칙官有林野取締規則)의 제1조에 따르면 "소유권을 증명할 수 있는 계약서나 기타 확실한 증거가 없는 산림임야는 모두 관유"로 했다(矢內原忠雄, 1985, 18쪽). 이 엄격한 규정 때문에 '사실상의 점유' 상태에 있던 많은 임야가 관유지官有地로 편입되었다. 총독부는 약간의 구제 조치를 실시하여 '연고지 관계'라는 명목으로 임야의 계속적인 사용을 허용하긴 했지만 이후에는 결국 불하 조치를 취했고(李文良, 1998), 이전까지 임야를 실질적으로 이용하던 이들은 임야를 상실하게 된다(梁華璜, 1978 ; 矢內原忠雄, 1985, 24~25쪽 ; 山川均, 1966, 271~274쪽). 총독부는 대만 투자를 활성화하기 위해 상징적인 금액만을 받고서 일본인 자본가들에게 관유지를 불하하거나 증여했다(淺田, 1968, 24~25쪽 ; 矢內原忠雄, 1985, 24~25쪽). 이 연고지 관계의 임야가 자본가에게 불하되는 (실질적인 몰수에 가까웠던) 이 과정을 야나이하라는 '원시적 축적'이라고 간주하고서 마르크스의 말을 빌려 "권력은 원시적 축적의 산파였다."고 표현했다(矢內原忠雄, 1985, 25쪽).

만, 장기적 관점에서는 오히려 일본자본이 대만 농촌으로 침투하는 데 장애가 되었다. 통치 초기의 세제개혁(1904~1905)은 소조호小租戶를 업주業主로 인정하고 소조호의 토지권리를 근대적인 절대적 소유권으로 전환시켰다. 토지조사사업이 낳은 근대적 사유제는 채무를 불이행했을 때만 소유권을 강제로 박탈할 수 있었다. 토지소유자가 규정대로 세금과 이자를 납부만 하면 그 토지는 법률의 보장을 받게 된 것이다. 뿐만 아니라 경영 측면에서도 자본주의적 플랜테이션이 효과적으로 규모의 경제를 실현하려면 각 소농 가정으로부터 토지를 수탈해 대규모 토지로 변화시켜야 했다. 자본이 설사 채무를 이행하지 못한 농민에게서 토지를 취득하더라도 영성零星하게 분산되어 있는 소규모 토지를 한 덩어리의 대토지로 바꾸는 것은 결코 쉬운 일이 아니다.[6]

토지 사유권을 보호하는 법률체계가 확립되면서 일본 농업자본가는 시장 교역 이외의 수단을 사용하거나 적나라한 폭력을 사용해 농민을 내쫓고 플랜테이션을 설립할 수 없게 되었다. 당업자본이 경찰의 힘을 빌린 적도 분명히 있었지만 몇 건의 강제수매 사건은 치명적인 정치적 후유증을 낳았다. 1909년 임본원제당주식회사林本源製糖株式會社가[7] 시도한 토지 강제수매에 대한 저항 사건은 당시 민정장관 오시마 구마지大島久滿次의[8] 사임을

6 대만 자농이 제당회사에 채무를 지는 것이 상당히 보편적이었다. 그러나 제당회사의 선대금의 주목적은 채무를 통해 농민을 속박해 사탕수수 원료공급을 확보하는 데 있었지 농민을 채무위기에 빠뜨려 토지를 수탈하려는 데 있지 않았다. 자전蔗田의 소작율은 자농의 부채 증가에 비례해 높아진 것은 아니었다. 장기적으로 볼 때 사탕수수 재배에 적합한 소작지의 경작율은(수전이나 전체 경지와 비교해) 상당히 낮을 뿐 아니라 하락하는 추세였다. 제당회사가 토지를 직접 경영하고자 했다면 그럴 수도 있는 상황이었다. 이 점에 대해서는 뒤에 상세히 서술하기로 한다.

7 | 역주 | 임본원제당주식회사林本源製糖株式會社는 대만의 대표적 망족望族인 판교板橋 임가林家가 세운 제당회사이다. 1909년 당시 임시대만당무국장이었던 大島久滿次와 대만은행 행장 柳生一義의 권유를 받아 1909년 자본금 200만엔으로 林本源製糖合名會社를 설립했고 후에 林本源製糖株式會社로 변경했다. 대만은행의 전폭적인 융자와 총독부의 적극적인 지원으로 발전해나갔으나 1927년 염수항제당주식회사鹽水港製糖株式會社에 합병되었다.

불러왔다(蔡培火, 1928, 62~63 ; 矢內原, 1985, 23 ; 持地, 1912, 122).

일본 당업자본이 야나이하라의 주장대로 '순수한 경제 교역을 통해서' 토지를 취득하는 것 역시 쉽지 않았다. 네기시 벤지[9](根岸勉治, 1962, 539)에 따르면 1941년 6개 제당회사가 보유한 경지의 82퍼센트는 구매를 통해 취득한 것이었다(淺田, 1968, 16). 제당회사가 구매한 토지 중 47퍼센트는 총독부로부터 저가로 구입한 것이지만, 나머지는 민간으로부터 구매한 것이다. 토지가격은 생산원가의 중요한 요소이다. 그러나 자본가의 눈으로 볼 때 농민으로부터 구입하는 토지는 너무 비쌌다. 일제시대 초기의 토지조사에 따르면, 1900~1902년의 3년간 대만 전체에서 토지를 담보로 한 대출의 이자율은 연 15~20퍼센트였는데, 소조小租에서 토지세와 잡세를 제하면 토지 순수익은 토지 매매가의 11퍼센트에 불과했다(程家穎, 1963, 67~68 ; 江丙坤, 1972, 134). 토지에 대한 투자는 대부업貸付業을 통한 이익보다 분명히 낮았다. 1927년과 1937년의 조사 역시 유사한 현상을 보여준다. 보통 등급의 수전(6~10등급)의 연간 소작료 순익은 토지 매매가의 7~8퍼센트였는데(農調書, 제39호, 1939, 1~5 ; 農調書, 제25호, 1930, 1~5), 농가 부채 중 부채에 대한 이자가 10퍼센트 이상인 경우가 60퍼센트를 넘었고, 연리年利 7퍼센트 이상인 경우가 85퍼센트를 넘었다(農調書, 제33호, 1935, 6~7). 총독부가 세제개혁을 위해 진행한 통계 조사는, 1935년 토지세를 제한 후 갑당甲當 수전의

---

8 | 역주 | 오시마 구마지大島久滿次는 일본 아이치현愛知縣 출신으로 동물학자이다. 1888년 도쿄제국대학 영법과英法科를 졸업한 후 서기관 · 참사관을 거쳐 당시 민정국장이던 水野遵의 권유로 대만총독부 참사관으로 오게 된다. 제약소장製藥所長 · 경시총장 · 총무국장 등을 역임했고 1908년 민정장관 고토 심페이의 외유를 틈타 佐久間 총독의 추천으로 민정장관에 취임해 (정우회政友會 계열의) 소위 '오시마파大島派'를 형성한다. 이후 고토와 대립하지만, 1910년 아리산阿里山 삼림의 관영官營 문제를 둘러싼 갈등으로 인해 물러나게 된다.

9 | 역주 | 네기시 벤지根岸勉治는 일본 사이타마현崎玉縣 출신의 농업경제학자. 1925년 홋카이도北海道제국대학 농학부를 졸업하고 1931년 타이베이臺北제국대학 농학부 교수로서 식민지학殖民地學 및 열대식민사熱帶殖民史를 강의했다. 1945년 이후에는 일본으로 돌아가 니혼日本대학 교수로 활동했다. 대표적인 저서로는 『南支那農業經濟論』, 野田書房, 1940 ; 『南方農業問題』, 日本評論社, 1942 ; 『熱帶農企業論』, 河出書房新社, 1962 등이 있다.

소작료 순익이 토지가격의 7.3퍼센트였음을 보여준다(잡세를 제하고 나면 더욱 낮아진다. 財務局, 1936, 188, 530). 자작自作인 경우 순익은 지가의 11.9퍼센트였지만, 이는 자가투입한 노동비용을 계산하지 않고 나온 결과이다. 바꿔 말하면 수전을 빌려주고 얻는 순익이 (수전을 팔아치운 후) 대부를 통해 얻는 이익에 비해 적은 것이다. 자작의 경우 자가 노동력을 비용에 산입하지 않아야 수전 농가의 순익이 대부를 통한 이자와 대략 엇비슷해진다. 자본가의 입장에서 이 수치의 함의는 매우 분명하다. 즉 수전을 매입해 소작을 주거나 고농을 써서 경영하는 것이 이 돈을 대부해 얻는 이익보다 적었던 것이다. 농지의 구매는 자본가의 경제이성經濟理性에 전혀 부합하지 않는 투자인 셈이다.

카우츠키는, 농지 가격이 종종 경제법칙에 따라 결정되지 않고 농민의 토지에 대한 의존 정도에 따라 결정된다는 점을 일깨워주었다.

> 자본을 이용하는 차원에서 볼 때 토지가격은 소작료에 따라 결정된다. 자본화된 소작료율을 알면 토지의 매매가격을 대충 알 수 있게 된다. 이윤율에 관심 있는 기업가라면 이 원칙을 넘어서는 가격으로 토지를 구매하지 않을 것이다. 그러나 농민 소상품생산자는 이런 식으로 계산하지 않는다. 농민은 노동자로서 공장노동자에 가까운 생활을 한다. 그의 토지는 생계를 의탁하는 도구이지 이윤을 획득하는 수단이 아니다. 일 년 동안의 수확이 자신이 투여한 노동력에 상응해야만 생존해 나갈 수 있다. 이윤을 추구하는 농업자본가와 비교해 농민 소상품생산자는 토지에 대해 훨씬 높은 가격을 지불할 수 있다고 생각하기 마련이다(Kautsky, 1976, 35).

대만에서도 유사한 현상을 발견할 수 있다. 이윤의 추구를 생산의 목적으로 삼지 않는 농민의 행태(달리 말하면 자본가 기업의 경제이성에 따라 주판알을 튕기지 않는 행태), 그리고 자가 노동을 비용에 산입하지 않는 생산방식이야말로, 농민들이 어째서 자본가로서는 이윤을 기대하기 힘든 가격으로 토지를 구매하는지를 설명해준다. 대만 농민의 생계수단에 대한 의존과 소농생산의 특이한 경제이성은 높은 지가地價로 이어지면서 동시에 당업자본이 구매를 통한 토지취득을 어렵게 만들었다.

농민의 토지에 대한 의존과 더불어 대만 토착자본이 토지투자에 열심이었다는 점도 기억해야 한다. 이 점은 공업부문이 일본자본에 독점되어 투자 기회가 상당히 제한적이었다는 점과 어느 정도 관련이 있다. 일본자본을 위주로 한 제당공업은 1932년 대만 전체 공업생산액의 75.7퍼센트를 차지했다(『통계제요』, 778, 786, 802). 때문에 달리 투자할 곳이 없는 상황에서 대만 토착자본은 토지투자에 과도하게 집중했고 이는 지가 상승을 부추겼다. 1914~1937년 사이에 수전 지가는 823엔/갑甲에서 3385엔/갑으로 상승했고, 이를 실물로 환산하면 수전 지가는 150헥토리터/갑에서 290헥토리터/갑으로 상승한 것이다(羅明哲, 1977, 271).[10]

높은 지가와 높은 소작료에 더해 농민의 저항은 당업자본의 토지 장악, 즉 구매에 의한 토지취득을 더욱 곤란하게 했고 이는 플랜테이션의 자영自營을 통해 사탕수수 원료 공급을 보장하려던 제당회사의 바람을 좌절시켰다. 제당회사의 플랜테이션 자영이나 소작농에게 토지 대여를 통한 소규모 소농생산 양자를 합한 수치는 대단치 않았다(표 2-1). 1925~1940년 사이 제당회사가 통제한 토지는 44퍼센트 증가해 84,454갑에서 121,603갑으로 증가했다. 그러나 대만 전체경지에서 차지하는 비율은 10.56퍼센트에서 13.71퍼센트로 증가하는 데 그쳐(표 2-1) 대만 전체경지에서 차지하는 비율은 명확하게 증가하지는 않았다.

10 1937년 이후에는 준전시 상태에 돌입했기 때문에 총독부는 소작료와 지가에 대한 통제 조치를 취했다.

| 표 2-1 | 제당회사의 경지 장악과 사용

단위 : 갑

경지 장악 및 사용 형식		1925	1930	1935	1940
회사 自有地로서 자영 플랜테이션(A)		28,000 33.15%	39,060 42.79%	41,096 44.60%	53,214 43.76%
회사 自有地로서 대여(B)		32,779 38.81%	31,541 34.55%	35,025 38.01%	41,358 34.01%
회사 租入地로서 자영 플랜테이션(C)		13,690 16.21%	16,184 17.73%	11,072 12.02%	12,946 10.65%
회사 租入地로서 재대여(D)		9,985 11.82%	4,496 4.93%	4,943 5.36%	14,085 11.58%
토지 장악	회사 自有地(A+B)	60,779 71.97%	70,601 77.34%	76,121 82.62%	94,572 77.77%
	회사 租入地(C+D)	23,675 28.03%	20,680 22.66%	16,015 17.38%	27,031 22.23%
토지 이용	자본주의적 경영(A+C)	41,690 49.36%	55,244 60.52%	52,168 56.62%	66,160 54.41%
	佃農(半프로 농민)에 대여(B+D)	42,764 50.64%	36,037 39.48%	39,968 43.38%	55,443 45.59%
제당회사 장악 토지 총수(A+B+C+D)		84,454 100.00%	91,281 100.00%	92,136 100.00%	121,603 100.00%
(A+C)가 全島 경지에서 차지하는 비율		5.21%	6.63%	6.09%	7.46%
(B+D)가 全島 경지에서 차지하는 비율		5.35%	4.32%	4.66%	6.25%
(A+B+C+D)가 全島 경지에서 차지하는 비율		10.56%	10.95%	10.75%	13.71%
全島 총경지		799,517 100.00%	833,398 100.00%	856,775 100.00%	887,142 100.00%

자료 근거 : 『糖業統計』, 1926, 58~59 ; 1931, 72~73 ; 1938, 70~71 ; 1943, 70~71 ; 『臺灣農業年報』, 1931, 7 ; 1937, 10 ; 1943, 4

대만과 선명한 대조를 이루는 것이 네덜란드령 자바Java의 사례이다. 1870년 네덜란드 식민정부는 새로운 토지법을 실행해 근대적 토지소유 제도를 수립함으로써 토지의 양도 · 조차租借 · 사용을 편리하게 만들었다(Furnivall, 1944, 178~181). 그러나 토지법 개혁 이후의 자바는 대만과는 크게 다른 길을 걷게 된다. 새로운 토지법은 '자본주의적 플랜테이션'으로 이어졌다(Boomgaard, 1988, 159).[11]

총독 반 덴 보쉬Van den Bosch의 주도로 네덜란드 식민정부는 1830년 자바에서 강제재배제도*cultuurstelsel*, cultivation system를 시행, 지정된 촌락의 일정한 토지(대략 20퍼센트나 그 이상의 토지)에 특정 환금작물을 재배해 세금에 충당하도록 강제했다(Fasseur, 1992). 식민정부는 강제재배제도에 기대어 토지·노동력을 획득해 사탕수수 생산을 확대하면서 동시에 민영民營 계약제당공장private contractor sugar mills에 원료를 공급해 설탕을 생산하도록 한 후 이를 다시 공영公營으로 환수해 판매함으로써 큰 이윤을 남겼다.[12] 촌락desa은 사탕수수 재배 토지와 노동력 동원을 관리하는 조직단위가 되었고 그 처분권*dorpsbeschikkingsrecht*, right of disposal은 강화되었다(Fasseur, 1992, 28~29 ; Van Niel, 1981, 42~43 ; Aass, 1980, 232). 촌락의 처분권 강화는 촌락 수령lurah 권력의 확대에 잘 나타났다. 수령은 촌락 내부에 보유한 수전의 사탕수수 윤작을 선택·배분하고 촌민에게 잉여경지의 사용권을 재분배하고 인력을 조직·동원해 사탕수수 생산에 종사하도록 하고 정부가 촌락에 지급하는 작물구입비crop payment를 분배했다.[13] 촌락을 생산단위로 만듦으로써 대규

11 대만과 자바의 비교에 관해서는 柯志明, 앞의 논문, 1992 참조.

12 강제재배제도 시행의 주된 이유 중 하나는 토착경제의 상품화를 강제하기 위해서였다. 대만 농민은 초창기부터 가격 계산에 익숙하여 시장논리에 적응해갔다(川野重任, 앞의 책, 1969, 14~15쪽). 반면 자바 농민은 생계형 자급자족 경제에 길들여져 있었고 식민정부는 강제재배제도를 통해 상품작물의 생산을 유도한 것이다(Furnivall, *Netherlands India, Cambridge*: Cambridge University Press, 1944, pp.99~103, pp.107~111 ; Boeke, *Economics and Economic Policy of Dual Societies As Exemplified by Indonesia*, New York: International Secretariat, Institute of Pacific Relations, 1953, p.8 ; Van Niel, "The Effect of Export Cultivations in Nineteenth-century Java", *Modern Asian Studies*, 1981, pp.40~43 ; Elson, *Javanese Peasants and the Colonial Sugar Industry*, Singapore: Oxford University Press, 1984, p.32, p.35 ; Geertz, *Agricultural Innovation: the Process of Ecological Change in Indonesia*, Berkeley and Los Angeles: University of California Press, 1963).

13 촌락에서 식민정부로부터 재배작물을 지정받은 토지는 세금을 면제받는 대신 그 수확물은 정부가 수매했다. 식민정부는 사탕수수 수매가를 시장가격에 따라 정한다고 했지만 실제 가격은 상당히 낮았고, 촌락이 지불할 토지세액과 기타 비용을 미리 공제했기 때문에, 수매가격은 실제로는 사탕수수 재배의 유인이 되지 못했다. 겨우 촌민이 포기한 기타 작물에 대한 보

모 수전은 사탕수수 윤작에 전용되었고 사탕수수의 재배·수확·운송도 손쉬워졌다. 토지사용권usufruct(소유권ownership이 아님)을 보유한 촌민은 사탕수수 재배를 책임졌는데 이는 자바 농민이 토지의 규모와 품질에 비례해 노역을 제공하던 자바 농촌의 전통과도 맞아떨어졌다(Alexander and Alexander, 1978, 212 ; Furnivall, 1944, 118~119 ; Elson, 1984, 40 ; Van Niel, 1981, 42~43).[14] 이러한 의미에서 반 덴 보쉬는 본국의 식민성殖民省 장관에 대해, 그가 관심 있는 것은 자바의 사회적 기초를 개조하는 것이 아니라 '우리의 제도가 자바 농민의 특성과 부합하도록 만드는 것'이라고 보고했다(Elson, 1984, 32, 63).

식민정부의 압박을 받으면서도 자바의 촌락경제는 여전히 자급자족적이었고, 이는 강제재배제도가 사유기업과 자유노동에 기초한 새로운 제도로 변경될 때까지 지속되었다. 1870년에 새로운 토지법(Agrarian Law와 Sugar Law)이 공포된 후 식민정부는 점차 강제노동을 사용하는 사탕수수 재배를 퇴출시켰고, 토착의 토지사유권과 자유처분권은 법률적 보장을 받게 되었다(Furnivall, 1944, 178~180 ; Elson, 1984, 133~134). 제당공장은 국가를 통하지 않고도 '자유롭게' 토지와 노동력을 취득할 수 있게 되었다.[15] 외래자본에

상 정도였을 뿐이다(Fasseur, *The Politics of Colonial Exploitation: Java, the Dutch, and the Cultivation System*, NY: Southeast Asia Program, Cornell University, 1992, pp.36~43 ; Elson, 앞의 책, 1984, 53~54쪽).

14 토지사용권을 보유한 촌민을 지칭했던 인도네시아어 'orang kenceng'의 의미는 '일할 의무가 있는 사람'이다. 자바 농민들은 촌락이 상층 통치자로부터 부여받은 부세·노역 및 촌내의 공공 노동에 따라 토지를 분배받았다. 이러한 촌락의 부담을 떠안을 능력과 의지를 갖춘 자들일수록 토지사용에서 권리를 우선적으로 선택할 수 있었고, 토지사용자 상호간에는 그러한 부담을 돌아가면서 담당하는 현상도 있었다(Elson, 앞의 책, 1984, 12~13쪽).

15 1870년 이후 노동력은 강제적인 사탕수수 재배로부터 해방되었지만 '자유로운' 노동시장은 여전히 요원했다. 촌락 수령이 노동력을 조직·동원할 때 의존했던 네트워크는 여전히 작동하고 있었다. 수령은 제당공장의 대리인으로 변신하였고 촌민의 노동은 온정주의적 예속patron-client 관계로 여전히 수령에 의해 (개인의 자유로운 의사에 의한 것이 아니라) 결정되었다(Elson, 앞의 책, 1984, 120~123쪽). 소위 '자유로운' 노동은 기존의 촌락의 유대에서 벗어나

의한 대규모 플랜테이션은 과거에 빌려 쓰던 토지에 전반적으로 설립되었고, 새로운 법률이 제공한 편의를 충분히 이용했다(Alexander and Alexander, 1978, 215~222 ; Geertz, 1963, 83~90 ; Boomgaard, 1988 ; Knight, 1989, 1992). 1920년대 자바의 소규모 토지소유자의 사탕수수 재배 면적은 제당공장의 8퍼센트에 불과했고, 수확은 총생산량의 4퍼센트에도 미치지 못했다(Gordon, 1982, 179).

20세기 초 대만의 토지조사사업은 1870년의 자바와 마찬가지로 토지의 사유권 확립을 목적으로 했지만, 가정경작식 농업의 발전에 튼튼한 기초를 제공해 플랜테이션의 강력한 경쟁자를 만들어냈다. 대만인 토지소유자들은 비교적 강고한 토지 사유개념을 가지고 있어서 그들과 토지를 분리하려는 어떠한 시도에도 몸을 던져 저항했다. 이들 소규모 가정농장의 저항에 직면한 일본자본은 플랜테이션 확대에 제한을 받을 수밖에 없었다.

표면적인 성격이 유사했던 이 두 토지·세제개혁은 어째서 생산관계에서는 서로 다른 결과가 나타났을까? 두 지역의 토지개혁 이전의 사회경제적 구조에서 어렵지 않게 그 단서를 찾아낼 수 있다. 1870년 이전 자바 농민의 토지 사유개념은 비교적 박약했다(Aass, 1980, 229~231 ; Van Niel, 1981, 30 ; Elson, 1984, 12~13 ; Knight, 1982, 122~124). 대다수 촌락에서는 촌민에게 토지를 재분배하거나 윤번 사용을 허용하는 촌락공유지가 존재했다. 대략 절반 정도의 촌락이 '상속 가능한 개인사용권heritable individual possession'을 보유하고 있었지만, 그 양도·매매는 여전히 촌락의 간섭을 받고 있었다(Kano, 1977, 11, 26, 28~32 ; Furnivall, 1944, 178~181). "자바 농촌의 토지권리의 속성은 공동체적이었는가, 사적이었는가?" 19세기 후반에 발생한 이 논쟁을 회고하자면, 파시어Cornelis Fasseur는 질문 자체가 오도되었다면서, 양자

지 못하고 수령의 결정에 좌우되었으므로, 자유로운 계약 노동이 결코 되지 못했다(Elson, 앞의 책, 1986, 162~163쪽).

간에 명확한 구별이 존재했던 것이 아니라 촌락의 처분권의 강약에 따라 달랐을 뿐이라고 확언했다(Fasseur, 1992, 29). 1870년 이전 공유지의 비율을 알 수 있는 정확한 자료는 없지만,[16] 당시 토지제도는 토지소유권이 명확하지 않았기 때문에 외자外資 농기업의 토지사용이 큰 제약을 받았고, 이는 식민정부가 새로운 토지법을 제정한 중요한 원인이었다(Furnivall, 1944, 180). 1870년 이후 새로운 토지법이 시행되었지만 촌락을 생산단위로 하는 경제체제는 여전히 작동하고 있었다. 새로운 제도하에서 수령은 정부의 강제재배제도의 대리인에서 제당공장의 대리인으로 바뀌었고, 정부의 봉급 외에도 제당공장으로부터 보수를 받으면서 (영세하고 파편화된 토지가 아닌) 대규모의 연접連接한 토지의 경작을 관리하는 일을 맡았다(Elson, 1984, 143~144). 수령의 압력과 선대금credit advance의 속박을 통해 촌민은 자유로운 의사라는 외피하에서 여전히 이전과 마찬가지로 (사탕수수 재배를) '설득'당했고, 촌락 단위로 토지를 제당공장에 정기적으로 빌려주고 동시에 경작을 책임졌다(Elson, 1984, 130~134, 136, 184~185, 216~217 ; Van Niel, 1981, 55~56). 일반적으로 통용되던 (토지에 대한) 계약대여제도erfpacht에서 대여기간은 21년 6개월, 규모는 전체 촌락의 삼분의 일에 달했으며, 토지는 글레바간glebagan[17] 제도하에서 (토지 사유권에 제약받지 않으면서) 대규모 경영이 가능했다. 게다가 촌락 내의 나머지 수전에서는 3년 윤작을 할 수 있어 관개·경작·수확에서 경제적 효과도 누리게 되었다(Alexander and

---

16 1882년에야 38퍼센트의 경지가 자유로이 매매될 수 있었고 그 나머지는 촌락 공유였다(Boeke, 앞의 책, 1953, 65쪽). 1932년에 이르러서도 수전의 40퍼센트는 여전히 촌락 공유의 형식이었고 60퍼센트만이 '자유로이' 매매할 수 있는 땅이었다(Boeke, 앞의 책, 1953, 65쪽).

17 | 역주 | 19세기 인도네시아에서는 네덜란드인을 비롯한 외국인들이 파티patih라 불리는 토착 유력자로부터 대량의 토지를 대여 받아 사탕수수 플랜테이션을 경영했다. 이때 사탕수수 경영자들은 토지를 아방abang과 비루biru라는 두 구역으로 나누어 절반은 사탕수수 경작에, 나머지 절반은 쌀 등의 생계작물 경작에 사용했다. 이렇게 대여 받은 토지를 둘로 나누어 사탕수수와 생계작물을 번갈아가며 경작하는 관행을 글레바간이라 한다.

Alexander, 1978, 212~215).

토지법 개혁 이후 토지 사유개념에 익숙하지 않았던, 바꿔 말하면 촌락의 처분권이 상당히 강했던 자바에서는 식민통치자(특히 당업자본)에 의해 토지의 대량집중과 플랜테이션 농업이 추진되었다. 하지만 대만에서는 완전히 상반된 사례를 발견할 수 있다. 동일하게 근대적 토지사유제도를 추진했던 두 토지개혁이, 대만과 같이 본래(비록 '자유롭고 절대적'이지는 않았다 해도) 토지 사유개념이 고도로 발달해있던 토착사회에서는 가정경작식 농업을 공고히 한 반면, 자바에서는 토지 사유개념이 박약했기 때문에 도리어 토지의 집중과 자본주의적 플랜테이션 농업이 신속하게 발전할 수 있었다. 두 지역의 식민지 농촌 생산관계를 결정한 핵심적 요인은 토착사회의 기존 토지소유 관계와 사회경제적 구조였다.

식민통치 초기 계속되는 반란과 사회불안에 직면한, 공업화 초기단계의 일본자본은 대만의 전前자본주의적 생산관계를 철저히 변화시킬 수 없었고, 대만총독부는 타협적인 전략을 선택해 소조권小租權을 유일하고 합법적인 근대적 소유권으로 인정함으로써 소조호 계층과 연합해 식민통치를 공고히 할 수밖에 없었다. 이 전략은 정치적인 고려와 더불어 경제적 의미도 있었다. 이 전략은 단기간에 생산을 회복해 재정독립을 달성하면서 동시에 식민모국의 재정부담을 더는 데 도움을 주었다. 토지의 실제경영자(소조호)를 보호하고 이 기초 위에서 상품화를 추진한 이러한 임시적 조치는 실제로는 대만총독부의 급선무였던 재정 확보와 사회질서 문제를 해결하는 데 큰 도움이 되었다. 그러나 장기적 관점으로 볼 때 토지개혁은 일본자본의 플랜테이션 확대에 최대 걸림돌이 되기도 하였다.

3. 농촌의 생산관계

일제시대 대만의 대부분의 토지소유자는 단지 소규모 토지만을 보유하고 있었다. 1932년 부재지주의 소유지 중 1갑 이하 소유가 전체의 60.1퍼센트였다(『統計提要』, 526~527 ; 『農調書』, 제31호, 1934). 1921년에는 (토지를 대여하는 지주와 고농 경영을 하는 자본주의 농업가農業家를 포함하는) 196호만이 100갑 이상의 토지를 소유했고, 이는 대만 전체경지의 12.5퍼센트였다(『統計提要』, 522~523 ; 『農調書』, 제2호, 1921). 같은 해 독점적 제당회사는 55,924갑, 즉 7.2퍼센트의 경지를 보유하고 있었다(『糖業統計』, 1924, 114~115 ; 『統計提要』, 516).[18] 1939년 전체 경지의 13.2퍼센트를 보유한 일본인 지주가 100갑 이상 대지주의 대부분을 차지했고, 경영방식은 대개 자본주의적 고농생산 방식이었다(『農調書』, 제41호, 1941 ; 淺田, 1968, 34~35).

| 표 2-2 | 농장 면적별 농가 호수 및 경지면적 비율(1921)

농장 면적(갑)	전도 농가 호수에서 차지하는 비율(%)	전도 경지면적에서 차지하는 비율(%)
~0.5	30.24	4.88
0.5~1.0	22.90	10.12
1.0~2.0	23.72	20.71
2.0~3.0	10.76	15.99
3.0~5.0	7.88	18.16
5.0~7.0	2.45	8.68
7.0~10.0	1.21	6.04
10.0~20.0	0.71	5.57
20.0~	0.14	9.90
총수	100.00 423,278호	100.00 691,367갑

자료 근거 : 『農調書』, 제2호, 1921, 2~3, 40~71

18 계산 방식은 표 2-1 참조.

경영 규모로 볼 때 절대다수 농가의 경영면적은 거의 3갑 이하였고, 이는 전체 호수의 88퍼센트를 넘었다(표 2-2). 겨우 579호, 즉 전체 농가의 0.14퍼센트만이 20갑 이상의 토지를 경영했다. 지주·소작 방식과 자본주의적 경영방식을 불문하고 이는 전체경지의 9.9퍼센트에 불과한 것이었다(표 2-2). 1921년 제당회사의 자영농장(고농에 의한 경작)은 55,923갑으로 전체 경지의 7.2퍼센트에 불과했다(『糖業統計』, 1924, 114~115 ; 『統計提要』, 516).[19] 대만의 농업경영은 개별 농가를 단위로 하는 가정농장을 그 특색으로 하며, 자본주의적 농장의 대부분을 차지하는 일본자본의 대형 사탕수수농장은 농업부문의 일종의 특구enclave였다.

물론 노동력 매매는 대만 농촌에서 흔히 볼 수 있는 현상이었다. 가정농장은 장·단기 노동자를 고용하기도 하고 자신의 노동력을 다른 농가나 제당회사의 농장에 팔기도 했다. 이러한 '반半자본주의, 반프로'의 특징이라고 부를 수 있는 현상들은 대만 가정농장의 경영에서 흔히 볼 수 있었다(표 2-3). 하지만 (이윤이나 임금 등) 소위 자본주의경제의 특징들이 이들 가정농장에 얼마만큼 영향을 끼쳤을까? 대만총독부 식산국殖産局이 1921년, 1932년, 1939년에 각각 실시한 조사에 따르면 경영면적이 1~5갑인 경우가 전체 농가의 50퍼센트를 차지하는데, 1921년 당시 그들은 대만 전체경지의 55퍼센트를 경작했다(『農調書』, 제2호, 1921, 2~3 ; 제31호, 1934, 2~3 ; 제41호, 1941, 7 및 표 2-2). 이들 농가의 경영방식이 가장 대표성을 가진다. 식산국이 1936년에 이들 1~5갑 농가에 대해 실시한 조사는, 이들 농가가 주로 가내 노동력에 의존하였음을 보여준다(표 2-3). 소가정小家庭은 소농장小農場을 의미한다. 가정농장이 작을수록 가내 노동력에 대한 의존은 커진다. 경영면적이 1~2갑에 불과한 농장의 외부로부터의 순純노동력 유입(유입한 노동력에서 외부에 제공한 노동력을 제한 수치)은 39노동일勞動日로서, 농장에 투입한 전체

19 계산 방식은 표 2-2 참조.

| 표 2-3 | 가정농장의 노동력 공급(1936) 단위 : 노동일/년

농장 면적(甲)	농가 자급 노동력(A)	외부로부터 고용한 노동력(B)	외부에 고용된 노동력(C)	농장에서 사용한 총노동력(A+B)	사용 가능한 가정 노동력(A+C)	노동력의 순유입(B−C)	노동력의 순투입〔A+(B−C)〕
1~2	571	117	78	688	649	39	610
2~3	789	163	55	952	844	108	897
3~5	918	277	42	1195	960	235	1153

	B/(A+B)(%)	C/(A+C)(%)	(B~C)/〔A+(B−C)〕(%)	호당 평균 경작면적(甲)	호당 평균 노동인수(성인 남성으로 환산)
1~2	17.01	12.02	6.39	1.63	3.44
2~3	17.12	6.52	12.04	2.52	4.51
3~5	23.18	4.38	20.38	3.93	5.16

주 : 조사 대상은 1~5갑을 경작하는 116호의 농가임.
자료 근거 : 『農調書』, 제40호, 1940, 1~5

노동력의 6.4퍼센트에 해당한다(표 2-3). 필요 이상의 노동력을 보유한 소농장은 종종 가내 노동력을 외부에 팔았다.[20] 경영면적이 1~2갑인 농가는 대략 12퍼센트의 가내 노동력을 팔았고, 경영면적이 3~5갑인 농가는 4퍼센트의 가내 노동력만을 팔았다(표 2-3). 농번기에는 가정농장도 고농을 필요로 했는데, 이들은 종종 인근의 촌락이나 (수확시기가 다르거나 상대적으로 빈곤한) 기타 지역의 고농을 고용하곤 했다. 경영면적이 1~2갑에 불과한 농장이더라도 고용한 노동력은 해당 농가 전체 노동력의 17퍼센트에 달했지만, 동시에 12퍼센트의 가내 노동력을 타인에게 팔기도 했다(표 2-3). 일반적으로 경영규모가 다소 큰 가정농장은 노동력이 상대적으로 부족해 다소간의 노동력을 고용해야 했다. 경영면적이 3~5갑에 달하는 농장이 고용한 노동력은 순純노동력 투입의 20퍼센트에 달했고, 2~3갑을 경영하는 농장은 12퍼센트, 1~2갑을 경영하는 농장은 6퍼센트에 불

20 전형적인 가정농장, 즉 경영 면적이 1~2갑으로서 노동력 유입이 가장 적은 농장에서 성인 남성 1인의 노동력은 평균 0.47갑의 토지를 경작할 수 있었다.

과했다(표 2-3).[21]

이상의 조사결과는, 노동력 매매가 농촌에서 흔히 볼 수 있는 현상이긴 하지만 매매 규모가 상당히 제한적이고 또 대부분은 농민 상호간에 발생하기 때문에 조사된 농가에 자본주의적 생산의 특징을 부여하기는 곤란함을 보여준다.[22] 제당회사가 자영하는 사탕수수농장이 취한 고농생산 방식은 1920년대와 1930년대에 전체 경지면적의 6퍼센트 전후에 불과했다(표 2-1). 요컨대 일제시대 대만의 절대다수의 농업생산 방식은 노자勞資 관계의 임노동이었다고 보는 것은 대단히 곤란하다.

1917년 당시 대만의 농업노동자는 38,102명이었고, 그 중 21,395명은 청廳(주州보다 작은 행정단위)과 청廳을 이동하는 농업노동자였다(殖産局, 1919, 104~106, 109~110). 이주 노동자migrant worker가 농업노동자의 주요 부분(58퍼센트)을 차지했고, 이들 대부분(약 71퍼센트)이 사탕수수 재배에 종사했다(殖産局, 1919, 111~112). 펑후澎湖에서 온 노동자가 이주노동자의 44퍼센트를 차지했는데, 이들이 제당회사 농장의 주된 노동력 공급원이었다(殖産局, 1919, 106, 112, 120~122). 하지만 이주노동자를 포함한 농업노동자는 대만 전체 농업노동인구의 4.7퍼센트에 불과했다(殖産局, 1919, 104). (토지개혁 이전인) 1948년 농업노동자는 여전히 5.4퍼센트에 불과해, 1917년에 비해 조금 많

21 식구가 많은 농가는 토지가 상대적으로 부족해 종종 토지를 빌리거나 매입해 경영규모를 확대함으로써 가내의 잉여 노동력을 충분히 이용하기도 했다.

22 대만총독부는 1929년에 「企業的農業經營調査」(『農調書』, 제29호, 1933)를 작성한 바 있다. 농촌에서 가장 보편적인 미작 위주의 농가(29호)를 살펴보면, 이 조사의 소위 '기업경영'을 한 미작 농가의 55퍼센트(16호)가 장기 노동자를 전혀 고용하지 않고 오로지 가족 성원의 노동력에만 의존했음을 쉽게 발견할 수 있다. 조사 대상 농가가 '기업적 농업경영'이라고 불린 것은 단지 이들의 경영규모가 비교적 컸기 때문이다. 당시 대만 농가의 평균 경지는 1.97갑이고 조사 대상 농가의 경지 규모는 (빌린 토지를 포함해) 평균 12갑으로 일반 농가의 6배에 달했다(『農調書』, 제29호, 1933, 1~174쪽 ; 『統計提要』, 513, 516쪽). 조사 대상 농가 중 장기 노동자는 호당 평균 1.8명을 고용해 각 호 평균 노동인구 10.2명에 비교하면 보잘것없는 수준이었다. 노동력 고용 현상이 존재한 것은 분명하지만, 이 조사의 대부분의 사례에 비추어볼 때 이들 가정농장에 자본주의적 경영이라는 특징을 부여하기에는 결코 충분치 않다는 것이다.

은 정도에 불과했다(陳正祥, 1950, 98). 이 외에 대부분의 농업노동자는 단기(6개월 이내)의 계절적 노동자였다(殖産局, 1919, 118~120). 이들의 절대 다수 역시 농민이었다. 간단히 말해서 농업노동자는 대부분 농민 자신들이며 또한 계절적으로 이동하는 노동자가 대부분이었다. 이들 농업 무산계급은 토지의 박탈로 인해 생겨난 것이 결코 아니다.

이러한 사실에도 불구하고 자본주의 경제하의 농민은 필연적으로 무산화된다고 믿었던 학자들은 여전히 가정농장이 (불안정하기는 해도) 자본주의 생산방식의 일부라는 주장을 견지한다. 이들은 가정농장이 '반프로'의 형식으로 점차 진정한 무산계급으로 변화된다고 인식한다. 드 잔브리 de Janvry(1981)가 라틴 아메리카 연구에서 분석한 반프로 현상은 야나이하라(1929)의 연구에도 그대로 나타난다. 야나이하라(1929, 230~246)는 특히 제당회사의 토지를 차입한 자농을 예로 들면서 이들 농민을 '무산화' 방향으로 나아가는 과정에 있는 과도적 형태로 보았다. 그의 관찰에 따르면 제당회사 대농장에서 일하는 노동자의 주요 공급원은 회사의 토지를 차입한 소작농들이라는 것이다. 토지 임대차계약에서는 회사의 감독하에 소작농이 특정작물(사탕수수)을 재배해야 할 뿐만 아니라 수확물을 회사에 납부해 대출금 상환과 소작료로 충당해야 하며, 아울러 이들은 회사의 요구에 따라 자영 플랜테이션의 노동자가 되어야 한다고 규정하고 있다(矢內原, 1985, 240~241 ; 陳逢源, 1937, 298~300 ; 1933, 256~267 ; 『糖業』, 1937년 8월호, 2~4, 18, 21, 24). 이러한 의미에서 본다면 회사의 소작농은 회사 농장의 겸직노동자 part-time worker가 된다. 회사가 고용한 농업노동자 외에 회사에서 토지를 빌린 소작농 역시 제당회사 플랜테이션 고농의 주요 공급원이 되었다. 1925~1940년 사이에 이러한 관리 방식하에 있던 토지는 전체 경지의 5~6퍼센트에 달했다(표 2-1).

농한기에 노동자들이 자기가 보유한 토지를 경작해 먹고 살 수 있으면

회사로서도 고정적인 임금 지출을 상당히 줄일 수 있는 방법이었다. 따라서 제당회사는 소작농들을 어떤 식으로 감독해 가정농장에서 유효하고도 밀집된 생산에 종사하게 할까에 착안하면서 동시에 소작농 농가가 보유한 잉여 노동력에 눈독을 들인 것이다. 농업 자본가는 이러한 방식으로 전일제 노동자의 임금을 낮추고 반프로 농민을 겸직노동자로 만들어 노동비용을 줄일 수 있었다.

가정농장의 수입만으로 자가소비를 충족할 수 있다면 농민은 가족을 밖으로 내보내 생계를 도모하는 데 열심이지 않았을 것이다. 하지만 경지면적이 작은 농민일수록 가외 수입에 의존할 수밖에 없었다. 농민이 호구지책으로 충분치 않은 소규모의 토지를 보유해 겸직노동 수입에 의존하는 반프로 농민이 되는 것은, 자본주의 고농 플랜테이션이 노동력을 확보하는 데 유리할 뿐만 아니라 노동비용을 줄이는 길이기도 했다. 전면적으로 무산화된 농민들을 가지고 동일한 효과를 반드시 기대하리라는 보장도 없었다. 1921년 제당회사 소속의 자농 농가의 평균 경작면적은 1.07갑으로서 전도全島 농가의 평균 경지면적(1.63갑)의 65.64퍼센트였다(『糖業統計』, 1925, 48 ; 『農調書』, 제2호, 1921, 3). 1932년 평균 경작면적은 0.68갑으로 줄어 전도 평균 경지면적(2.03갑)의 33.50퍼센트에 불과했고, 그중 84.27퍼센트의 경지는 1갑에도 못 미쳤다(『糖業統計』, 1935, 75 ; 『農調書』, 제31호, 1934, 3). 이들 자농이야말로 자본주의 농장에 값싼 노동력을 제공하는 원천이었다. 자농 토지의 영세화는 당연히 당업자본이 반프로 농민의 값싼 노동력을 착취하는 데 유리하게 작용했다.

자본주의적 플랜테이션 농장은 회사가 장악한 토지에서는 주도적 지위에 있었지만 소규모 가정농장을 완전히 배제하지는 못했다. 일단 자본주의 농장에 부속된 소규모 가정농장을 대거 병합하게 되면 값싼 노동력의 공급원을 스스로 위험에 빠뜨릴 수 있었다. 회사가 장악한 자본주의 대농장과 소규모 가정농장 간에는 사실 일종의 평형관계가 성립해 양자 간에는 거의 고정 비율이 유지되고 있었다. 1925~1940년 사이에 회사가 장악한 토지에서 자본주의 방식으로 경작된 토지는 대략 50~60퍼센트 사이였다. 반프로 농민의 경지는 대략 40~50퍼센트 정도로 유지되었다(표 2-1). 이것으로 볼 때 이들 반프로 농민은 무산계급으로 확대되는 과정에서 '과도적' 역할을 한 것이 아니라 자본주의 대농장이 성립·유지되기 위해 꼭 필요한 보완적 역할을 수행한 것이다.

고농에 의한 플랜테이션 농장이 회사 전체 토지의 절반에 달했지만 자본주의 방식으로 경영된 토지는 대만 전체경지의 아주 작은 부분을 차지해 대략 5~7퍼센트 정도에 불과했다(표 2-1). 1935년 자전(117,969헥타르)은 대만 전체경지(831,033헥타르)의 14퍼센트를 차지했지만, 이 중 17퍼센트의 자전만 제당회사가 자본주의 방식으로 경영했다(『統計提要』, 516, 556 ; 『糖業統計』, 1938, 29).[23] 야나이하라(1929)는, 자본주의적 플랜테이션이 사탕수수 이외의 작물로 확대될 수 없었고, 또 사탕수수 재배에서도 제당회사가 직영하는 플랜테이션은 아주 작은 부분에 불과했다는 사실을 간과했을 가능성이 크다.[24] 당업자본은 표면적으로는 지배자의 지위에 있었지만, 실제로는 자본주의 생산방식을 크게 확대해 농촌의 노동과정을 직접 통제할 수 없었고 또 그럴 생각도 없었던 것 같다.

농민과 그들의 생산수단(주로 토지)을 분리하는 과정이 일제시대 대만에서는 결코 완결되지 못했다. 농촌의 무산계급은 농촌 노동인구의 최대 부분도 결코 아니었다. 이주농업노동자, 대만 현지의 겸직 농업노동자, 그리고 반프로 농민은 농촌 노동인구에서 중요한 위치를 결코 차지하지 못했

23 사탕수수 생산에는 3년 윤작 현상이 있다. 때문에 1935년 회사의 통제하에 있는 토지의 56.62퍼센트(50,598헥타르)가 자작농이었지만, 그 중 39.77퍼센트(20,122헥타르)만이 사탕수수를 재배하고 있었다(『糖業統計』, 1938, 29, 70~71쪽).

24 표 2-6 신식제당공장의 사탕수수 원료 자급률 참조.

고, 따라서 이들은 안정적으로 성장하는 계급도 아니었다. 고도로 상품화된 대만 농촌은 노동자의 생산을 위주로 하는 자본주의 농업 또는 반프로 농민의 형태로 발전하지 않았다. 마르크스, 그리고 야나이하라(1929, 92~93, 230~246)가 예언한 바 있는 계급의 양극화가 대만 농촌에서는 현실화되지 않았다.

4. 가정농장의 강인한 생존능력

일본자본에 의한 플랜테이션의 침입에도 대만 농민은 어떻게 가정경작 방식을 고수할 수 있었는가? 대규모의 자본주의적 플랜테이션이 기술적 우위를 보유하고 있다는 전제하에서 카우츠키(1976, 26~38)는 소농이 계속 생존할 수 있었던 원인으로 주로 이들이 값싼 노동력의 제공자로 변모했다는 사실을 들었다. 높은 생산력의 플랜테이션에 직면한 소농은 그 지배를 받아들이고 값싼 노동력을 제공할 수밖에 없었다. 카우츠키는 소농이 자본주의 농업 내에서 생존할 수 있었던 것은 이들이 더 이상 플랜테이션과 경쟁하지 않고 기꺼이 반프로 농민의 형식으로 노동력을 제공했기 때문이라고 선언했다(1976, 34). 카우츠키는 토지를 대거 집중해 (염가 노동의 공급원인) 소농을 소멸시키는 것은 플랜테이션의 입장에서 볼 때 결코 이성적인 경제행위가 아니라고 보았다.

카우츠키는 가정농장과 (지배적 지위에 있는) 자본주의 대농장이 병존한다는 사실, 아울러 양자 간에 반프로 농민이라는 형식으로 기능적 분업이 형성되었다는 점을 정확히 끄집어냈다. 하지만 앞서 밝혔듯이 반프로 농민의 비중은 크지 않았고, 또 일제시대 대만 소농의 주체도 결코 아니었다(표 2-1). 뿐만 아니라 경험적 사실에 비추어 보아도 일제시대 대만의 가정농장 또한 카우츠키가 설명한 것처럼 생산력이 낙후해 의식衣食을 절약하는 등의 과소소비underconsumption를 통해서만 플랜테이션이 지배하는 자본주의 농업에서 살아남을 수 있었던 것도 아니다(Kautsky, 1976, 21~28). 사실 일제시대 대만에서는 오히려 자본주의 대농장이 자신이 장악한 토지에서 반프로 농민의 형식을 취해 높은 생산력의 가정농장이 생산한 저렴한 생산품과 경쟁을 하도록 강제되었다.

소규모 경영의 가정경작 농업이 어떻게 자본주의 경제에서 완강하게 생존, 심지어는 자본주의 대농장과 경쟁할 수 있었을까? 이 문제에 관해 차야노프는 가정농장의 경제이성과 생산구조에 관한 자신의 연구에 근거해 하나의 논점을 제시한 바 있다. 그는 가정농장이 자본주의 대농장과 직면할 때 보여준 생존능력은 마르크스, 카우츠키, 레닌 등이 예견한 것을 훨씬 뛰어넘는다고 보았다. 소규모의 가정농장은 주로 가내 노동력에 의존하는데 가내 노동력은 종종 생산원가에 산입되지 않았다. 상대적으로 자본주의적 경작은 반드시 임금을 생산원가에 산입해야 했다.

1930년 68호의 대만 미농米農(평균 경작면적 4.2갑)에 대해 실시한 수지收支 조사에서 일본학자는 자본가기업의 기장記帳 방식을 사용해 농가 자체의 노동력도 임금으로 계산했다. 농가 성원이 농장에서 일한 노동시간은 당시 평균 농업임금에 따라 현금가치로 환산했는데 이 계산방식하에서 조사대상의 84퍼센트에 해당하는 농가는 적자였다(『農調書』, 제27호, 1931, 1~25).[25] 이러한 결과는, 만일 농가가 자본주의 농장과 마찬가지로 가내 성원에게 임금을 지불한다면 적자를 면치 못함을 의미한다. 하지만 가정농장은 자본가기업과 동일한 경제이성에 기초한 것이 아니다. 가내 성원의 임금은 계산되지 않는다. 가정농장이 계산하는 것은 가족 성원의 생활비용이지

25 『농업기본조사서農業基本調査書』의 조사에 따르면 수입에는 비농업 수입까지 포함되었고 지출은 생산비용과 생활비가 포함되었다. 생활비는 음식비, 조세부담(재산세·우거세·자전거세·보갑비 등), 위생비, 의복비, 교통비, 경조사비, 오락비, 교육비, 가구비, 연료비, 조명비 등이 포함되었다.

임금이 아니다. 그 외에도 이들은 노동자처럼 시장에서 식품을 사먹지 않고 대개 필요한 식량을 스스로 생산해낸다. 자본주의 플랜테이션은 고정적으로 노동시장의 가격에 따라 임금을 지불해야 하기 때문에 평균이윤율에 미치지 못하는, 즉 손해 보는 상황에서는 경영을 계속할 수 없다. 자본주의적 경제이성에 따라 임금과 이윤을 계산하지 않는 가정농장은 가족성원의 기본적인 생계를 충족시키면 생존해나갈 수 있다. 따라서 자본주의 플랜테이션이 생존할 도리가 없는 상황에서도 강인하게 생존할 수 있는 것이다.

그러나 (차야노프의 생각과 달리) 대만 사탕수수 가정농장의 토지생산력은 제당회사가 자영하는 대형 플랜테이션에 비해 손색이 없었다. 대만총독부의 대규모 공공투자와 제당업의 개인투자, 대출 등이 소규모 경영의 농업 과학기술의 발전을 조장했고, 결과적으로 가정농장의 토지생산력 제고에 기여했다. 제당회사 자영의 기계화된 플랜테이션과 사탕수수 원료채집구 내의 사탕수수 가정농장 사이의 토지생산력의 차이는, 1910년대 약 40퍼센트 전후에서 계속 하락해 1930년대에는 이미 10퍼센트 이하가 되었다(표 2-4).[26] 이러한 작은 차이를 가지고서 자본주의 농장이 임금과 비용의 압력하에서 '자기착취' 형태의 가정농장과 경쟁하기란 결코 쉽지 않았다. 서로 다른 경제논리의 생산 비용 계산을 통해 볼 때 가정농장의 생산 비용은 제당회사의 플랜테이션보다 낮았다(표2-5). 대만제당회사가 보유한 허우비린後壁林 농장의 우월한 자연환경과 기술조건을 가지고서도 대만의 가정농장과 경쟁할 수 없었던 것이다(표 2-5).[27]

26 1920년대 수출 미작米作과 수출 자작蔗作이 노동력과 토지를 두고 경쟁했기 때문에 제당업은 원료의 안정적이고 저렴한 공급을 위해 자작의 집약화를 도모해야 했다(臺灣總督府殖産局, 『臺灣の糖業』, 1935, 41쪽 ; 平山, 『臺灣糖業論』, 臺灣通信社, 1935, 85쪽). 그 결과 자전蔗田의 생산력은 현저히 개선되었다(그림 2-3).

27 중부 지역 수전水田지대의 소작지를 경작하는 가정농장은 제외한다.

| 표 2-4 | 자본주의 농장과 가정농장의 토지생산력

단위 : 사탕수수 1,000斤/甲

기간	자본주의 농장(A)	가정농장(B)	(B)/(A)(%)
1917~1920	64.25	47.91	74.57
1921~1925	68.54	53.16	77.56
1926~1930	106.64	87.83	82.36
1931~1935	121.62	110.91	91.20
1936~1940	123.07	113.55	92.27

주 :

1. 연도는 사탕수수를 수확한 해를 취함.
2. 표의 토지생산력 수치는 각 분기의 평균치임.
3. 『糖業統計』에는 1916~1917년 이전의 제당회사 자영농장의 단위면적당 수확량에 관한 자료가 없음.

자료 근거 : 『당업통계』(各年)

| 표 2-5 | 자본주의 농장과 가정농장의 사탕수수 생산 비용 단위 : 원/1,000근

가정농장 (1927~1928)	수전	자작(17호)	4.998
		소작(15호)	5.448
	한전	자작(20호)	4.608
		소작(23호)	4.620
자본주의 농장 (1929~1930)	대만제당회사(후벽림농장)		5.13
	염수항제당회사		6.21
	명치제당회사		6.60

주 : 제당회사 자본주의 농장의 생산비용에는 사탕수수 수확 및 운수비용을 포함하며, 생산비용의 약 20~25퍼센트를 차지한다. 원료채집구 내의 자농은 이 비용을 지불할 필요가 없었으므로, 이 두 항목은 가정농장의 생산비용에 포함하지 않았다. 그러나 간접적인 생산비용, 예컨대 소작료, 조세, 창고비 및 공구비 등이 제당회사 자영농장의 생산비용에 산입되지 않았다. 가정농장의 비용은 상술한 간접비용이 산입되었고, 대략 전체 비용의 30퍼센트 정도를 차지했다. 자본주의 농장의 생산비용을 동일한 방식으로 계산했다면 약간 비용이 상승했을 것이다.

자료 근거 : 『農調書』, 제23호, 1929 ; 淺田, 1968, 39 ; 根岸, 1932, 11~12 ; 河野, 1930, 323

건축과 기타 공업활동에서 노동자에 대한 수요가 대단히 컸기 때문에 제당회사 자영의 플랜테이션은 일반적인 임금수준에 따라 생산해서는 이익을 올릴 수가 없었다(高橋, 1937, 393~397 ; 『糖業』, 1919년 10월호 ; 1924년 6월호, 6~12 ; 1929년 6월호, 2~4). 이러한 상황에서 일본자본의 제당회사들은 주펠트

Djurfeldt(1982, 142)가 설명한 "자유로운 노동자를 사용해 재생산에 종사할 수 없게 된" 유럽의 자본주의 플랜테이션과 마찬가지로 전형적인 자본주의 농업생산방식에 집착할 수 없게 되었고, 어쩔 수 없이 다른 방법(예컨대 반프로 농민을 활용해 비용을 줄이는 등)을 모색해 가정농장과의 경쟁에 대응할 수 밖에 없었다.

농업자본주의의 전환에 관한 고전 이론모델은 농민의 토지와 기타 생산수단을 강제로 박탈하는 '수평집중horizontal concentration'만을 강조해왔다. 농업생산 단위는 조직형태와 경제이성을 막론하고 모두 공업 기업에 유비되어, 자본이 직접 농촌의 생산과정에 참여하는 것으로 인식되었다. 그러나 자본과 농업생산 간에는 '수직집중vertical concentration' 관계, 다시 말해 자본이 위에서부터 아래로 농촌의 소상품생산과 교환을 장악하는 관계가 성립될 수도 있음을 보여준다. 수직집중이란 "(산업 또는 상업)자본과 조합 또는 정부 지도하의 계획으로 성립한 전담기구가 무수한 개별 소농에 대해 생산의 협조·감독·표준화 등의 업무를 진행하는 것"을 지칭한다(Bernstein, 1979, 433). 수직집중하에서 농업생산은 비록 직접생산자(농민)의 수중에 있지만, 비농업 자본의 제약을 받게 된다. 수직집중을 통해 대만의 가정농장은 고전 이론모델이 일방적으로 주장해온 낮은 생산력, 도태되어야 할 전통 경제의 제한에서 벗어나 토지박탈과 계급분해의 운명을 피할 수 있게 되고, 동시에 반프로 농민의 지위로 전락하지 않기 위해서 염가의 노동력을 생산력이 우월한 자본주의 플랜테이션에 제공해 생계를 유지한 것이다.

대만총독부는 식민통치의 준비 및 초기 단계에서는 농촌 상품화를 추동시키는 주요 동력이 되었다. 1911년 이후 당시 공업의 주체였던 당업은 또 하나의 추동력이 되었다. 대만총독부의 협조하에서 농기업은 신속하게 발전했을 뿐 아니라 농업 발전(특히 사탕수수 생산의 확대)의 동력을 제공했다. 농

기업자본(당업자본)은 기술과 경영상의 지도, 품종·비료 및 경작 도구의 보조와 확충, 관개와 운수 설비의 건설 등의 조치를 통해 대만 사탕수수 생산의 구조적 변화를 촉진했다(『臺灣の糖業』, 1935, 39~59).

마르크스, 레닌, 카우츠키와 야나이하라 등으로 대표되는 고전 이론은, 자본주의 생산력의 발전이 필연적으로 자본집중과 생산규모의 확대로 이어져 소규모 생산단위를 소멸시키고, 이에 따라 농민계층(및 가정농장) 또한 필연적으로 무산화 될 것이라고 예측했다. 일제시대 대만의 경험을 통해 볼 때 이 논리는 공업부문의 논리를 농업부문에 무리하게 적용시킨 것이다. 농업발전을 공업에 유비하는 사람들은 가정농장이 근대농업으로 전환하는 데 중요한 역할을 맡을 것이라고 예상하기 어려웠다. 하지만 대만의 사례에서 공업자본가들은 원료의 공급과 안정적인 가격을 확보하기 위해 가정농장을 통해 농업생산을 개선하는 방안을 선택할 수도 있었고, 정부는 수출과 외환 및 자립경제에 대해 관심을 가지고 이 과정에 적극 개입할 수도 있었다.

가정농장은 카우츠키 등(Kautsky, 1976, 34 ; de Janvry, 1981, 111)의 주장과는 달리, 자본주의 플랜테이션과의 경쟁을 회피하고 플랜테이션에 대한 염가의 노동력을 제공해야만 살아남을 수 있었던 것은 아니다. 일제시대 대만 가정농장은 총독부와 독점자본의 지원으로 고도의 생산력 수준에 도달했다. 상대적으로 자본주의 농장은 당시의 예측과는 달리 생산력에서 고도의 우월성을 보여주지 못했다. 자본주의 플랜테이션과 같은 강력한 적수에 직면해서도 가정농장은 결국 자신의 생존을 유효하게 지켜낼 수 있었다. 일제시대 대만의 가정농장은 '자기착취'(더욱 집약적인 가내 노동력의 활용과 과소소비)에 더해 생산력의 향상을 통해서 자기의 생존을 유지할 수 있었다.

5. 당업자본이 농업잉여를 착취하는 기제

가정농장의 완강하고 지속적인 생존과 자본주의 플랜테이션과의 경쟁에서 우위가 반드시 보장되지 않는 상황에서 일본 당업자본은 가정경작식 농업에 기초한 착취기제를 어떻게 발전시켜 나갔을까? 이하에서는 사탕수수 수매가격의 형성과 당업자본의 자농蔗農에 대한 지배 형태를 구체적으로 분석함으로써 이 문제를 해결해보도록 하겠다.

사탕수수 수매가격의 형성

제당회사 자영 농장에서 생산한 사탕수수는 회사 전체 원료수요의 20퍼센트 전후만을 충당했다(표 2-6). 회사의 원료취득 상황이 1920년대 이후 다소 개선되었지만 80퍼센트 가까운 사탕수수는 여전히 대만 가정농장으로부터 수매해야 했다. 사탕수수 수매비용은 제당 비용의 주요 부분(약 60~70퍼센트)을 차지하기 때문에(표 2-7 및 그림 2-1) 사탕수수 수매가격은 당업 이윤에 결정적인 영향을 끼친다. 일본 당업자본은 제1차 세계대전 기간에 전

| 표 2-6 | 제당회사의 사탕수수 원료 자급률 단위 : 1,000근

연도	사탕수수 공급량(1)	자급량(2)	(2)/(1)(%)
1917~1920	5,393,423	898,859	16.67
1921~1925	6,444,679	1,502,162	23.31
1926~1930	8,827,297	1,825,333	20.68
1931~1935	9,768,432	2,339,135	23.95
1936~1940	14,025,156	2,741,260	19.55
1917~1940	9,037,563	1,901,454	21.04

주 :

1. 연도는 사탕수수를 수확한 해를 취함.
2. 사탕수수 공급량은 신식 제당공장이 자영하는 농장에서 제공한 원료('자작원료')와 원료채집구에서 수매한 원료('매수원료')의 합계이다.
3. 표의 사탕수수 수량은 각 분기의 연평균이다.

자료 근거 : 『당업통계』(각 년)

| 표 2-7 | 사탕수수 원료가 생산 비용에서 차지하는 비율 단위 : 원/설탕 100근

연도	설탕 생산 비용(1)	사탕수수 예고가격 (2)	자농에 지급한 보조금*(3)	사탕수수 수매 비용** (4)=(2)+(3)	(4)/(1) %	(2)/(1) %	(3)/(1) %
1910~1914	6.562	2.602	0.846	3.447	52.5	39.6	12.9
1915~1919	8.350	3.761	1.201	4.962	59.4	45.1	14.4
1920~1924	14.564	6.294	2.563	8.857	60.8	43.2	17.6
1925~1929	10.454	4.815	2.116	6.931	66.3	46.1	20.3
1930~1931	7.063	3.192	1.313	4.505	63.8	45.2	18.6
1931~1932	6.607	3.171	1.124	4.295	65.0	48.0	17.0
1932~1933	6.529	2.611	0.654	3.265	50.0	40.0	10.0
1933~1934	6.331	2.551	0.647	3.198	50.5	40.3	10.2
1934~1935	6.241	3.113	0.559	3.672	58.8	49.9	9.0
1935~1936	6.915	3.375	0.724	4.099	59.3	48.8	10.5
1936~1937	7.279	3.613	0.557	4.170	57.3	49.6	7.7
1937~1938	9.174	4.352	0.684	5.036	54.9	47.4	7.5
1938~1939	9.063	4.659	0.653	5.312	58.6	51.4	7.2
1939~1940	9.507	5.612	0	5.612	59.0	59.0	0.0

* 자농에 지급한 보조금에는 생산장려금과 가격연동보조금이 포함된다. 후자는 미가米價에 따라 변동되었다. 1932~1933년 이후 생산장려금은 예고가격에 병합되었다. 1939~1940년 당시의 모든 보조금은 예고가격에 병합되었다.

** 수매비용은 다소 높게 평가되었을 가능성도 있는데, 왜냐하면 제당회사는 종종 이윤율을 낮게 보고함으로써 사탕수수 가격을 낮추도록 총독부를 설득하는 데 도움을 얻으려 했기 때문이다(陳逢源, 1937, 324~325).

자료 근거 : 『糖業統計』(各年) ; 『臺灣之糖』, 1949, 84

쟁경기에 편승해 대거 집중·확장되었다. 1920년대의 불경기에는 대만에서 비교적 높은 이윤율을 올리고 있었기 때문에 위험을 피하기 위해 대만으로 대거 옮겼고, 이는 또 한 차례의 집중을 불러왔다(矢內原, 1929, 228~230). 고정자본 투자의 증가로 제당업의 생산규모는 크게 확장되었다. 확대 이후 생산능력을 최대한 이용하기 위해 제당회사는 충분한 원료를 확보할 필요가 있었다. 원료 가격 및 공급의 안정성은 회사 이윤을 좌우하는 관건이 된 것이다.

일제시대 초기의 분당제分糖制는 자농이 수확한 사탕수수를 당곽에 맡겨

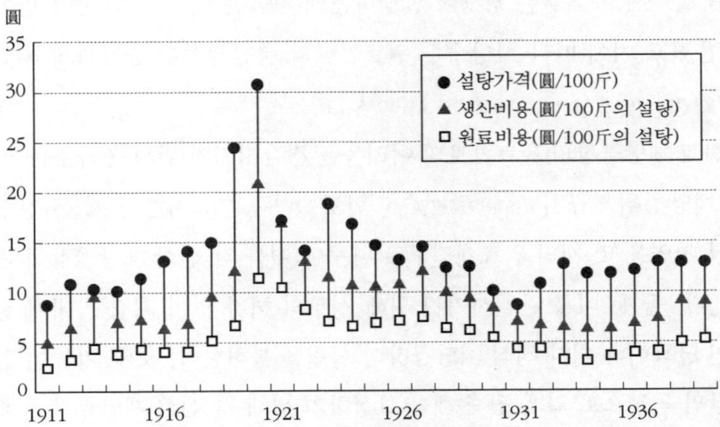

| **그림 2-1** | 설탕가격, 설탕 생산비용 및 사탕수수 수매비용

자료 근거 : 〈부록 1〉 및 『당업통계』(各年)

주 : 연도는 수확연도를 취함

대신 가공하게 하(거나 조합을 이루어 당곽을 직접 운영하)고 가공비용을 제한 후 자농은 완성품의 일부를 돌려받아 판매하는 형식이었다. 일제 초기에 일본자본의 제당회사는 기본적으로 분당제를 계승했지만, 농민에게 (설탕 현물이 아니라) 현금을 지급하는 방식으로 바꾸었다. 원래 농민에게 분급해야 할 현물을 시장가격에 맞춰 현금으로 준 것이다(『糖業概觀』, 1927, 27~28 ; 根岸, 1932, 18). 분당제에서 사탕수수 가격과 설탕 가격은 긴밀히 연관되어 자농은 설탕가격의 변동이라는 시장의 위험을 부담해야 했지만, 동시에 설탕 가격 상승이 가져다주는 이익도 향유할 수 있었다.

제당회사가 농민을 사탕수수의 압착과 기타 제당 활동에서 배제하고 분당제를 폐지한 후, 자농은 설탕의 가공과 완성품의 판매에서 완전히 단절되어 순수한 자농이 되었다. 순수한 사탕수수 원료공급자가 되어버린 자농은 시장에서 비교적 높은 가격을 부르는 매주買主를 부단히 찾아 나서게 된다. 신식 제당공장 상호간에, 그리고 중소형 토착 제당공장 간에 원료확

보를 둘러싸고 격렬한 경쟁이 발생하는데 자농은 이 기회를 틈타 판매가를 올렸고 이에 따라 사탕수수 원료공급의 불안정성이 증가하게 되었다(『糖業概觀』, 1927, 28, 120 ; 『臺灣の糖業』, 1935, 14).

신식 제당공장의 원료확보의 어려움을 경감시키기 위해 총독부는 1905년 '제당창취체규칙製糖廠取締規則'을 반포했다. 그 요지는 첫째, 사탕수수 생산 지역을 몇 개의 원료채집구로 나누어 이를 각 신식 제당공장에 분속시킨다. 둘째, 이를 관철시키기 위해 정부의 허가 없이 채집구 내에 전통적인 당곽이나 기타 신식 제당공장의 설립을 불허한다. 셋째, 자농이 원료시장의 독점으로 입게 될 손해를 보상하기 위해 각 신식 제당공장은 채집구 내에서 생산된 사탕수수 전부를 적절한 가격으로 수매할 것을 보장하고 아울러 수매가격을 예고한다(『糖業概觀』, 1927, 27~29 ; 平山, 1935, 126~128).

독점적인 원료채집구 제도를 마련하면서 신식 제당공장의 골치를 썩인 자유시장은 사라지고 염가의 안정적인 사탕수수 원료공급이 확보된 것이다. 이 제도는 자농의 시장에서의 권리를 제한했을 뿐 아니라 중소형 당곽의 원료확보 경쟁의 가능성마저도 차단했다. 각 원료채집구가 분점하게 된 사탕수수 원료시장에서 신식 제당공장의 가격결정 능력은 전혀 도전받지 않게 되었다. 자농은 작물 선택의 자유는 있지만 시장은 이미 이들에게 자유롭게 개방되어 있지 않았다. 이들에게 남은 선택이라고는 환금작물인 사탕수수 생산을 포기하고 생계형작물(쌀이나 고구마 등)의 생산으로 돌아가는 것밖에 없었다. 하지만 이것 역시 쉬운 선택이 아니었다. 왜냐하면 농민의 현금취득 압력이 나날이 높아가는 상황인 데다 제당회사에 부채를 가진 농민도 대단히 많았기 때문이다(이하에서 상술함).

농민은 작물 선택의 권리가 있었고, 따라서 제당회사가 정한 수매가격은 농민들이 작물을 결정할 때 따라야 하는 기준이 되었다. 회사가 정한 가격은 농민들이 사탕수수 경작에 나서게 할 만큼의 수준이 되어야 했고,

동시에 회사의 원료 수매비용을 낮추어 이윤을 제고하는 목적도 달성해야 했다. 1905년에 실시한 원료채집구 제도에 따라 새로운 가격결정 기제가 점차 성립되었다. 이 교묘한 방식은 '미당비가법米糖比價法'으로 불렸는데 문자 그대로의 의미는 미가米價와 당가糖價 사이에 적당한 비율을 찾는 것처럼 받아들여졌다(『米糖比價之硏究』, 1953). 하지만 실제로는 사탕수수 구매가격과 미가 사이의 관계야말로 제당회사의 최대 관심사였다(根岸, 1932 ; 『米糖比價之硏究』, 1953 ; 張漢裕, 1955 ; 矢內原, 1985). 미당비가법의 목적은 사탕수수 가격과 설탕 가격 간의 전통적인 관련을 단절시켜 자농이 제당업이 정부의 특혜와 보호 속에서 거두게 될 막대한 이윤을 분점할 수 없도록 만드는 데 있었다(信夫, 1942, 351 ; 張漢裕, 1955, 53).

네기시根岸의 연구는 앞서 밝힌 신식 제당공장의 원료수매 문제와 관련해 상호 경쟁하는 작물(예컨대 쌀이나 고구마)의 가격이 어떻게 사탕수수 가격을 결정하는지를 보여주려는 시도였다(1932, 20, 24~28). 그가 제공한 자료(1917~1929)에 따르면 재래미 가격과 사탕수수 가격은 통계적으로 현저한 관련성을 보여주지만 사탕수수 가격과 설탕 가격 사이에는 그러한 관련성이 발견되지 않는다.[28] 네기시는 사탕수수 가격이 미가에 의해 결정되지 설탕가격에 의해 결정되지 않는다고 단언했다(1932, 28).[29]

네기시의 신고제당 공장 수매정책에 대한 연구는 미·당 비가의 목적이 바로 사탕수수가격과 설탕가격 간에 원래 존재하던 관련을 단절시켜 사탕수수가격이 재래미(즉 생계용 쌀) 가격에 연동된다는 점을 밝혀냈다. 하지만

28 네기시(『臺北帝國大學理農學部農業經濟學教室硏究資料』, 1932, 25쪽)는 미가(타이중臺中 재래미의 도매가)와 사탕수수 수매가(타이중 新高製糖 공장) 간의 상관계수가 0.91로서 상당히 높은 반면, 대만 사탕수수 수매가와 도쿄 설탕가격 간의 상관계수는 0.55에 불과하다고 지적했다.

29 네기시의 논점과 문제점에 대해서는 본서의 3장 1절의 '상대가격 문제'에서 상세히 다루고 있다.

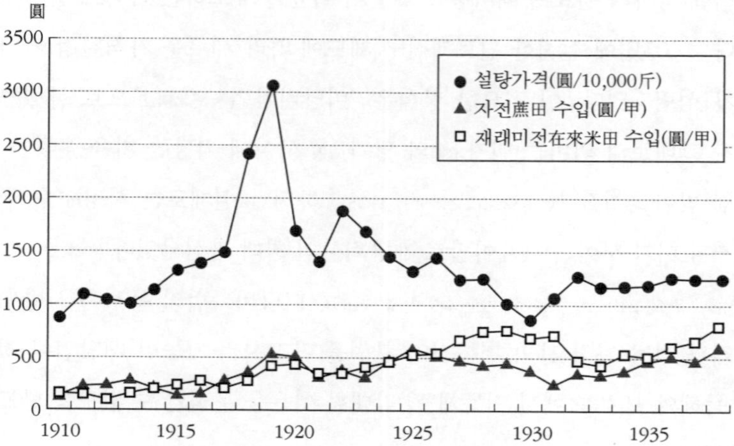

| **그림 2-2** | 설탕가격 및 미전 · 자전 수입
자료 근거 : 〈부록 1〉

다른 연구자와 마찬가지로 네기시의 가격 관계에 대한 협소한 관심은 그로 하여금 사탕수수 가격을 결정하는 관건, 즉 미농과 자농의 수익 비교를 놓치게 만들었다. 대만의 자연조건에서는 사탕수수, 쌀, 고구마 등으로 전작이 쉬웠고 농민들은 작물을 선택할 때 종종 다른 작물의 수익을 우선적으로 참고했다. 단기적으로 보아 가격은 간편한 참고기준을 제공해주었다(농민들이 작물을 선택할 때 즉각적으로 비교하는 것은 가격이었다). 그러나 궁극적으로 농민에게 최고의 관심사는 사탕수수 재배 수익이 미곡 재배 수익을 능가할 수 있느냐의 여부였다. 쌀과 사탕수수 간의 가격비교가 이 문제와 반드시 직접적인 연관이 있는 것은 아니다. 필자가 정리한 대만 전체의 자료에 따르면, 사탕수수 재배 수익과 미곡 재배 수익 간에는 현저한 상관관계가 있었으나($r=0.714$), 설탕가격과 사탕수수 재배 수익 간의 상관관계는 거의 0에 가까웠다($r=-0.094$)(부록1 및 그림 2-2). 자작부문蔗作部門(수출부문)의 수익은 사실상 미작부문米作部門(생계부문)에 의해 결정되었다. 단지 미작부문은

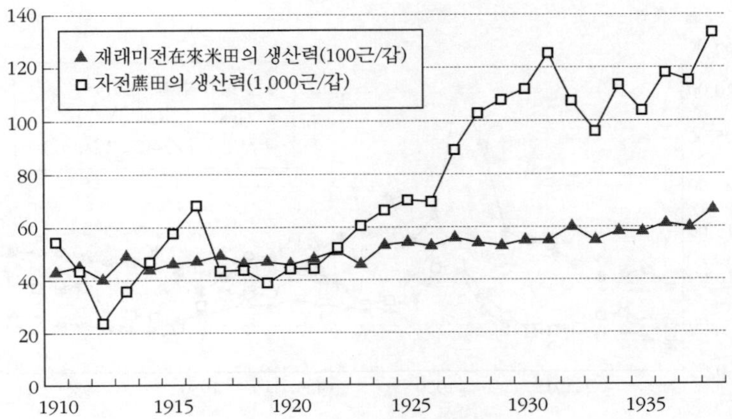

| **그림 2-3** | 재래미전在來米田과 자전蔗田의 토지생산력

자료 근거 : 〈부록 1〉

주 :

1. 1911년과 1922년은 태풍 피해로 인해 작황이 매우 좋지 않았음.
2. 1910년대 말과 1920년대 초(1917~1921)에는 전쟁경기로 인해 설탕가격이 급등하고 사탕수수 생산도 크게 확대되어, 사탕수수 재배에 부적합한 경지도 생산에 투입되었다. 1917~1921년의 자전 생산력은 이로 인해 하락했다(伊藤, 1939, 190~191).

정부 세수의 주요 대상이 된 데다 정부가 당업에 치우친 정책을 전개했기 때문에 상대적으로 낙후했을 뿐이다.

사탕수수가격 형성의 기제, 즉 원료채집구 제도하의 미당비가법은 당업자본이 쌀과 사탕수수의 경쟁관계에 대응하기 위해 설정한 것이다. 대만 대부분의 지역에서 미米 · 자蔗 전작轉作은 용이했고, 제당회사는 단위면적당 미작 수익을 기준으로 사탕수수 수매가격을 조정해서 단위면적당 자작 수익을 미작 수익에 가깝게 하는 수밖에 없었다(平山, 1935, 58~59 ; 矢內原, 1929, 234). 수매가격을 조정하는 일은 사탕수수와 재래미 가격 간에 일정한 비율을 유지함으로써 달성된다. 당연히 이 비율은 언제라도 실제적인 필요에 따라 조정될 수 있지만 최종 목적은 자작 수익과 미작 수익을 비슷하게 만드는 데 있었다. 이러한 비가법比價法하에서 가격결정 관계는, 생계작

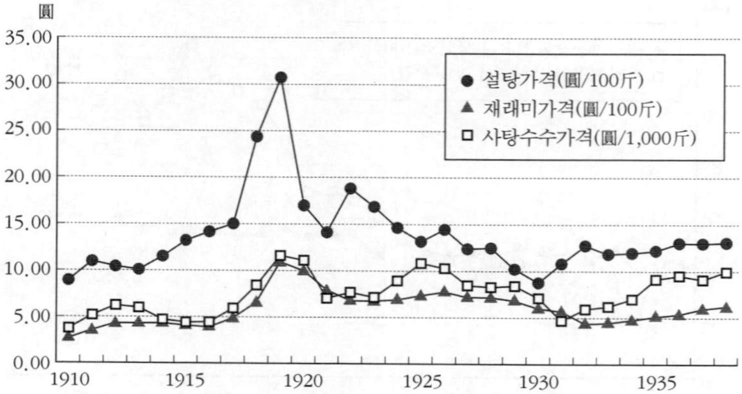

| **그림 2-4** | 설탕가격, 사탕수수가격 및 재래미가격
자료 근거 : 〈부록 1〉

물(재래미)의 가격이 수출작물(사탕수수)의 가격을 결정한다고 말할 수 있다. 따라서 수출되는 농산가공품(설탕)의 가격은 원료작물(사탕수수) 생산비용의 영향을 오히려 받지 않게 된다.

쌀(재래미)은 주로 도내島內 소비(특히 농민의 자가소비)에 충당된다. 미곡 생산력의 성장은 상대적으로 낙후되어서(그림 2-3) 가격의 변동 또한 상대적으로 심하지 않아 설탕의 가격 상승 폭을 따라잡기 힘들다(그림 2-4). 이러한 상황에서 자농과 미농의 수익을 상호 비슷하게 하는 가격결정 기제는 사탕수수가격과 설탕가격 간의 관계를 단절시켜 사탕수수가격이 설탕가격에 동반해 상승하는 것을 막아 자농이 설탕가격 상승이 초래하는 이윤을 분점하는 것을 막을 수 있게 되었다.

미당비가제米糖比價制는 사탕수수가격이 상대적으로 낙후한 재래미 부문의 수입 수준을 반영하는 결과를 낳았다. 식민모국의 설탕 교역에서 통용된 자유시장 원칙은 식민지 내부의 사탕수수 교역에서는 연장되지 않았기 때문에 제당회사는 시장 독점을 통해 초과이윤을 얻을 수 있었다. 1910년대 말과 1920년대 초 설탕가격이 일본 및 세계시장의 수요로 급등하는 상황에서 이러한 가격결정 기제는 사탕수수가격이 설탕가격에 동반해 상승하는 것을 막아주었다(그림 2-4). 제당회사는 설탕 판매가와 사탕수수 매입가의 차이를 확대함으로써 큰 이익을 남길 수 있었다(矢內原, 1929, 230, 238~239 ; 陳逢源, 1937, 252, 313~316, 323~329 ; 平山, 1955, 145~148 ; 涂照彦, 1991, 300~301). 1924~1933년 사이에 (대만에서 일본자본의 주요 활동이었던) 자당 생산의 이윤율은 14퍼센트에 달해, 일본 내지의 평균이윤율(5.5~9퍼센트)을 훨씬 초과했다(平山, 1955, 214 ; 張漢裕, 1955, 91).

제당회사의 자농에 대한 지배

제당회사와 자농의 관계는 시장에서 쌍방이 매매하는 관계가 결코 아니었다. 회사는 사탕수수를 매입할 뿐 아니라 자금을 대여하고 생산수단을 자농에 공급했다. 사탕수수 수매가격 또한 순수한 가격이라고 할 수 없었다. 수매가격은 사실 예고가격과 가격연동보조금sliding scale price, 생산장려금의 세 가지 요소로 구성되었다(根岸, 1932, 15~16, 28~37 ;『米糖比價之硏究』, 1953 ; 曾汪洋, 1956, 73~88).

예고가격은 사탕수수 수확기에 예상되는 미가에 기초해 제시된 참고가격으로, 농민이 사탕수수를 심기 전에 미리 예고되었다(『米糖比價之硏究』, 1953 ; 根岸, 1932, 28~30 ; 平山, 1935, 58~59, 128 ; 川野, 1969, 90~91). 가격연동보조금은 수확기의 미가에 따라 변하는데, 목적은 자농이 미가의 상승으로 입게 될 상대적 손실을 보조하기 위한 것이었다(『米糖比價之硏究』, 1953 ; 曾汪洋, 1956, 73~88 ; 根岸, 1932, 33~34 ;『糖業』, 1937년 8월호, 50 ; 川野, 1969, 95~96). 1937년 타이중臺中 지역의 수전을 예로 들면, 1석의 재래미 도매가가 3엔을 넘을 때 0.25엔을 초과할 때마다 제국제당帝國製糖 타이중 공장은 사탕수수 1,000근당 0.25엔(미가가 4엔을 넘을 때에는 1,000근당 0.2엔을 보조)을 보조했다(『糖業』, 1937

| 표 2-8 | 6대 제당회사의 사탕수수 수매 가격(1929~1930) 단위 : 원/1,000근

지구와 회사*		수매 가격**(1)	예고 가격(2)	(2)/(1) %	가격연동 보조금(3)	(3)/(1) %	생산 장려금(4)	(4)/(1) %
대만 남부	A회사	5.96	3.08	51.68	1.30	21.81	1.58	26.51
	B회사	5.60	4.00	71.43	0.50	8.93	1.10	19.64
	C회사	6.17	3.90	63.21	0.76	12.32	1.51	24.47
	D회사	6.01	4.00	66.56	0.20	3.33	1.81	30.12
대만 중부	E회사	6.43	4.00	62.21	0.00	0.00	2.42	37.64
	F회사	6.57	4.00	60.88	1.10	16.74	1.47	22.37

* 일본 연구자들은 결코 이들 회사의 구체적인 이름을 거론하지 않았음.
** (1)=(2)+(3)+(4)
자료 근거 : 河野, 1930, 297~298 ; 根岸, 1932, 38 ; 高橋, 1937, 250

년 8월호, 50).

생산장려금 역시 수매가격의 일부분인데, 이는 회사가 자농의 생산을 독려하는 일종의 수단이었다. 회사는 조식早植에 보조를 하고 '집단자원集團蔗園'을 장려하거나, 경작규모의 확대, 우량품종의 도입, 자작의 집약화, 품질(함당율含糖率 등)의 개선, 도미稻米의 전작 등을 장려하고, 녹비綠肥의 윤작, 재배 및 수확기술 개선, 관개 및 배수시설의 보조 등을 실시했다(『糖業概觀』, 1927, 122~137 ; 高橋, 1937, 249~254 ; 根岸, 1932, 34~37).

1930년 6개 주요 회사의 자료에 따르면 예고가격이 사탕수수 실제 수매가격의 대부분을 차지(60~70퍼센트)하고, 그 다음이 생산장려금으로 20~30퍼센트를 차지한다. 가격연동보조금의 비율은 일정치 않고 개별회사의 수매정책에 따라 달랐다(표 2-8).

생산장려금과 가격연동보조금을 포함하는 보조금은 사탕수수 원료공급을 확보하는 데에만 목적이 있는 것이 아니라 동시에 농민의 사탕수수 경작을 유도하고 작물선택에 영향을 끼치는 수단이기도 했다. 경기가 가라앉아 설탕가격이 떨어질 경우 보조금은 '안전판'의 역할을 할 수 있었다. 이들 보조금은 미리 규정된 항목을 정해놓지 않아 쉽게 취소할 수 있

| 표 2-9 | 사탕수수 수매 비용의 구성 단위 : 원 / 1,000근

연도	수매가격* (A)=(B)+(C)	예고가격 (B)	가격연동보조금 및 생산장려금**(C)	선대금 (D)	(C)/(A) %	(D)/(A) %
1909~1910	2.81	2.41	0.40	−	14.24	−
1914~1915	3.65	3.27	1.09	−	29.86	−
1919~1920	11.11	8.05	3.06	−	27.54	−
1924~1925	6.89	4.90	2.00	1.67	29.03	24.30
1929~1930	6.96	4.81	2.15	1.59	30.89	22.85
1930~1931	6.10	4.32	1.78	1.51	29.18	24.67
1931~1932	5.62	4.15	1.47	1.11	26.16	19.80
1932~1933	4.38	3.50	0.88	0.86	20.09	19.73
1933~1934	4.51	3.60	0.91	1.01	20.18	19.73
1934~1935	4.84	4.11	0.74	1.23	15.29	25.51
1935~1936	5.21	4.29	0.92	1.37	17.66	26.32
1936~1937	5.48	4.75	0.73	1.38	13.32	25.20
1937~1938	6.18	5.31	0.84	1.49	13.59	24.11
1938~1939	6.41	5.62	0.79	1.71	12.29	26.73

* 1,000근의 사탕수수 수매가격은 아래의 공식에 따라 계산함 :
(100근의 설탕 원료비)÷〔1÷(제당률)×100〕×1000=100근의 설탕 원료비×제당률×10
** 1932~1933년 이후의 생산장려금은 예고가격에 병합됨.
자료 근거 : 『糖業統計』(各年) ; 『臺灣之糖』, 1949

었으므로 원료비용을 줄일 수도 있었다(涂照彦, 1991, 104~108 ; 平山, 1935, 117~139 ; 根岸, 1932, 39). 회사는 비용 통제를 강화하기 위해 더욱더 보조금에 의존했고, 보조금은 사탕수수 수매가격의 약 20~30퍼센트를 차지하는 중요 부문이었다(표 2-9). 보조금은 제당회사에게 사탕수수 가격을 조종하는 데 더욱 큰 탄력성을 부여해주었고, 그 결과 시장 변동이 초래하는 손실을 경감시켜주었다.

사탕수수는 순수한 환금작물로서 재배기간은 일년 반으로 미작의 약 세 배가 소요됐다. 사탕수수의 재배는 쌀이나 고구마 재배에 비해 더욱 많은 비료와 노동력이 필요했다. 따라서 농민은 비교적 많은 자금을 모아야만 자작에 종사할 수 있었다. 이러한 필요에 대해 제당회사는 자금과 비료를 선대해 농민의 생산 및 생활상의 수요를 떠받쳐주었고 이후 수확기에 농민에게 지급할 수매가격에서 이 부분을 공제했다(根岸, 1932, 16 ; 高橋, 1937, 254~256 ; 矢內原, 1985, 237). 이러한 선대는 사탕수수 원료공급을 확보하는 데 일차적인 목적이 있었으나 동시에 농민의 가격협상 능력을 약화시키는 데도 당연히 활용되었다. 미쓰비시三菱, 미쓰이三井 및 대만은행 등 금융자본의 지원으로 제당공장에 대한 자금 대여는 거의 무제한이나 마찬가지였다(臺灣銀行, 1919, 214~216). 그 결과 대출 금액이 수매가격의 20~30퍼센트에 달했다(표 2-9).

회사는 원료채집구 제도를 통해 시장지배력을 장악하고 더 나아가 보조금과 선대금을 운용해 자농에 대한 통제를 더욱 강화해나갔다. 보조금과 선대금은 사탕수수 생산을 조절하는 유력한 수단이 되었다. 제당회사는 이들 수단을 활용해 효과적으로 공급을 통제해 과잉생산의 위험을 줄였고, 동시에 과점 조직인 당업연합회糖業聯合會를[30] 조직해 총생산량에 대한 통제도 병행함으로써 일본시장에서 독점적 이익을 확보할 수 있었다. 1932~1933년 경제대공황 당시 제당회사는 보조금과 선대금을 대폭 삭감하거나 아예 취소했고, 나아가 갑자기 사탕수수의 예고 수매가를 강제로 낮춤으로써 회사의 원료비용을 대폭 절감함으로써 사탕수수 생산의 대폭 감소를 초래했다(표 2-7). 이러한 조치의 종합적인 결과는 매우 분명했다. 1932~1934년 사이에 사탕수수 수매비용은 원래 생산총원가의 65퍼센트를 차지하던 것이 50퍼센트로 급감한 것이다(표 2-7). 1담(60kg)의 설탕 생산에 필요한 사탕수수 원료 수매비용은 1920~1924년에는 9엔에 육박해

30 | 역주 | 1910년 9월 대만臺灣·명치明治·동양東洋·신고新高·염수항鹽水港의 5개 제당회사가 조직하였다. 그 종지는 "회원의 공통 이익을 보호하고 당업의 발달·진보를 도모하며 당업과 관련된 정책 및 회사 간 수급 조절을 협의하며 당업과 관련한 연구·조사를 통해 당업의 발달을 촉진한다."는 것이다. 도쿄에 본부를 설립한 후 1911년 대만에 지부를 설립했다. 대만자작연구회臺灣蔗作硏究會(1911), 대만당업연구회臺灣糖業硏究會(1914), 당업연구회糖業硏究會(1915) 등의 연구기관이 이 연합회에 부속되어 있었다.

최고를 기록했으나, 1932~1934년의 불경기에는 3엔까지 떨어졌다(표 2-7). 이 두 시기를 비교해보면 1담에 8원 정도 하락한 생산비용 중에서 약 70퍼센트(약 6엔)는 사탕수수 원료 수매가격 인하에 의존한 것이다. 다시 말해서 자농의 수입을 희생양으로 삼아 생산원가를 절감한 것이다. 설탕의 대일 이출은 1930~1931년 사이에 1,397,417,699근에서 1932~1933년까지는 983,069,608근으로, 1933~1934년에는 1,102,258,200근으로 계속 감소했지만, 당업연합회의 가격조작을 통해 설탕 수출총액은 전혀 감소하지 않았다(『糖業統計』, 1938, 106~107). 설탕 수출의 감소는 제당회사의 이윤에 어떠한 영향도 끼치지 않았는데 이는 판매액의 감소로 생긴 손실을 판매가의 인상을 통해 보충했기 때문이다. 제당회사는 불경기에 보조금과 선대금이라는 수단을 운용해 손실을 자농에 전가하고, 호경기에는 자농이 이윤을 분점하는 것을 허용치 않았다.

예고가격, 가격연동보조금, 생산장려금 및 신용 통제 등의 방법 외에도 환경과 기술적 제한 및 정치적 억압 등의 요소가 사탕수수 가격과 작물선택에 끼친 영향을 고려해야 한다. 대만 남부에서 대만총독부의 지원과 감독하에 완성된 대형 수리관계 시설은 미·자윤작제米蔗輪作制를 발생시키면서 동시에 농지경영의 규모를 변화시켰다. 쟈난대천嘉南大圳을[31] 통해 150,000갑의 농지, 즉 대만 전체의 육분의 일의 경지를 관개할 수 있었다. 기술적인 고려를 거쳐 쟈난저수지 관개지구 내의 경지는 150갑을 1윤작구輪作區로 해 사탕수수, 쌀 및 녹비(또는 고구마)에 대해 각각 50갑을 단위로

31 | 역주 | 대만총독부는 쟈난평원嘉南平原의 관개시설 부족을 타개하기 위해 '관전계비천계획官佃溪埤圳計劃'과 '탁수계직접인수계획濁水溪直接引水計劃'을 수립하여 쟈난평원과 원린평원雲林平原의 약 150,000갑의 토지 관개를 목표로 대규모 관개시설 신축에 들어갔다. 1920년에 시작해서 본래 1926년에 완성할 예정이었으나 관동대지진과 경제대공황 등으로 인해 1930년에야 완성되었다. 총공사비가 54,139,678엔에 달해 말 그대로 대역사大役事로서 이 사업은 당시에는 아시아 최대의 수리사업이었고, 토지 개량과 미·당의 증산에도 크게 기여한 것으로 평가된다.

윤작을 진행했다(臺灣銀行金融硏究室, 1953 ; 東海 · 財津, 1933, 1934 ; 根岸, 1943, 304~318 ; 矢內原, 1929, 260~263 ; 川野, 1969, 102~104). 총독부는 급수給水의 통제를 통해 강제로 삼 년 윤작제를 실시했다.[32] 이러한 기술 · 환경하에서 농민의 작물선택의 자유는 크게 제한받았고, 때문에 남부의 제당회사는 중 · 북부에 비해 훨씬 효과적으로 사탕수수 수매가격을 통제할 수 있었다(根岸, 1932, 38~42 ; 표 2-8).

제당회사의 수매정책과 선택작물 통제에 대한 농민의 저항 역시 수매가격에 영향을 끼쳤다. 이들 저항에 대해 총독부는 종종 강력한 경찰력을 동원해 말을 듣지 않는 농민을 '설득'해 당업자본의 의도에 순종하도록 강제했다. 제당회사의 요구에 따라 지방행정기관이 경찰을 불러들여 회사에 토지를 팔지 않거나 원료공급 계약에 서명하지 않는 농민을 위협하는 일도 비일비재했다(宮川, 1927, 133~136, 153~154 ; 河野, 1930, 111 ; 蔡培火, 1928, 61~63 ; 蔡培火 等, 1971, 510, 532 ; 矢內原, 1929, 242~24 3 ; 持地, 1912, 212~214 ; 警務局, 1938, 803~810, 1029). 미야카와 지로宮川次郎가 지적한 것처럼 대만 농민운동은 제당회사에 대한 저항이 중심을 이루었다(1927, 133). 농민과 제당회사 간의 항쟁은 농민의 가격협상 능력의 제고가 중심 의제였고 따라서 사탕수수가격 결정과 직접적인 연관이 있었다. 자농의 저항이 사탕수수가격에 다소 영향을 준 것은 사실이지만, 절대 우세를 보이는 경찰력하에서 농민들은 결국 제당회사의 기존의 시장독점권을 동요시킬 수 없었다(陳逢源, 1933, 268~269 ; 宮川, 1927, 147~157 ; 蔡培火 等, 1971, 503~507).

---

32 | 역주 | 1931년 자난대천이 완공된 후 관개구灌漑區 내에서는 3년 윤작제가 시행되었다. 구체적으로는 지형과 관개수로에 근거해 150甲을 1급수구給水區로 구획하고 각 급수구는 다시 50甲을 하나의 단위로 해 3개의 소구小區로 나눈 뒤 제1소구는 여름에 수도를 재배하고 제2소구는 사탕수수를 재배하며 제3소구는 잡작구雜作區로 한다는 것이다. 이 방식에 따라 토지를 순환적으로 이용하되 3년을 1기로 한 것이다.

셈에 밝았던 일본 제당회사는 일종의 진퇴양난에 처하게 된다. 즉 원료공급의 확보를 위해 생산과정을 직접 통제하느냐, 즉 회사의 플랜테이션 경영을 확대하느냐, 아니면 번잡한 토지집중을 회피함으로써 토지박탈로 인한 농민과의 직접적인 충돌을 피하고 안정적으로 시장을 독점해 대만의 가정농장으로부터 염가의 원료를 수매하느냐의 기로에 서게 된다. 만일 원료공급을 완전히 장악하려면 회사 자영의 플랜테이션을 확대해야 하지만 이럴 경우 소규모 가정농장, 즉 값싼 원료의 공급원을 대거 소멸시켜야 했다. 달리 생각한다면 시장통제를 활용해 독점적 이익을 확보한다는 것은 제당회사가 원료공급의 불안정성을 감내해야 함을 의미했다. 왜냐하면 농민은 경쟁작물의 가격이 상승할 경우 회사에 저항(하거나 회사의 말투를 써서 표현하자면 '배신')하고서 사탕수수 이외의 유리한 작물로 전작하려 할 것이기 때문이다.

이러한 선택의 기로에서 제당회사는 이해관계를 면밀히 검토한 후 가정농장에 의존해 대부분의 사탕수수 원료를 공급받기로 결정했다(표 2-6). 가정농장의 '자기착취' 식 생산은 값싼 원료의 공급을 가능하게 해주었다. 원료채집구 제도와 미당비가법하에서 자농의 가격협상 능력은 이미 크게 약화되었고, 자농과 설탕가격의 전통적인 관계 역시 단절되었다. 사탕수수가격은 생산비용에 의해서가 아니라 생계부문의 미농의 수입 수준에 의해 결정되었다. 회사는 사탕수수 수매가격을 회사 자영의 플랜테이션의 생산비용 정도로 낮출 수 있는 수준까지 되었다.[33]

이 외에도 회사가 스스로 원료를 생산한다면 회사는 막대한 토지투자를

33 표 2-8은 6개의 주요 제당회사의 사탕수수 구매 비용을 보여주고, 표 2-5는 자본주의 농장과 가정농장의 사탕수수 생산 비용을 보여주고 있다. 이들 자료는 제당회사가 가정농장에서 사탕수수를 구입하는 것이 자영농장을 직접 운영하는 것보다 가격 면에서 유리할 수 있음을 보여준다.

부담하고 작물의 풍흉이라는 위험을 무릅쓰며 관리비용과 경영상의 문제 등을 고민해야 했고, 아울러 대만 농민의 토지박탈에 대한 격렬한 저항에 직면해야 했다. 결과를 놓고 보았을 때 일본 당업자본은 이윤은 크고 위험은 작은 농기업 부문에 주력해 농업생산 과정에 직접 개입하지 않는 것이 유리했다. 당업자본은 신용대출과 보조금 및 수리 · 기술투자 등 농업생산의 외적 조건에 대한 통제를 통해 영향력을 행사하는 방향을 선택했다. 정부가 제공하는 시장독점권과 막대한 지원하에 진행된 기술 · 수리투자에 의존해 제당회사는 농업생산과 농산품가격을 확실하게 통제해 농민으로부터 막대한 이윤을 얻을 수 있었고, 플랜테이션의 자영을 통해 원료를 공급하는 수고를 할 필요가 없었다.

6. 결론

상품화는 자본이 활동하기 위한 선결조건이다. 상품화의 진전에 따라 자본주의적 생산관계, 즉 노자 관계는 일반적인 상황에서는 종종 각각의 생산영역에 침투해 그 밖의 다른 생산양식을 분해하고 동화시킨다. 식민통치 초기 농촌의 상품생산과 교환이 상당히 제한적일 때 가장 일찍 대만에 온 일본자본은 농업생산에 직접 개입하지 않고 비교적 해볼 만한 농산품 가공업을 선택했다. 하지만 (야나이하라를 포함해) 일반적인 견해와 크게 달랐던 것은, 대만 농촌이 고도로 상품화한 뒤에도 일본자본은 직접 농업의 생산과정에 개입하지 않았다는 것이다. 가정농장의 완강한 생존능력과 저항은, 통치 초기에 실제 경영자를 보호하는 방향으로 이루어진 총독부의 토지 · 세제 개혁과 결합해 가정농장을 없애고 대체하기 위해서는 매우 큰 대가를 치르도록 만들었다. 대만의 가정경작식 농업을 동요시키기 어려운 상황이 된 후 일본자본의 입장에서 핵심적인 농업문제는 농민의 토지를 박탈하고 이들을 무산자로 만드는 것은 아니었다. 진정으로 중요한 것은 어떤 방식으로 자본의 독점 역량을 발휘해 대만 소농생산자의 잉여를 착취함으로써 자본축적을 이룰 것인가의 문제였다.

그렇다면 식민지경영의 이익은 주로 교환과정의 통제에서 비롯되며, 이를 위해서는 정치적 · 군사적 지배에 의존하는 것 외에 별 다른 방법이 없다는 주장으로 귀결되는 것인가? 이러한 결론은 지나치게 성급하고 섣부른 것이 될 가능성이 크다. 지금까지의 설명을 통해 알 수 있듯이, 자본은 스스로를 농산품 교환의 통제에 국한시키지 않는다. 교환관계에서 배제되더라도 농민은 자본의 통제 바깥에 존재하는 '독립적인' 생산자와는 거리가 멀다. 상품화의 심화는 일제시대 대만 농촌의 소규모 생산자와 외래자본, 그리고 식민정부(대만총독부) 간의 관계를 더욱 밀접하게 만들고, 외래자본과 대만총독부는 종종 그로 인해 농민의 생산조건을 결정하였다. 대만의 농업생산이 일단 상품화되자 자본은 지배적 지위를 획득하게 되었다. 농기업과 총독부는 손을 잡고 독점적 통제와 기술적 조치를 행함으로써 가격을 결정하고 어떤 작물을 어떻게 심을 것인가를 지휘하게 된 것이다. 이 과정이 농촌 내부의 생산관계에 대해 제한적인 변화만을 가져다주었다 해도, 그것은 농업생산 조건 및 교환조건의 근본적인 변화를 촉진했다. 농업의 기본적인 생산단위는 여전히 농민의 수중에 있었지만, 그 생산과 재생산의 조건은 자본과 총독부에 의해 결정되었다.

대만총독부와 일본 당업자본은 기술적 조건의 기초를 마련하여 신품종과 비료사용을 확대하고 윤작 제도를 강화해 결국 농민을 그들이 정밀하게 마련해놓은 경제계획의 집행자로 전환시키는 데 성공했다. 신용대출을 광범하게 운용해 가정농장의 유동자본을 공급하고 운수 · 관개 사업에 대거 투자하는 등, 각종 방법을 동원한 것은 모두 자본의 농업부문 침투를 위한 길을 닦은 것이었다. 개인과 정부 투자의 농촌으로의 유입, 농산품시장의 독점, 그리고 경찰력을 활용한 특정작물의 강제적 재배와 토지이용 형태의 변화 등의 다양한 정책으로 인해, 대만의 가정농장은 (자본주의적 플랜테이션과 비교해) 표면적으로는 자주성을 유지했지만 실제로는 이미 공업자본에 예속되었다. 일제시대 대만 자당생산의 경험은, 수직집중을 통해 고도의 생산력을 갖춘 가정경작식 농업을 촉진하면서 동시에 당업자본이 가정농장을 쉽게 통제할 수 있게 되면서 당업의 이윤추구라는 목적과 합치했음을 잘 보여준다. 수평집중 방식의 자본주의 플랜테이션은 농민의 저항과 경영상의 곤란으로 오히려 당업자본의 이익에 부합하지 않았다. 독점적인 제당기업은 기술 및 투자의 발전을 이끌었고, 소형 가정농장의 운영에 적합한 기술적·외부적 조건을 발전시켰다. 고도의 생산력을 갖춘 가정농장이 농기업에 충분한 이윤을 제공하기만 한다면 자본은 만족하기 마련이다. 일제시대 대만 자당부문에서 성행한 것은 그렇기 때문에 수직집중이지 수평집중이 아니었다.

가정농장 생존의 경제적 기초는, 국가와 독점자본의 지지와 감독하에서 더욱 높은 생산력을 갖춘 가정농장으로 스스로를 재창조한 데 있었다(자본주의 플랜테이션은 생산력 측면에서 일반적으로 생각하는 만큼의 우월성을 보여주지 못했다). 방대한 공공투자하에서 농업생산력은 혁명적으로 상승했고 생산력 향상의 혜택을 보게 된 대만의 토지소유자들은 대만총독부와 일종의 동맹·합작 관계를 맺고 총독부 또한 이를 사회 안정의 지주로 삼았다. 위에서 여러 차례 언급한 대만의 기존 사회경제체제의 완강한 저항과 대만총독부의 통치 초기의 타협적인 보존정책, 그리고 자본주의의 '최대이윤의 추구profit maximization'라는 원칙은 가정경작식 농업이 존속할 수 있었던 원인이다. 일본 자본이 식민지에서 직면한 문제는, 어떻게 하면 농업생산의 외부적 조건에 대한 통제를 통해 농민을 낮은 생활수준에 묶어두면서 더욱 효율적으로 더 많은 상품을 생산하는가, 또 어떻게 하면 교환조건(시장)에 대한 통제를 통해 잉여를 자본가의 주머니로 흘러들어가게 하는가였다. 연속連屬된 대만의 생산방식이 외래자본이 만족할 수 있는 이윤을 제공할 수만 있다면 토착적 생산방식은 그대로 유지될 충분한 이유가 있었다. 우리가 애초에 제기했던 문제, 즉 "식민통치자는 식민지의 비자본주의적 농업생산방식을 자본주의적 플랜테이션으로 전환시켜야만 자본을 축적할 수 있는가?" 에 대해 대만의 사례는 반드시 그렇지만은 않다는 점을 일깨워주고 있다. 식민통치자가 제한적인 역사적 조건하에서 일본자본에 제공한 방안은 '자기착취' 를 극단적으로 추구하는, 심지어는 (자본가의 입장에서는) 아무런 이윤도 발생하지 않는 상황에서도 여전히 생산을 계속해나가는 소규모 가정농장을 그대로 유지하는 것이었다. 일제시대 대만의 사례는, 국가권력과 독점자본주의 지배하의 가정농장이 중세重稅와 시장통제하에서 식민통치자의 자본축적에 효과적으로 기여한다는 점을 잘 보여준다.

일제시대 대만의 농업발전 경험은 마르크스주의학파/차야노프학파 및 기타 가정농장과 관련된 논쟁에 대해 유용한 비교의 기초를 제공해주었다. 고전 마르크스주의학파의 확신에 찬 예측은, 가정농장이 자본주의 플랜테이션에 의해 와해·대체되고 농민은 자본주의 플랜테이션이나 공장의 노동력제공자(반프로 농민)로 전락한다는 것이었다. 차야노프학파는 비교적 정확하게 가정농장의 강인한 생존능력을 인식하기는 했지만, 가정농장과 농기업 자본 간의 긴밀한 관련성을 지적하지 못했다. 이들은 시장통제의 측면에 편중되어 종종 자본이 농민생산을 통제하기 위한 다른 경로에 대해서는 무시했다. 독특한 경제논리를 가진 생산방식인 가정경작은, 적당한 기술적 조건하에서는 자본주의적 플랜테이션과 경쟁하거나 심지어는 이를 대체할 수도 있음을 보여주었다(이와 유사한 관점에 관해서는 Friedmann, 1978 ; Djurfeldt, 1982 ; Chayanov, 1966 ; Harrison, 1975 ; 1977 ; Bernstein, 1979 참조). 만일 가정농장의 생산력이 정부와 농기업의 투자 및 기술도입으로 인해 자본주의 플랜테이션 수준으로까지 향상될 수 있다면, 가정경작하의 '자기착취'는 플랜테이션보다 우위에 설 수도 있다. 농기업은 시장과 생산조건에서 절대적인 지배권을 행사하는 상황에서는 직접 농작물의 생산에 참여하지 않고 염가의 농산품을 제공하고 스스로 위험을 감수하는 가정농장을 통해 더 큰 이익을 거둘 수도 있다. 이것이 바로 가정농장을 보존한 중요한 이유이다. 외래자본과 연속連屬 관계를 형성하는 역사적 과정에서 대만의 기존 가정경작식 농업의 내재적 구조(이는 투자오옌이 말하는 '지주제'와 다르다)는 일정한 역할을 했다.

그렇다고 해서 식민지 가정경작식 농업이 존속한 원인이 단순한 '경제논리'만으로 이해될 수 있다거나 비자본주의적 생산방식과 자본주의 간의 연속連屬관계가 자본주의의 기능적 요구가 낳은 필연적 결과라는 식으로 단순화될 수 있다고 말하는 것은 아니다. "자본은 의식적이고도 계획적으로 가정농장을 보존하고 지배함으로써 최대의 이윤을 창출한다."라는 식의 설명은, 비자본주의적 생산방식(가정경작)의 내재적 구조가 행한 역할임을 고려하고는 있지만, 자본주의 작동 논리의 결정적 역량을 일방적으로 강조하기 때문에, 연속連屬관계가 형성되는 과정(쌍방향적인 상호작용의 과정)에 대해 완벽한 설명을 할 수 없게 된다.[34] 가정농장이 최대이윤을 추구하려는 자본의 요구와 결합해 존속할 수 있었던 사례도 있지만, 동시에 적지 않은 사례(예컨대 자바나 기타 서구의 열대식민지에서의 사탕수수 농업)는 가정농장이 농업발전의 주된 역할을 담당하지 않았다는 점도 볼 수 있다. 각지의 농업발전 경험을 비교해 볼 때 가정농장은 다양한 역할을 했다. 그 원인을 추적해보면, 쌍방향적인 상호작용에서 불확정성 외에 연속連屬관계의 형성에

34 Bernstein, "Capitalism and Petty-Bourgeois Production: Class Relations and Divisions of Labour", *Journal of Peasant Studies*, 1988 ; Scott, "Towards a Rethinking of Petty Commodity Production", *Social Analysis* 20, 1986의 이러한 목적론적 · 기능론적 연속이론連屬理論에 대한 비판을 참조.

는 경제외적인 요소의 영향도 받았음을 알 수 있다. 일제시대 대만의 사례를 통해 볼 때 경제적 측면 외에 정치적·역사적 요인이 연속連屬관계의 형성에 끼친 영향도 함께 고려해야 한다. 일본자본의 경영상의 이윤추구 외에 일본 자본주의 발전의 단계나 대만총독부의 정치적 고려와 적극적 개입, 대만의 기존 사회경제체제 및 농민의 저항과 적응을 종합적으로 고려할 수 있다면, 일제시대 대만의 고도로 상품화된 가정경작식 근대농업이 어떻게 형성되고 또 어떻게 자본주의 농기업과 연속連屬관계를 낳게 되었는지 보다 완전하게 설명할 수 있게 될 것이다.

3 장

미당상극

17세기에 네덜란드 식민통치자들이 사탕수수를 도입해 재배하면서 자당의 생산과 교역을 확대한 이래 사탕수수는 쌀과 함께 대만에서 가장 중요한 양대 작물로 간주되었다. 쌀과 설탕 간의 '충돌'에 관한 기록 또한 역사책에 끊이지 않고 등장해왔다. 청대清代의 미·당 충돌 문제에 관해 연구자들은 거의 예외 없이 상품작물(사탕수수) 생산이 과도하게 확대되어 식량작물(쌀)의 생산을 위협하게 되면 식량부족으로 인해 사회적 동란이 발생한다고 인식해왔다(王世慶, 1958b, 11, 13 ; 高拱乾, 1960, 250~251). 대만은 일본 자본주의 경제체제에 편입된 후 일본과 함께 "농업은 대만, 공업은 일본"이라는 분업체제를 형성하게 된다. 대량의 공공투자와 일본자본 및 근대적 기술의 도입으로 농업생산력은 '녹색혁명'을 경험했다. 기아의 가능성은 이미 사라졌고 총독부의 정책 또한 사회적 안정만을 우선으로 삼지 않았다. 이러한 변동 속에서도 쌀과 설탕은 여전히 대만 농업의 양대 지주였지만, 양자의 관계에서는 근본적인 변화가 일어났다. 미·당 관계는 흔히 '미당상극米糖相剋'이라고 불리면서 일제시대 학자들의 토론에서 빈번히 등장하곤 했다. 일제시대 대만의 식민지 발전에 관한 연구에 종사해온 학자들은 통상 이 '미당상극'이라는 쟁점을 그냥 지나치지 않았고, 저명한 학자 가와노 시게토川野重任를 포함한 많은 학자들은 공통적으로 미당상극 문제를 "대만의 모든 농업문제의 핵심"으로 간주했다.

그러나 생태환경이 대만과 거의 흡사한 네덜란드령 식민지 자바에서 미·당 간의 관계는 '공생symbiosis'으로 유명했다(Geertz, 1963).[1] 대만 식민지 경제체제하에서 미·당 간의 관계가 '상극'이었던 원인은 여전히 적절한 해답이 필요한 문제이다. 식민지 경제발전 과정에서 이 '상극' 관계의 형성과 변화는 어떤 의미가 있는가? 이들 문제에 대한 해답이 어쩌면 대만의 식민지 발전의 본질에 관한 핵심적인 단서를 제공해줄지도 모르겠다.

1. 이른바 '미당상극'

대만총독부는 원료채집구 제도를 창설하여 제당회사가 원료의 공급과 가격을 통제하는 것을 도왔다. 하지만 제당회사의 독점권이 절대적인 것은 아니었고 농민은 원료채집구 제도하에서도 여전히 전작轉作의 자유는 있었다. 대만의 자연조건에서 쌀과 사탕수수의 전작은 상당히 쉬웠기 때문에, 제당회사는 여전히 원료공급의 불안정을 우려하고 있었다. 이나다 마사타네稲田昌植은 1921년에 이미 대만 농민과 당업 간의 긴장관계를 감지하고서 『臺灣糖業政策』에서 미·당 간의 '적대적 관계'를 언급한 바 있다(1921, 92~100). 이나다(1921, 53~62)에 따르면 미·당 간의 '적대' 관계의 근원은 우선 '쟁지爭地', 즉 토지쟁탈의 문제였다. 상품작물인 사탕수수가 전

1 柯志明, 「糖業資本·農民與米糖部門關係-臺灣(1895~1940)與爪哇(1830~1940)殖民發展模式的比較分析」, 『臺灣社會硏究季刊』 第12期, 1992에서 대만·자바 식민지 당업과 농민의 관계에 관해 행한 비교 연구 참조.

통적인 생계작물(쌀)의 경지를 침범하면서 양자 간에 충돌이 발생했다. 그 다음으로는 두 작물 간에 상대적인 가격 차이로 인해 발생한 '선택'의 문제였다. 미가가 상승하면 자농이 사탕수수 생산을 포기하고 미작으로 전환하게 되어, 제당회사는 더 높은 가격으로 사탕수수를 구매하여 원료공급을 유지해야 하고, 따라서 쌀과 사탕수수 간에 어떻게 적절한 상대가격을 정하는가 하는 문제는 끊임없는 논란의 대상이 되었다.

이나다는 쌀과 사탕수수 간에 적대 관계가 존재한다고 언명했다(1921, 92~93). 두 대항 작물은 제로섬 관계로 서로 양립할 수 없다는 것이다. 이나다 자신은 비교적 조화주의 입장에서 조화를 이룰 방안을 찾아내 합리적인 상대가격을 정한다면 공존할 수 있다고 보았다. 그러나 당시(1차 대전 직후)의 미가가 급등하면서 미·당 충돌은 점점 첨예해졌고 이나다 역시 자신의 조화설調和說에 대해 그다지 믿음을 보이지 않았고, 그 결과 결론 부분에서 당업의 관영官營을 해결책으로 제시했을 뿐이다(1921, 103).

이렇게 이나다가 설정한 틀 안에서, 이후의 학자들은 대체로 적대설敵對說과 조화설調和說 둘 중의 한 입장을 취했다. 적대설은 다분히 조잡해보이지만 조화설은 많은 사람들의 노력으로 비교적 완전한 형태를 갖추었다. 그중에서도 가와노의 이론적 정리와 발전이 가장 완비된 형태를 띠게 된다.

조화설

조화설은 기본적으로 이나다의 서술 방식을 이어받아 소위 미당상극은 두 측면, 즉 상품작물과 생계작물의 '쟁지' 문제, 그리고 쌀과 사탕수수 간의 균형가격에 도달하기 어렵다는 문제를 포괄하고 있다.

쟁지 문제

가와노가 제기한 쟁지爭地 문제는, 자전 면적이 생계작물(쌀이나 고구마)의 재배를 중단해야 확대될 수 있다는 데서 비롯된다. 하지만 상품작물의 생계작물 경지에 대한 침범은 일정한 한계가 있어 농민은 자기가 먹을 식량의 생산을 포기할 리가 없다는 것이다(1969, 82). 가와노는, 대만 남부의 한전지역旱田地域에서 상품작물인 사탕수수의 침범은 이미 한계에 도달했기 때문에 봉래미 재배를 위주로 하는 중·북부의 수전지역水田地域으로 북상하여 토지를 쟁탈할 수밖에 없다고 보았다. 이것이 바로 미당상극의 '직접적인 원인'이 되었다는 것이다(1969, 82~83).

가와노의 상품작물과 생계작물의 쟁지에 관한 이 논리는 실증적인 측면에서 전후 관계가 맞지 않는 점이 있다. 그는 한편으로는 농민은 우선 자급식량의 생산에 만족한 후에 상품작물을 생산할 수 있다고 강조했지만, 같은 책의 다른 부분에서는 대만은 이미 '자본주의화' 되어 쌀 역시 고도로 상품화되었다고 강조하고 있다. 그가 제공한 자료에 따르면 1930년대 농민이 소비한 쌀은 전도全島 총생산량의 30퍼센트에도 미치지 못했고(川野, 1969, 125)[2] 이 30퍼센트 중에는 미농이 아닌 자농·과농果農·차농茶農 등이 매입·소비한 쌀도 포함되어 있었다. 총독부 식산국의 여러 차례에 걸친 농업경제조사 역시 농민들이 시장에서 자가소비용 식량을 구입하는 비율이 꾸준히 증가하고 있었음을 보여준다. 1930년대에 농가가 소비한 식품의 절반은 이미 시장에서 구매했다(표 1-10). 같은 시기(1937) 미농이 자가소비한 쌀의 40퍼센트 가까이는 구매한 것이다(『農調書』, 제37호, 1938, 34~35). 이렇게 보면 1930년대에 쌀은 이미 자가소비가 주목적인 생계작물이 아

2 川野重任, 『臺灣米穀經濟論』, 有斐閣, 1969와 마찬가지로 八木芳之助의 공식을 사용하여 필자는 대만미臺灣米의 1930~1934년 사이의 판매율을 68.89퍼센트로, 1935~1939년 사이의 판매율을 73.99퍼센트로 계산했는데(표 1-9), 이는 일본보다 높은 수준이었다.

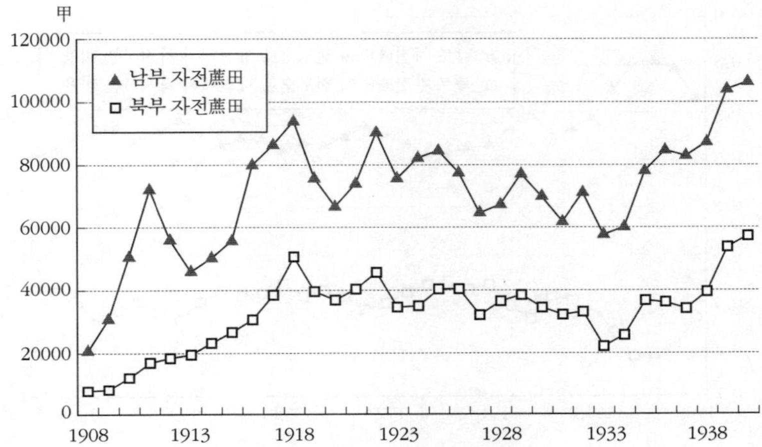

| **그림 3-1** | 남 · 북부의 자전 면적
자료 근거 : 〈부록 2〉

니라 주로 시장에 팔기 위해 생산되었다. 시장가치나 채무 청산을 위해 우선 쌀을 팔고 그렇게 벌어들인 수입으로 다시 쌀을 구매한 것이다. 쌀이 이미 고도로 상품화된 1930년대에 쌀과 사탕수수 간에 자가소비용 생계작물과 상품작물 간의 경쟁이 이미 성립할 수 없었음은, 두 상품작물의 관계를 보면 비교적 분명해지는 듯하다.

이 외에도 '북진쟁지北進爭地'의 문제 또한 입증할 수 있는 경험적 사실이 부족하다. 1908년부터 1940년까지의 장기적인 통계자료는, 남 · 북의 자작 면적이 줄곧 동일하게 증감해 북부는 증가하고 남부가 정체되는 현상은 전혀 없었음을 보여준다(그림 3-1). 같은 자료는 또한 1910년대 중반 이후 남 · 북 자전이 전도 자전 면적에서 차지하는 비율이 이미 고정화되었고 북부에서 지속적으로 증가하는 현상은 없었음을 보여준다(그림 3-2). 남부 자작 지역이 포화상태에 이르러 중 · 북부 수전을 침범했다는 논리는 경험적으로 성립할 수 없다.

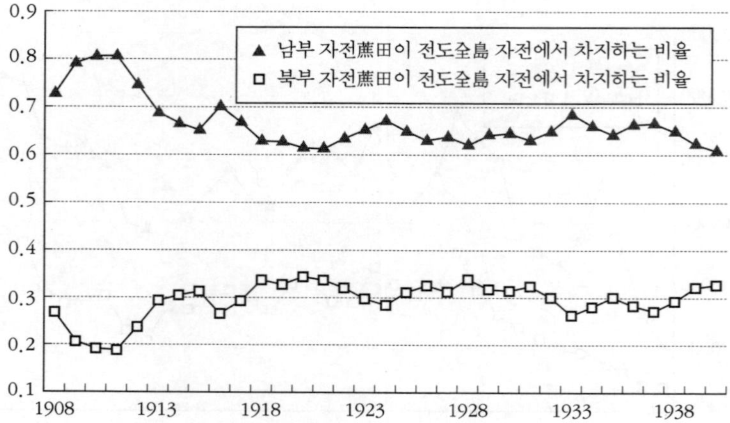

| **그림 3-2** | 남 · 북부 자전이 전도 경지면적에서 차지하는 비율
자료 근거 : 〈부록 2〉

미작 수전 면적을 보더라도 쟁지설爭地說에서 예견한 축소 현상은 없었다. 미작 수전 면적은 1923년 이전에 대체로 안정적으로 유지되었고, 봉래미 보급이 성공한 후(1923~1924년 이후)에는 (감소가 아니라) 대폭 증가했다(그림 3-3). 자전은 1920년 이전에는 대폭 증가했지만 자전 때문에 미전이 감소하지는 않았다(그림 3-3). 오히려 장한위張漢裕(1955, 93)가 지적한 것처럼 개간의 확대라는 형식으로 증가했다. 1925년 이후 봉래미 생산의 확대는 자전과 재래미 수전을 압박했는데 대체로 자전의 면적은 유지되고 재래미 수전 면적은 줄어드는 상황이 되었다(그림 3-3). 1935년 이후 미곡 생산의 통제와 미가 억제 등의 조치가 있은 후에야 봉래미 수전의 확대 현상이 누그러졌다(그림 3-3). 봉래미의 출현은 재래미 수전의 감소를 초래했고 나아가 자전의 확대를 간접적으로 억제했다. 따라서 쟁지 문제는 가와노가 말한 것처럼 자전이 북상하여 봉래미 수전지역을 침범하는 문제는 아니었다. 만일 소위 쟁지 문제가 있었다면 그것은 봉래미와 재래미의 싸움이었다. 하지만 이 '싸움'은 통상 '상극'으로 표현되는 미 · 당 관계와는 뚜렷

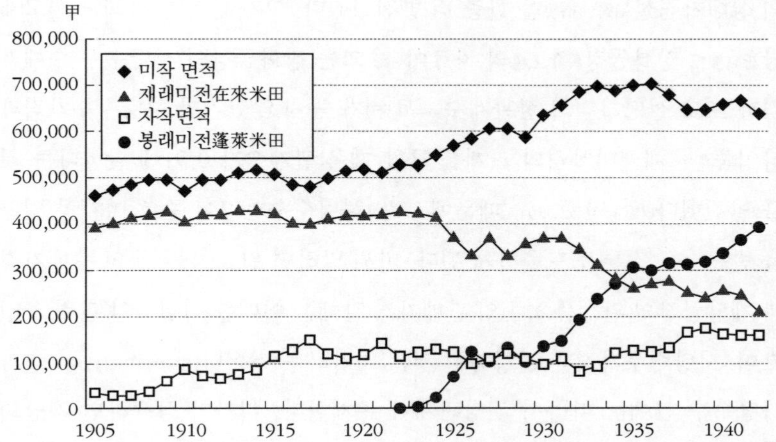

| **그림 3-3** | 자작 · 미작 · 봉래미 · 재래미 면적
자료 근거 : 〈부록 3〉

한 차이가 있고 어느 누구도 이를 '충돌'로 표현하지 않았다. 그리고 가와노(1969) 등이 지적한 것처럼 봉래미와 재래미 간에는 차라리 서로 이익을 주고받으면서 점차 평형에 이르는 관계였다. 미 · 당 간의 '상극'이 가리키는 것은 단순한 '쟁지' 이상의 의미를 담고 있는 것이다. 조화설은 한발 더 나아가 상대가격을 통해 이 '상극' 관계를 설명했다.

상대가격 문제

상대가격 문제에 관해 대부분의 학자들은, 대만 작물은 전작이 용이해서 농민들이 작물을 선택할 때 가격에 대단히 민감하고 이로 인해 사탕수수의 가격과 공급이 종종 대항 작물의 영향을 받게 된다고 생각해왔다(稻田, 1921 ; 根岸, 1932 ; 川野, 1969). 네기시는 당시로서는 선진적이라고 할 수 있는 통계기법, 즉 상관계수相關係數를 활용하여 대만 남 · 북 제당공장의 원료 수매가격과 대항 작물 가격 간의 관계를 분석하고, 이를 바탕으로 이나다稻田

의 상대가격설相對價格說을 한층 더 발전시켰다. 그가 인용한 사례는 신고제당新高製糖 장화공장彰化工場의 자료이다. 그는 장화공장의 사탕수수 수매가격과 도쿄 설탕가격의 상관계수(r=0.55)가 높지 않았지만 사탕수수가격과 타이중臺中 재래미가격의 관계를 구할 때 상관계수가 0.91에 달한다는 것을 발견했다(根岸, 1932, 25). 때문에 그는 사탕수수가격이 주로 미가의 영향을 받는다는 결론을 도출하게 된다. 바꿔 말하면 원료(사탕수수)의 수매가격과 제당공장의 완성품(설탕)의 판매가격 간에는 어떠한 직접적인 관련도 없으며, 사탕수수가격을 결정하는 것은 미가라는 것이다(根岸, 1932, 28). 쌀과 사탕수수 간에는 따라서 긴장관계가 존재한다. 미가가 상승하면 제당회사는 사탕수수 수매가격을 높여야 했고 이는 비용 증가를 의미해 제당비용 중 사탕수수 원료비용이 60퍼센트 가까이 차지하게 되었다(표 2-7 및 그림 2-1).

네기시根岸는 가격의 상관성을 통해 미·당 관계를 설명하고 아울러 대항 작물 간의 긴장관계를 정확히 지적했다. 하지만 아쉬운 것은, 그가 같은 논문에서 열거한 다른 사례들, 예컨대 제국제당帝國製糖 타이중공장臺中工場 및 타이난臺南지역의 자료(1932, 25~26)에 대해 필자가 동일한 통계방식(상관계수)으로 처리했지만 동일한 결과를 얻어내지 못했다는 점이다. 이들 사례들에서 쌀, 사탕수수, 설탕, 고구마 가격 상호간의 상관성은 하나같이 높지 않았다. 제국제당 타이중공장의 사례를 통해 설탕가격과 사탕수수가격 간의 상관계수가 0.56인데 비해 미가와 사탕수수가격 간의 상관계수는 0.63에 불과하여 두 상관계수의 차이가 크지 않음을 알 수 있다. 남부의 경우 대항 작물 간의 가격 상관계수는 하나같이 크지 않았다. 심지어 타이난의 사탕수수가격과 도쿄의 설탕가격 간의 상관계수는 −0.689로 나타나기도 했다.

네기시根岸의 상대가격설은 (가와노를 포함하여) 많은 사람들이 인용했지만 어느 누구도 네기시가 단지 신고제당이라는 하나의 사례만으로 결론을 도출했다는 점을 눈여겨보지 않았고, 같은 논문에 있는 기타 자료들이 동일한 결론을 도출하지 못하고 오히려 상반된 결론을 도출한 점을 알아채지 못했다. 연구자들이 네기시가 활용한 자료와 통계방식을 이용하여 재분석하게 되면 네기시의 논점을 수정할 필요를 느끼게 될 것이다. 우선 설탕가격과 사탕수수가격 간의 연관성은 있을 수도 없을 수도 있었고, 따라서 양자의 관계는 안정적이지 않거나 분명한 연관성이 없을 수도 있었다. 둘째, 남·북을 비교해 보면 남부의 사탕수수가격은 대항 작물로부터 영향이 중·북부에 비해 크지 않았는데, 이는 남부 제당회사의 원료가격에 대한 통제능력이 강한 반면 중·북부 제당회사는 상대적으로 미가의 영향을 크게 받았음을 의미하는 것이다.

정치 문제

가와노의 시장균형 모델은 기본적으로 네기시의 상대가격설을 이어받았지만, 이론적으로 한층 더 발전시킨 면이 있다. 가와노는, 쌀과 사탕수수의 토지생산력 발전이 일치하지 않고 전작이 용이해서 균형가격을 형성하기가 대단히 곤란했고, 이로 인해 가격 관계에서 확실히 불안정한 현상이 있었다고 생각했다. 그는 미·당 간의 충돌이 사실은 쌀과 사탕수수 간의 적절한 가격비율이 형성되기 어려웠던 문제임을 여러 번 설명했다.[3] 이러한 관점에서 보면 미·당 간의 관계는 결코 모순·적대의 관계가 아니라 불안정하고 가격을 조정하기 힘든 관계가 된다. 양자 간에는 부문 간 생산력발전의 속도 차이가 상당히 크기 때문에 격렬한 마찰을 낳는 것이다. 하지만

3 전후 대만은행이 출판한 대만 미·당 비가에 관한 연구 또한 같은 시각에서 이 문제, 즉 쌀과 사탕수수의 가격 간에 적절한 비율을 찾으려고 노력했다(臺灣銀行經濟硏究室 編, 『臺灣米糖比價之硏究』, 臺灣銀行, 1953).

가와노는 이러한 현상은 새로운 균형상태에 도달하기 전의 과도기적 현상에 불과하고, 양자는 결국 조정에 이르게 될 것이라고 낙관적으로 보았다(1969, 84).

그렇다면 미 · 당 간의 관계는 어째서 '상극' 또는 '적대'라는 말로 표현되었을까? 가와노는 대만에 진출한 일본 당업자본이 이 문제를 '정치화'한데서 기인한다고 판단했다(1969, 85~89). 가와노의 진정한 뜻은 미 · 당이 '상극'하게 된 것은 민족차별의 문제가 독점자본에 의해 이용된 결과이며, 기껏해야 단순한 '경쟁' 관계가 있을 뿐이라는 것이다(1969, 1~10). 당시의 당업자본은 일본의 독점자본이 지배하고 있었고 종종 정치적 수단을 활용하여 대만총독부의 정책결정에 영향력을 행사했는데, 당업발전 문제를 '정치화'하여 자유 시장의 정상적인 작동을 방해해 미 · 당 간에 정치적 함의를 가진 '적대관계'를 만들어냈다는 것이다. 식민지 지배하의 민족 불평등으로 인해 총독부는 경제적 차별정책을 시행했다. 농업정책과 공공투자는 실제로 자당업의 발전을 중심에 두고 있었다(川野, 1969, 13). 가와노의 표현을 빌리자면 대만총독부는 대만의 가정경작식 미작부문의 발전에 대해 '소극적' 태도를 취한 반면, 외래자본의 지배하에서 기업경영 방식을 채택한 자작부문에 대해서는 대단히 '적극적'이었고(1969, 11~14), 결국 정치적으로 미당상극 문제를 낳았다는 것이다. 그렇지 않다면 미당상극은 부문 간 생산력발전의 불균등에 불과하여, 기껏해야 균형가격의 형성과정에서 과도적 마찰의 문제일 뿐이라는 것이다.

정치적 간섭은 가와노의 시장균형 모델이 식민지에서 작동할 때 어째서 상당히 큰 마찰이 일어났는지를 설명하기 위해, 또한 미 · 당 '상극'이라고 불리게 된 이유를 설명하기 위해 동원한 논리이다. 다만 그는 정치적 측면에 대해서는 회피 또는 타협적이었는데 '정치'를 거론할 때에는 대개 애매모호하게 각주로 처리하거나 심지어는 "독자가 스스로 판단하기를 요청"

하기까지 했다(1969, 89). 1930년대 말 준전시準戰時의 고도로 민감한 정치적 분위기는 그의 사고를 상당히 제한했을 수도 있다.[4] 바로 그렇기 때문에 가와노는 문제의 정치적 측면(또는 정치경제적 측면)에 대해 진일보한 해석을 할 수 없었고, 단지 상상 속의 시장균형이라는 이상理想 속에서 식민지 경제부문 간의 균형이 형성되는 과정을 탐구하여, 정치적 요인으로 인해 시장이 자유롭게 작동하는 상황에 비해 훨씬 격렬한 마찰이 일어났는지를 해명하는 데 그친 것이다.

가와노의 시장균형 모델은 조화설이 이룩한 가장 완전한 형태의 모델이다. 이 모델은 (본서 서론의 2절에서 서술한 것처럼) 허쉬만Hirschman 등이 제기한 '불균등성장' 이론과 기본적인 전제에 있어서 동일하다. 하지만 이 관점을 일제시대 대만의 식민지 발전 연구에 적용하면 적지 않은 의문점이 생긴다. 첫째, 도대체 쌀과 사탕수수 간의 균형가격 형성의 '실제적' 기초는 무엇인가? 가와노를 비롯해 조화설을 채택한 학자들은 제당회사가 어떻게 전작의 용이함에 대응했는가, 즉 쌀과 사탕수수의 비가법比價法을 통해 사탕수수 수확시기의 미가를 기민하게 배합하여 사탕수수 수매가격을 조정했음을 누누이 설명해왔다. 이 비가법은 우선 쌀과 사탕수수 간에 적절한 가격비율이 존재한다는 것을 전제해야만 실제로 집행할 수 있다. 그렇다면 쌀과 사탕수수의 가격비율 결정의 기초는 어디에 있는가? 가와노 등의 학자들은 이 점에 대해서는 침묵으로 일관해왔다. 가와노는 시장이라는 장치를 통해 결국에는 가격균형을 이룰 것이라고 간주하여, 이 일을 시장이라는 보이지 않는 손이 결정하도록 한 듯하다. 희한한 것은, 원료채집구 내에는 '자유로운' 시장이란 존재하지 않는다는 것을 가와노가 잊어버린 듯하다는 점이다. 원료채집구 내에는 단 하나의 매주買主만이 있기 때문에 (시장이 아니라) 그 '매주'에게 쌀과 사탕수수의 상대가격을 어

4 당시 일본은 1937년부터 이미 중국과 전쟁 중이었다.

떻게 결정했는지 물어보아야 하는 것이다.

가와노에 대한 두 번째 의문은 미 · 당 '상극'의 정치적 의미에 대한 설명방식이다. 정치적 간섭은 시장 기제가 정상적으로 작동하지 못함으로써 쌀과 사탕수수의 가격균형을 달성하기 힘들어진 원인을 설명하기 위해 그가 동원한 논리이다. 민족차별에 기초한 정치적 간섭이 점차 경감되거나('내지연장주의內地延長主義'가[5] 순조롭게 진행되어) 더 이상 존재하지 않는다고 가정하면, 시장 기제는 조절능력을 회복하여 '상극' 문제를 소멸시킬 수 있을까? 미 · 당 간의 '적대' 관계와 불균등발전의 특성이 이미 식민지 경제구조 내부에 뿌리깊이 박혀있어, 정치적 간섭이 없더라도 식민지 경제체제 내부의 작동 기제가 불균등발전과 부문 간 모순 현상을 계속해서 만들어낼 것인가? 다시 말해서 미당상극의 발생에는 정치적 요인이 작동하고 있지만, 그것은 기존 경제제도의 산물, 즉 식민지 경제구조하에서 부문 간 불평등분업의 결과인가? 이상의 의문점에 대해 적대설이 유용한 단서를 제공해주고 있다.

적대설

앞서 지적했듯이 적대설의 논리는 대부분 조잡하여 이나다稻田는 '미작주의米作主義'라고 비난한 적도 있다(1921, 92~97). 야나이하라는 제국주의 모델을 통해 미 · 당 관계를 이해했는데, 이것이 구조적으로 비교적 완성도

5 | 역주 | 원리적으로 식민 모국인 일본에서 실행되는 법적 · 제도적 장치가 식민지에도 동일하게 적용되어야 한다는 주장이다. 1910년대 일본의 국제적 지위의 향상, 러시아혁명 및 일본 국내의 민주주의(소위 '다이쇼 데모크라시')의 진전을 배경으로 등장한 하라 다케시原敬 수상은 1919년 3 · 1운동을 계기로 무단통치로 일관하던 식민통치의 변화를 꾀했는데, 이 때 하라가 새로운 식민지 지배의 원리로 내세운 것이 내지연장주의이다. 구체적으로 하라는 '문명의 정도나 생활의 상태' 등의 조건에 따라 점진적으로 실행하되, 조선 등의 식민지에도 행정 · 사법 · 군사 · 경제 · 재정 등 여러 제도 전반에 걸쳐 일본과 동일한 제도를 실시할 것을 주장했다. 하지만 조선과 대만을 막론하고 정치 · 경제적 차별에 기초한 식민지 지배의 대전제와 동화주의同化主義에 기초한 내지연장주의 간에 커다란 간극이 존재했음은 물론이다.

있는 적대설이라 할 수 있다. 야나이하라는 기본적으로 (1920년대 말과 1930년대) 대만 미 · 당 충돌의 심화는 일본의 식량문제의 결과라고 인식했다. 1910년대 말부터 일본의 식량부족 문제는 드러나기 시작했고, 미가의 앙등으로 도시주민의 폭동이 발생하기도 했다. 이에 대처하기 위해 식민지에서 대량의 쌀을 수입하기 시작했다. 쌀 수출은 대만 미전의 확대와 미가의 상승을 촉발했고, 제당회사는 사탕수수 원료의 수매 가격 상승과 공급부족으로 압박받기 시작했다. 심각할 때에는 총독부가 직접 개입하여 대일 미곡이출을 제한해 당업에 불리한 영향을 감소시키기도 했다(杉野, 1919, 129 ; 矢內原, 1985, 256 ; 稻田, 1921). 일본의 식량위기로 인해 대만 당업의 강적은 국외의 경쟁자가 아니라 대만의 미작 생산자들이었다.

가와노 등이 원만하게 해결하지 못한 쌀과 사탕수수의 비가比價 문제에 대해 야나이하라는 사탕수수 수매가격의 결정 근거를 아래와 같이 지적했다.

> 동일한 토지에 수도水稻 · 육도陸稻 · 고구마를 심었을 때[6] 수확할 수 있는 생산물의 총가격을 기준으로 사탕수수 수확의 총가격을 결정하고 이에 근거하여 1,000근의 사탕수수에 대한 단가單價를 결정하였다〔矢內原, 1985, 234(1929, 252)〕.

쌀과 사탕수수의 비가는 단위면적의 사탕수수 수확 총가격과 같은 면적의 미작 수확 총가격이 서로 같다는 것을 원칙으로 했다. 즉 단위면적의 쌀 생산량에 미가米價를 곱한 것이 단위면적의 사탕수수에 자가蔗價를 곱한 것과 같게 만드는 것이다. 바꿔 말하면 사탕수수 가격의 결정은 "동일한 면

6 일본어 원문은 '사탕수수甘蔗'라고 쓰고 있지만(矢內原忠雄, 『帝國主義下の臺灣』, 岩波書店, 1929, 252쪽), 사탕수수의 대항 작물이 사탕수수일 리는 없고 이는 '고구마甘藷'의 오식誤植이라고 보아야 한다.

적의 자전 수입과 미전 수입을 같게 만드는" 원칙인 것이다. 네기시와 가와노는 가격 상관의 문제만을 보았지만, 야나이하라는 한 발 더 나아가 '수입收入' 문제에 착안하여 자전과 미전 수입의 연관성을 지적해낸 것이다.

필자는 『당업통계糖業統計』와 『미곡요람米穀要覽』에 기재된 전도의 미·당 통계자료(1910~1938)(〈부록 1〉을 참조)를 정리하여 앞서 밝힌 학자들의 논리를 검토하였고, 그 결과는 다음과 같다. 네기시와 가와노가 지적한 대로 미가와 자가 간의 상관계수는 상당히 높았다(r=0.814). 하지만 네기시 등이 제공한 숫자·관점과 다소 다른 점은,[7] 설탕가격과 사탕수수가격의 상관계수 역시 낮지 않았다는 점이다(r=0.637). 사실 원료비용과 완성품 가격의 상호연관성은 이해할 수 있는 문제이다. 예컨대 설탕가격이 오를 때 제당공장은 증산을 서두르고 통상적으로 비교적 높은 가격을 지불하더라도 더 많은 원료를 확보하려 할 것이다. 그러나 쌀, 사탕수수, 설탕 세 종류의 가격 간의 상관계수는 앞서 지적한 대로 숫자의 표면적인 연관성만을 드러낼 뿐이고 쌀과 사탕수수의 가격을 결정하는 내재적 기제를 밝혀내야만 그 상관계수의 진의를 이해할 수 있게 된다. 야나이하라가 사용한 미전, 자전의 수입비교 방식은 문제해결의 단서를 제공해준다. 동일한 자료(〈부록 1〉 및 그림 2-2)를 사용하여 야나이하라의 논점을 검증해보면 재래미전在來米田과 자전蔗田의 총수입 간의 상관계수는 0.714에 달한다.[8] 같은 시기 자전 수입과 설탕가격 간의 상관계수는 −0.094에 불과하여 아무런 연관성이 없다. 이들 수치는, 설탕가격과 사탕수수가격은 비록 서로 영향을 주지

7 야나이하라조차 "(사탕수수) 수매가격은 당가糖價와 무관하며, 대항 작물의 시가를 기준으로 정해졌다" 고 생각했다(矢內原忠雄, 앞의 책, 1985, 234쪽).

8 사실 미·당의 상호연관성은 이보다 훨씬 높아야 맞다. 1925년부터 1930년대 초까지 제당회사는 자전 생산력을 증대하는 데 힘썼다. 그 방식은 더욱 많은 자본(비료·수리시설·기술혁신 등)과 인력 투입, 즉 비용 증대를 통해서였다. 하지만 비용증가는 총수입 통계에 반영되지 않았다. 따라서 1925~1932년 사이의 자전 수입 증가의 폭도 커졌을 것이다. 만일 순수입으로 계산한다면 미전과 자전 수입의 상관계수는 더 커질 것이다.

만 자전 수입과는 무관하고, 자전 수입은 미전 수입에 따라 결정되지 제당회사의 이윤의 많고 적음과는 무관하다. 자전 수입과 설탕가격의 연관성을 단절시키는 이 기제를 통해 제당회사는 설탕 판매로 얻은 이윤을 자농과 나눌 필요가 없게 되었다.

야나이하라의 논증이 던져주는 계시는, (단순한 미米·자蔗 비가가 아닌) 쌀과 사탕수수를 통해 얻는 '수입의 비교'야말로 사탕수수가격이 어떻게 결정되는지를 이해하는 관건이라는 것이다. 토지에서 얻는 수입의 양대 요소는 각각 농작물가격과 단위면적당 생산력이다. 이에 기초하여 야나이하라는 미당상극에 관한 초보적인 이론을 이끌어냈다.

> 대항 작물(쌀)의 시장은 줄곧 본도(대만)에 국한되고, 그 대부분은 경작자가 자가소비한다. 따라서 그 가격도 낮다. 바로 이 때문에 사탕수수가격(원료비)도 낮게 되고, 설탕(수출상품)의 시장가격과도 비례하지 않게 된다〔矢內原, 1985, 234(1929, 252)〕.

이 말의 의미를 곱씹어 보면, 일제시대 전기(1920년대 중반 이전) 당업 원료비용이 저렴했던 것은 미가가 저렴했던 것과 관련이 있지만, 더 근본적인 원인은 미작농米作農의 대다수가 여전히 자가소비용 식량생산을 위주로 한 생계형 경제활동에 종사했고, 상품생산이라 하더라도 도내 소비에 국한되었기 때문이다. 낙후한 생계형 생산과 본도 시장에 국한된 시장수요로 인해 미가는 상승할 이유가 없었고 미전 생산력의 발전 또한 정체 상태가 된 것이다. 만일 사탕수수의 가격결정 기제가 자전 수입을 미전 수입에 근접하게 하는 것이라면 미작부문의 낙후·정체는 사탕수수가격을 억제하는 유력한 조건이 된다. 당업의 원료비용 또한 이로 인해 미작부문의 발전 여부와 밀접하게 연관되어 있다. 미가가 상승하거나 미전 생산력이 제고되면 이는 단위면적당 미전의 수입 증가로 이어지고 당업의 원료 수매비용 역시 필연적으로 상승하여 이윤의 하락을 초래하게 될 것이다. 따라서 당업 이윤의 적지 않은 부분은 미가의 억제와 미작부문 생산력의 정체·낙후에 의존한 것이다. 이런 의미에서 볼 때 당업의 이익은 구조적으로 미작부문의 발전과 상호 저촉되게 된다. 이것이야말로 미당상극의 진정한 의미이며, 표면적으로 관찰되는 균형가격 달성의 곤란함을 의미하는 것이 아니다.

대만의 미당상극은 1920년대 후반부터 첨예화되어 '문제'가 되기 시작하는데, 이는 쌀 이출의 확대로 미가의 상승과 미전 생산력의 제고로 이어졌고 쌀 이출은 일본 국내의 식량문제에 기인한다. 일본은 식민지의 값싼 쌀을 수입하여 국내에서 앙등하는 미가를 억제했고, 이는 공업자본가가 임금비용을 절감시키는 데 도움을 주었지만(根岸, 1959, 75~76), 도리어 대만 현지에서 사탕수수의 대항 작물(쌀)의 급속한 발전과 미가의 상승을 초래하여 당업의 원료 수매비용을 상승시켜 그 이윤을 위협하게 된다. 하지만 야나이하라는 당업자본이 미당상극 문제를 가볍게 해결할 수 있을 것이라고 믿었다. 야나이하라의 제국주의 모델은 그로 하여금 당업 독점자본의 역량을 과대평가하도록 오도했다. 야나이하라(1985, 255~263)는, 당업회사의 자영농장을 확대하여 수매비율을 낮추고 (전도 경지의 육분의 일을 관개하는 쟈난대천嘉南大圳 같은) 대형 수리시설을 축조하여 미·자 윤작을 강제한 것 등을 식민통치자의 문제해결 능력의 증거로 거론했다. 야나이하라는 당시 축조 중이던 쟈난대천 수리사업을 일본 독점자본주의의 무한한 역량의 상징이라고 보았다. 그가 쓴 책의 행간에는 그의 무력감과 의분이 생생히 느껴진다. 그는 『帝國主義下の臺灣』의 말미에 "이는 '물水'의 운명을 받은 것이다. 미작과 자작의 대항은 이제 완전히 '물에 떠내려 갈 것'이다."라고 썼다(1929, 283). 그는 가남대천을 완전히 새로운 물질적 기초를 제공하여 사회관계와 작물선택의 자유를 바꾸어버릴 수 있는 존재라고 파악했다. 이 위대한 수리사업을 통해 토지이용을 다시 기획하여 당업의 토지집중과 독점을 촉진하고 자작을 중심으로 한 강제윤작을 진행할 것이라는 것이다(矢內原, 1985, 260~263). 관개 지역의 미당상극 문제는 이제 완전히 소멸될 수도 있었다. 야나이하라(1985)는 책 속에서 당업자본이 대출과 생산 보조, 경작방식 협조 등의 방식으로 농민을 견제하고, 총독부의 행정적 지원과 당업에 대한 보조를 여러 차례 언급하는데, 이는 마치 미당상극 문제가 결코 해결하기 어렵지 않은 문제임을 강조하는 것처럼 보인다. 여기에 그치지 않고 야나이하라는 미작에서 이윤획득 가능성이 높아지면 자본은 미작부문에도 대거 침입하여 토지집중 방식의 대기업경영을 하게 될 것이라고 예견했다(1985, 41, 259). 가와노와 전혀 다른 맥락이기는 하지만 야나이하라는 미당상극 문제를 그저 '과도기적' 문제일 뿐이며 자본의 역량이 가볍게 대응할 수 있는 문제라고 보았다.

하지만 야나이하라의 예상과 달리 사실fact이 간단하게 독점자본의 확장 논리로 끼워 맞춰지지는 않았다. 자본주의는 야나이하라가 생각한 대로 일방적으로 비자본주의적 생산방식을 파괴하고 동화시키지 못했다. 일본 식민통치하의 대만 농업생산의 대부분은 여전히 가정농장에 의존했고, 자본주의적 플랜테이션은 상당히 제한적이었다. 시장과 신용통제에 줄곧 의지해온 당업자본은, 미당상극이라는 곤란한 문제에 직면했을 때 플랜테이션의 확대에 기대지 않고 도리어 정부의 지원에 더욱 의존하여 미가를 억제하고 미작부문의 발전을 억압하는 방식을 택했다.

대만의 자본주의부문은 야나이하라가 묘사한 것처럼 농촌의 생산관계를 '자본주의화' 하는 선봉대 역할을 떠맡지 않았다. 오히려 비자본주의부문에 기생하여 토착 비자본주의 생계부문의 낙후·정체를 유지함으로써 자기 이익을 도모하려 했다. 야나이하라는 자본주의화 과정에서 전자본주의 생산관계가 어떻게 분해·전화되고, 또한 생산력이 어떻게 자본의 지배하에서 급속히 성장하는지는 열심히 탐구했지만, 자본주의가 역으로 비자본주의 부문을 유지하거나 비자본주의 부문의 생산력발전에 장애가 될 수 있는지 여부는 깊이 탐구하지 못했다. 야나이하라는 미전 수입과 자전 수입의 비교 문제가 사탕수수가격 형성의 관건이라는 점을 예리하게 관찰했지만, 식민지 경제체제하에서 미작 수입을 구성하는 양대 요소인 가격과 생산력의 특수한 발전은 분석하지 못했다. 야나이하라는 미가의 저락低落과 생산력의 상대적 낙후로 당업자본이 저가로 원료를 수매하여 관세보호하에서 높은 설탕가격이 가져다주는 이윤을 앉아서 챙기고 있다는 점을 암시하기는 했다. 하지만 그의 진화론적인 제국주의적 독점자본주의 모델은 그가 한 발 더 나아가 '당업의 발전은 미작부문의 상대적 낙후를 기반으로 성립한다.'는 점에 착안하여 미당상극의 본질을 탐구하는 데 도움이 되지 못했다.

2. 생산양식의 연속과 민족모순

상이한 사회구성체social formation에서 자본주의 생산양식의 비자본주의 생산양식에 대한 지배관계를 분석하면서 베텔하임Charles Bettelheim은 다음과 같이 두 가지 지배유형으로 구분한 바 있다.

> 자본주의 생산양식을 위주로 하는 사회구성체에서 지배는 통상 자본주의 생산양식의 확대재생산으로 이어진다. 다시 말해서 기타 비자본주의 생산양식의 분해와 그 내부 성원의 자본주의적 생산관계로의 편입이라는 결과를 낳는다 (Bettelheim, 1972, 297).

여기서 베텔하임은 자본주의 생산양식의 직접 지배의 결과가 비자본주의 생산양식의 분해와 동화dissolution and assimilation라고 전제하고 있다. 이는 일방적이고 상호작용이 결여된 과정이다. 자본주의 생산양식의 확장이 비자본주의 생산양식의 분해와 동일시되고 있는 것이다. 베텔하임은 제로섬 게임이라고도 부를 수 있는 이 과정이 어떤 기제에 기초하는지 전혀 구체적으로 언급하지 않았다. (자본주의 생산양식의 확대는 비자본주의 생산양식, 특히 농민 소생산자의 분해에 기초하여 진행된다는) 마르크스의 원시적 축적 주장이 베텔하임이 참고한 모델임은 물론이다.

위의 단선적 진화론 방식의 분해와 다른 또 하나의 자본 지배유형을 베텔하임은 언급하고 있다.

> 자본주의 생산양식이 직접적으로 지배하지 않는 사회구성체에서는 상황이 다르다. 이러한 사회구성체는 국제시장을 통해 자본주의 생산양식과 연결되어야만 자본주의 사회구성체라고 부를 수 있다. 사실 이들 내부는 여전히 비자본주의 생산양식을 위주로 하고 있다. 이러한 사회구성체에서 주된 추세는 비자본주의 생산양식의 분해가 아니라 보존과 분해conservation/dissolution이다 (Bettelheim, 1972, 297~298).

국제시장을 통해 진행되는 지배를 제외하고 베텔하임은 도대체 '보존'이 어떻게 진행되며, 또한 어떤 기제에 기초하는지 전혀 말하지 않았다. 하지만 그가 강조한 것은, 자본주의 생산양식이 아직 직접 지배하지 않는 사회구성체에서, 비록 자본주의 생산양식의 자기 확대의 추동력을 완전히 배제할 수 없고 비자본주의 생산양식이 재편(또는 국부적으로 분해)될 수 있긴 하지만 비자본주의 생산양식이 궁극적으로는 보존된다는 점이다.

두 번째 유형은 분석상 이념형으로 바바라 브래드비Barbara Bradby의 표현을 빌리자면 "자본의 확대재생산의 동력을 고려할 뿐 아니라 동시에 전前자본주의 양식에 내재된 구조적 특성을 조심스럽게 파악하여 두 생산양식의 연속連屬, articulation과정에 대해 구체적으로 분석할 수 있기를 희망" 하는 것이다(1975, 9). 첫 번째 유형(단선적 분해 유형)이 자본주의 생산양식의 능동성(과 비자본주의 생산양식의 피동성)을 일방적으로 강조한 것에 비해, 두 번째 유형은 비자본주의 생산양식이 여전히 주도적 지위를 차지하는 식민지 경제를 분석할 때 고려해야 하는 측면을 잘 지적하고 있다. 두 번째 유형은 분화와 동화의 결과를 예단하지 않고 국부적 현상을 가지고 전체를 판단하는 논리적 비약을 피해 상이한 생산양식 간의 연속連屬의 구체적 과정을 한층 심도 있게 분석할 가능성을 제공해준다.

베텔하임은 많은 저개발국가에 대한 장기간의 비교연구를 통해 수립한 지배유형에 기초하여 논리를 전개하기 때문에 고도로 추상적이고 지배 기제에 대한 구체적인 설명을 결여한 것처럼 보이기도 한다. 하지만 그는 어쨌든 비교분석의 개념적 도구를 제공해주었다. 비교적 느슨한 방식으로 비유하자면 야나이하라가 대만의 식민지 발전을 분석할 때 채용한 것은 베텔하임의 첫 번째 (단선적 분해) 유형이고 투자오옌涂照彦의 경우에는 두 번째 유형에 가깝다고 할 수 있다. 투가 지적한 대로 '전면적인' 자본주의화는 일제시대 대만에서 결코 발생하지 않았으며 기껏해야 '국부적' 자본주의화가 진행되었을 뿐이다(1991, 11). 투는 대만의 전통적 사회경제체제(그가 말하는 '지주제')가 여전히 존속했다고 지적했다. 그 원인을 투는 식민통치자가 대만 지주를 '온존' 시키고 '이용' 했기 때문이라고 보았다. 투는 야나이하라가 자본주의와 비자본주의 사회경제체제 간의 관계를 분석할 때 채용한 단선적 · 진화론적 분해설分解說을 철저하게 반박했다. 투는 야나이하라의 제국주의 이론이 '외인外因' 을 통해서만 식민지 경제의 전환을 관찰했고 대만의 비자본주의 부문의 존속과 그로 인해 생겨난 중요한 현상을 놓쳤다고 비판했다. 이 때문에 투는 야나이하라의 논리를 '일본중심적 日本中心的' 사고방식이라고 표현했다(1991, 6~7). 동일한 논리로 투는 내·외인의 상호작용의 관점을 취하여 미당상극 문제를 설명하면서 일본 자본주의의 단계적 특성과 대만 현지의 사회경제체제('지주제')의 존속까지 고려하게 된다. (대만) 현지 사회경제체제가 또 다른 주역이 되면서 야나이하라의 시나리오에서처럼 외래(일본) 자본주의의 모노드라마와는 달라진 셈이다. 이러한 관점에서 볼 때 식민지 발전 과정은 현지 사회경제체제를 보존하면서 동시에 개조하는 과정이지, 비자본주의 생산양식의 일방적인 분해 과정만은 아닌 것이다.

투자오옌은 '보존과 분해' 논리에 입각하여 식민지 경제의 핵심문제인 미당상극을 어떻게 보았을까? 투는 기본적으로 미당상극 문제는 민족대립의 반영(또는 체현)이라고 인식했다. 현지 세력의 저항으로 일본 자본주의의 확장에는 한계가 있었고 정치적 타협을 통해 토착자본과 균형관계를 유지하고, 현지 지주를 보존하고 이용함으로써 농민을 착취했다는 것이다. 그러나 일본 자본주의 발전양상의 변화로 인해 1920년대 중반 이후 토착자본(지주)이 장악하고 있던 작물(봉래미)에 대한 모국의 수요가 확대되자 미당비가법과 당업자본의 토지보유율의 저하(원료 자급률의 저하)라는 두 매개적 요인의 작용으로 결국에는 평형이 파괴되어 미·당 이익이 직접 충돌하게 되었다는 것이다. 투의 눈을 통해 보면 미당상극 문제는 다름 아닌 일본·대만 자본 간에 억지로 유지되던 평형상태가 일본 본토 경제상황의 변화로 더 이상 유지될 수 없었고, 이 기회를 틈탄 토착자본의 확장으로 일본자본이 물러나게 되었다는 것이다〔涂照彦, 1972, 812~815, (1991, 89~120)〕.

때문에 투자오옌涂照彦(1991, 7~9)은 가와노가 미당상극 문제의 시작을 재래미 개량 시기(1910년대에서 1925~1926년까지)로 보는 것에 동의하지 않았고, 동시에 가와노가 전작의 용이함과 당업의 독점이윤이 위협받게 된 상황을 가지고 미당상극을 설명한 것에 대해 미당상극을 '도내의 현상'으로만 보는 '단견'이라고 비판했다.[9] 투는, 미당상극은 봉래미 시기(1920년대 중반 이후)에 발생한 문제이고, 일본 자본주의 발전의 특정 단계에서 일본 농업문제와 밀접한 관련이 있다고 인식했다. 따라서 미당상극 문제는 단순히 '도내의 현상'으로 '왜화矮化'되어서는 안 되고 일본제국 내 자본주의 발전에 대한 총체적인 고려까지 해야 한다고 주장했다〔1975, 10(1991, 90)〕. 가와노가 의도적으로 회피한 정치(민족대립) 문제야말로 투의 미당상극론米糖相剋論에서 가장 관심을 집중한 문제였다.

투자오옌의 논점은 야나이하라의 제국주의 이론을 한 단계 더 발전시키고 대만 현지인의 입장에서 가와노의 순純경제 모델이 감히 다룰 수 없는 금기였던 민족대립 문제까지 분석의 영역을 확장했다. 그의 총체론적 시각은 분명히 미당상극 문제가 단순한 '도내 현상'이 아니라는 점을 분명히 하는 데 기여했다. 하지만 그의 총체론은 '외인'을 과도하게 강조해 '내인'이 불명확해지는 역효과를 낳았다. 투는 미당상극이 봉래미 시대의 문제임을 누누이 강조했는데, 그가 본 것은 1920년대 중반 이후 미·당 간 충돌이 극심해지는 '현상'이었다. 그러나 이나다稲田 및 가와노川野 등이 봉래미가 출현하기 이전부터 미당상극 문제를 거론한 것을 볼 때 이들이 치중한 것은 미·당 대항의 '관계'였고 단순히 충돌 현상 자체만은 아니었다. 적대적인 관계가 반드시 직접적인 충돌 현상으로 표현되는 것은 아니

9 미·작 간의 전작의 용이함은 川野重任(앞의 책, 1969)에 의해 미당상극의 주된 원인으로 인용되었고, 涂照彦(『日本帝國主義下の臺灣』, 東京大學出版會, 1972, 812쪽) 역시 두 종류 이상의 수출상품이 충돌 관계에 있다는 점을 언급한 바 있다. 이러한 논리는 미당상극 관계를 오도할 우려가 있다. 저명한 인류학자 Geettz, (*Agricultural Innovation: the Process of Ecological Change in Indonesia*, Berkeley and Los Angeles: University of California Press, 1963)의 네덜란드령 자바 농업을 예로 들면, 미작과 자작의 전작은 (수전 내에서 윤작이라는 형식을 취하여) 매우 쉬웠지만, 기어츠는 이를 상극 관계가 아닌 공생symbiosis 관계라고 불렀다. 핵심은 '인간 행위의 관계'가 어떤 것이었는지에 있는 것이지, 생태나 '작물'의 성격과 종류에 있지 않다는 것이다.

다. 노·자 간의 모순이 파업 등의 분규 발생을 통해서만 나타나는 것이 아닌 것과 마찬가지이다. 같은 이치로 미·당의 모순 관계는 충돌현상 발생 이전에 존재했다. 외인(일본에서의 봉래미 수요의 증가)은 식민지 경제체제 내부의 미·당 모순의 첨예화·표면화를 초래했지만 그것이 미당상극의 근본 원인은 아니었다. 본래 표면화되지 않았던 미·당 모순 관계가, 당시 일본 자본주의 발전의 특정단계에서 식민지로부터 쌀 수입 요구가 급증하면서 당초의 안정된 상태를 깨뜨리고 충돌의 형식으로 드러난 것이다. 만일 애초에 미당상극 구조가 존재하지 않았더라면 봉래미의 확장으로 인해 미·당 충돌이라는 결과가 반드시 발생하지는 않았을 것이다. 외인의 영향을 설명하기 전에 식민지 경제에 내재된 구조적 본질을 먼저 파악해야 한다.

투자오옌의 '대만본위臺灣本位' 관점에 따르면 식민지에 내재된 미·당 모순은 민족모순이 그 본질이다〔涂照彦, 1991, 100~104, (1972, 812~815)〕. 투의 서술이 주는 인상은, 1920년대 중반 이후 미당상극 문제는 민족대립 형식의 하나라는 것이다. 현지 세력과 일본 세력의 소장消長이 미작과 자작의 쟁지爭地 현상에 반영되었다는 것이다. 투는 "일본 자본주의가 현지 지주제로 침투하는 데는 한계가 있었고" 장악한 토지 또한 상당히 제한적이어서 현지 자원蔗園으로부터 대부분(약 80퍼센트)의 원료를 구매해야 했으며,[10] 이로 인해 미가의 상승이 (미米·자蔗 비가를 통해) 사탕수수가격에 가한 곤경에서 벗어날 수 없었다는 것이다〔1975, 107(1991, 103)〕. 투의 결론은 다음과 같다. "미당상극 문제는 현상적으로 보면 앞서 밝힌 것처럼 당糖·미米 비가율比價率의 하락으로 표현되었지만, 그 근본적인 결정 요인은 다름 아닌 토지소유 관계였다."〔1975, 107(1991, 103)〕 일본자본의 토지박탈에 대한

10 투자오옌은 여기서 제당회사 자유지自有地를 회사에 원료를 직접 제공하는 자영농장의 용지用地와 동일시한 듯하다. 양자의 차이에 대해서는 표 2-1을 참조할 것. 1925년의 경우 제당회사 자유지 중 자영농장 경영방식을 취한 것은 46.07퍼센트로 회사 자유지의 절반 이상을 소작농에게 대여한 후 이들에게서 다시 사탕수수 원료를 사들인 것이다(표 2-1).

현지 지주의 저항이 미당상극 발생의 근원이 된 셈이다.

하지만 당업자본은 정말로 현지의 가정농장을 자영 플랜테이션으로 대체하여 원료의 자급자족을 달성하려 했을까? 자영으로 원료수매를 대체할 경우 전제는, 자영 플랜테이션의 생산비용이 현지 자농으로부터 원료를 매수할 때의 비용보다 적어야 한다는 것이다.[11] 하지만 그 가능성이 대단히 희박했음은 2장 4절에서 상술한 바 있다. 2장에서 밝힌 바와 같이 당업자본은 현지 자농의 가정경작식 생산방식의 보존에 반드시 반대한 것은 아니었다. 대만 농민에게서 원료를 수매하는 쪽이 (투가 말한) 토착자본(지주) 세력의 저항에 비해 이익을 볼 가능성이 훨씬 컸다. 당업자본과 자농의 관계는 '확장 · 저항'의 관계라기보다는 병존과 분업의 관계였다. 당업자본의 최대 관심사는 더 많은 토지를 취득하여 자본주의적 경영을 하는 것이 아니라 어떻게 하면 현지 가정농장으로부터 염가의 원료를 공급받는가였다. 사탕수수 수매비용을 낮추고 미전을 자전으로 전작하도록 권유하는 것은 미전 수입의 하락(즉 미작의 생산력과 가격을 억제하는 것)을 전제로 하고 있고, 따라서 당업부문의 미작부문 발전에 대한 적대적 태도를 간접적으로 유도하고, 아울러 대만총독부의 미작에 대한 소극적 혹은 억압적 정책에 영향을 끼쳐 부문 간 생산력의 불균등(미작부문의 상대적 낙후) 현상을 낳는 것이다.

외인은 미작의 1920년대 중반 이후의 활성화를 설명하는 외적 조건인 것은 분명하지만, 미 · 당이 어떻게 해서 '상극'이 되었는지는 설명하지 못하고, 나아가 미작의 발전이 어째서 일본 당업자본의 자본축적에 위기를 초래했는지도 설명하지 못한다. 토착자본(지주) 세력이 외인으로 인해 흥기했다 해도 이것이 미당상극과 일본 당업자본의 자본축적의 위기 문제를 자동적으로 설명하지는 못한다.

---

11 당업은 수확의 풍흉과 막대한 토지 자금이라는 위험을 스스로 감당해야 했다.

투자오옌의 이론은 대만 중심의 사고방식에서 나올 수 있는 가장 완벽한 형태이다. 민족충돌을 핵심으로 본 투의 분석에서 미·당 충돌은 표상表象으로 변해 단지 민족모순의 반영에 머물게 된다. 다시 말해서 미당상극 문제는 그에게는 그저 민족의 상대적 역량의 소장 지표에 불과한 것이 되었다. 이 논리를 끝까지 추구하게 되면 미·당 관계는 일종의 제로섬 게임이 되어서 양자 간에 존재하는 유기적인 연결 관계(불평등분업 기제)는 오히려 애매모호해진다. 투는 토착자본과 일본자본 간의 대항 외에도 일본자본의 토착 지주제에 대한 온존과 이용 관계를 제기했지만(이 점이 투의 주장을 보존/분해론자로 분류하게 만드는 이유이기도 하다), 그의 분석은 식민통치자가 어떻게 간접적으로 토착 지주를 통해 가혹한 소작료를 이용하여 농민의 잉여생산을 착취하는가에 치우쳐 있다. 대만 자농과 당업자본 간의 수직집중 방식의 지배관계, 그리고 미·자 간 수입비교를 기초로 성립된 가격결정 기제는 토착부문과 외자부문 간 연속관계連屬關係의 중요한 측면을 전혀 부각시키지 못했다.

미당상극의 구조에서 외래자본이 지배하는 부문과 대만인이 지배하는 부문 간의 충돌 관계, 또는 (투가 말한 대로) 외래 자본제와 토착 지주제 간의 대항만 볼 수 있는 것은 아니다. 자당부문 내의 자농과 미곡부문 내의 미농의 이익은 사실 일치했다. 왜냐하면 미·자 수입비교의 가격결정 기제하에서 이들의 수입은 오르면 같이 오르고 떨어지면 같이 떨어졌기 때문이다. 미농·자농 생산자와 당업 자본가는 구조적으로 적대적인 관계이다. 토롱간土礱間(정미와 도내 미곡판매를 겸영하는 대만인 기업)과 미곡 이출을 장악한 일본 미상米商은 당업자본이 시장에서 미가를 낮추려 했기 때문에 동일한 위협을 받았고 충돌은 심지어 일본 본토까지 확대되었다. 일본 농민과 지주는 식민지로부터 염가의 쌀이 수입되어 타격을 입었고 이로 인해 일본정부에 쌀 수입을 줄이고 일본미日本米의 가격보증과 무제한 수매를 하라고 압력을 행사했다. 하지만 일본 연안에 위치한 공업도시의 노동자들은 식민지에서 수입된 값싼 쌀을 대량으로 소비했다. 염가의 식량을 수입함으로써 일본 공업가들은 임금비용을 낮출 수 있었고, 때문에 이들은 자연스럽게 비싼 일본미가 보호받는 것을 원치 않았다. 미당상극의 구조는 대만인 위주의 지주·농민·토롱간과 자농, 대만에 진출한 일본 미상 및 일본 연안 공업도시의 기업가를 하나의 이익집단으로 묶었고, 다른 한편으로 (일부의 대만인 당업자본을 포함한) 당업자본, 일본의 토지소유자, 농민을 다른 하나의 이익집단으로 묶었다(이에 대해서는 4장 4절에서 상술). 이러한 합종연횡의 동맹·충돌 관계는 일본정부에서는 농림성農林省과 척무성拓務省, 그리고 군부 간의 의견충돌로 나타나기도 했다.

투자오옌은 민족모순의 각도에서 미당상극 문제를 파악했기 때문에 상이한 생산양식 간의 연속連屬관계를 단순한 민족대항 관계로 단순화시켰다. 이보다 더 곤혹스러운 문제는, 대만 미곡업자와 같은 편에 서있는 일본 미상 및 일본 연안 공업도시의 기업가들을 어떻게 처리할 것인가의 문제이다. 이들을 대만 토착자본의 동맹군alliance으로 간주한다면 바로 논리적 모순을 야기하게 된다. 왜냐하면 동일한 논리로 대만 토착 지주는 일본 식민통치자의 징세중개인이므로 일종의 공모 관계에 있고, 따라서 일본자본의 동맹세력으로 구분해야 하기 때문이다. 이렇게 되면 민족모순을 바탕으로 한 입론 자체가 뒤죽박죽될 뿐이다.

투자오옌의 본래 의도는, 원래 온존과 이용의 대상인 현지 지주가 일본에서 대만미 수요가 증가하면서 징세중개인의 위치를 넘어서서 일본자본과 이익을 다투게 되었고, 결국 일본자본과는 공모관계에서 대항관계로 변화했다는 점을 일깨워주려는 것이었다. 그렇다면 어떠한 사회경제 구조가 공모관계를 대항관계로 만들었을까? 우리의 관심은 구조적인 모순이 어떻게 여러 집단을 하나의 동맹세력으로 연결시켰으며, 또한 어떻게 다

른 여러 집단을 적대세력으로 연결시켰는가의 문제이다. 야나이하라는 1929년 『帝國主義下の臺灣』을 집필할 때 일본자본이 미작부문으로 진입할 수도 있다고 예측한 바 있지만, 다음과 같이 힐문할 수도 있다. "만일 일본자본이 미작부문으로 진입한다면 미당상극은 다시는 존재하지 않게 될 것인가?" 또는 더 구체적으로 힐문한다면 "기존의 미당상극 구조는 일본자본이 미작부문으로 진입한 후 미·당 부문의 두 일본자본의 충돌을 초래할 것인가?" 대만에 진출한 일본 미상과 당업자본 간의 상호충돌의 사례로 미루어 짐작건대 두 번째 질문에 대해서 "그렇다"고 답할 것이다. 미당상극 관계에서는 민족모순보다 훨씬 높은 차원의 구조적 요인이 존재하고, 이는 상이한 민족의 여러 집단을 동맹세력으로 한데 묶는 것을 가능하게 해준다.

가와노가 미당상극 문제에서 이원론에서 출발하여 시장가격 관계를 분석의 주축으로 삼아 부문 간 불평등분업 관계를 무시했다면, 투자오엔의 논리는 상이한 생산양식이 병존한다는 사실에 착안했지만, 민족 대립 측면에 대한 과도한 집착으로 인해 마찬가지로 부문 간의 유기적 연결 관계를 소홀히 다루었다. 투는 가와노 이론의 맹점(민족문제)을 폭로할 수 있었지만, 상이한 생산양식 간의 연속連屬관계의 구체적인 기제에 대해서는 심도 있게 탐구하지 못했다.

3. 주변부 자본주의하에서 부문 간 불평등분업과 생산력의 불균등발전

가와노는 시장균형 모델에서 부문 간 정합整合이 잘 이루어지고 균혜적均惠的인 균형발전 모델을 이념형으로 삼아, 시장경제와 근대 기업경영 방식이 점차 전통경제를 대체하고 동시에 시장기제가 자동적으로 부문 간의 생산력 차이를 조절하여 균등발전에 도달할 수 있다고 인식했다. 이출의 급증으로 부단히 확대된 봉래미부문과 자가소비와 도내시장에 복무하는 재래미부문 양자 간의 관계가 종종 모범적인 사례로 꼽혀왔다. 미작부문 내부에서 수출작물과 생계작물 간에 자유로운 시장을 통해 생산력과 가격의 차이를 조절하여 균등발전을 자동으로 달성하는 과정이라는 것이다(4장 1절에서 상술). 미·당 간에는 이와 상반되게 불균등성장이 두드러졌고, 이는 더욱이 일시적인 과도기적 현상이 아니라 식민통치라는 제약하에서 만들어진 구조적 왜곡이었다. 앞서 언급했듯이 미당상극은 생계작물과 상품작물 간의 쟁지 문제도 아니고 표면상으로 드러나는 비가 문제도 아닌, 재래미전在來米田과 자전蔗田 수입의 비교 문제이다. 사탕수수의 수매가격(당업의 주된 원료비용)은 미전·자전 수입의 비교를 거쳐 미농 수입에 의해 결정되었다. 재래미 생산 농민의 생계수준이 사탕수수 생산 농민의 수입을 결정하는 기준이 된 것이다. 그 목적은 간단히 말해 자농이 당업자본의 이윤을 분점할 수 없게 만드는 데 있었다.

이는 노동자가 겨우 생계에 필요한 임금만을 받을 뿐 자본의 이윤을 분점할 수 없는 것과 같은 이치이다. 이 점에 관해 루이스W. Arthur Lewis가 저개발국가의 발전과정에서 생계부문과 자본주의부문 간의 관계에 관해 제기한 중요한 논점에서도 유사한 논리를 담고 있다. 그에 따르면 "자본주의부문의 임금수준은 생계부문의 수입 수준에 따라 결정된다."(Lewis, 1954, 409). 때문에 "생계부문의 개인 생산력 제고를 유발하는 모든 상황은 자본주의부문의 실질임금의 상승을 촉발하고 이에 따라 자본가의 잉여와 자본축적률을 낮추게 된다."(Lewis, 1954, 432). 자본가의 직접적인 이익은 생계부문의 생산력을 낮추는 데 있는 것이다. 이러한 상황에서 루이스Lewis(1954, 410)는 식민지에서 마르크스가 묘사한 원시적 축적 현상을 목도하고 이를 "제국주의의 가장 악랄한 면모 중 하나"라고 칭했다. "제국주의 자본가들은 생계부문의 빈곤화를 의도적으로 조장하기도 하고, 최소한 생계부문의 생산력을 증대하는 데 도움을 주는 어떠한 행위도 하지 않는다." 이러한 부문 간 불평등분업 체제하에서 외래자본의 선진부문은 이윤을 확보하기 위해 낙후한 생계부문 생산력의 발전을 억누르지 않으면 (정부의 시장개입을 통해 불리한 교역조건을 강화한다든지 하는 등의) 방법을 써서 생계부문에서 생산력의 증가로 초래된 수입을 가져가버린다.[12] 그 진정한 목적은 농민의 생활수준의 향상을 방지하여 자본주의부문 노동자들의 생활수준이 향상됨으로써 자본의 이윤에 위협을 가하는 일이 생기지 않도록 하기 위해서이다. 이에 근거해 추론해보자면 미당상극은 부문 간 모순의 문제일 뿐만 아니라 농민 수입과 자본 이윤 간의 상쟁相爭의 문제이기도 하다.

미당상극의 경제체제하에서 당업자본은 어떻게 원료에 대한 수요를 만족시키면서 비용을 낮출까? 원료수요가 지속적으로 증가하는데도 제당회사는 수매가격을 높임으로써 사탕수수 공급을 자극하는 방안을 고려하지 않으면서 당업은 두 가지 방식을 통해 사탕수수의 생산량을 높일 수 있다.[13]

① 수평적 증산 : 수평적 증산은 자전의 단위생산량(생산력)을 향상시키지 않고 단지 사탕수수 재배면적을 늘림으로써 필요한 원료를 취득하는 방식이다. 이러한 확대 방식은 미가를 낮추고 미전 생산력의 성장을 억제할 수

12 정치적 강제력을 동원하여 이 작업을 진행하는 것은 루이스Lewis가 말한 소위 '정치의 중요성political importance'을 떠올리게 한다(Lewis, "Economic Development with Unlimited Supplies of Labour", *The Economics of Underdevelopment*, London: Oxford University Press, 1954, p.409). 정부의 개입에 대해서는 Lewis, 앞의 책, 1954, 432~434쪽 참조.

13 유일한 예외적 상황이 제1차 세계대전과 그 후 1~2년(1917~1921)의 전쟁으로 인한 호경기 때 발생했다. 당시 당가가 폭등하여 제당업은 단기간에 설탕 생산을 확대하기 위해 유례가 없을 정도로 사탕수수 수매가격을 올려 자전의 급속한 확대를 유도했고, 심지어 사탕수수 생산에 부적합한 토지까지 생산에 뛰어들어 자전 생산력의 하락을 초래하기도 했다(伊藤, 『臺灣製糖株式會社史』, 臺灣製糖株式會社, 1939, 190~191쪽 ; 그림 2-3). 전쟁 경기가 자농에 의외의 수입을 안겨준 것이다.

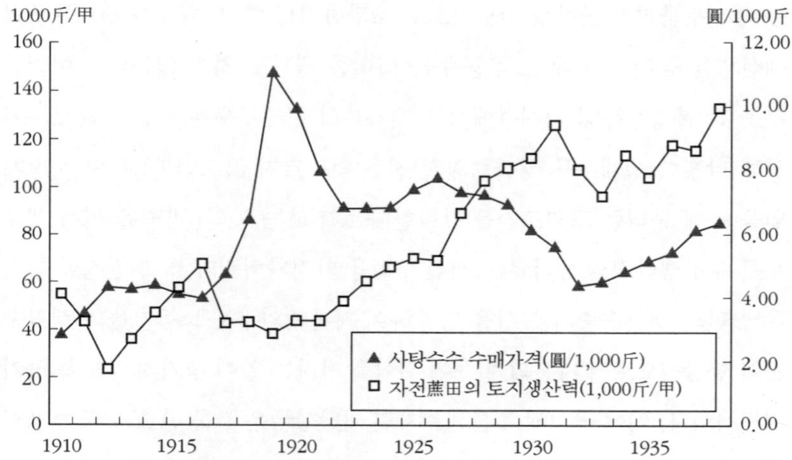

| **그림 3-4** | 사탕수수 수매가격과 자전 생산력
자료 근거 : 〈부록 1〉

있는 상황에서만 가능한 방법이다. 다시 말해 미전 수입을 상대적으로 낮추어 일부 미농의 미작을 포기하게 한 후 사탕수수 재배로 전환하도록 하는 것이다. 이는 전통적인 식량작물 부문의 발전과 농민의 수입을 희생양으로 삼는, 남의 손해를 통해 자신이 이익을 얻는 확대 방식으로, 1920년대 이전과 1930년대 말에 실제로 활용된 적이 있다(그림3-4 및 그림3-5).

② 수직적 증산 : 수직적 증산은 (자작 면적을 늘리는 것이 아니라) 자전의 생산력을 향상시켜 증산과 원료 수매비용 절감의 목적을 동시에 달성하는 방식이다. 단위면적당 수확 총가격이 불변(이거나 약간 증가)하는 상황에서 자전 생산력을 향상시켜서 사탕수수 원료의 수매가격을 낮출 수 있게 된다. 1920년대 및 1930년대 초반 쌀 이출이 증가하고 미작부문이 크게 발전한 시기에 활용한 방법으로, 미가와 미전 생산력의 제고로 인한 위협에 대응하여 당업자본이 자전의 생산력을 개선함으로써 사탕수수가격 또한 자전 생산력의 증가에 반비례하여 낮아지게 된다(그림 3-4). 이는

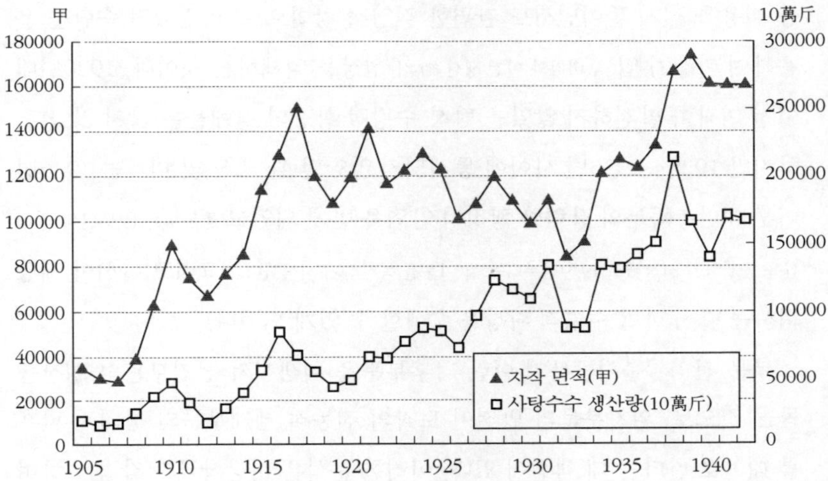

| **그림 3-5** | 사탕수수 생산량과 자작 면적
자료 근거 : 〈부록 3〉

미작의 압박하에서 자전 생산력을 증진하는 방법을 통해 자농과 미농의 수입을 동등하게 함으로써 자농의 전작을 막는 것이다. 이러한 증산 방식은 농민에게도 비교적 긍정적이고 또한 관계 당사자 모두가 이익을 얻을 수 있는 방법이기도 하다.

제당회사는 어떤 방식을 사용해야 할까? 이는 미작부문의 발전 및 농민과 당업자본 양자 간의 상대적 역량에 따라 결정되게 마련이다. 미가가 낮거나 미전 생산력이 낮은 단계에 있을 때 당업자본은 수평적 증산을 통해 자작 면적을 확대함으로써 거액의 농업투자 비용을 줄일 수 있다. 때문에 이는 간단하고도 저렴한 방식이다. 미가와 미전 생산력이 제고되었으나 제당회사도 사탕수수가격을 높이고 싶지 않을 때에는 투자를 증가시켜 자전의 생산력을 향상시켜서 원료공급의 부족을 막는 수밖에 없다. 이렇게 볼 때 당업자본은 미가와 미전 생산력을 낮추는 수평적 확장을 선호함을 알 수 있다. 제당회사는 원료 공급원을 장악하고 이윤을 확보하기 위해 종종 비용을 적게 들이면서도 간편한 직접적 방법으로, 비경제적 수단을 운용하여 미전 수입(즉 미가와 미전 생산력)의 성장을 억제하는 것이다. 1920년대 이전 미작이 발전하지 않았을 당시 수평적 확장의 장애물은 많지 않았다. 하지만 1925~1936년 사이에 통제되지 않았던 쌀 생산 및 미가는 1936년 이후 대만총독부의 강력한 행정적 압력을 받게 되었고(총독부는 1936년에 쌀 생산을 통제하기 시작했고 1939년부터는 쌀 이출을 독점하기 시작했다), 그러고 나서야 제당회사는 다시 한번 수평적 확장을 수행할 수 있게 되었다.

부문 간의 '불평등분업'이란 낙후부문을 희생시켜 선진부문의 성장을 돕는 것으로, 외자부문의 발전이 토착의 전통적 생계부문의 상대적 낙후를 대가로 한다는 데 핵심이 있다. 이러한 분석은 미당상극과 잘 호응하며 토착 미작부문의 발전이 어떻게 외자 당업의 이익 때문에 억압받게 되는지 잘 설명해준다. 일제시대를 통틀어 농민의 자가소비와 도내 소비에 제공된 재래미의 생산력은 줄곧 정체상태에 있었던 반면 자전 생산력은 급속하게 성장하여 양자는 강한 대조를 이루고 있다(그림 2-3). 1925년 이전 미작 경지면적지수의 성장은 전도 경지면적지수(1905년을 100으로 했을 때)에 뒤처졌고, 당연하게도 자작 경지면적지수에도 뒤처졌다(그림 3-6 및 그림 3-7). 1925년 이후 쌀의 대량 이출로 비로소 미작 경지가 크게 증가하여 전도 경지면적지수를 앞질렀고(그림 3-6), 이에 따라 당업자본의 이윤을 위협하여 기존의 미·당 관계에 위기를 불러왔다. 1920년 이전에는 자전 면적은 빠르게 증가했으나 1920년대 이후부터는 미작의 위협을 받아 하락했고, 1936년 이후 쌀 생산의 통제와 '쌀 전매' 등 정부의 강제개입이 있은 후에 재차 확대되었다.

이상의 분석을 통해 볼 때 당업자본은 농민이 이익을 희생하는 수평적 증산을 통해 자작 면적을 확대하기를 희망했지만 미곡 생산자의 저항을 받게 된다. 수평적 증산은 대만총독부의 강력한 지지에 의존하여 미가의

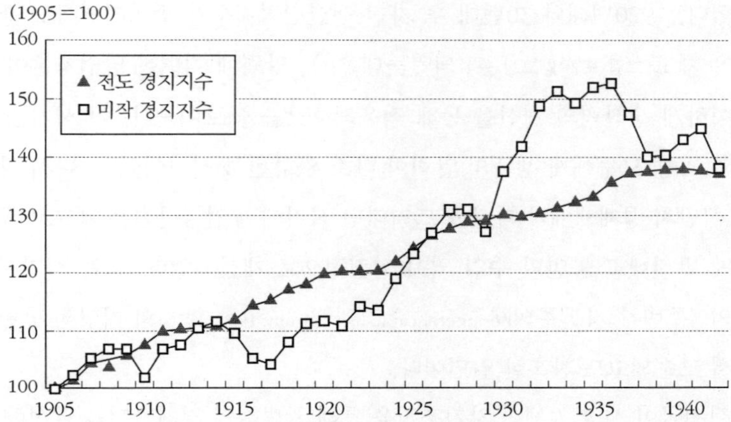

| **그림 3-6** | 미작 경지지수와 전도 경지지수
자료 근거 : 〈부록 3〉

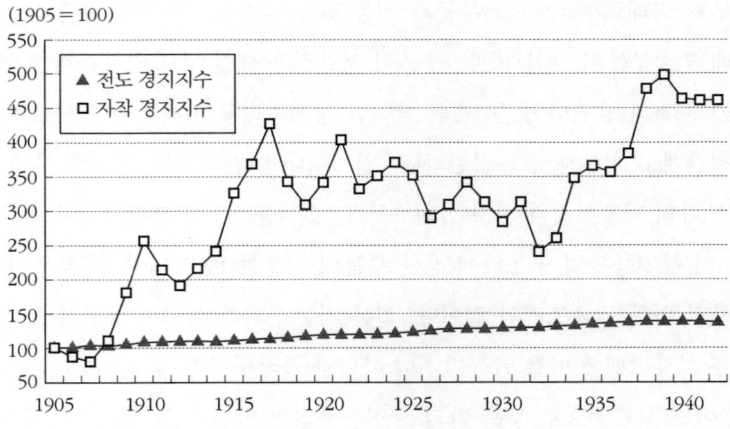

| **그림 3-7** | 자작 경지지수와 전도 경지지수
자료 근거 : 〈부록 3〉

상승과 미전 생산력의 발전을 강제로 낮추어야만 실행할 수 있었다. 1930년대 미곡 생산자가 강하게 저항하고 총독부의 힘이 관철되지 못했을 때 당업자본은 과거의 수단을 사용해서는 충분한 사탕수수 경지를 확보할 수 없었다. 1920년대와 30년대 초 자전 생산면적지수가 떨어지면서도 생산력은 제고(그림 3-7 및 그림 3-4)되었는데, 이는 압력에 직면한 당업자본이 부득이하게 생산력의 개선을 통해 적응해나갔음을 보여준다. 이 시기는 미농과 자농 모두에게 생존의 압력이 다소 완화된 호시절이었다. 다시 말해서 식민지 경제체제가 파탄을 드러내던 시기에 농업생산력은 빠르고 균형있게 발전했고 농민의 수입 역시 실질적으로 개선되었다. 이는 식민지체제의 '주변부 자본주의peripheral capitalism'(Amin, 1974, 1976)의 기형적 발전하에서 모순되고도 잔혹한 일면이다.

선진국이 시장 기제의 자기조정을 통해 균형적인 경제발전을 달성한 것과는 대조적으로 식민지에서는 주변부 자본주의하에서 부문 간 불평등과 생산력의 불균등발전이라는 구조적 현상이 존재한다. 총체적으로 식민지 내부의 근대적(자본주의적) 부문과 전통적(비자본주의적) 부문의 병존 문제를 통해 수출부문의 발전과 생계부문의 저발전은 사실 서로 인과관계를 형성하는 동전의 양면이며, 두 개의 상이한 경제논리로 이해하거나 서로 다른 발전단계로 치부해서는 곤란하다. 일제시대 대만의 미당상극을 통해 볼 때 토착의 낙후부문과 외자 선진부문 간에는 불평등한 분업관계가 존재한다. 이 불평등분업 구조하에서 한 부문의 낙후는 바로 다른 한 부문이 발전하기 위한 필요조건인 것이다. 일본 자본주의가 식민지 대만에 도입한 것은 시장모델에 따른 균등발전이 아니라 불균등발전uneven development이고, 이는 구조적으로 부문 간의 불평등분업과 발전의 양극화로 이어지게 된다.

4. 결론

미당상극은 분명히 작물과 작물 간의 충돌, 즉 가와노 등의 소위 미·자

'쟁지' 문제가 아니라 인간과 인간 간의 충돌의 반영이다. 필자의 목적은 도대체 누구와 누구의 충돌인가를 지적해내는 데 있다. 필자가 본 것은 쌀 생산자와 사탕수수 생산자의 대항도 아니고 표면적으로 대만인과 외래 지배자의 민족대립도 아닌, (미농과 자농을 포함한) 농민과 외래 독점자본가의 대립이다.

일제시대 대만에서 농민과 자본의 모순은 농민의 분해와 자신의 노동력 외에는 아무 것도 팔 것이 없는 노동자로의 전락(영국의 고전적인 자본주의 전환 모델)이 아니라 오히려 소규모 가정농장을 보존하면서 이를 기초로 자본은 더욱 노동집약적인 방식으로 농민을 착취했다. 이 목적을 달성하기 위해 식민통치자는 미당관계체제를 만들어 수출상품 생산에 종사하는 농민(자농蔗農)과 생계작물을 생산하는 농민(재래미농在來米農)의 수입을 일치시켰고, 나아가 농민에게서 당업자본의 이윤 분점 가능성을 빼앗았다. 이 정교한 장치는 1920년대 중반 대만미가 촉망받는 수출상품이 되면서 농민 수입을 상승시키는 결과를 초래(소위 '균형적이고 균혜적인 발전')한 후[14] 점차 파탄에 직면하게 되었고, 결국에는 미당관계 체제하에서 외래자본의 이익과 현지 생계부문의 발전이 모순관계에 있다는 점을 폭로하게 된다.

가와노의 이론은 식민지 경제성장을 시장관계의 확대로 단순화시켜 균형가격의 파괴와 재조정이라는 각도에서 식민지의 발전과정을 이해하려 했다. 그의 저작은 대단히 정치하고 세밀한 실증연구이지만, 식민지 발전의 핵심 논제, 즉 미당상극을 처리하면서 부문 간 불평등분업 관계를 끝까지 추적하지는 못했고 끝내 이를 가격불균형의 문제로 단순화시켜 피상적으로만 미당상극 관계를 설명했다. 상대적으로 야나이하라는 (쌀과 사탕

14 미작부문은 (미작부문의 특수한 계급지배로 인해) 자당부문에 비해 상대적으로 공평한 분배 상황을 보였기 때문에 미곡 생산의 확대가 (자작에 비해 상대적으로) '균형적이고 균혜적인 발전'을 초래할 수 있었던 것이다. 이에 대해서는 다음 장에서 상세히 다룰 것이다.

수수라는) 대항 작물의 단위면적당 수입의 비교를 통해 사탕수수 수매가격의 결정 기제와 자작이 봉래미 생산의 확대에 따라 받게 된 '압박'을 탐구했다(1985, 234). 그의 경험적 관찰은 대만 미당상극 문제의 진정한 의미에 한 발 더 다가선 것이다. (투자오옌과 필자 같은) 후대의 연구자들은 야나이하라가 제창한 이론을 수용하고 발전시켜 일본 국내자본과 토지 이익집단 간의 모순이 낳은 식량문제가 어떻게 식민지까지 연장되어 '미당상극' 문제를 낳게 되었는지 심도 있게 분석할 수 있었다. 야나이하라의 제국주의론에 포함된, 일본과 대만의 분업체계로부터 식민지 발전을 이해하는 방법은 분명히 장점을 가지고 있다. 다만 안타깝게도 제국주의론이라는 거대이론grand theory을 대만의 식민지 경험에 그대로 적용시켰기 때문에 야나이하라의 자본주의화 개념은 분해설分解說에 과도하게 집착하였다. 이러한 선입견 때문에 그는 농민과 당업자본 간의 실제 관계를 분석하지 못했고, 그 결과 어떻게 일본자본은 자신을 농기업에 국한시키고 직접 농업생산에 뛰어들지 않았는지, 또한 당업자본이 어째서 자농 가정농장을 (의도적으로 소멸시키지 않고) 보존했는지 파악할 수 없었다. 야나이하라가 제국주의 모델의 분해설을 (자당부문에서) 미작부문으로 확대하여 자본이 간단하게 미당상극 문제를 해결할 것이라고 예언했을 때, 그가 미당상극에 관해 보여주었던 통찰력은 더 이상 볼 수 없게 되었다. 때문에 그는 미·당 부문 간의 병존과 불평등분업의 구체적 기제를 탐색하고 설명할 기회를 잃어버리게 된다. 대만 계급구조의 변화 추세를 파악하지 못한 야나이하라의 이론은 미당상극의 전모를 드러낼 수 없게 되었다.

대만의 식민지 발전 문제를 이해하기 위해서는 미당관계에 대하여 총체론적 관점에서 출발하되, 특정 부문(가와노의 경우에는 미작부문, 야나이하라의 경우에는 자당부문)의 발전 논리로 단순화해서는 안 된다. 당시의 식민지 경제체제하에서 외자 수출부문 발전의 상당 부분은 현지 생계부문의 상대적 낙후에 의존함으로써, 구조적으로 후자의 발전에 대한 전자의 적대敵對와 (정치적 수단을 통한) 탄압을 초래했다. 미당상극의 근원은 결국 당업 이윤이 미작부문의 상대적 낙후와 불리한 교역조건에 달려 있었다는 점이다. 미 · 당 간의 구조적인 모순은 1920년대 말과 1930년대 일본의 식량문제로 인해 첨예화되고, 이로 인해 그 본질이 폭로되었다. 자본과 농민의 모순에서 파생되어나온 부문 간 불평등분업과 불균등발전의 각도에서 시작해야만 미당상극 발생의 원인과 식민지 발전에 대해 미당상극이 가지는 의미를 심도 있게 이해할 수 있다고 믿는다. 이러한 분석은 가와노나 야나이하라가 제공한 이미지와 크게 다르다. 즉, 한 부문이 다른 부문을 어떻게 동화하는가(야나이하라), 또는 부문 간 시장균형 관계가 어떻게 달성되는가(가와노) 하는 문제가 아니라, 병존하는 부문 간에 어떻게 불평등한 분업관계가 형성되는지의 문제인 것이다. 토착 지주와 토롱간 자본이 1920년대 중반 이후 일본 당업자본과의 충돌에 휘말리면서 미당상극에 '토착자본(지주)과 일본자본의 대항'(투자오옌)이라는 외형을 부여했지만, 이 민족충돌의 이면에 농민과 자본 간의 모순이 존재했음을 인식해야 한다.

4장

미당체제의 위기와 대만 계급구조의 재편

앞서 밝힌 미당상극 체제하에서 1925년 이전의 미곡부문은 일본자본의 침투는 면했지만 그 정체 · 낙후는 당업자본에 이용되면서 풍성한 이윤획득을 도왔다. 미 · 당 부문 간에는 생산력발전의 불균등 현상뿐만 아니라 구조적으로 불평등한 분업관계가 존재했다. 미당체제는 의도적으로 미곡부문의 상대적 낙후를 유지시켰다. 하지만 1925년 이후 미곡부문은 이전의 정체 상태에서 벗어나 일본시장의 식민지 미곡에 대한 수요 증가로 급속히 생산을 확대했고, 더욱 주목할 만한 것은 미곡 생산과 수출의 확대가 전반적으로 대만 농업생산자의 수입 수준을 향상시켰다는 점이다. 서구학자들(Ho, 1984 등)은 1920년대 중반 이후에 발생한 이 현상을 '균형적이고 균혜적인 발전'으로 보고 이를 일본의 '발전지향적' 식민주의의 예로 삼아 서구열강의 식민지 지배 경험과 대비되는 식민지 발전의 특수사례로 간주해왔다. 하지만 같은 시기 미 · 당 부문의 충돌이 격화되는 현상(일본학자들에 의해 '미당상극'으로 불린)은 서구에서 주목을 끌지 못했다. 서구학자들이 이 중요한 현상에 대해 소홀했던 것은 의도적이든 그렇지 않든 간에 의심을 사기에 충분하며, 동시에 역사 해석상의 큰 결함으로 남았다.

대만의 식민지 경제는 1925년을 분기로 당 · 미 생산의 확장을 중심으로 선명하게 두 종류로 발전했다. 필자는 이하에서 양자를 비교하면서 1920년대 중반 이후 봉래미 생산의 확대가 초래한 '균혜적 발전'이 어떻게 미 · 당 부문의 충돌을 격화시켰으며, 또한 어떻게 일본 당업자본을 중심으로 한 식민지 잉여착취 기제의 위기를 촉발했는지 탐구하고자 한다. 아울러 서구의 관련 연구가 일제시대 대만의 '균형적이고 균혜적인 발전'을 식민지 발전의 특수사례로 간주하는 논리에 대해서도 재검토하면서 동시에, (당 · 미 생산의 확대를 중심으로 한) 1925년 전후의 상이한 수익분배 모델을 낳은 이면의 구조적 요인에 대해서도 (특히 계급지배 구조에 주목하여) 검토해 보고자 한다.

1930년대 말 당업자본의 자본축적을 주체로 하는 잉여착취 기제를 위기에서 구하고 아울러 공업자본의 축적에 유리한 조건을 창출하기 위해 대만총독부는 전면적으로 정치적 강제력을 동원하여 (쌀과 사탕수수 등) 농산품의 교역조건을 억누름으로써 미곡 유통을 통제하고 결국에는 미곡 이출무역을 독점하게 된다(소위 '미전매米專賣'). 이 목적을 달성하기 위해 식민정부 또한 이미 식민지 잉여착취 기제의 장애가 된 대만 현지의 사회경제 구조를 어떤 식으로든 처리하지 않을 수 없었다. 총독부는 대만의 사회경제 구조를 재편하는 데 착수하여 미곡 부문의 대만 지배계급(지주와 그 계급적 동맹인 토롱간土礱間자본)을 약화시켜 가정경작식 농업의 자작화自作化를 가속화했다. 필자는 상이한 부문 내의 계급지배 구조와 미당체제 위기 간의 연관성을 탐색하면서 동시에 계급 간 역량의 균형과 소장消長을 고려함으로써 식민지 정치경제 구조 재편의 원인과 과정을 해석해보고자 한다.

1. '균형적이고 균혜적인 발전' : 대만은 식민지 발전의 특수사례인가?

1918년 일본의 도시에서 발생한 '미소동米騷動'은[1] 급격한 공업화와 도시화 과정에서 식량부족 문제가 날로 심각해지고 있음을 드러낸 것이다(楫西光速 등, 1975, 713~729 ; 井上清 · 渡部徹, 1968 ; 山本, 1976). 일본 농산품의 한계비용은 식민지보다 훨씬 높은 데다 부단히 상승하고 있었다(Myers and Yamada, 1984 ; 八木, 1932, 405~464 ; 涂照彦, 1991, 69~72). 정부는 상당히 많은 비용을 들여 일본 본토의 쌀 생산을 확대하기보다 식민지의 염가미를 수입해서 제1차 세계대전 이후 급속한 공업화와 날로 증가하는 식량수요에 대응하고 치솟는 미가를 낮추어 외국미 수입으로 인한 외화유출을 피하고자 했다(八木, 1932, 405~464 ; 東畑 · 大川, 1939 ; 川野, 1969 ; Hayami and Ruttan, 1970, 563, 567~568, 570). 게다가 충분히 공급된 식민지의 염가미는 도시노동자의 소비비용을 낮추어 공업부문에서 노동비용 절감에도 유리했다(Hayami and Ruttan, 1970, 563, 567~568, 570 ; 川野, 1969 ; 涂照彦, 1991, 69~70).[2] 대만 · 조선총독부는 모국 자본축적의 문제에 대응하여 수리사업 등의 공공투자와 과학기술의 발전,

---

1 | 역주 | 제1차 세계대전의 시작과 더불어 상승한 쌀값은 1917년부터 급등하기 시작했다. 주로 농업인구의 공업부문으로의 유입, 지주보호를 위한 외미外米 수입제한 등과 함께 (시베리아 출병 결정으로 육군에서 미곡 수요가 급증할 것으로 예상됨에 따라) 쌀값의 폭등을 예견한 미곡상인과 대지주의 매점매석 등이 쌀값 폭등의 원인이었다. 1918년 7~8월에 도야마현富山縣 주부들이 현내에서 생산된 쌀이 현 바깥으로 이송되는 것을 저지한 사건이 발단이 되어 전국적으로 미상에 대한 습격, 군대 · 경찰과의 충돌이 확대되었다. 이 미소동을 계기로 일본의 민본주의자들은 테라우치寺內 내각의 사퇴, 의회정치의 확립 등을 요구했고, 그 결과 테라우치 내각이 물러가고 최초의 정당내각인 하라原 내각이 등장하게 된다. 때문에 미소동은 '다이쇼 데모크라시'의 기점으로서 의미를 부여받게 된다.

2 일본 5대 도시(도쿄 · 고베 · 나고야 · 오사카 · 모지門司)에서 대만 이출미의 80퍼센트를 소비했다(『米穀要覽』, 1939, 91쪽). 가와노는 도쿄 시민이 소비하는 쌀의 삼분의 일에서 사분의 일 정도가 대만에서 수입된 것이라고 판단했다(川野重任, 『臺灣米穀經濟論』, 有斐閣, 1969, 152쪽).

| 표 4-1 | 일본의 미곡 소비와 공급(1915~1939) 단위 : 1,000석

연도	총소비 (1)	총산출 (2)	식민지 미곡 순수입		(2)/(1) %	(3)/(1) %	(4)/(1) %
			대만(3)	조선(4)			
1915	58,921	57,008	636	1,870	96.75	1.08	3.17
1920	62,318	60,819	637	1,641	97.60	1.02	2.63
1925	67,046	57,170	1,852	3,682	85.27	2.76	5.49
1930	68,910	59,558	2,178	5,089	86.43	3.16	7.38
1931	72,978	66,876	2,692	7,959	91.64	3.68	10.91
1932	66,374	55,215	3,338	7,153	83.19	5.03	10.78
1933	72,414	60,390	4,210	7,489	83.40	5.81	10.34
1934	76,750	70,829	5,117	8,906	92.29	6.67	11.60
1935	70,553	51,840	4,505	8,246	73.48	6.39	11.69
1936	73,034	57,457	4,818	8,924	78.67	6.60	12.22
1937	79,066	67,340	4,850	6,703	85.17	6.13	8.48
1938	80,022	66,320	4,962	10,127	82.88	6.20	12.66
1939	79,320	65,869	3,957	5,583	83.04	4.99	7.04

봉래미 1석(糙米)=238근, 재래미 1석(糙米)=233근
일본미 1석(糙米)=243근, 조선미 1석(糙米)=240근
자료 근거 : 『經濟年鑑』(各年)(東京, 東洋經濟新報社)

행정상의 보도輔導와 지원 등을 통해 식민지에서의 미곡 생산과 대일 이출을 촉진했다(農林省米穀局, 1936, 158~195 ; 川野, 1969, 11~80 ; 『臺灣の米』 1938).

1915~1935년까지 20년간 일본이 매년 조선으로부터 수입한 도미稻米는 1,870,000석에서 8,246,000석으로 상승했고, 같은 기간 대만으로부터의 수입은 636,000석에서 4,505,000석으로 상승했다(표 4-1). 식민지에서 들여온 수입미가 급증하면서 순수입액이 일본 본토 미곡생산량에서 차지하는 비율은 1915년 4퍼센트에서 1935년 25퍼센트로 상승하게 된다(표 4-1). 제1차 세계대전 이후 대거 밀려들어온 식민지 수입미는 일본 농업에 큰 충격을 주어 농업생산이 정체되고 일본 농민의 수입 또한 위협받았다(Hayami and Ruttan, 1970 ; 石川, 1969). 일본 농산품의 교역조건은 점점 불리해졌고 일본 농민의 미작 실질소득도 줄어들었다(Hayami and Ruttan, 1970, 563, 567~568).

1930년대 초의 불경기는 일본의 수입미 수요를 잠시 주춤하게 만들었지만, 일본미가 지나치게 비쌌기 때문에 식민지 수입미는 경제적으로 훨씬 매력적이어서 수입은 줄어들지 않았다. 결과적으로 이는 비싼 일본미의 공급과잉을 초래하여 교역조건은 더욱 악화되었다. 일본 농민은 (예컨대 1931년처럼) 풍년이 들면 오히려 손해를 보았다. 식민지 수입미는 일본 미가의 상승을 억제하는 데 도움이 되었지만 일본 농업생산자의 이익을 갉아먹었다. 일본에서 농민은 제2차 세계대전 직전에 전체 인구의 약 60퍼센트를 차지하였고, 농민의 경제적 이익에 대한 소홀은 광범한 농민의 저항을 낳아 1930년대 초의 정치적 불안정을 초래하게 된다(山本, 1976 ; 石川, 1936, 7～11 ; 總督府, 1939, 7 ; 川野, 1969, 1～2, 9～10 ; 高橋, 1937, 191～196).

일본정부는 정국 불안을 야기하는 농업위기에 대응하기 위해 보증가격으로 과잉 공급된 일본미를 수매하여 미가를 상승시켜 농민의 수입을 보장하고자 했다(太田, 1938, 723～1062 ; 八木, 1932, 490～545 ; 高橋, 1937, 195～198 ; 東畑 · 大川, 1939, 117～131 ; 殖産局米穀課, 1938, 13～26). 하지만 일본 미가를 상승시키려는 정책은 역으로 일반 미가의 상승을 고무하여 식민지로부터 쌀 수입을 더 부채질했다(大間, 1939, 12～13 ; 高橋, 1937, 199 ; 貝山, 1934, 3). 일본 미가의 상승은 수입미 시장까지 이어져 일본시장에서 식민지 수입미 가격을 올려놓게 되어, 식민지의 미곡생산자들은 얼마간 일본의 미가보호 정책의 혜택을 입게 되었다. 일본 · 대만의 시장관계의 확대와 단일화에 동반하여 봉래미 가격과 일본 미가의 변동은 점점 일치해갔다(그림 4-1). 두 종류의 미곡가격 간에 여전히 차이는 존재했지만 이 차이는 점차 줄어들어 1920년대 말 20퍼센트에서 1935～1938년 사이에는 15퍼센트 이하로 떨어졌다(표 4-2와 그림 4-1을 참조).

급속히 증대된 봉래미의 수출은 쌀 생산의 상품화를 더욱 촉진했다. 봉래미가 순純상품화하면서 (1930년대에) 약 80퍼센트가 일본에 팔리게 된

| 표 4-2 | 대만과 일본의 미가 단위 : 엔/100근

연도	대만 재래미 가격*(1)	대만 봉래미 가격**(2)	도쿄 봉래미 가격***(3)	도쿄 일본미 가격****(4)	(1)/(2)	(3)/(4)
1927	8.30	11.49	12.00	15.10	0.72	0.79
1928	8.22	9.59	10.69	13.18	0.86	0.81
1929	8.39	9.48	10.43	12.26	0.89	0.85
1930	7.08	8.81	9.61	11.49	0.80	0.84
1931	4.55	5.58	6.06	7.76	0.82	0.78
1932	5.85	6.89	7.42	8.69	0.85	0.85
1933	6.17	7.10	7.70	9.00	0.87	0.86
1934	6.89	8.00	8.69	10.42	0.86	0.83
1935	9.08	9.98	10.80	12.55	0.91	0.86
1936	9.47	10.53	11.33	12.90	0.90	0.88
1937	8.98	10.68	11.51	13.33	0.84	0.86
1938	9.92	11.35	12.49	14.31	0.87	0.87

* 가오슝高雄 부두의 3등급 조미 가격
** 지룽基隆 부두의 3등급 조미 가격
*** 도쿄東京 봉래미 3등급 조미 가격
**** 도쿄東京 심천深川 미곡시장 기준 중등 조미 가격
자료 근거 : 『米穀要覽』(各年)

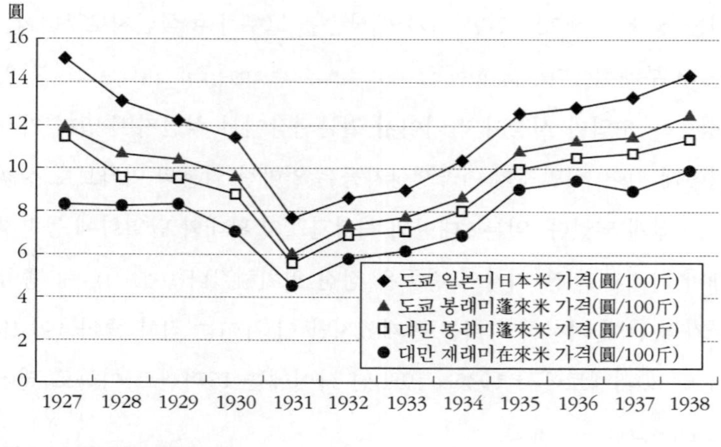

| 그림 4-1 | 대만과 일본의 미가
자료 근거 : 표 4-2

| 표 4-3 | 봉래미와 재래미 수출의 백분율(연평균) 단위 : 100만석(조미)

연도	봉래미 연간 생산량(1)	재래미 연간 생산량(2)	봉래미 수출량(3)	재래미 수출량(4)	(3)/(1) %	(4)/(2) %
1926~1930	1.46	4.06	1.04	0.45	71.06	11.10
1931~1935	3.41	3.81	2.82	0.30	82.58	7.76
1936	4.64	3.50	3.63	0.11	78.28	3.15
1937	4.78	3.54	3.75	0.17	78.48	4.87
1938	5.28	3.61	4.11	0.15	77.95	4.15
1939	4.80	3.32	3.04	0.17	63.35	5.23

자료 근거 : 『米穀要覽』(各年)

| 표 4-4 | 미곡 생산비용(1930년 이모작, 10월부터 다음 해 1월까지) 단위 : 엔/1,000근

	노동비용	비료	소작료	기타	1,000斤당 도곡 생산 비용	1갑당 도곡 생산 비용
재래미	17.66	5.59	17.08	1.89	42.21	197.21
봉래미	16.37	9.04	19.16	1.86	46.44	222.85

주 :

1. 조사 농가는 68호이고, 재래미 농가가 36호(자경농 18호, 소작농 18호), 봉래미 농가가 32호(자작농 16호, 소작농16호)임.
2. 노동비용('노력비') 항목의 자가 노동력은 임금비용으로 환산함.
3. 소작료 항목은 자작농의 경우에는 추정치임. 자작농은 소작료를 지불하지 않지만 (당시 시가에 근거해 계산하여) 생산비용 안에 산입함.
4. 기타 항목에는 종자비 · 재료비 · 농기구비 · 농사비 · 조세공과 등을 포함시켰으나 부산품(볏짚) 수입은 제외함.
5. 1,000근의 벼(稻穀) 생산비는 1갑당 생산비에서 부산물(볏짚) 수입을 제한 후 생산량으로 나누어 얻은 값임.
6. 1갑당 생산비용은 부산물(볏짚) 수입을 제한 후의 순수비용임.

자료 근거 : 『農調書』, 제27호, 1931, 1~25

다(표 4-3). 봉래미의 비교적 높은 수익은 농민의 전작을 유인했지만, 생산에 필요한 비용(비료와 소작료) 또한 높았던 점은 빈농의 진입을 가로막았다(표 4-4 ; 川野, 1969, 38~39). 충분한 자금이 없는 농민은 척박한 토지에서 재래미를 생산하여 자가소비나 도내 소비에 충당해야 했다.[3]

3 봉래미가 막 출현했을 때 비료와 노동력 집약 정도는 재래미에 비해 훨씬 높았다. 식산국이 1926년에 실시한 이모작 수도水稻 조사 참조(『農調書』, 제16호, 1928 ; 川野重任, 『臺灣米穀經

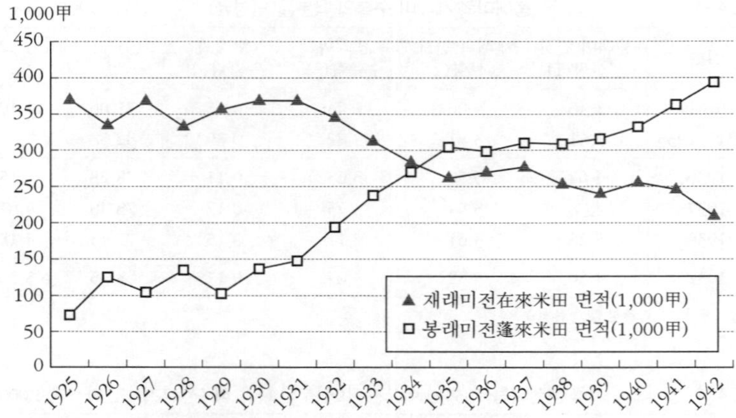

| **그림 4-2** | 재래미와 봉래미의 경지면적
자료 근거 : 〈부록 3〉

과거의 식민지 발전의 경험으로 볼 때 (과거 사탕수수가격의 참고기준이 되었을 때와 같은) 재래미의 미미한 수익은 봉래미 가격의 상승을 막는 역할을 할 수도 있었다. 하지만 (자당시장과 비교하여) 독점을 피할 수 있었던 미곡시장에서 봉래미 가격의 상승과 이로 인한 생산수익의 증가는 의외로 재래미 가격의 상승을 초래했다. 비교적 비옥한 토지에서는 계속해서 봉래미를 생산했다. 수출미는 원래 생계미를 생산하던 경지를 잠식해 들어가(표 4-2) 대부분의 생계미 생산을 대체함으로써 도내 생계미 공급이 감소하게 되었다(그림 4-2 및 그림 4-3). 봉래미 생산자들은 자신이 생산한 고품질의 수출미 대부분을 팔고 도내 시장에서 값싼 재래미를 사다 먹었다. 도내 시장에서 재래미 수요는 이로 인해 증가했고 재래미마저 상품화하여 자급적 색채를 벗어나게 되었다. 봉래미로의 전작을 메우고 도내 시

濟論』, 有斐閣, 1969, 39～41쪽). 봉래미 생산의 노동력 집약 정도가 오래지 않아 재래미와 비슷한 수준이 되었지만(1930), 봉래미에 소요되는 비료의 양은 여전히 재래미보다 훨씬 많았다(표 4-4 참조).

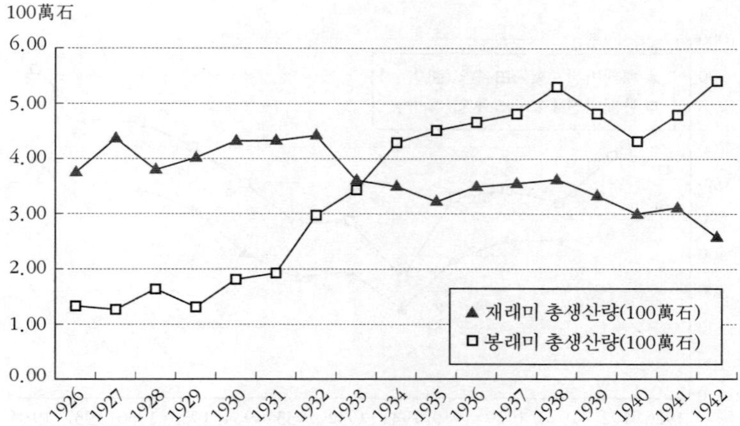

| **그림 4-3** | 재래미와 봉래미의 총생산량
자료 근거 : 〈부록3〉

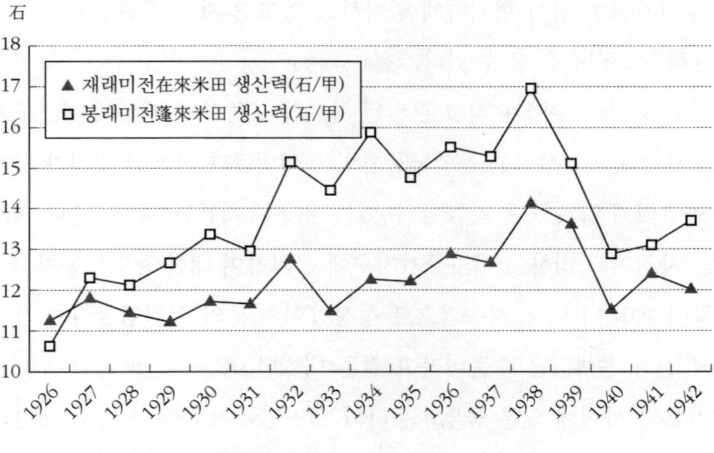

| **그림 4-4** | 재래미와 봉래미의 토지생산력
자료 근거 : 〈부록 3〉

장의 수요를 충족하기 위해 재래미의 생산력 또한 현저하게 개선되었고(그림 4-4), 비록 총생산량은 일정한 감소를 피할 수 없었지만(그림 4-3) 가격변동은 봉래미와 일치하게 되었다(그림 4-1). 각종 자료를 통해 봉래미와 재래

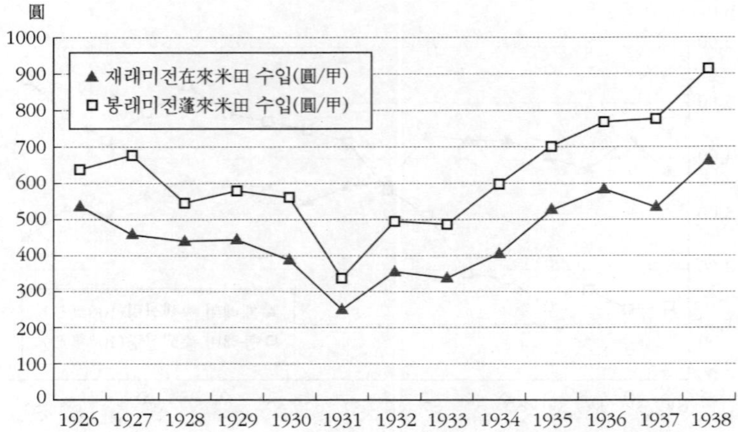

| **그림 4-5** | 재래미전과 봉래미전 1갑의 수익
자료 근거 : 〈부록 1〉

미 생산자의 수입이 현저하게 증가하고 있고 양자의 상관성(r=0.96) 또한 대단히 두드러짐을 알 수 있다(그림 4-5 참조).

대만 농민의 수입과 직접 관련된 자료가 부족하기 때문에 미조구치 도시유키溝口敏行가 수집한 농업노동자의 실질임금과 관계된 수치가 당시 대만 농민의 수입 수준을 가늠할 수 있는 유용한 지표를 제공해준다. 미조구치는 자신이 정리한 소비자물가지수에 근거하여 대만 농업노동자의 실질임금이 1918년 이후 지속적으로 성장하여 일본의 실질임금의 연간 성장률에 전혀 손색없는 수준이라고 결론 내렸다(Mizoguchi, 1972, 47~49). 1925~1935년 사이에 일본 농업노동자의 실질임금이 하락한 반면 대만의 그것은 꾸준히 상승하였다(표 4-5, 溝口, 1975, 22). 대만 공업노동자의 임금은 대만 거주 일본노동자의 50~60퍼센트에 불과했는데도(尾高, 1972, 166~167) 농업노동자의 실질임금이 급속히 성장한 점은, 전간기戰間期의 경제성장이 전체적으로 식민지 농민에게 혜택을 주었기 때문이다.

총독부(식산국)는 농가의 경제상황을 이해하기 위해 1931~1932년 및

| 표 4-5 | 농업부문 실질임금 성장률(%)

연도	일본	대만
1925~1930	−7.9	15.0
1930~1935	−22.1	6.6

자료 근거 : 溝口, 1975, 22

1936~1937년에 각각 50호와 189호의 미작 표준 농가를 대상으로 가계수지 조사를 진행했다(『農調書』, 제30호, 1934 ; 제37호, 1938). 이 자료는 1930년대 대만 농민의 생활수준 평가에 빈번히 이용되는 자료이기도 하다. 장한위張漢裕는 이 두 번의 조사에 근거하여 1931~1937년 사이에 농가 매호每戶의 실질 가계수지는 16퍼센트 성장했음을 발견했다(Chang, 1980, 74~75 ; 張漢裕, 1974, 244~245, 250).[4] 같은 기간 농민 1인당 연간 가계비의 실질증가는 12퍼센트에 달했다(Chang, 1980, 79). 1931~1932년 사이의 조사에서 농가의 평균 경지면적은 3.27갑으로 1936~1937년에 비해 34퍼센트 많았기 때문에(『農調書』, 제30호, 1934 ; 제37호, 1938), 장한위는 농가의 실질 가계수지 성장을 다소 낮게 책정한 듯하다. 『농업기본조사서農業基本調查書』의 일련의 자료를 사용한 다른 연구들, 예컨대 장한위(1974, 256~298), 마이어스Myers(1970)와 허이민Yhi-min Ho(1971) 등의 가계비 주요항목의 내용과 구성비율 및 식품비 지출의 소득탄성(체감)의 연구 또한 대만 농민의 소비수준이 1930년대에는

4 장한위의 농가 실질가계지출에 대한 계산은 (당시 유일하게 완벽한 물가지수 자료였던) 『臺灣商工統計』의 타이베이시臺北市 소비자물가지수에 근거한 것이다(앞의 책, 1974, 245쪽). 미조구치의 소비자물가지수는 동일한 자료에 근거하고 있으나, 1934~1935년 사이의 도시노동자의 가계지출을 이용하여 조정한 것이다(Mizoguchi, "Consumer Prices and Real Wages in Taiwan and Korea under Japanese Rule", *Hitotsubashi Journal of Economics*, 1972, p.42 ; 溝口, 篠原三代平 · 石川滋 編, 『臺灣の經濟成長』, アジア經濟硏究所, 1972). 미조구치가 계산한 농가 실질가계지출을 이용할 때는 유의해야 한다. 왜냐하면 농민에게 식량자급 부분은 여전히 거의 절반을 차지하고 있어서 도시노동자의 가계지출 형태와 큰 차이가 나기 때문이다. 미조구치는 이를 농업노동자에게 그대로 적용해서 커다란 판단착오를 범했다(Mizoguchi, 앞의 책, 1972, 47쪽). 반면 장한위가 계산한 소비자물가지수는 1931~1937년에 미조구치의 조사에 비해 4~5퍼센트 정도 낮다. 장한위(앞의 책, 1972, 192쪽)가 미조구치가 물가상승의 영향을 지나치게 높게 잡아 1930년대 농업노동자의 실질임금 성장률을 낮추었다고 의심한 결과이다.

상승 추세에 있음을 간접적으로 알려주고 있다(張漢裕, 1974, 256~298 ; Myers, 1970 ; Ho, 1971). 미조구치, 장한위와 마이어스 등은 1930년대 대만 농민의 생활수준이 현저히 개선되었다고 간주하는 경향이 강하다.

이에 비해 여러 지표를 통해 1902~1925년 사이에 농민의 생산력은 급속하게 성장했지만 이들의 생활수준 개선속도는 상당히 완만했다. 바꿔 말하면 일제시대 전반기 대만 농민은 일본자본의 상대잉여가치relative surplus value 착취의 대상이 되어 상대적 착취가 부단히 증가한 것이다. 농·공산품 교역조건이 중요한 지표 중 하나인데, 교역조건은 줄곧 농산품에 불리한 추세였다가 1920년대부터 약간 개선되었다(李登輝, 1972의 〈附表4〉). 1925년 이전 당업을 중심으로 한 경제성장과는 대조적으로 1925년 이후 봉래미 생산과 수출의 급속한 확대를 동력으로 한 경제성장은 농업에 유리한 교역조건을 가져다주었을 뿐 아니라 더욱 중요하게는 농민 또한 쌀 수출이 가져다준 경제적 이익을 분점하여 일제시대 전반기 지배계급(당업자본)이 모든 이익을 독점하던 상황과는 사뭇 달랐다는 점이다.

일제시대 대만이 일본제국의 경제체제에 '순조롭게' 편입되었다고 목소리를 높이는 적지 않은 학자들은 일제시대 후반기 농가 생활수준의 현저한 개선 현상을 의도적으로 부각시켜 대만이 일본과 동일하게 도미작稻米作을 전통적인 기본 작물로 삼았기 때문에 서구의 열대농업식민지가 수출지향의 특구경제enclave로 강제로 전환되면서 막대한 충격을 받은 것과는 달랐다고 주장해왔다(Peattie, 1984, 8 ; Nakamura, 1974, 350). 유사한 논리에 따라 호(Ho, 1984)는 대만(과 조선)이 식민지의 이원 경제의 일반적 특징, 즉 근대적(수출) 부문과 전통적(생계) 부문 간 생산력의 불균등발전과 경제체제의 왜곡 또는 탈절脫節을 피했다고 보았다.[5] 그의 논리는 식민지와 모국 공

5 아민의 주변부 자본주의에 관한 논의(Amin, *Accumulation on a World Scale*, New York: Monthly Review Press, 1974) 역시 위에서 말한 생산력의 불균등발전과 경제체제 왜곡·탈절

통의 주식主食인 도미稻米가 자가소비와 상품판매의 목적을 동시에 만족시켜 농업발전은 특정한 순純환금작물에 국한되지 않고 생계부문까지 연결되어 더욱 많은 인구가 발전과정에 참여하면서 이원 경제하에서의 부문간 불균등발전과 격렬한 마찰 현상을 피했음을 강조한다(Ho, 1984, 384~385). 그는 대만·조선의 식민지 발전을 이원적 경제발전 모델(Paauw and Fei, 1973)이나 종속 모델(Frank, 1969 ; Baran, 1957 등)에서 벗어난 예외라고 간주했다(Ho, 1984, 380~383).[6]

이러한 호Ho의 논리에 관하여 시간적 순서와 작물의 성질에 연관된 두 가지의 의문점이 존재한다. 표면적으로 호가 선언한 '일본 식민지에서의 균형적이고 균혜적인 발전모델'(1984, 385)은 1925년 이후 대만의 쌀 생산 확대와 농민 수입수준의 향상이라는 현상과 부합하는 듯하다. 하지만 본서뿐만 아니라 미당상극과 관련된 여타 연구들은 일제시대 전반기(1925년 이전)에 당업을 중심으로 한 식민지 경제발전에는 불평등의 특징이 현저히 나타난다고 공통적으로 지적하고 있다. 수출상품인 자당과 생계작물인 재래미 간에는 '상극' 관계가 존재했다. 구체적으로, 일본 당업자본의 자본축적은 미작부문의 낙후한 생활수준과 상대적으로 더딘 발전에 기인한 것이다. 이 시기에는 호의 '균형적이고 균혜적인 발전 모델'을 적용할 수 없다.

문제에 관해 유사한 서술을 하고 있다.

6 호Ho는 다음과 같이 서술하고 있다. "일본 식민지의 발전경험은 이원 경제에 기초한 식민지 발전 모델과는 모든 면에서 부합하지 않는다. 가장 중요한 점은, 일본 식민지에서 경제발전은 생계부문이 낙후·정체된 채 일본이 지배하는 경제특구enclave만 발전하지는 않았다는 것이다. (중략) 일본이 생계작물이자 환금작물로서 두 식민지(조선·대만)에서 광범하게 재배된 미곡의 증산을 독려하자, 조선과 대만의 농업발전은 생계부문까지 확대되었고, 조선과 대만의 대부분의 농업인구가 이 발전과정에 편입되었다. 다른 무엇보다도 소농 농업의 발전이 조선인과 대만인의 경제적 조건을 향상시켜 두 식민지의 양 부문이 우리의 (이원 경제) 모델이 예상한 것처럼 엄격히 양분되는 것을 막았다(Ho, *The Japanese Colonial Empire, 1895~1945*, Princeton: Princeton Univ Press, 1984, pp.384~385).

다음으로, 본서 1장 상품화 관련 부분에서 제시한 자료를 통해 볼 때 호의 논단은 대만미가 수출미와 생계미로 분화된 현상을 전혀 고려하지 않았음을 알 수 있다. 호는 1925년 이후 봉래미 생산의 특화현상을 무시했다. 일본인의 취향을 위해서만 재배된 이 고가의 일본품종 쌀(봉래미)은 애초부터 오로지 이출을 위한 상품작물이었다. 1925~1939년 사이에 80퍼센트의 봉래미가 일본으로 이출되었고 나머지 20퍼센트는 도내 일본인과 고수입 계층의 식용으로 제공되어 일반농민의 생활과 아무 상관이 없었다. 같은 시기 재래미는 수출시장에서 퇴출되어 다시 도내소비와 자가소비의 역할을 담당하게 되었다(표 4-3 ; 『臺灣米報』, 1932년 12월호, 10 ; 『臺灣時事報』, 1933년 3월호, 76 ; 川野, 1969, 35~36). 순수한 수출작물인 봉래미는 너무 비싸서 농민의 생계용으로는 적합하지 않았고, 따라서 봉래미 생산의 확대는 호의 논리로 보면 도리어 식민지 경제의 '이원적 발전'을 초래했다고 해야 맞을 것이다.

호는 식민통치 후반기의 예외적인 발전경험을 일제시대 전체로 확대해석하고, 다시 이를 작물의 특성으로 귀결시킴으로써('쌀은 생계작물이자 환금작물이다'), 경험적으로도 성립할 수 없을 뿐 아니라 그 자신의 이론과 모순되는 일제시대 전반기의 현상 또한 설명할 길이 없어 일제시대 후반기의 특수한 발전 형태에 대한 오해를 불러일으킨 것이다. 1920년대 중반 이후 대만의 식민지 발전의 특수성을 보다 심도 있게 이해하려면 일제시대 전·후반기의 발전경험을 모두 고려할 수 있는 해석 도구가 필요하다.

어째서 봉래미 생산의 확대는 자당 생산의 확대와 달리 불균등발전과 자본에 의한 경제성과의 독점이라는 상황을 초래하지 않았는가? 당업자본의 자당부문에서의 행위와 마찬가지로 여러 가지 제도적 장애(원료채집구 제도와 미당비가법 등)를 통해 수출생산이 확대되면서 생겨난 경제적 이익을 농민이 분점하는 것을 막을 수 없었기 때문이 아닐까? 이 문제와 상관없이 답안은 작물의 특성에서 찾아서는 안 될 듯하다. 비교적 가능한 해석은 사회경제적 구조에서 찾아야 할 것이다. 개별 부문 내에서 계급지배의 형식과 강도가 경제발전 성과의 분배 및 수출/생계부문 간 불균등발전 정도를 결정한 것이다. 앞으로 탐구할 것은, 쌀 생산과 관련 있는 대만인 계급지배의 구조인데, 이를 통해 자당부문에서 일본자본의 지배구조와 대조하고 나아가 두 지배구조 간의 차이가 어떻게 미·당 부문 내에서 수익분배 형태의 차이를 낳았는지 토론하고, 아울러 일제시대 전·후반기 각각 사탕수수와 쌀을 중심으로 한 경제발전 모델하에서 농촌 수익분배의 변화를 해석할 수 있다.

2. 계급지배의 구조

토지분배의 형태와 변화의 장기적 추세

총독부 식산국은 1921년·1932년·1939년에 각각 전도 차원의 경지 조사를 실시해(『農調書』, 제2호, 1921 ; 제31호, 1934 ; 제41호, 1941) 경지 분배와 사용 상황을 파악하고자 했다. 1921년의 조사에 따르면 100갑을 넘는 토지소유자는 전체 호수의 0.05퍼센트에 불과하지만 94,072갑, 즉 전도 경지의 13.06퍼센트를 소유하고 있었다(『農調書』, 제2호, 1921). 이 조사는 대만인과 일본인 소유자를 구분하지 않았다. 하지만 다른 간접적인 자료는 대지주 중에서 일본인이 상당히 많은 부분을 차지했고, 일본인이 점유한 면적 또한 지속적으로 상승하고 있었음을 보여준다. 1921년 당시 100갑 이상의 경지를 보유한 대만인 대지주 112호는 모두 42,000갑을 보유했고, 100갑 이상의 경지를 보유한 일본인 대지주 24명은 51,510갑을 보유했으며, 그 중 39,800갑은 9개의 신식 제당회사 소유이고 2,860갑은 일본자본이 운영하는 두 곳의 개량당곽改良糖廍 소유이며 8,850갑은 일본자본이 운영하는

| 표 4-6 | 일본인 소유 경지가 대만 전체 경지에서 차지하는 비율(1939)

지역		일본인 소유 경지		일본인 소유 수전		일본인 소유 한전	
		갑	%	갑	%	갑	%
북부	타이베이주	5,045	5.39	1,927	3.28	3,118	8.94
	신주주	4,119	2.79	1,015	1.16	3,104	5.14
중부	타이중주	17,549	10.95	8,622	8.22	8,927	16.13
남부	타이난주	41,900	15.80	26,668	14.13	15,232	19.94
	가오슝주	29,148	23.41	12,156	16.56	16,992	33.25
동부	타이둥청	3,580	23.85	782	10.73	2,798	36.22
	화롄청	9,603	45.91	2,796	26.53	6,807	65.58
펑후지청		2	0.02	—	—	2	0.02
전도		110,943	13.29	53,966	10.17	56,978	18.76

부주 :
1. 경지=수전+한전
2. 일본인 농업 이민의 다수가 화롄花蓮에 거주하였음.
자료 근거 : 『農調書』, 제41호, 1941, 2~3

플랜테이션 농장 소유였다(涂照彦, 1991, 487 ; 總督府, 1929, 230, 256~257 ; 『糖業統計』, 1921, 44, 46). 이들 자료를 통해 알 수 있듯이 100갑 이상의 대만인 대지주는 사람 수는 많지만 100갑 이상의 일본인 대지주들(이들 중 상당수는 회사 형태로 소유)이 더 많은 토지를 보유하고 있었다. 1939년 조사에서는 일본인이 소유한 토지가 주로 남부지역의 사탕수수 재배에 적당한 한전旱田과 쟈난嘉南지역의 3년 윤작 지대에 있는 일모작 수전水田으로 전도 경지의 12.96퍼센트를 차지했다(표 4-6 ; 羅明哲, 1977, 266~268, 275~276 ; 『農調書』, 제41호, 1941). 감소하고 있는 총독부 소유지(2.5퍼센트)를 합하면 일본인 전체는 전도 경지의 15.45퍼센트를 소유하고 있었다(『農調書』, 제41호, 1941).[7]

토지분배 형태와 그 변화의 장기적 추세는 상이한 경제부문에서 계급지

7 1945년 이후 수집된 토지자료에 따르면 공유지(일본인 소유였다가 몰수된 토지와 총독부의 공공재산)는 1946년 당시 전도 경지의 21.66퍼센트(14.3퍼센트의 수전과 33.6퍼센트의 한전)를 차지했다(『臺灣省統計提要』, 1947, 7, 49쪽).

배 구조를 이해하는 데 유용한 단서를 제공해준다. 아쉽게도 세 번의 조사 중에서 1921년의 조사만이 경지소유 면적별 분류항목 아래에 토지소유자의 호수戶數와 소유면적을 열거할 뿐이고, 나머지 두 차례의 조사(1932년과 1939년)는 각각의 소유면적 항목 아래 호수만을 기재했을 뿐이다. 호수에만 의존한 자료로는 토지의 소유·분배의 장기적 변화의 추세를 설명하기 어렵고 게다가 호戶의 측정단위도 서로 달라(후술), 불행하게도 몇몇 오해가 발생했다. 연구자들은 1921년과 1932년 두 차례의 조사를 비교한 후 5갑 이상의 토지소유자 호수가 증가했고, 총호수에서 차지하는 비율 또한 상승한 점에 주목했다. 같은 시기 5갑 이하 소유자의 호수와 백분율은 대폭 하락했고, 소유면적이 작을수록 하락폭이 컸다(표 4-7 참조). 1921~1932년 사이에 총경지는 721,252갑에서 782,000갑으로 증가했지만, 경지소유자 호수는 405,181호에서 340,674호로 줄었다(『農調書』, 제2호, 1921 ; 『農調書』, 제31호, 1934). (뤄밍저羅明哲, 가와노川野 같은) 학자들은, 앞서 밝힌 수치가 토

| 표 4-7 | 토지소유 규모에 따른 토지소유자의 숫자 및 비율

소유규모	1921		1932		1939	
갑	호수	%	호수	%	호수	%
~0.5	172,931	42.68	130,732	38.37	186,423	43.22
0.5~1.0	86,711	21.40	71,181	20.89	90,024	20.87
1.0~2.0	70,739	17.46	63,581	18.74	74,151	17.19
2.0~3.0	28,412	7.01	27,673	8.12	32,114	7.44
3.0~5.0	23,276	5.74	22,641	6.65	24,238	5.62
5.0~7.0	8,989	2.22	9,181	2.69	9,801	2.27
7.0~10.0	5,902	1.46	6,143	1.80	6,210	1.44
10.0~20.0	5,454	1.35	5,852	1.72	5,416	1.26
20.0~30.0	1,353	0.33	1,594	0.47	1,489	0.35
30.0~50.0	842	0.21	1,051	0.31	845	0.19
50.0~100.0	376	0.09	514	0.15	383	0.09
100.0~	196	0.05	261	0.09	272	0.06
총수	405,181	100.00	340,674	100.00	431,366	100.00

자료 근거 : 『農調書』, 제2호, 1921 ; 제31호, 1934 ; 제41호, 1941

지집중 현상을 의미한다고 믿었고, 또한 1921～1932년의 쌀 생산이 호경기를 구가하던 시기에 대만인 미작지역의 토지에 대한 집중이 가속화했다고 해석했다(川野, 1969, 113～114 ; 羅明哲, 1977, 250).

하지만 이러한 추론에는 적지 않은 의문이 남는다. 1921년 조사 당시 공동지분의 토지 중 특정 지분의 비율을 판정하기 곤란한 상황(이러한 상황은 상당히 보편적이었다)에서 이것을 지분보유자가 균분(공유지의 수치를 지분보유자의 숫자로 나눈 것)한 것으로 판정했지만, 1932년과 1939년의 조사에서는 공동소유자를 1호로 계산한 것이다(『農調書』, 제2호, 1921의 〈凡例〉, 2쪽 ; 제31호, 1934의 〈要綱〉, 3쪽 ; 제41호, 1941, 123). 호수를 계산할 때 공동지분 판정방식의 불일치로 발생한 혼란은 토지분배 추세의 평가에 영향을 미치지 않을 수 없다. 측정단위의 불일치로 인해 생긴 편차가 어느 정도인지 추산할 길이 없기 때문에 단지 다른 간접적인 자료에 의존하여 편차 정도를 추측할 수밖에 없다. 두 차례의 조사결과는, (소작농 호수를 포함한) 농업경영자의 호수가 줄어들어, 1921년 423,278호에서 1932년 384,152호로 줄었음을 보여준다(『農調書』, 제2호, 1921 ; 제31호, 1934). 대만(특히 대만인 미작지역)에서 지주에게 집중된 토지의 대부분은, 소작농에게 대여하여 개별 농가단위가 경영하도록 한 것이지 대규모의 농장으로 합병하여 고농 경영을 한 것은 아니다. 같은 시기 대만에서는 대량의 노동력을 필요로 하는 노동집약적 공업화가 진행되지 않았다(당시 공업은 자본집약적인 제당업 중심이었다). 이러한 상황에서 토지집중 현상이 있다 하더라도 이것이 경영자 호수의 감소로 이어질 리가 없고, 당시 인구가 급속도로 성장했기 때문에 더더욱 그러하다. 『대만농업연보臺灣農業年報』에 등록된 수치에 따르면 1922년부터 1932년까지 농가 호수는 실제로 5퍼센트 정도 성장했다(표 4-8). 위의 자료와 대비해보면 1921년과 1932년 조사에서 공동지분 농가 호수의 측정단위가 불일치하여 생겨난 편차가 토지분배 추세의 분석을 오도했을 가능성

| 표 4-8 | 자작농 · 소작농의 호수 비율

	자작농(%)	반자작농(%)	소작농(%)	농가 총수(호)
1922	30.3	28.9	40.8	385,279
1932	32.7	29.5	37.8	404,202
1939	32.7	31.3	36.0	428,492

주 :
1. 1922년 이전의 자료는 없음.
2. 자작농은 자경지가 80퍼센트 이상인 농가이고, 반자작농은 자경지가 20~80퍼센트인 농가이며, 소작농은 자경지가 20퍼센트 이하인 농가를 말함.

자료 근거 : 『統計提要』, 513~514 ; 『臺灣農業年報』(各年)

이 대단히 크다.

다른 간접 자료들 역시 1921~1932년 사이에 토지집중이 진행되었다는 결론을 결코 지지하지 않는다. 토지집중설土地集中說과 가장 분명하게 모순되는 것이 농업기본조사 자료들이다. 1921~1932년 사이에 소작지 비율이 현저하게 감소하여 전도 경지의 58.16퍼센트에서 53.55퍼센트로 줄었음을 보여준다(표 4-8). 1920년대 후반과 1930년대 초반 쌀 생산과 수출이 대폭 확대되는 상황에서도 토지의 대량집중이 발생했다는 이 주장은 수많은 자료의 수치와 부합하지 않는다. 수출미 생산이 확대되는 시기에 지가가 급속히 상승했다는 흔적은 있지만,[8] 농민이 최대한 자신이 보유한 토지를 유지하려고 애쓰는 상황에서 자작 위주의 농가 호수는 여전히 안정적으로 증가하고 있었다.

1939년 조사에서 1932년의 측정방식으로 토지분배 추세를 평가할 때에는 앞에서 언급한 불일치가 발생하지 않았다. (羅明哲, 1977과 川野, 1969를 포함한) 학자들의 견해 역시 상당히 일치하는데, 그것은 1932~1939년 사이의 토지분배가 영세화 추세였다는 것이다. 대만은 '미곡자치관리법米穀自治管理法'으로 인해 1936년부터 미곡을 일정한 비율로 감산했

8 수전水田 가격을 실물인 미곡으로 환산한 가격이 1924~1927년 사이에 123kg에서 287kg으로 증가했다(羅明哲, 『臺灣銀行季刊』, 1977, 271쪽).

는데, 같은 해 고바야시 세이조小林躋造가[9] 대만 총독으로 취임하면서 적극적인 미곡통제에 나섰고, 미작의 호경기로 인해 대만인 사이에 일어났던 토지투기 풍조도 신속하게 사라졌다. 소유자 호수는 1932~1939년 사이에 340,674호에서 431,366호로 26.6퍼센트 증가한 반면 전도 경지면적은 6.7퍼센트 증가하는 데 그쳤다(표 4-7). 소유자 호수의 증가비율이 가장 컸던 것은 1갑 이하의 소농소유자로서 증가율은 36.9퍼센트에 달하여(0.5갑 이하 소유자는 42.6퍼센트, 0.5~1.0갑 소유자는 26.5퍼센트 증가했다), 평균증가율 26.6퍼센트를 훌쩍 초과했다. 증가가 가장 뚜렷했던 것은 0.5갑 이하 소유자로서 전체 소유자에서 차지하는 비율은 38.4퍼센트(1932)에서 43.22퍼센트(1939)로 증가했다. 0.5~1.0갑 소유자의 비율은 변화하지 않았고 1갑 이상 소유자는 다소 감소했다(표 4-7). 1932~1939년 사이에 10갑 이하 소유자의 수치가 크게 증가했는데, 토지소유 면적이 작을수록 증가율은 컸다. 10갑 이상 소유자는 상반된 추세로 토지면적이 클수록 감소의 비율도 컸다(羅明哲, 1977, 250).[10]

대만총독부가 1930년대 말부터 시행한 미곡 생산·이출 억제정책은 수리시설의 보수·증설·토지개량에 대한 투자를 금지했을 뿐 아니라 도미稻米의 전작에 보조금을 지급함으로써 미작 면적의 감소를 초래했다(『臺灣の

---

9 | 역주 | 고바야시 세이조小林躋造는 일본 히로시마현廣島縣 출신 군인으로 해군대학 졸업 후 1913년부터 영국·미국 등에서 장기 주재했고 1930년 이후에는 해군성 차관과 연합함대 사령관 등을 역임했다. 1936년 예편한 뒤 곧바로 해군의 적극적인 지지 속에 대만총독에 부임했다. 남진기지화南進基地化, 공업화工業化, 황민화皇民化의 3대 시정방침을 내걸고 개성명改姓名(조선의 창씨개명과 유사)과 신사참배에 힘쓰는 한편, 대만척식주식회사臺灣拓植株式會社를 중심으로 한 공업 발전에도 많은 힘을 기울였다. 1945년 이후 전범으로 수감생활을 잠깐 하였으나 곧 석방되었다.

10 100갑 이상의 소유자는 오히려 예외적으로 11호 증가했다. 하지만 그 소유지의 평균면적은 감소했을 것으로 추측된다. 투자오옌(앞의 책, 1991, 467쪽)은 1921년과 1932년 타이베이주臺北州의 100갑 이상의 토지소유자를 비교하는 과정에서 호수는 증가했지만 소유토지의 평균면적은 하락했음을 발견했다(臺北州內務部勸業課, 『臺北州の小作事情と其の改善施設概要』, 1937, 12~13쪽).

| 표 4-9 | 소작지가 전도 수전 · 한전 경지 면적에서 차지하는 비율

연도	수전 총면적(A)	한전 총면적(B)	수전 소작지(C)	한전 소작지(D)	(C)/(A)	(D)/(B)	(C+D)/(A+B)
1921	337,810	353,557	233,466	168,580	69.12	47.68	58.16
1932	396,226	384,001	264,026	153,799	66.64	40.05	53.55
1939	536,383	317,179	328,770	152,029	61.29	47.93	56.33

자료 근거 : 『農調書』, 제2호, 1921 ; 제31호, 1934 ; 제41호, 1941

| 표 4-10 | 작물별 경지면적 단위 : 1,000갑

	1931~1933 연평균		1937~1939 연평균		1942년		1942년 지수	
	면적	%	면적	%	면적	%	1931~1933 =100	1937~1939 =100
식량	831	64.82	821	62.75	830	56.81	100	101
쌀	678	52.88	656	50.16	636	43.53	94	97
고구마	135	19.53	137	10.51	156	10.68	116	114
기타	18	1.40	28	2.14	38	2.60	211	135
농기업원료	182	14.20	257	19.61	275	18.82	151	107
사탕수수	97	7.57	142	10.86	161	11.01	166	113
차	46	3.59	46	3.51	42	2.88	91	91
땅콩	29	2.26	32	2.41	19	1.30	66	59
황마	3	0.23	13	0.99	14	0.96	467	108
면	-	-	4	0.31	6	0.41	-	150
기타	6	0.47	20	1.55	27	1.85	450	135
과일	33	2.57	43	3.29	92	6.30	279	214
바나나	17	1.33	21	1.62	21	1.44	124	100
봉리	6	0.47	10	0.75	9	0.62	150	90
오렌지	4	0.31	5	0.38	6	0.41	150	120
기타	6	0.47	7	0.54	56	3.83	933	800
채소	34	2.65	42	3.21	44	3.01	129	105
녹비	202	15.76	146	11.14	220	15.06	109	151
총경지	1,282	100.00	1,308	100.00	1,461	100.00	114	112

자료 근거 : 奧田, 1937, 48~53 ; 『臺灣農業年報』(各年) ; 『統計提要』

米』, 1938, 26~27 ; 川野, 1969, 14). 같은 시기 일본 당업자본의 토지집중 제한은 크게 완화되었고 이 기회를 틈타 토지소유를 확대해나갔다. 사탕수수 재배면적은 대폭 상승했고, 쌀 재배 면적은 이에 따라 감소했다(표 4-10).

| 표 4-11 | 100갑 이상 대토지 소유자의 숫자

지역		1932(A)	1939(B)	(B−A)
북부	타이베이주	36	30	−6
	신주주	55	41	−14
중부	타이중주	47	58	11
남부	타이난주	74	90	16
	가오슝주	37	37	0
동부	타이둥청	8	8	0
	화롄청*	4	8	4

* 대만에 농업 이민한 일본인의 대부분은 동부의 화롄花蓮에 집중 거주했음.
자료 근거 : 『農調書』, 제2호, 1921 ; 제31호, 1934 ; 제41호, 1941

1932~1939년 사이에 중·남부의 100갑 이상의 토지소유자는 증가했지만, 북부의 100갑 이상 지주(주로 대만인)는 오히려 줄었다(표 4-11). 1932~1940년 사이에[11] 신식 제당공장의 모든 한전(주로 타이난주臺南州·가오슝주高雄州에 집중)은 55.56퍼센트 증가(27,252갑)했지만 수전은 9.93퍼센트(2,014갑) 감소했다〔『糖業統計』(各年)〕.

이러한 상황에서 1930년대 말 (자작 지역의) 한전의 영세화가 역전되는 현상이 발생하여 소작율이 1932년의 53.55퍼센트에서 1939년 56.33퍼센트로 증가했다(표 4-9). 대만인 소유자를 위주로 하는 (미작 지역의) 수전은 여전히 영세화 과정에 있어서, 같은 시기의 소작율이 66.64퍼센트에서 61.29퍼센트로 감소했다(표 4-9). 1930년대 말 일본자본이 운영하는 제당공장은 남부의 한전에서 토지소유를 확장하여 한전의 토지집중을 낳은 반면, 북부의 대만인 위주의 미작 지역에서는 영세화가 강화되었다.[12] 요컨대 1921~1939년 사이에 소작율은 하락했고 이는 미작(수전) 지역에서 보다 뚜렷하게 나타났다. 토지의 영세화는 1939년 이후에도 계속 진행되었

11 1939년의 자료가 없어서 1940년의 자료로 대체했다.
12 1932~1939년 사이에 타이중주臺中州 수전 지역의 소작율은 1.5퍼센트 하락한 반면 한전 지역의 소작율은 6.3퍼센트 상승했다(『農調書』, 제31호 ; 제41호, 1941).

다. 믿을 만한 당시 자료는 없지만 해방 직후 자료는 토지개혁[13] 이전인 1948년 자작율이 이미 55.88퍼센트에 달하여 1939년에 비해 12.21퍼센트나 높았다(陳誠, 1961, 79).

뤄밍저羅明哲(1977, 251)와 가와노川野(1969) 등은 『농업기본조사서農業基本調査書』의 경지 분배와 경영에 관한 조사에서 상이하게 적용된 측정단위 때문에 토지가 1921~1932년 사이에는 집중되었다가 1932~1939년 사이에는 분산되었다고 오판했다. 쌀의 수출경기가 놀랄 만한 경제적 이익을 가져다주는 상황에서 이는 꽤 그럴듯해 보이는 결과이다. 그러나 서로 다른 기원을 가지는 수치 자료를 교차 검토한 결과는 이 주장을 전혀 지지하지 않았다. 기존의 자료와 대만 지주의 토지집중 주장은 전혀 일치하지 않으며, 1920년대 말과 1930년대 초 미작이 대거 확대된 시기에도 마찬가지였다. 대만 토지분배(특히 미작 수전지역)의 장기적 추세를 놓고 볼 때 집중화 현상은 결코 없었다. 일본 당업자본이 대거 토지에 집중한 상황과 비교해 볼 때 대만인 지주의 토지소유는 규모도 작았을 뿐 아니라 영세화 추세에 있었다. 일본자본이 일제시대 전체에 걸쳐(특히 1930년대 말) 토지집중의 주된 동력이긴 했지만, 전체적으로 보아 그 규모는 전도의 토지영세화 추세를 역전시킬 정도는 아니었다.

---

13 | 역주 | 1949년 중국공산당과의 내전에서 패퇴하여 대만으로 퇴각한 중국국민당은 사회경제적 평등과 정치적 안정을 실현하기 위한 조치의 하나로서 토지개혁을 실시했다. 1951년과 1952년에 국유지를 소작농이나 고농雇農에게 싼 값에 불하(소위 '공지방령公地放領')했고, 1953년에는 '실시경자유기전법조례實施耕者有其田法條例'를 제정하여 지주의 토지 소유 상한선을 정하고 상한선을 초과한 토지에 대해서는 국가가 유상으로 환수하여 이를 다시 토지가 없거나 부족한 농민에게 유상으로 분배했다. 그 결과 전체 농가에서 자작농이 차지하는 비율이 크게 높아져 지주계층은 기본적으로 소멸했으며, 농업생산력도 급속히 회복되어 이후 대만 경제 발전에 긍정적인 역할을 하게 된다.

토지수익의 분배, 소작료율

대만총독부는 대만 지주계급을 사회 안정의 지주支柱로 파악하여 (소조호) 지주와 소작인 간의 전통적인 소작 관행을 계속 허용해왔다. 미작 지역에서 통용되던 소작 형식은 실물정액實物定額이었다. 소작기간은 3~6년 정도로 대단히 짧았고 종종 구두로 계약했기 때문에 소작료율도 쉽게 바꿀 수 있었다(殖産局, 1926, 4~20, 100~107, 154~171, 283~291, 324~342 ; 殖産局, 1930b, 73, 76~77 ; 殖産局, 1936a, 7, 11, 50~52 ; 劉英漢, 1939a, 1939b). 일반적으로 소작료율은 대략 일 년 수확의 절반에 가까웠고 19세기 말 이래 어떠한 변화도 없었다. 일제시대 전체에 걸쳐 수전 소작료율은 대체로 전체 수전의 47~48퍼센트였다. 이렇게 볼 때 토지생산력의 증가로 발생한 수익은 지주와 소작농이 균분했고, 지주가 소작료를 올려 농업성장의 과실을 독점하는 데 이르지 못했다. 대만 지주계급은 주로 소작이라는 수단에 의지하여 농업 잉여를 취득했고, 앞에서 말한 토지의 영세화와 소작료율의 고정이라는 장기적 추세하에서, 1925년 이후 쌀 생산의 확대로 생긴 소득을 소작농이 분점하는 것을 막을 힘이 없었다. 1925년 이전 당업자본이 시장통제라는

| 표 4-12 | 지역별 수전 소작료율(%)

지역	1898~1903	1927	1937
타이베이주	53.76	53.90	50.85
신주주	50.87	50.34	53.98
타이중주	50.22	48.56	51.19
타이난주	41.49	44.44	42.11
가오슝주	39.19	43.78	44.34
화롄청	—	48.53	44.34
타이둥청	—	43.90	47.75
전도 평균	47.64	47.88	47.28

주 : 1898~1903년 사이의 수전 자료는 일모작 경지와 이모작 경지를 구분하지 않음. 1927년과 1937년 각 주州 · 청廳 수전의 소작료율은 각 주 · 청의 이모작과 일모작의 실제면적을 토대로 조정한 평균수치임.

자료 근거 : 〈부록 4〉

수단을 운용하여 사탕수수 수매가격을 낮춤으로써 자농이 초과이윤을 분점하는 것을 막았던 것과는 확실한 대조를 이룬다.

대만 지주의 맹우, 토롱간

미곡의 가공은 본래 농가 스스로 해왔는데 상품화가 진전되면서 정미 과정 역시 점차 농민의 손에서 이탈해갔다. 1914년 당시 16.89퍼센트의 쌀을 토롱간(대만 정미업의 통칭)이 처리했다. 1933년이 되면 토롱간은 이미 73.38퍼센트의 미곡을 처리하게 된다(『臺灣商工統計』, 1937, 제17호, 54~55 ; 根岸, 1936, 31 ; 『米穀要覽』, 1935, 7). 대만인이 운영하던 제당업이 내리막길을 걸은 것과 달리 정미업은 다행히도 일본자본의 전면적인 침투를 모면할 수 있었다. 1932년 당시 3,051개의 정미소 중 일본인 소유는 겨우 37개(1.2퍼센트)에 불과했다(根岸, 1959, 67). 1939년에 일본인이 장악한 정미소는 7퍼센트로 늘었지만, 조선 정미소의 54퍼센트를 일본인이 장악한 것에 비하면 보잘것없는 수치였다(Mizoguchi and Yamamoto, 1984, 419).

대만인 토롱간은 통상 정미업精米業과 미상米商을 겸하고 있었다. 쌀의 상품화와 가공과정의 분리는 기본적으로 토롱간이 주도하였다. 하지만 토롱간이 쌀과 관련된 상공업 활동에서 보유한 지배권은 당업부문에서 일본 당업자본에 비할 바가 못 되었다. 토롱간의 절대다수는 '집이 곧 공장'인 소규모경영이었다. 정미 설비 · 공장 · 창고 자본금은 매우 작았고 평균 직원수도 세 명이 채 안 되어 전도 공장 평균직원수의 사분의 일 정도였으며, 직원도 대부분 집안사람인 경우가 많고 고용직원은 보조적 역할에 불과했다(根岸, 1936, 39, 62 ; 川野, 1969, 131 ; 『統計提要』, 763). 절대다수의 토롱간(71퍼센트)은 일인一人이 경영하였다. 공동경영이나 주식회사 형태라도 주주들은 친척 · 가족 관계여서 개인경영의 색채를 벗어나지 못했다(根岸, 1936, 38~39).

1935년 당시 100근의 봉래미 가공비용은 0.605엔으로 (타이중주臺中州

와 타이베이주臺北州) 봉래미 도매가의 6.06퍼센트에 불과했다(『臺中州及臺北州米穀商同業公會成本調査』, 甲本, 1935, 20 ; 『米穀要覽』, 1936, 34). 심지어 가공의 주된 비용은 임금과 전력비용(둘을 합해도 전체비용의 6.5퍼센트)이 아니라 마대麻袋 비용으로 전체 생산비용의 61.2퍼센트를 차지했다(甲本, 1935, 20). 노동자의 노동을 착취하여 얻는 이윤은 대단히 적었고 토롱간의 생산은 기본적으로 가족성원의 무보수노동, 즉 '자기착취'에 의존한 것이다(Chayanov, 1966). 토롱간은 고도로 경쟁적인 시장과 직면했는데, 네기시根岸(1936, 39)는 이를 '통제되지 않은 경쟁'이라고 표현하기도 했다. 무보수 가내노동을 사용한다 해도 이들 중 상당수는 적자경영이었다(甲本, 1935, 19~20). 토롱간의 주된 수입원은 가공이윤이 아니라 주로 미곡교역에서 오는 매매차익과 대출이자였다.

대만인이 경영한 토롱간은 보통 미상을 겸하고 있어 농민과 (실물 소작료를 수취하는) 지주에게서 미곡을 수매한 후 이를 가공하여 팔았다. 1936년 대만 전체에 3,304개의 토롱간이 있었고 경쟁은 대단히 치열했다. 경영자는 개인적 인간관계와 시장 지식에 의존하여 도곡稻穀의 내원來源을 장악, 시장에서의 위험부담을 줄이려 애썼다. 교역소득을 결정한 주된 요인은 인간관계와 시장 판단의 정확성 여부였고, 이는 일본 당업자본이 총독부가 수립한 법규와 제도를 통해 시장을 제약하면서 안정적 이윤을 유지한 것과는 하늘과 땅 차이였다.

토롱간의 또 다른 중요한 경제활동과 수입원은 금융거래였다. 농민, 특히 자금력과 현금이 부족한 빈농은 종종 토롱간에서 경작자금이나 세금 및 작물의 생장기간 동안의 생활비를 빌리곤 했다. 토롱간의 금융거래는 통상 선대先貸나 입도선매立稻先賣 형식이 많았다(殖産局, 1936b, 17~25, 33~216 ; 三浦, 1932 ; 甲本, 1935 ; 根岸, 1936, 42~51, 54~62).[14] 민간 금융거래의 이자는

14 입도선매는 생장 중인 작물을 낮은 가격으로 미리 구매하는 것인데, 이는 사실상 농민이 작물

| 표 4-13 | 금융기관 별 농촌 부채 비율(%)

계급	연도	은행	산업조합	고리대	제당공장	합계
지주	1933	—	—	—	—	—
	1940	62.99	6.73	20.11	9.92	100.0
자작농	1933	33.43	12.55	49.30	4.73	100.0
	1940	42.57	25.96	20.76	10.21	100.0
반자작농	1933	24.33	16.12	53.12	6.42	100.0
	1940	34.63	26.77	15.67	15.21	100.0
소작농	1933	2.59	14.00	73.87	9.54	100.0
	1940	6.37	32.99	57.97	16.48	100.0
평균	1933	21.37	14.32	56.60	6.71	100.0
	1940	36.55	23.38	26.98	13.09	100.0

주 :

1. 은행은 권업은행, 일반은행과 신탁회사를 포함함.
2. 산업조합은 농회農會를 포함함.
3. 고리대는 개인 대부업자, 지주, 미상, 비료상, 잡화상, 돈상豚商, 기타를 포함함. 이 중 일부는 은행과 농촌 신용조합에서 빌린 돈을 빈농에게 전대轉貸하여 차액을 얻는 경우도 있었음(涂照彦, 1991, 485~486, 491, 504, 517~521).

자료 근거 : 『農調書』, 제33호, 1935, 4~5, 82~83, 116~117, 150~151 ; 제43호, 1941, 4~5, 62~63, 70~71, 86~87

1937년 당시 일본자본인 권업은행勸業銀行(대만 농촌 최대의 대부업체)이[15] 정한 대출이자의 두 배에 가까웠다(涂照彦, 1991, 477~481, 481~482). 높은 이자에도 불구하고 토롱간의 고리대는 완강하게 존속할 수 있었는데 부분적 원인은 토롱간이 제공하는 각종 편리 때문이었다. 하지만 더욱 중요한 원인은, 빈곤한 농민일수록 은행에 제공할 담보가 없었기 때문이다. 토롱간의 고리대는 저가의 담보를 요구하거나 담보를 아예 요구하지 않았고, 주로 인간

생장 기간에 급전이 필요할 때 대출 형식으로 미곡의 판매가를 낮추어 고액의 이자를 받는 수단이었다.

15 | 역주 | 1899년에 대만은행이 설립되었으나, 대만에서 절대적으로 부족한 중·장기 농업관련 대출의 융통 문제를 해결하기 위해 대만총독부의 적극적인 알선으로 1903년 대만은행은 일본권업은행과 대리업무 계약을 체결했다. 1923년에 타이베이에 분점을 개설하여 부동산과 농업금융 전문 은행으로 자리 잡았고, 이후 타이난, 가오슝 등지에 연이어 분점을 개설하여 일제시대 말기까지 영업을 계속했다.

관계와 그로부터 파생한 신용을 담보로 삼았다. 때문에 1930년대 농촌에서 은행 대출이 보편화되었지만 빈농은 여전히 토롱간의 고리대에서 벗어날 수 없었다(표 4-13, 三浦, 1932, 11~12).

토롱간은 소규모경영과 (외부 고용이 아니라) 가족성원을 주된 노동력으로 삼는 경영방식을 채택했는데, 이는 기본적으로 농민의 가족단위 생산과 유사한 '소상품생산'에 속한다. 하지만 정미라는 공업활동은 토롱간에게는 상업 · 대출에 비해 부수적인 활동이어서 정미 자체가 중요한 수입원이 아니기 때문에 차라리 '부업'이라고 부르는 편이 적절했다.[16] 토롱간의 이윤은 주로 상업적 투기와 고리대 이자에서 비롯된 것이고, 특히 생활비와 세금, 경작자금 등을 지불할 현금이 수중에 없어 쩔쩔매는 빈농 계층이 주요 고객이었다. 이와 같이 기업가적 특성이 거의 없는 토롱간을 가공업자로 보기보다는 미곡교역 중개업자나 고리대자본으로 보는 편이 낫다.

적지 않은 지주들은 토롱간을 설립해서 자기가 실물 소작료로 받은 도곡稻穀을 스스로 처리했고 동시에 소작농과 인근 촌민의 정미를 위탁받았다. 일부 토롱간은 잡화점을 겸영하면서 생활용품, 비료, 농기구를 제공하고 이를 농민의 도곡과 교환하기도 했다. 또한 이들 상품을 선대 자금의 일부로 농민에게 제공하는 사례도 적지 않았다(甲本, 1935, 11 ; 根岸, 1936, 62). 이렇기 때문에 대만인 지주, 미곡상, 고리대금업자 및 미곡 가공업자가 실제로는 하나인 경우도 적지 않았으리라 예상할 수 있다. 최소한 공동의 이익에 기초하여 이들 간에는 강고한 동맹관계가 형성되어 있었을 것이다. 그렇다 하더라도 토롱간은 토지집중이나 거래액 및 공장규모 등에서 일본 당업자본과 현격하게 격차가 생겼고 '통제되지 않은 경쟁'이 존재하는 시장에서 악성경쟁에 빠져들 위험도 상존했다(根岸, 1936, 39, 64~66 ; 甲本, 1935, 11).

상호간의 시장 쟁탈과 근대적 경영 능력 · 관념의 결여 등으로 토롱간은

16 네기시(앞의 책, 1936, 62쪽)가 '부업'이라는 표현을 사용한 바 있다.

빠르게 세워졌다 빠르게 사라졌기 때문에 '책임 관념의 결여'나 '남설濫設' 등으로 비난받기도 했다(甲本, 1935, 11). 그럼에도 불구하고 무수한 소농과의 교역에 밝았고 생활과 생산의 측면에서 많은 편익을 제공하는 신용대출을 행했으며, 정미업자 · 중개상 · 고리대금업자를 겸하는 '삼위일체'의 역할을 했기 때문에 토롱간은 장기간에 걸쳐 일본자본의 침투와 합병을 피할 수 있었다. 대만의 미곡 수출을 총괄한 네 개의 일본 대상사大商社조차 700개 전후의 토롱간에 도곡의 수매와 가공을 위탁함으로써 40만에 달하는 미곡생산자를 직접 대면하는 것을 피할 수밖에 없었다(殖産局, 1938a, 48~50 ; 川野, 1969, 129).[17] 도내 미곡의 유통은 실제로는 대만 토롱간이 장악했다고 할 수 있다.

자본주의로의 전환 과정에서 근대적 공장제도factory system는 일반적으로 소상품생산을 소멸시켜 이들을 공업생산에서 배제시킨다. 하지만 자본의 침투와 겸병하에서 소상품생산은 여전히 나름의 대응방안을 마련하여 경제부문에서 완강히 생존해나갈 수도 있었다. 대만인 기업의 당 · 미 부문에서의 소장消長이 적절한 사례이다. 대만의 개량당창改良糖廠은 1906년 이전에는 총독부의 적극적인 지원으로 한때 성황을 누렸지만, 결국에는 일본자본의 겸병을 피할 수 없었다. 반면 총독부가 줄곧 소극적으로 대처한 토롱간 정미업은, 이윤율이 낮아 일본자본이 거들떠보지도 않았지만, 나름대로 자구책을 찾아내어 상업 · 금융업 등의 다양한 경제능력을 결합해 쌀 생산이 확대되는 시기에 외래자본의 침투에 완강히 저항했고 끝내 살아남았다. 일본자본의 당업생산에 대한 침투와 통제는 매우 철저하여 자본의 수평집중과 수직집중의 특색을 잘 반영하고 있다. 반면 미곡가공업은 오히려 대만인 수중에 남아 일본자본 통제하의 대규모 생산을 피할

17 1936년 당시 732개의 토롱간(전체의 22퍼센트)이 수출미를 처리했는데, 나머지 토롱간은 품질상의 요구를 충족시키지 못했다(殖産局, 1938a, 48쪽 ; 川野重任, 앞의 책, 1969, 128쪽).

수 있었다. 토롱간이 근대적 공장경영으로 나아가는 데 방해가 되었던 특징, 즉 상업과 고리대자본의 결합이라는 특징은 일본자본에 저항하는 유력한 수단이 되었다.

미 · 당 부문 계급지배 구조의 비교

쌀의 생산과 교환은 일본자본 지배하의 당업과 선명한 대비를 이룬다. 독점적 제당회사는 대부분의 설탕생산을 장악했다(표 1-13).[18] 일본자본이 운영하는 대형 제당회사는 원료채집구 제도, 미당비가법, 자금의 선대, 장려금 교부, 기술이전, 운수 · 관개시설 투자 · 관리, 그리고 (당업이익을 우선적으로 고려한) 총독부의 수리사업과 (경찰력의 동원을 포함한) 행정적 협조 등을 통해 사탕수수 교역을 장악하고 더 나아가 계약을 맺은 자농의 생산과정을 감독할 수 있었다(2장 5절). 제당회사는 동시에 대규모 플랜테이션을 자영하여 필요한 원료의 일부(20퍼센트)를 자체 생산하면서 소작계약을 통해 회사 토지를 빌린 소작농의 가내노동력을 장악했다(2장 3절). 계약을 맺은 자농의 가정농장은 플랜테이션에 병합되지는 않았지만 생산에서 자율성은 거의 없는 것이나 마찬가지였다. 독점적 제당회사는 생산과정에서는 농산품의 생산 · 가공을 통제하고 유통과정에서는 도내 교역과 수출 통로를 통합했다. 그 결과 야나이하라가 지적한 대로 대만의 사탕수수생산자와 일본의 설탕소비자 간에는 유일한 중개자, 즉 소수의 당업 독점자본만이 존재했다(1985, 212~218). 무소불위의 권력을 가진 당업자본에 비해 대만 사탕수수 농가의 가격협상 능력은 보잘것없었고 생산에서 자율성 역시 거의 기대할 수 없었다.

반면 대만 미작부문의 계급지배는 상당히 달랐다. 대만인 지주가 거둔

18 1937~1938년 사이에 대만臺灣 · 대일본大日本 · 염수항鹽水港 · 명치明治 등 4개 제당회사가 전도 총생산량의 83퍼센트를 차지했다(『糖業統計』, 앞의 책, 1943, 82쪽).

소작료는 19세기 말 이래 토지수확량의 50퍼센트에 가까운 수준을 줄곧 유지했다. 소작농은 지주와 동일한 비율로 생산력 증대로 인한 이익을 분점할 수 있었다. 농업생산은 줄곧 가정경작 위주였고 장기적 관점에서 보았을 때 토지소유는 영세화되었으며 자작농과 반자작농 호수의 비율도 꾸준히 증가했다. 대만인 지주는 일본 당업자본의 농업생산에 대한 통제와 비교하여 토지집중(소유권)이나 농업생산의 통제(경영권)에 있어서나 훨씬 미치지 못했다. 대만 자본가를 대표할 수 있는 토롱간은 가공·상업·금융 활동을 통합하고 나아가 지주와 일체화되었지만, 그 경영규모는 작았고 대부분 가족성원의 노동력에 의존하는 가족기업이었다. 규모는 작고 숫자는 많았기 때문에 토롱간 업자 사이에는 격렬한 경쟁이 있을 수밖에 없어서 미곡시장에 대한 통제능력과 가공이윤을 제약받게 되었다. 농업과 농산품 가공업에서 유통·생산 과정을 볼 때 대만 미작부문의 계급지배 정도는 일본자본이 지배하는 자당부문에 훨씬 못 미쳤다.

계급지배와 경제적 이익의 분배

미작부문이 자당부문처럼 강력한 계급지배를 받았더라면 철저한 착취로 인해 생활을 개선할 수 있을 정도의 이윤을 농민에게 남겨주지 않았을 것이다.[19] 농민의 입장에서는 다행히도, 미작부문의 계급지배는 자당부문의

19 이익에 따른 결합의 측면에서 대만 지배계급과 일본 자본가 사이의 충돌 문제에 관해 다음과 같은 의문을 제기할 수 있다. "도대체 어떠한 상황에서 미곡부문의 대만 지배계급과 자당부문의 일본 자본가계급 간의 충돌이 최소화될 수 있을까?" 만일 수출미의 확대가 생계미(재래미) 농가 수입의 상승으로 연결되지 않는다면 두 지배계급 간에는 평화가 유지될 가능성이 크다. 또한 미작부문의 지배계급이 자당부문의 지배계급과 같은 수준으로 강화된다고 가정하면 이는 대만자본이 미곡의 유통·가공 과정을 독점하고 봉래미 수출·생산의 확대가 초래하는 모든 이익을 박탈하여 봉래미전 수입을 재래미전 수입과 같게 만들 것이다. 두 수출부문(사탕수수 및 봉래미 부문) 농민의 수입수준이 (자가소비와 도내 시장을 위해 생산되는) 재래미에 맞추어지도록 강요되는 상황에서 대만·일본 지배계급의 이익은 공히 생계부문의 발전과 자본 이윤율의 확대에 달려 있게 된다. 이러한 상황에서라면 자농이 재래미로 전작하려는

계급지배에 비해 농업이윤을 독점하는 능력이 현저히 떨어졌다. 미작부문 농민의 생활수준 개선을 방해한 장애물은 자당부문의 농민에 비해 훨씬 약했다. 미작부문의 대만인 지배계급은 (당업자본이 자농에게 했던 것처럼) 봉래미 농가의 수입수준을 재래미 농가의 수입과 일치하도록 강제할 힘이 애초부터 없었다. 뿐만 아니라 재래미 수익이 봉래미 수익을 따라 상승하는 것을 저지할 방법도 없었다. 따라서 미곡생산의 확대로 생긴 이익은 그 분배에 있어서 수출상품(봉래미)의 생산자와 지배계급으로 국한되지 못했다. 독점적 통제를 면한 미농은 미곡 생산력과 가격의 상승으로 발생한 이익을 분점할 수 있었다.

생산력 성장이 가져온 경제적 이익은 사회의 모든 구성원이 균점하는 것이 아니라 계급지배의 강약에 따라 분배 균등의 정도가 결정된다. 이 점 때문에 대만 농업사회의 계급구조가 중요한 해석요인이 된다. 가정농장의 보편적 존재, 장기적으로 영세화 추세에 있던 토지소유관계, 47~48퍼센트로 고정되었던 소작료율, 그리고 토롱간의 소상품생산자로서 특징 등은 모두 대만에서 미작부문의 지배계급과 농민의 상대적 역량을 설명하는 요소가 된다. 앞서 여러 차례 밝혔듯이 대만 지배계급(지주와 토롱간의 연합)의 미작부문에 대한 계급지배는 자당부문에 대한 일본자본의 지배보다 훨씬 약했고, 이는 두 부문의 농업잉여의 착취 정도의 차이를 낳았다. 이는 대만 미작부문의 경제적 이익이 비교적 균등하게 확산되었음을 의미하며 미곡생산의 확대에 따라 미농의 생활수준 또한 향상되었다.

미농 수익의 증가는 자농의 미작으로의 전작을 유인하거나 사탕수수 수

욕구가 생길 리 없고, 미·당 부문의 지배계급 간에도 충돌이 발생하지 않을 것이다. 하지만 동시에 농민(자농+미농)과 지배계급(일본+대만) 간의 모순 관계는 더욱 분명하게 드러나게 될 것이다. 바꿔 말하면 대만 지배계급의 역량이 일본 당업자본과 같이 강대해진다면 봉래미 생산의 확대는 미·당 불평등분업 체제의 와해로 이어지지 않을뿐더러 오히려 이를 지속시킬 가능성이 크다.

매가격의 인상을 통해 미농에 상당하는 수입을 올릴 것을 요구하게 만들었다. 이러한 상황은 당업의 원료비용을 상승시켜 당업자본의 이윤을 침식하며 원료의 안정적 공급에도 영향을 미치게 되었다. 당업자본은 원료채집구 제도와 미당비가법하에서 본래 미(재래미)·자전의 단위면적당 수익 비교를 통해 사탕수수 수매가격을 억누르고 사탕수수 공급을 보장받을 수 있었다. 1920년대 중반 이후 시장통제를 통해 농업이윤을 착취하는 기제는 와해의 위기에 직면하게 된다.

서구열강의 식민지와 비교해 볼 때 대만의 1920년대 이후의 '균형적이고 균혜적인' 발전 모델은 분명히 이례적이다. 하지만 모든 사람이 즐겨 말하는 이 '이례'를 어떻게 해석할 것인가? 도대체 어떤 원인이 1920년대 중반 이후의 미곡 생산·수출 확장을 중심으로 한 경제발전으로 하여금 일반적 식민지(와 1925년 이전 대만의 전형적인 이원적 경제발전 모델)로부터 탈각하게 했을까? 이 문제의 해답은 동시에 1920년대 중반 이후 미당상극 첨예화의 배후의 근원과 관련되어 있다. 필자는 (쌀이라는 작물의 특성이 아니라) 부문 내부의 계급지배의 형태를 비교함으로써 이 문제에 대한 답안을 찾아나가고자 한다.

3. 불평등한 노동보수

피식민지인들이 노동을 통해 받는 보수가 식민모국의 노동보수 수준보다 항상 낮았음은 대만·일본 노동자의 생활수준의 차이에서도 쉽게 발견할 수 있다.[20] 두 지역의 농민이 동일한 상품, 즉 도미를 생산할 때 생산비용이

20 Arghiri Emmanuel(*Theoretical Comments in Unequal Exchange*, Monthly Review Press, 1972)의 불평등교환unequal exchange 이론에 따르면 자본주의 경제는 마르크스가『자본론』 제3권에서 생산가격prices of production이라고 부른 생산요소가격 형성의 법칙law of price formation for productive factors의 지배를 받는다. 노동요소에 불평등한 보수(즉 불

다소 높은 일본에서 노동생산성은 오히려 대만보다 낮았다(1931~1933년에는 대만에 비해 17.3퍼센트가 낮았다)(『農調書』, 제27호, 1931 ; 제28호, 1932 ; 殖産局, 1938b ; 帝國農會, 1961 ; 奧田, 1937, 99). 일본 농민은 다소 높은 생활수준과 생산비용으로 인해 미곡생산에서 경쟁력이 떨어졌다.

식민지에서 수입한 염가미가 일본 미농을 위협하여 생활수준을 떨어뜨리자 1930년대 초 농민저항이 발생했다(井上清 · 渡部徹, 1968 ; 山本, 1976 ; 石川, 1936, 7~11 ; 陳逢源, 1937, 160). 일본정부는 정치적 소요를 안정시키기 위해 많은 예산을 들여 과잉 공급된 미곡을 사들여 정부가 정한 보증가격 아래로 미가가 떨어지는 것을 막았다(東畑 · 大川, 1939, 117~131 ; 太田, 1938 ; 723~1062 ; 八木, 1932, 490~545). 하지만 일본미 가격을 억지로 끌어올리자 품질도 좋고 값도 싼 식민지 수입미는 더 많이 수입되었다. 수입 미상이 이를 틈타 수입미 가격을 올리자(그림 4-1 ; 『臺灣米報』, 1934년 1월호, 2~4 ; 1934년 4월호, 1 ; 1934년 9월호, 1 ; 大間, 1939, 12~13 ; 八木, 1932, 405~464) 이에 대해 일본정부는 식민지 수입미 가격의 상승을 미가보호정책하에서의 '불로소득'이라고 간주했다(大間, 1939, 12~13, 15 ; 高橋, 1937, 198~200 ; 總督府, 1939, 8). 더 문제가 된 것은, 높은 미가로 인해 식민지에서 유입된 미곡이 1930년대 초 일본 미곡의 공급과잉 문제를 더 악화시킨 것이다(高橋, 1937, 191~196 ; 石川, 1936, 7~37 ; 久山, 1937, 1~4 ; 大間, 1939, 6~7 ; 總督府, 1939, 6~8). 일본미는 염가의 수입미 때문에 더더욱 시장에서 퇴출되었고, 일본정부는 더 많은 돈을 써서 과잉공급된 일본미를 사들여 보증가격을 유지할 수밖에 없게 되었다. 과잉미곡 수매비용은 1928년 2억엔에서 1932년 11억 5천엔으로 상승했고, 정부는 이를

평등한 노동보수)가 주어지면 이는 불평등한 교환으로 이어진다는 것이다. 엠마누엘 Emmanuel은 국제시장이 자유롭고 자본이 자유롭게 유통할 수 있으나 노동력은 자유롭게 이동할 수 없다는 가정하에서 주변부국가 생산품의 불리한 교역조건은 주로 중심국과 주변부국가 간 노동보수의 불평등에서 기원함을 강조했다. 일본 제국에도 동일한 논리가 적용될 수 있다.

점점 부담스러워했다. 수매된 미곡의 저장창고 역시 포화상태였지만(東畑·大川, 1939, 121~122 ; 陳逢源, 1937, 163 ; 八木, 1932, 490~545 ; 太田, 1938, 723~1062) 일본의 미곡과잉 상태는 개선될 기미가 보이지 않았고 식민지 수입미의 수량은 계속 증가해 미가보호정책도 조만간 붕괴될 지경이었다.

이러한 문제에 직면한 일본정부는 1920년대 식민지에서의 미곡증산 장려책을 뒤집어 대만·조선총독부에 미곡의 생산과 대일 이출을 억제하도록 요구해 식민지 수입미로 인한 미곡과잉과 이로 인한 사회경제적 곤경에 대응하고자 했다(殖産局米穀課, 1938, 4~6). 이 정책은 1936년에 통과된 '미곡자치관리법'으로 구체화되어 과잉미곡을 줄이기 위해 일본·조선·대만에 감산량減産量을 강제로 배정했고, 식민지가 감산량의 대부분(약 80퍼센트)을 떠안았다(殖産局米穀課, 1938, 43~56). 대만·조선총독부는 일본정부의 지시를 받아들여 미곡생산 억제정책을 시행하기 시작했다. 대만총독부는 미곡생산에 대한 투자와 연구개발에 대한 지원을 모조리 취소했다(『臺灣の米』, 1938, 28~29 ; 米穀局, 1940a, 2~3 ; 總督府, 1939, 8~9 ; 大間, 1939, 9~10, 13). 농업창고 설립을 보조하여 미곡수급 조절능력을 향상시키는 것 외에는 미곡생산으로 전작을 장려하는 경비까지 회수했다(殖産局米穀課, 1938, 29~43 ; 『臺灣の米』, 1938, 26~27 ; 『米穀要覽』, 1938, 49~51 ; 大間, 1939, 7~9).

조선은 미곡억압 정책으로 인해 상당히 큰 타격을 입었다. 수리투자는 중단되었고(1934년) 농업발전은 후퇴했다(Ho, 1984, 364). 억압정책이 대만 농업에 끼친 영향은 그다지 분명치 않아 미곡생산은 계속 증대되었다. 대만에서는 일찍이 대규모의 공공투자로 건설한 수리시설(주로 설탕 증산을 위한 것이지만)과 농업 기초의 구축, 그리고 대만자본의 자금력을 통해 미곡증산을 꾸준히 유지할 수 있었다(Mizoguchi and Yamamoto, 1984, 411). 대만총독부는 별로 달갑지 않았지만 어쩔 수 없이 많은 보조금을 들여 전작을 유도해 농민이 미곡생산을 포기하도록 했다. 사탕수수와 기타 대체작물에 대한 보

조를 통해 미작 생산면적을 줄이는 것은 대만 농업의 추세를 거스르는 일일 뿐 아니라 총독부의 입장에서도 재정면에서 큰 부담이었다. 1906~1937년 사이에 총독부가 미곡증산을 위한 연구·개발에 투입한 경비는 68만엔에 불과한 데 비해 1934~1937년 사이에 미곡감산을 유도하는 데에만 110만엔을 썼다(『臺灣の米』, 1938, 26~27).

대만 수출미 생산의 확대는 식민모국의 농민과 지주의 이익을 위협했을 뿐 아니라 도내 일본자본의 이윤도 위협했다. 당업자본은 원료채집구 제도에 따른 시장독점권과 미당비가법에 기대어 미전·자전의 수입을 비교해 사탕수수 수매가격을 결정하는 기준으로 삼아왔다(2장 5절). 1925년 이후 미곡생산이 확대되고 더욱 중요하게는 미농 수입수준이 상승한 이래 일본 당업자본은 스스로 만들어놓은 시장통제 기제의 틀에 갇혀버리게 된다. 당업자본은 본래 재래미 생산자를 참고단체로 삼아 생계미를 생산하는 미농의 수입수준을 교환조건으로 보장하여 사탕수수 수매가격을 결정했고, 아울러 선대금 등의 수단을 통해 농민에게 사탕수수 재배를 권유하여 안정적이고 값싼 원료의 공급을 장악해 관세보호하의 초과이윤을 독점할 수 있었다. 하지만 미작부문의 상대적 낙후·정체에 과도하게 의존하여 이를 이윤의 원천으로 만들었고, 때문에 1925년 이후 미곡생산의 대폭 확장과 교역조건의 현저한 개선이라는 새로운 상황에서는 도리어 진퇴양난에 빠지게 된 것이다. 사탕수수 수매가격은 미작 수입의 증대로 인해 상승했고, 이는 비용부담을 가중시킬 뿐 아니라 미작 수입이 증대돼 자농이 미작으로 전작하면서 원료의 공급 부족과 불안정 문제도 발생했다(宮川, 1937a, 1937b, 1938, 2~3 ; 石川, 1936, 63~66, 1937, 20~23).

이러한 상황에서 제당회사는 수매를 통한 원료취득을 줄이고 자영 플랜테이션을 통한 원료구입을 늘리거나, 아니면 회사가 보유한 경지를 소작농에게 빌려주어 농민을 사탕수수 생산에 묶어둠으로써 원료의 생산과 공

| 표 4-14 | 수전·한전의 매매 가격 단위 : 엔/갑

연도	수전		한전		물가지수
	가격	지수	가격	지수	
1924	1,469	100.0	547	100.0	100.0
1938	3,163	215.3	1,486	260.7	110.1
1939	3,553	241.9	1,795	328.2	118.5
1940	3,579	243.6	1,867	341.3	131.9
1941	3,244	220.8	1,732	316.6	145.7
1942	2,953	201.0	1,630	298.0	155.4

부주 :

1. 1924년 보통 등급의 수전과 한전의 실제 매매가격임. 1938~1942년은 중등 수전(7~8등칙等則)과 한전(9~10등칙)의 매매가격임.
2. 물가지수는 타이베이시臺北市 도매물가지수임. 『臺灣商工統計』의 소비자물가지수(당시 유일하게 참고할 수 있는 소매물가)는 1929년에 시작되어 표의 작성에 적용할 수 없었음. 미조구치(溝口, 1975, 1988, 303)가 제공한 소비자물가지수 자료는 1938년까지이고 1938년 소비자물가지수도 122(1924년＝100)로 수치가 지나치게 높은 듯함(張漢裕, 1974의 이에 대한 비판을 참조).

자료 근거 : 『臺灣農業年報』, 1924, 129~130 ; 『統計提要』, 896 ; 臺灣銀行調査部鑑定課, 1944, 1~2

급에 대한 통제권을 강화할 수밖에 없었다. 제당회사는 안정적이고 충분한 원료를 확보하기 위해 자유지自有地를 증가시키거나 토지를 빌리는 등의 형태로 토지를 확대해야 했다(『臺灣の糖業』, 1935, 39~41 ; 川野, 1969, 91~92 ; 平山, 1935, 82~88 ; 『糖業』, 1915년 2월호, 9 ; 淺香, 1931, 1932 ; 宮川, 1932). 하지만 불행히도 미작 수익의 상승으로 초래된 토지투자는 지가와 소작료를 상승시켰다(高橋, 1937, 157~163). 소작료율은 47~48퍼센트 수준으로 유지되었지만, 소작료 자체는 미전 생산력의 제고로 인해 상승하고 있었다(표 4-12). 지가의 상승은 더욱 빨라 1920년대 중반부터 1930년대 말(1924~1940)까지 수전 지가는 두 배 이상 올랐고 한전은 세 배 이상 올랐다(표 4-14). 같은 기간 물가지수는 20퍼센트 상승하는 데 그쳤다(표 4-14). 일본자본이 공업 투자를 독점하고 대만자본은 이에 참여할 수 없었기 때문에 농지에 투자할 수밖에 없었던 데다가 대만인 매주 간에 경쟁이 치열하여 지가가 상승했다. 이는 토지에 대한 통제권을 강화하려던 당업자본의 계획을 실행하기 어렵게 만들었다. 엎친 데 덮친 격으로 이러한 상황이 발생한 시점은, 당업자본이 원료공급 문제로 곤란을 겪어 토지에 대한 통제권을 확보할 필요가 가장 커졌을 때였다.

더 많은 토지를 확보하여 사탕수수를 재배하는 것이 곤란한 상황에서 당업자본에게 남은 선택은 자전 생산력을 향상시키고 사탕수수의 품질을 개선(함으로써 제당률製糖率을 개선)하는 것뿐이었다. 단위당 설탕의 원료비용은 주로 사탕수수의 수매가격과 품질에 의해 결정되었다. 자전의 생산력을 높여 단위당 자전의 사탕수수 생산량을 늘리면, (자전 수입을 미전 수입과 같게 보장하는) 미당비가법하에서 동일한 비용으로 더 많은 사탕수수 원료를 얻어낼 수 있었고, 이는 단위당 사탕수수 원료의 가격이 떨어질 수 있음을 의미했다. 사탕수수 품질의 제고는 제당률을 향상시켜 사탕수수 수요를 줄일 수 있는 방법이었다. 1925년 이후 미작의 경쟁이라는 압력 속에서 당업자본은 기술 개선과 생산 장려를 통해 자농의 사탕수수 품질개선을 유도하여 제당률을 1925년 이전의 10퍼센트에서 1930년대는 13퍼센트로 향상시켰고〔『糖業統計』(各年)〕, 동시에 원료채집구 내의 자전 생산력 또한 크게 향상되어 단위당 사탕수수가격을 떨어뜨리는 데 기여했다(그림 3-4).

자전 생산력과 사탕수수 품질의 향상은 1932~1933년 세계대공황 이전에는 당업자본이 1925년 이후 원료공급 곤란을 해결하는 주된 수단이었고, 이는 자농이 1925년 이후 꾸준히 상승한 미농의 수입수준을 따라잡는 데도 도움이 되었다. 다만 1930년대 초 세계대공황이 발생하자 자작 생산력 개선에 대한 투자회수율이 체감했고, 이에 당업자본은 농업생산력 개선에 대한 투자에 회의적이기 시작했다(『臺灣の糖業』, 1935, 40~41). 미가 상승의 위협과 미곡생산의 사탕수수 생산에 대한 끊임없는 압박으로 경쟁

압력에 직면한 일본 당업자본은 결국 정치적 수단에 호소하는 전가의 보도를 꺼내들어 대만총독부에 미작 발전을 억제시켜 달라고 요구했다.[21]

당업자본 외에 대만에 진출한 일본의 다른 공업자본 역시 미가의 상승과 농민 생활수준의 향상이 그들의 이익과 저촉된다고 판단하고 있었다. 왜냐하면 높은 미가는 노동비용을 증가시켜 공업생산의 비용부담을 증가시키기 때문이다(高橋, 1937, 390~393, 402~403). 농민 수입수준의 증가는 또한 농민들이 농업부문에서 이탈하는 것을 막아 공업에 필요한 값싼 노동력 확보를 곤란하게 했다. 공업화는 곧 닥치게 될 대외전쟁과 식민통치의 강화를 위해 1930년대 말의 중요 정책목표였고, 따라서 총독부는 더 많은 일본자본의 대만 투자를 유도할 필요가 있었다(高橋, 1937, 397, 400~401, 410~411 ; 張宗漢, 1980, 33, 43~45). 일본자본은 총독부가 개입하여 '투자환경' 문제를 해결해줄 것을 요구했는데, 이는 미가와 미곡생산의 확대를 억제할 방안을 마련하라는 것이었다(陳逢源, 1937, 199 ; 劉明電, 1940, 103~107 ; 川野, 1969, 87~91 ; 石川, 1936, 62~66 ; 蔡培火 等, 1971, 538~539). 모국 자본가를 보호하기 위해 총독부는 결국 직접 개입에 나서게 된다.

1935년과 1936년 일본에 흉년이 들고 이어서 1937년 중국과 전쟁에 돌입하게 되자 미곡의 공급과잉은 더 이상 문제가 되지 않았고 오히려 식량공급 부족이 일본정부의 주된 관심사가 되었다. 제74회 일본 제국의회(1939)에서 식민지 미곡 일본수입 관련법규에 관한 회의에서 오카노 료이치岡野龍一 의원은, 1936년 이후 미곡문제는 일본 미농의 생활수준이 생산과잉으로 인해 받는 위협이 아니라 미곡생산이 수요를 따라가지 못할 지도 모른다는 것이었음을 지적했다. 중일전쟁中日戰爭은 미곡 수요를 자극했고 농업노동력도 전쟁 징발로 인해 부족해질 것이라는 것이다(『帝國議會議事錄』, 1939, 2~4). 식민지의 미곡생산과 대일 이출을 억제하는 정책은 이러한

---

21 그 이유에 대해서는 3장 3절 내용 참조.

변화된 상황에서는 터무니없는 소리로 들릴 것이 자명했다. 하지만 1936년 이후에도 억제정책을 계속 견지했는데 이는 대만총독부가 당업자본의 편에 서 있음을 단적으로 보여주는 것이었다. 하지만 대만총독부의 억제정책은 기대했던 효과를 거두지 못했다. 일본에서 다시 활성화된 미곡시장 덕분에 미가와 농민의 생활수준은 여전히 상승하고 있었다. 새로 부임한 고바야시小林 총독(1936~1940)은 이를 정책실행의 불철저함 때문이라고 간주하고 더욱 강경한 통제조치를 감행했다. 이것이 바로 '대만미곡이출관리안臺灣米穀移出管理案'에 구현된 정책이다.

미곡억제정책에 대응하여 대만의 (대만인 미곡업자와 일본 미상을 포함한) 미곡 이익집단은 '대만미수일한제반대동맹회臺灣米輸日限制反對同盟會'(1932년 수립, 린셴탕林獻堂이[22] 주석)를 조직하여 대만 지식청년(우싼롄吳三連[23] · 류밍뎬劉明電 · 양자오쟈楊肇嘉[24] 등)들과 결합하여 대만 미곡에 대한 통제를 포기하

22 | 역주 | 린셴탕林獻堂은 판교板橋 임가林家와 함께 청말 대만의 양대 망족 중 하나인 무봉霧峰 임가林家의 후손이다. 1914년에는 이타가키 다이스케板垣退助의 대만동화회臺灣同化會에 호응하기도 했고, 1919년에는 신민회新民會의 회장을 맡기도 했다. 1921년에 성립된 대만문화협회의 총리를 맡으면서 대만의 대표적 항일운동인 대만의회설치청원운동을 적극적으로 전개했고, 이후 대만지방자치연맹을 조직하는 등 민족운동에 적극 참여했다. 해방 이후에는 대만성臺灣省 참의회 의원과 대만성문헌위원회臺灣省文獻委員會의 주임위원을 역임했고 장화은행彰化銀行 이사장이 되기도 했다. 1949년 일본으로 간 후 대만으로 다시 돌아오지 않고 일본에서 사망했다. 저서로는 일제시대에 세계 각국을 유람하고 쓴 『환구유기環球遊記』가 유명하고, 특히 1927년부터 1954년까지 기록한 일기는 '대만 역사상 가장 중요한 개인문서'라고 불릴 정도로 일제시대 연구에 귀중한 자료로 평가되기도 한다.

23 | 역주 | 우싼롄吳三連은 근·현대 대만의 대표적인 기업인이자 언론인이다. 타이난현臺南縣 출신으로 대만총독부 국어학교 졸업 후 일본 동경상과대학(현재의 히토쓰바시一橋대학)을 다녔다. 재학 중에도 대만문화협회나 대만의회설치청원운동 등에 활발하게 참여했고, 졸업 후에는 『대판일일신문大阪日日新聞』에서 기자로 활동하기도 했다. 『대만신민보臺灣新民報』가 1932년 창간되자 대만에 돌아와 언론활동에 종사했는데, 1940년 일본의 미곡통제정책 반대 활동을 벌이다가 강제로 퇴직 조치되어 해방될 때까지 중국 톈진天津에서 무역활동을 하기도 했다. 1949년부터 관선·민선 타이베이臺北 시장을 역임했고 이후 타이난방직공사臺南紡織公司를 경영하여 소위 '타이난방臺南幇' 기업집단의 효시를 이루기도 했다. 1959년에는 대만 민주화운동에 큰 영향을 끼친 『자립만보自立晚報』를 창간하여 발행인으로 장기간 활동했고, 이 밖에도 다수의 중학·대학을 설립하는 등 문화·교육사업에서도 큰 족적을 남겼다.

여 농민에게 생산을 유인하도록 해 일본의 미곡수요를 충족시키라고 대만 총독부에 요구했다(蔡培火 等, 1971, 539~540 ; 『臺灣米報』, 1932년 7월호, 2~5). 미·당 이익의 대치 속에서 미야카와 지로宮川次郎, 이시카와 데지로石川悌次郎, 다카하시 가메키치高橋龜吉 및 가와노 시게토川野重任 같은 일본학자들은 일본정부가 개입하여 대만 미가에 따라 상승하는 일본 미가를 억제하라는 입장을 취하여, 대만총독부에 미곡의 유통과정과 미가에 대한 행정통제를 강화하고, 심지어는 직접 미곡 이출을 통제하는 '미전매米專賣'를 실시할 것을 건의했다(石川, 1936, 75~101 ; 高橋, 1937, 73~86). 이 건의는 총독부가 제국의회에 제출한 '대만미곡이출관리안'에 구체화되어 총독부가 일본·대만 간 미곡무역에 대한 독점권을 가지도록 요구했다(總督府, 1939). 이 법안에 따르면 총독부를 거쳐서 미곡을 일본에 이출해야 하고, 또한 총독부는 도내 수출미의 유일한 매주買主로서 미곡의 수매가격을 독자적으로 결정할 수 있는 권한을 부여받게 되었다. 총독부는 미가에 대한 통제권한을 이용하여 (과거처럼 전작 장려 등에 재정을 투입하지 않고도) 미곡 생산량을 통제할 수 있을 뿐 아니라 도내 수매가격을 시가보다 낮은 가격으로 책정하고 일본에 이출한 후에는 현지 시가대로 판매함으로써 매매차액을 통해 막대한 재정수입을 올릴 수 있었다. 당업자본으로서는 미작 수입이 하락한 후 사탕수수 원료비용 역시 동반 하락할 것이고, 제당회사가 농민에게 자작으로 전환하도록 유도하기도 쉬워질 것이었다. 뿐만 아니라 하락한 지가와 소작료는 제당회사의 추가적인 경지 보유를 보다 쉽게 해줄 수 있

24 | 역주 | 양자오자楊肇嘉는 타이중현臺中縣 출신의 항일운동 인사이다. 1929년 와세다早稻田 대학 정치경제과를 졸업한 후 1927년에는 대만민중당臺灣民衆黨 일본 대표를 맡아 일본 내각에 지방자치 등의 15개항 요구를 제출, '대만의 사자'로 불리기도 했다. 1937년 대만지방자치연맹이 강제로 해산된 후 '대만미곡관리안臺灣米穀管理案'에 반대하는 운동을 벌이다가 투옥되었고, 1941년부터는 상하이로 가서 무역활동에 종사하기도 했다. 해방 후에는 장제스蔣介石의 남경국민정부의 실정을 항의해 대만으로 구인되어 투옥되기도 했다. 저서로는『양조가회억록楊肇嘉回憶錄』이 있다.

었다.

총독부는 어떤 방식으로 '미전매'를 정당화했을까? 표면적인 이유는 미가의 '부자연스러운' 등귀騰貴를 교정한다는 것이었다(總督府, 1939, 8~9). 총독부는 '적당한' 미가를 통해 달성할 수 있는 목적을 아래와 같이 밝혔다.

① 대만미의 이출이 일본 본토의 미가보호정책하의 미곡의 수매가격 상승을 막는다.

② '부자연스럽게' 높은 미가로 인한 미작의 과도한 확대를 방지한다.

③ 미전의 전작 장려를 위한 총독부의 재정부담을 줄이고 본래 미작 확대를 막기 위해 취한 농업발전을 가로막는 억압적인 조치들을 폐지한다.

④ 농민의 생활수준을 낮추어 농업인구의 이동과 전업을 촉진함으로써 공업의 비용부담을 줄인다.

⑤ 농민의 더욱 효율적인 경영을 자극하여 기타 '유용한' 작물, 예컨대 고구마 · 면화 · 황마黃麻 · 저마苧麻 등으로 전작을 꾀한다(總督府, 1939, 8~10 ; 大間, 1939, 12~16 ; 田端, 1939a, 27, 1939b, 2~6 ; 川野, 1969, 169~172 ; 高橋, 1937, 79~84).

이상은 주로 다바타 고사부로田端幸三郎 당시 식산국장(1939a, 1939b)의 설명인데, 대단히 상세한 듯하지만 사실은 두 가지 핵심적인 측면을 감추고 있다. 우선 미전매는 그 성격상 총독부가 행정적 개입을 통해 대만에 진출한 일본자본(특히 당업자본)을 보호하려는 정책의 연장선상에 있다. 과거에도 총독부는 일본자본의 이익이 위협받을 때마다 항상 시장통제라는 수단을 통해 개입해서 대만인의 이익을 희생시켰다. 일본 당업자본에 불리한 조건이 발생하면 총독부는 항상 미가에 불리한 정책을 써왔다. 제1차 세계대전 기간에 대만미의 대일 이출이 급증하고 미가가 폭등하여 당업의 원료수매가 곤란해지고 비용은 상승했다. 총독부는 일본 당업자본가들의 요청에 응해 1919년 1월 돌연 '대만미이출제한령臺灣米移出制限令'을 발포하여 총독부의 허가를 받지 않은 대만 미곡의 대일 이출을 금한다고 규정함으로써 미가를 폭락시켜 사탕수수가격이 미가에 동반하여 상승하는 것을 막은 바 있다(杉野, 1919, 129 ; 竹市, 1941, 437~438 ; 江夏, 1930, 103 ; 根岸, 1959, 75 ; 川野, 1969, 8~9, 77). 동일한 목적을 위해 총독부는 여러 차례에 걸쳐 미작 억압 조치를 취했는데, 앞서 지적했듯이 일본시장에서의 수요폭발과 도내 생산자의 임기응변으로 인해 충분히 관철되지는 못했다(杉野, 1919, 130~131). 앞서 밝힌 임시 조치에 비해 1939년 총독부의 미전매는 대담하고 철저했다. 정부가 시장 기제를 대신하여 직접 미곡유통을 관장함으로써 미가통제를 위한 최고의 권한을 가지게 된 것이다. 미곡매매의 절대적 통제권을 장악한 후 총독부는 이출미 가격을 독단으로 결정하여 대만 농작물에 대한 불리한 교역조건을 강화해서 농민의 수입을 강제로 낮출 수 있었다.

총독부 당국과 일본학자들의 논리에서 숨긴(또는 보고도 못 본 체한) 또 하나의 중요한 측면은 일본·대만 농민 간의 불평등한 노동보수의 의도적인 유지였다. 총독부가 최종적으로 결정한 '적정' 미가는 도대체 어떤 과정을 거쳤는지 전혀 설명이 없었다. 사실 미전매 이후 미가와 농민의 생활수준은 ('경제'가 아니라) '정치'가 결정했다. 총독부는 시장경제법칙을 벗어난 '부자연스러운' 가격을 교정하려는 게 아니었다. 일본·대만의 노동보수의 불평등을 당연한 전제로 하여 총독부와 일본학자들은 '적정' 미가를 찾으려고 노력했지만, 사실은 행정적인 강제수단으로 시장 기제를 대체하여 미가를 억누르고 이를 통해 대만 농민이 일본 농민의 생활수준에 근접하는 것을 막으려 했던 것이다(이에 대해서는 후술하는 미곡생산비 조사에 관련된 부분을 참조).

어째서 시장균형의 이상을 추구하던 가와노마저 '미전매'에 찬성했을까? 그가 제시한 이유는 간단히 다음과 같이 정리할 수 있다. 대만 미가가 정부의 보조를 받는 일본 미가를 따라 '부자연스럽게' 상승하여 대만 미곡 생산이 과도하게 확대되고 효율이 저하되었다. 따라서 부적절하게 높은 미가를 조정해 비효율적인 생산과 자원의 낭비를 막을 필요가 있다. 일본과 대만 사이의 자유로운 미곡시장은 대만 미가가 일본 미가의 영향을 받게 만들었고, 이로 인해 정부의 강화된 행정개입을 통해 통제되어야 한다(川野, 1969, 169~171). 가와노의 이와 같은 논리는 그가 일관되게 견지해온 자유시장 이념과 명백히 배치된다. 그는 시장경제가 가격기제를 통해 수요·공급을 자동적으로 조절함으로써 균형에 도달할 가능성을 스스로 의심했을 뿐 아니라 새로운 정부 간섭(미전매)을 통해 또 다른 정부 간섭(일본미에 대한 보조)의 후과後果를 교정하려 했다. 이러한 과정이 끝까지 진행된다면 그 결과는 어렵지 않게 알 수 있다. 정부가 시장을 완전히 대체한 것이다. 가와노의 시장균형 모델은 (생산력발전의 불균등이 초래한) 경제부문 간의 불균등한 발전을 과도적 현상으로 보고 결국 시장 기제를 통해 균형에 도달할 수 있다는 것이었다. 가와노는 미전매 문제에서는 그 반대의 주장을 해 자기 이론 내부에 치명적인 논리적 불일치를 드러냈을 뿐 아니라 분석적으로도 자승자박에 빠졌다.

일본정부의 행정개입은 일본 미농이 식민지 수입미와의 시장경쟁을 피할 수 있게 해줌으로써 수입수준을 보장해주었고, 총독부의 통제는 시장을 대체하여 식민지 농민의 생활수준을 억눌렀다. 이 모두는 일본과 대만 간에 정치력을 운용하여 강화된 불평등한 노동보수가 존재함을 명백히 보여준다. 미전매의 제안은 가격의 자동적인 조절을 통한 시장경제와 명백히 저촉된다. 이 제안의 배후에 총독부와 일본학자들이 공통적으로 견지한 것은 일본·대만 간의 불평등한 노동보수 구조이고, 이 목적을 달성하려면 자유시장의 조절기능을 포기하고 행정력의 직접 개입에 의지할 수밖에 없게 된 것이다. 식민지 구조하의 불평등은 순경제적 이유만으로 설명하기 어렵다. 그 불평등은 정치가 결정한 것이다. 대만의 식민지 발전은 민족차별에 기초한 불평등이라는 특징을 계속 유지해나간 것이다.

4. 계급의 연합과 충돌

앞서 여러 번 지적했듯이 미곡생산은 기본적으로 생계형 생산이고 이윤이 적었기 때문에 일본자본은 신경도 쓰지 않았다. 바로 이 때문에 대만인 수중에 남을 수 있었던 것이다. 제1차 세계대전 후 일본의 대만미 수요가 급증하자 미곡의 생산과 교환이 '남는 장사'가 되면서 일본자본이 미곡시장에 뛰어들어 통제하려 했지만 이미 때가 늦어 일본자본의 통제는 미곡의 수출에 한정되었다. 대만인이 일본시장을 잘 몰랐던 덕분에 4대 일본 미상은 1935년에 91.7퍼센트의 대만미 수출을 장악할 수 있었다(殖産局, 1938a, 49~50). 대만인의 미곡생산과 도내 유통은 이미 확고부동해 일본 미상은 대만 지주 및 토룡간 자본과 연합하는 길을 택했다. 미작 이익과 밀접한 관련이 있는 일본인 미곡 수출상은 그들의 대만인 맹우와 마찬가지로 미작부문의 발전을 지지했기 때문에 자당부문의 모국인과 대립하게 되었다〔陳逢源, 1937, 212~213 ; 蔡培火, 1971, 534~542 ; 吳三連, 1991, 88~89 ; 『臺灣米報』(各期)〕. 미곡 이익집단이 발행한 잡지 『대만미보臺灣米報』(일본인 가이야마 요시토미貝山好美는[25] 사장이자 대만정미시장臺灣正米市場의 이사장이었다)가 당업 이익집단의 잡지 『당업糖業』의 입장과 상반된 것은 당연했다. 일본 당업자본과 대만인 지주·토룡간 자본 간에도 대립이 있었지만, 대만에 진출한 일본자본 역시 각각 미·당의 이해관계에 따라 진영을 나누게 된 것이다.

1925년 이후 미곡 수출·생산의 확대와 미농 생활수준의 향상은 자농과

25 | 역주 | 가이야마 요시토미貝山好美는 일제시대 후기 대만총독부의 관료이다. 1913년 일본척식대학日本拓植大學을 졸업한 후 대만총독부 통신국, 타이베이청臺北廳 권업과勸業課 등에서 근무했고, 퇴임 후에는 타이중주臺中州 청과동업조합青果同業組合 부조합장을 맡아 바나나 무역의 진흥에 힘썼다. 1929년에 정미시장正米市場 상무이사를 역임했고 대만 미곡 통제를 반대하는 운동에 반대하는 데 앞장서기도 했다. 대만상공회의소 회원을 지냈고 1941년에는 대만무역진흥주식회사臺灣貿易振興株式會社 상무이사를 맡기도 했다. 저서로는 『臺灣米四十年の回顧』, 『臺灣米移入制限反對運動の經過』, 『産業組合概論講義要領』 등이 있다.

당업자본 간의 모순을 격화시켰다. 일제시대 대만 농민운동은 자농과 당업자본의 대결에 집중되었는데, 대부분은 수매방식과 가격, 또는 토지의 소유·이용 문제가 그 발단이 되었다(蔡培火 等, 1971, 493~534 ; 陳逢源, 1942, 483~485 ; 宮川, 1927, 94~95, 131~160, 111~114 ; 山川, 1966, 268~270 ; 矢內原, 1985, 180~183 ; 警務局, 1939, 987~1190). 농민운동 과정에서 계급의식과 민족의식은 종종 중첩되어 표현되었다(矢內原, 1985, 169~184 ; 蔡培火 等, 1971, 495~534). 소작농과 토지소유자는 보통 함께 농민조직에 가입하여 당업부문의 자본축적을 중심으로 한 식민지 착취에 저항했다.

그러나 농민운동은 산발적인 투쟁에 그치고 전면적이지 못했으며, 대만총독부의 반공反共을 명분으로 한 잔혹한 탄압에 직면했다. 1929년 당시 대만농민조합臺灣農民組合이[26] 주도한 조직적인 저항은 거의 사라진 상태였다(警務局, 1939, 1102~1106 ; 蔡培火 等, 1971, 533~534). 1930년대 일본 본토의 미곡 이익집단과 도내 당업자본의 강력한 압력에 직면한 대만인 지주와 그 동맹(토롱간 자본과 일본 미상 등)은 '대만미곡이출관리안'에 대한 반대운동을 전개하여 미곡의 교역조건과 미작부문의 발전을 옹호하려 했는데, 이는 당시 대만사회에 잔존한 극소수의 조직적인 저항 중 하나였다(蔡培火 等, 1971, 541~542).[27] 1930년대 당시 미작 발전에 유리한 가격을 유지하고 미작

26 | 역주 | 일제시대 대만 전도全島 차원의 농민조직이다. 1925년 합리적인 사탕수수 수매가격 확보를 위해 이림자농조합 二林蔗農組合이 우선 설립됐고, 이는 조합과 제당회사 간의 충돌, 소위 이림사건二林事件으로 발전했다. 이후 대만 각지에서 농민의 저항이 빈발하는 상황에서 1926년 전국 규모의 '대만농민조합'이 설립되었고, 1927년에는 타이중臺中에서 제1차 전도대회全島大會가 개최되었다. 조합원 수는 최다일 때 2만 명이 넘었고 지부는 23개였다. 하지만 1929년 경찰의 조직적인 좌익단체 단속으로 인해 200여 명의 지도자가 체포되면서 활동이 중단되었고 1931년에 조직이 완전히 와해되었다.

27 일제시대 대만 미작지역에서 대만인 지주가 거두어들인 현물 소작료의 소득은 미가의 고저와 밀접하게 관련되었고, 바로 이 때문에 낮은 미가에 의존해 초과이윤을 거두던 당업자본과 모순관계에 놓인 것이다. 따라서 대만인 지주를 식민통치자와 동일시하지 않도록 유의해야 한다. 미·당 간의 경제적 이익을 둘러싼 적대관계는 대만인 지주계급을 통치권에서 배제시키는 결과를 낳을 가능성이 대단히 컸기 때문이다.

생산에 대한 행정적 억제에 저항할 수 있느냐의 여부는 대만인 지주계급과 그 동맹세력의 정치적 역량, 그리고 이들과 일본 당업자본 간의 상대적 역량에 달려 있었다.

일본 미상과 대만인 지주·토롱간 자본을 한편으로, 당업자본을 다른 한편으로 하는 양대 이익집단 간의 충돌로 대만에 진출한 일본자본가들 상호간의 분열과 대립이 격렬해지자 대만총독부는 이러지도 저러지도 못하는 처지가 되어 미·당 이익집단 간의 대립에 대해 아무런 조치도 취할 수 없었다. 양대 이익집단이 팽팽히 대립하여 총독부가 어느 한 편을 일방적으로 두둔할 수 없게 되어서야 비로소 1925~1939년 사이에 대만인 지주와 농민은 미곡생산과 수출의 확대로 생긴 경제적 이익을 보유할 수 있었고, 그 결과 대만은 대부분의 서구열강의 식민지(와 일제시대 전기의 대만)와는 사뭇 다른 식민지 발전의 경험을 하게 된 것이다.

1930년대 말 일본의 미곡과잉 문제가 (전쟁 등으로) 해결되자 식민지 미곡생산과 이출을 억제하라는 모국정부의 압력 역시 크게 줄었다. 미가가 급등하고 피식민지인의 생활수준이 '예상한 것보다 훨씬 빨리' 개선되어 당업이 중심인 대만 진출 일본자본이 자본 축적 과정에서 겪은 곤란함이 당시 총독부의 주요 관심사였음을 알 수 있다(『帝國議會議事錄』, 1939, 19 ; 劉明電, 1940, 2~3, 103~107, 112~120). 이 시점에서 강력하고도 억압적인 미곡정책(미전매)을 시행한 것은, (일본으로부터의 감산 압력이라는) 외적 요인 때문이 아니라 당업자본과 이에 관련된 일본자본의 이익을 보호한다는 내적 요인 때문이었다.

일본 미농은 겨울(11월에서 다음해 2월)에 수확물을 내다 팔기 때문에 다음해 미곡 생장기간의 후반부(대략 6~7월)가 되면 미곡 잔량은 거의 없어져 미곡상이나 지주에게서 미곡을 사다 먹어야 했다(東畑·大川, 1939, 18~19). 대만 봉래미의 1기작(1~6월)의 수출시점(6~10월)은 일본의 보릿고개와 정확히 일치하여 계절적 식량부족 문제를 해결하는 데 매우 적합했다(『統計提要』, 536~537 ; 『米穀要覽』, 1939, 72~73 ; 根岸, 1936, 78~79 ; 陳逢源, 1937, 166~167). 가와노川野(1969, 154)는 이를 '보충 관계'라고 부르면서 일본의 미곡 성장기간과 거의 일치한 조선미朝鮮米가 시장에 진입해서 직면하게 된 '직접적인 상극 관계'와 대비한 바 있다. 따라서 봉래미의 생산과 수출은 1기작에 집중되었고 이는 일본 대도시의 식량수급을 해결하면서 동시에 일본 농촌의 보릿고개의 압력을 크게 경감시켜 주었다(『臺灣米報』, 1930년 5월호, 4 ; 1930년 7월호, 3 ; 1932년 7월호, 2~5, 11~13 ; 1932년 8월호, 10~14).

그렇다면 일본미와 '직접적인 상극관계'에 있고 일본 수입미의 대부분을 차지한 조선미는 어떻게 1930년대 말에 대만과 같은 엄격한 미곡통제조치(미전매)에 직면하지 않았던 것일까?(『帝國議會議事錄』, 1939, 14~18 ; 陳逢源, 1937, 176~189, 198). 총독부는 종종 대만미의 이윤율이 일본미와 조선미에 비해 지나치게 높다는 이유로 대만에서 엄격한 통제정책을 시행했다. 하지만 대만미의 생산비용이 상대적으로 낮기 때문에 이윤율이 조선미보다 높다는 총독부의 설명은 사실과 전혀 부합하지 않는다. 당시의 공식 조사에 따르면 1933년 미곡 1석의 생산비는 일본, 조선, 대만이 각각 23.34엔, 21.70엔, 17.81엔이었다(陳逢源, 1937, 178의 표 10). 동일한 조사 보고는 1석의 봉래미 (가축사용을 포함한) 노동비용은 겨우 5.93엔으로 조선의 80퍼센트에 불과했다(조선은 7.15엔, 일본은 8.53엔). 농사비와 농기구 구입비를 합해서 0.6엔으로 조선의 41퍼센트였다(조선은 1.45엔으로 일본의 1.06엔보다 많았다)(陳逢源, 1937, 178). 그러나 일반적으로 신뢰할 만하다고 공인된 수치자료는 위의 주장과 상당히 다르다. 오다카 고노스케尾高煌之助의 『구일본식민지경제통계舊日本植民地經濟統計』에 따르면 대만 남성 농업인구의 명목임금은 1933년 당시 조선에 비해 15.75퍼센트 높았다(溝口 · 梅村 編, 1988, 258, 261). 같은 책에서 테라사키寺崎康博가 정리한 수치에 따르면 대만의 1인당 실질소비(1934~

1936년 기준)는 조선에 비해 34퍼센트 높았다(溝口·梅村 編, 1988, 279). 미조구치의 자료는 1932년 당시 (날짜로 계산한) 대만 농업노동자의 실질임금이 조선에 비해 25퍼센트 높았고(溝口, 1975, 25) 거주비용은 거의 조선의 두 배에 달했다(溝口, 1975, 24). 이러한 사실은 당시 조선미 생산비 조사 자료의 신뢰도에 의문을 제기하기에 충분하다. 조선의 생산비용은 고의로 높게 책정된 듯하다(陳逢源, 1937, 172~189). 조선에 진출한 일본자본과 일본인 지주들이 조선총독부의 미작 억압조치를 막기 위해 조선미 생산비 조사에 영향을 끼쳤을 가능성을 배제할 수 없다(陳逢源, 1937, 179~180, 198).

일본 식민지를 서로 비교해보면 조선에 진출한 일본자본가는 주로 미작 부문에 집중되어 대만이 미당상극의 국면에 있었던 것과는 사뭇 달랐다. 대만에 진출한 일본자본과 달리 조선에 진출한 일본 농업자본의 대부분은 미작에 투자했다. 이들은 가장 비옥한 토지를 장악하고서 대지주의 중심 세력이 되었다.[28] 1932년 당시 30헥타르 이상의 대지주가 보유한 수전의 62.7퍼센트가 일본인 소유였다(東畑·大川, 1937, 10~11). 1932년 당시 일본인은 조선 수전의 16퍼센트를 차지하고 있었으며(東畑·大川, 1937, 10) 일본의 미업자본米業資本 또한 지배적 지위를 누리고 있었다. 일본인이 설립한 정미소는 1931년에 조선 공장의 56.3퍼센트를 차지했다(東畑·大川, 1937, 117). 사실상 조선에 진출한 일본 미업자본의 장악력은 이들이 보유한 공장수를 훨씬 뛰어넘었다. 일본인은 조선 정미업 투자액의 65퍼센트를 차지했고(1929년), 이들 대부분은 대규모의 근대적 공장으로 마력馬力으로는 조선 정미업의 80퍼센트를 차지하고 있었다(1931년, 東畑·大川, 1937, 117~118). 일본자본이 조선미의 생산과 유통을 효과적으로 장악했기 때문에 조선총독부가 미곡시장을 통제할 이유가 없었다(『帝國議會議事錄』, 1939, 18 ; 涂照彦, 1991, 118).

28 대만에 진출한 일본인들이 소유한 경지는 한전 위주였고(표 4-6), 수전 소유 비율은 조선보다 낮았다.

조선의 사례와는 다르게 대만인은 미곡의 생산과 가공뿐 아니라 도내 유통도 장악하고 있었다. 대만에 진출한 일본 (당업)자본과 미곡업자 간의 대립은 미곡업자가 미작 이익에 대한 분점에서 일본자본을 배제하는 데 그치지 않고 양자의 이익이 제로섬 관계에 있었던 것이다. 대만 지주가 소작료로 수취한 것은 실물이고 그 수입의 대부분은 미곡판매에서 왔으므로 높은 미가를 추구하는 것은 당연했다. 하지만 1930년대 당업자본이 원료비용을 낮추기 위해 만든 장치가 계속 유지되기 곤란한 상황에서 대만 지주 및 토롱간 자본과 일본 당업자본의 이해관계의 충돌이 격렬해져서 정치적 불안정마저 야기되었기 때문에 대만총독부는 양쪽을 모두 만족시킬 수 없었고 결국 어느 한쪽을 선택해야 했다.

고바야시 총독, 당업자본가와 당시 일본 국적의 대만 연구자들은 모두 '부자연스러운' 높은 미가가 미곡생산의 '비효율적인' 확대를 초래한다고 주장함으로써 미전 생산력이 1930년대 공공투자의 쇠퇴와 억압적인 미곡정책하에서도 꾸준히 성장한 사실을 완전히 무시했다(그림 4-4 참조). 이밖에도 총독부는 전쟁준비를 위해 종전의 '농업 대만, 공업 일본' 정책을 변경하여 공업화를 1930년대 말의 중요 정책목표로 설정한다. 이에 관해 다카하시 가메키치高橋龜吉 등 총독부 고문顧問을 맡은 학자들은 미가가 농민의 생활수준을 높여 공업노동력의 수급에 불리하게 작용하고, 공업비용의 부담을 조장해 공업화에 장애가 되므로 신속하게 교정할 것을 주장했다(高橋, 1937, 73~86, 386~389, 391~396 ; 楠井, 1941, 412~413 ; 山口, 1942, 163).

공업화의 장애를 제거하기 위해서는 미작 농업과 농민 생활수준의 발전을 억제해야 한다는 생각의 배후에는, 대만 공업화 투자의 대부분을 당업회사가 담당했다는 사실에 유의해야 한다. 8대 제당회사의 투자가 1940년 대만 공업투자의 65퍼센트를 차지했다(林益夫, 1943, 356). 당업자본과 공업자본의 이중 압력(사실은 대부분이 중복된다)하에서 대만총독부는 시장 기제를 뛰어넘어 더욱 직접적이고 효과적인 수단으로 미가를 낮춤으로써 경제자원의 분배를 재조정해야 했던 것이다.

게다가 총독부는 재정 이익의 관점에서 미전매를 통해 가격을 통제해 농민의 작물선택에 영향을 주어 전작 장려에 소모되는 막대한 예산을 줄일 뿐 아니라 대만미 매매차익을 통해 풍부한 재정수입을 올릴 수 있었다. 이 재정수입은 원칙적으로 농업생산력 개선에 사용되어야 하지만, 그 분배와 사용의 최종 결정권은 총독부 수중에 있었다(總督府, 1939, 20 ; 大間, 1939, 57 ; 『帝國議會議事錄』, 1939, 2, 7, 10~11).

미전매 계획은 1937년 고바야시 총독이 모국정부에 제안했다. 이 계획은 대만과 일본의 관민官民이 구성한 '대만중요산업조정위원회臺灣重要産業調整委員會'의 심사를 받게 되는데, 이 때 강력한 이의가 제기되었고 총독부는 이로 인해 곤란하게 된다(總督府, 1938). 그 비평의 요점은 아래와 같다.

① 행정적 통제를 통해 시장 기제를 대체하는 것은 사실상 실현불가능하다.

② 불리한 교역조건은 미곡의 생산과 수출을 억제하여 일본 본토의 식량공급에 부정적인 영향을 끼칠 가능성이 크다.

③ 모국 자본가의 이익만을 고려하고 대만 지주계급과 농민의 이익을 희생하는 정책은 식민통치에 큰 어려움을 초래할 것이다.

④ 당업은 일종의 불로소득을 거두게 될 것이다.

일본정부의 각 부처도 '대만미곡이출관리안'에 대해 의견이 일치하지 않았다. 내지 농업 이익의 대표자이자 미가보호정책의 집행자였던 농림성農林省은 당연하게도 식민지 수입미가 일본의 미가보호정책을 틈타 이익을 보는 상황을 막는 어떠한 방안에도 찬성할 태세가 되어 있었다. 척무성拓務省과 군부軍部는 식민통치의 안정과 제국의 식량 자급자족을 우선적으로 고려하여 이 방안이 식민지 경제에 가할 타격을 우려했다. 일본 국회의원들 역시 도시에서 선출된 의원과 농촌에서 선출된 의원 간에 대립했다. 억압적인 조치를 반대하는 정부 부처는 주로 미곡상과 도시 공업자본가 및 그들의 이익을 대변하는 도시 선출 국회의원들의 지지를 받았는데, 이들은 염가의 식량공급이 노동비용을 낮춤으로써 이익을 보는 집단이었다(根岸, 1959, 75~76 ; 陳逢源, 1937, 189~195, 205~207 ; 蔡培火 等, 1971, 535 ; 吳三連, 1991, 88~90). 일본 모국의 자본축적 시스템 내부의 이익집단 간의 모순은 식민지의 미곡통제 문제로까지 연결되어 대만 내부에 서로 다른 두 진영이 형성돼 상호 대립했는데, 이것이 미전매 방안의 실행을 계속 지연시킨 최대의 원인이었다.

논쟁이 계속되었음에도 총독부는 1937년 중국과의 전면전 이래 사실상 준전시 경제에 이미 돌입하여 수중에 더욱 강력한 권력을 쥐면서 시장 기제를 초월하여 행정수단을 동원해 미곡생산과 교역을 직접 조절할 만반의 준비를 갖추게 된다. 척무성이 우려한 사회불안도 군인 총독인 고바야시의 결심을 막을 수 없었다. 군부는 미전매를 통한 독점이윤을 농업에 투자, 미작 증산을 촉진하여 제국의 식량자급을 지원하겠다는 약속을 받아낸 후 반대의견을 철회했다. 제국의회는 결국 1939년에 '대만미곡이출관리안'을 통과시켰다.[29]

농민의 생산욕구와 식민지 경제에 대한 타격을 우려한 제국의회와 모국 정부의 관료들은 점진적 방식으로 미전매를 실행할 것을 요구했다(『帝國議會議事錄』, 1939). 총독부는 1석에 대만 시가보다 4엔 낮은 수매가격으로 매입하겠다는 당초의 계획을 변경하여 1석에 대만 시가보다 2엔 낮은 가격으로 수매하기로 했다(『帝國議會議事錄』, 1939, 6~7, 10~11 ; 劉明電, 1940, 7, 14). 미전매가 1939년 5월에 집행되었을 때 봉래미의 수매가격은 도내 도매가보

29 대만총독부는 1939년 5월 10일 '臺灣米穀移出管理令'(율령 제5호)을 반포했는데, 그 중역본은 (『臺灣百年糧政資料彙編』, 臺灣省政府糧食處, 1997)에 수록되어 있다.

다 3.97엔 낮았고 그 차액의 비율은 13.4퍼센트에 달했다(劉明電, 1940, 7). 총독부가 수매한 봉래미는 일본 시장에서 1석에 36엔으로 판매되었고 (수매비용과 운반비용을 제한) 1석당 순익은 7.392엔에 달해 20.5퍼센트의 이윤율을 기록했다. 이는 당초 일본국회와 한 약속과는 다른 것이었다(許丙·林熊祥 等,『移出米買上價格改定陳情書』, 劉明電, 1940, 12~14에 수록). 민간에서의 1석당 순익은 3.63엔, 이윤율은 10.1퍼센트에 불과했다(劉明電, 1940, 7). 정부의 미전매 이익이 민간의 정상 이윤보다 두 배 정도 많았다. 총독부가 1941~1944년 사이에 미전매로 얻은 이익은 4,310만엔으로 같은 기간 토지세 수입 3,750만엔 보다 많았다(『統計提要』, 985, 996). 미전매를 강행한 이후 미가 상승 폭은 기타 작물보다 작아졌다. 1939년을 100으로 보았을 때 타이베이臺北의 재래미 도매가격지수는 1942년에 111.7인데 반해 전체 도매물가지수는 131.1이었다(『統計提要』, 897, 914). 총독부는 미전매를 통해 미가를 효과적으로 억제하면서 동시에 엄청난 재정수입도 올리게 된 것이다(鹽見, 1941, 716~718).

미전매의 미작에 대한 억압 결과, 당업자본에 불로소득을 줄 것이라고 예상한 국회와 중요산업조정위원회 및 일본 학자들은 총독부에 과세나 가격통제, 심지어는 당업 관영을 통해 당업을 견제해야 한다고 촉구했다(高橋, 1937, 79~80 ; 臺灣銀行調査課, 1936, 11~16). 총독부는 미전매를 실시하면서 동시에 '당업령糖業令'을 발포하여 총독부의 설탕가격 제정과 사탕수수 생산에 대한 영향력을 확대했다(殖産局, 1940, 13~15 ; 田端, 1939b, 4 ; 竹市, 1941, 460~462). 그러나 총독부는 결국 미·당 이익 사이에서 공정한 입장을 취하지 못했다(劉明電, 1940, 103~107 ; 涂照彦, 1991, 128~130). 당업의 자본축적의 장애물을 제거한 총독부는 당업 통제는 소홀히 해 당업의 이윤확대를 초래했다. 시가보다 13퍼센트 저렴한 총독부 수매가격은 미작 이익에 큰 타격을 주었고 동시에 당업자본의 사탕수수 수매가격 인하에 기여했다. 1920년대 후반 이래 장기간 침체했던 자전 면적은 다시 대거 확장된 반면 미전은 상대적으로 쇠퇴했다(그림 3-3 ; 그림 3-6 ; 그림 3-7 ; 부록 3). 자전 면적은 (고바야시 총독이 취임하여 미곡생산 통제를 시작한) 1936년부터 1942년까지 30퍼센트나 증가한 반면 미전은 10퍼센트 가량 줄었다(부록 3). 당업자본은 총독부의 손을 빌어 재차 독점적 특권의 걸림돌을 제거한 것이다.

따라서 일제시대 대만의 주요 농작물의 교역조건과 관련 생산자의 수입수준은 시장의 자유로운 작동 결과가 아니라 정치에 의해 결정된 것이다. 이렇기 때문에 계급 간의 연합과 충돌, 그리고 상대적 역량의 소장은 교역조건 · 수입수준에 대한 총독부의 개입에 영향을 끼쳤고, 총독부가 채택한 정책은 역으로 계급 간의 상대적 역량에 다시 영향을 끼쳤다. 이는 나아가 (토지소유관계와 계급관계 등의) 사회구조의 변형을 유발하게 된다.

5. 대만 지주제의 약화와 가정경작식 농업의 자작농화

일본학자와 총독부 관료들은 줄곧 일제시대 대만 경제의 '자본주의화'를 역사적 사명으로 자임해왔다. 자본주의화는 식민지 농작물의 상품화 및 내지 시장과의 긴밀한 연관뿐만 아니라 기존 대만의 '전자본주의' 경제의 개조(가와노의 소위 '합리화 과정')를 포괄하는 것이다(川野, 1969, 130, 139). 1930년대에 자본주의화의 남은 대상은 미작부문 내에 잔존한 토롱간 소상품생산자 · 상업/고리대자본 및 지주였다(川野, 1969). 동일한 논리의 연장선으로서 미 · 당 간의 이익 충돌은 종종 일본자본이 주도하는 자본주의적 발전('자본주의화')과 대만 전자본주의적 잔재 간의 대항으로 묘사되어 왔다(矢內原, 1985 ; 川野, 1969 ; 根岸, 1959 ; 東, 1985). 실제로 대만에서 진행된 '자본주의화' 과정이 꼭 이와 같았던 것은 아니다. 식민지 경제는 끊임없이 조정되고 개조되었지만, 이것이 고전 이론에서 말하는 생산관계의 진화 모델(자본주의적 노자관계와 합병 · 집중을 통한 대규모 생산)과 부합하는 것도 아니었다. 대만의 '자본주의화' 과정에서 농촌 생산관계의 전환은 핵심 의제가 결코 아니어서 가정농장은 계속 유지되어 농업생산의 기본단위가 되었다. 당업자본을 중심으로 한 일본자본의 입장에서는 농산품(주로 사탕수수와 쌀) 가격에 대한 시장통제가 주된 관심사였다. 보다 구체적으로 말하면 당업자본은 미가와 미작 수익을 억제하여 자신의 사탕수수 수매비용을 경감시켰다. 미작 생산자의 이익을 억압하기 위해 일본자본은 정부의 직접 개입의 도움을 얻어 대만의 미곡생산자, 매매중개인 및 가공업자의 시장 권리를 박탈하고 심지어는 그들의 생존을 위협했다. 자본주의적 '합리화'라는 미명하에 대만인 지주와 토롱간은 약화되었다. 하지만 이러한 (착취의) 측면은 (이를 의도적으로 자본주의화 과정으로 분식粉飾하려 하지 않았다면) 일본학자들의 서술에서는 종종 구분되지 않고 자본주의화 과정과 한데 섞여버렸다.

식민지 대만의 주요 농작물의 교역조건은 시장경제의 자유로운 작동 결과가 결코 아니며 식민통치자들이 종종 정치력에 의존해 변화시킨 것이다. 식민통치자들은 또한 정치력에 의존해 토지소유 관계도 변화시켰다. 총독부는 미작부문의 저항에 대응하기 위해 미전매를 실시하고 나아가 식민지의 사회경제 구조를 개조하기 시작해 일본자본이 이윤을 추구하는 데 방해되는 요소를 제거해 나갔다. 정부 감독하의 농업조합운동, 은행자본의 농촌지역으로의 침투, 그리고 총독부에 의한 미곡교역의 독점과 소작료 · 지가에 대한 직접 개입 등은 대만 지배계급의 역량과 미작부문의 자율성을 더욱 약화시켰다. 대만총독부는 1930년대 말과 1940년대 초 전시체제가 부여한 절대권력에 기대어 사회구조의 근본적 변혁에 착수했다. 대만의 사회경제체제는 이때부터 변형transformation의 징조가 나타나기 시작했다.

대만 근대 당업경제의 창시자인 니토베 이나조는 20세기 초에 쓴 '당업

개량의견서糖業改良意見書'에서 인도주의적 입장에 기초하여 자농조합蔗農組合을 추진하려는 구상을 밝힌 바 있지만, 이후 당업자본의 견제로 인해 실현되지 못했다(山根, 1969, 84~87). 당업자본은 자당부문의 조합운동組合運動을 일관되게 반대했지만, 미작부문의 조합운동에 대해서는 토롱간 자본과 대만 지주를 약화시킬 수 있다고 보아 조합운동이 성공하기를 은근히 바라는 심정이었다. 태동 중에 소멸해버린 자농조합운동과 대조적으로 1930년대 미작부문의 조합운동은 총독부의 대대적인 지원을 얻어 신속히 발전했다. 각지에서 연이어 농회農會와[30] 조합창고가 설립되어 농산품 및 생산용품의 매매·저장·가공·대출과 수출까지도 처리했다(根岸, 1936, 66~68). 이러한 경제활동은 토롱간 및 일본 미곡수출상의 업무와 명확히 중첩되었다. 농업생산자들은 농회와 조합창고를 자신들의 대표로 삼아 상업·가공·대출 등의 경제활동에 종사했고, 이를 통해 혈혈단신으로 시장·자본의 통제에 직면하지 않아도 되었다. 이는 틀림없이 (고리대·상업·농기업 자본이) 미농의 토지를 통제하고 박탈하려는 기도를 막는 데 도움이 되었다. 농회와 조합창고가 설립된 후 상업/고리대(토롱간)자본과 미곡수출상의 지배 범위를 효과적으로 제한할 수 있었다(甲本, 1935, 22~24 ; 根岸, 1936, 66~78 ; 川野, 1969, 140~142 ; 入鹿山, 1939, 17~21). 토롱간이 가공·처리한 도곡稻穀은 1933년 전도의 73.4퍼센트를 차지했으나 1937년에는 57.25퍼센트로 줄었다(『臺灣商工統計』 제17호, 1939, 54~55 ; 제13호, 1935, 50 ; 『米穀要覽』, 1938, 11~12). 일본시장에 대한 정보와 인맥의 부족으로 조합창고는 일본 미곡수출상에게는 위협이 되지 못했다(根岸, 1936, 76). 일본 미상을 거친 수출 미곡

30 |역주| 1908년까지 타이베이臺北·이란宜蘭·장화彰化 등지에 16개의 농회가 조직되었는데, 대만총독부는 1908년 12월 율령律令 제18호 '대만농회규칙臺灣農會規則'을 통해 농회에 법인 자격을 부여하고 농업·임업의 개량을 목적으로 내세우게 된다. 이후 계속적으로 확대되다가 1938년 총독부는 각 주·청의 농회를 총괄하는 '대만농회臺灣農會'를 설립하여 '국가동원체계의 보조기관'으로 삼게 된다. 또한 태평양전쟁 말기에는 농업단체법農業團體法을 제정, 당시 각종 농업 관련 조직을 일원화하는 조치를 취한다.

은 1935~1937년 사이에 91.7퍼센트에서 88.7퍼센트로 3퍼센트만 줄어들었다(殖産局, 1938a, 49~50). 하지만 조합창고가 토롱간을 대체하여 미곡생산자와 일본 미상의 중개인 역할을 하는 데는 어느 정도 성공했다. 1934년 일본 미상이 수출한 미곡 중 조합창고가 제공한 것은 2.66퍼센트인 반면 1938년에는 이미 22.9퍼센트로 증가했다(入鹿山, 1939, 17~21).

농업조합을 설립하여 생산·유통·금융을 통합한 주된 목적이 미농을 상업자본과 고리대자본의 착취로부터 보호하는 데 있지는 않았다(根岸, 1936, 66~68, 75~76 ; 石橋, 1942, 84~85 ; 陳逢源, 1943a, 255~257). 농회와 조합창고의 설립과 경영은 처음부터 총독부의 직접적인 계획과 지도를 통해, 미곡생산과 유통에 대한 통제를 강화하고 대만인 토롱간 자본의 통제를 약화시킨다는 총독부의 정책목표에 부합하도록 만들어진 것이다. 총독부는 농회의 설립을 대대적으로 지원했다(根岸, 1936, 68~69). 총독부는 관련법규를 제정하고 행정적 지원을 제공하여 농업조합의 설립과 경영을 지원하고 감독했다〔『臺灣農會報』, 1939년 1월(창간호), 13~16 ; 陳逢源, 1943a, 252~258〕. 농업조합은 실질적으로 반관半官 조직이나 마찬가지로 총독부 정책을 보조하는 역할도 담당했다. 1930년대 초에는 산업조합産業組合이 총독부의 지원과 보조를 받아 농회로부터 농업창고의 확대·설립을 넘겨받아 총독부의 미곡수출 통제와 결합하여 일본 미곡과잉 문제를 해결했고, 이후 산업조합은 총독부가 실시한 미전매의 실행을 위한 중요한 수단이 되었다(根岸, 1936, 68~69 ; 川野, 1969, 142 ; 陳逢源, 1943a, 246~247). 조합운동이 상업자본과 고리대자본의 미농에 대한 착취를 제한하는 데 기여는 했지만 농회와 농촌의 기타 조합은 결국 총독부의 행정적 수단으로 전락하는 것을 피할 수 없었고, 1939년 대만이 전시경제로 진입한 후 이들 조합은 미곡유통과 배급을 관장하는 통합조직으로 흡수되었다(陳逢源, 1943a, 252~258 ; 石橋, 1942, 86~89).[31]

31 〈米穀配給統制規則〉(1939년 10월 7일, 府令), 〈臺灣食糧管理令〉(1943년 12월 29일, 律令 제

조합운동 외에도 은행자본 역시 1930년대 말 농촌지역에 광범하게 침투하여 토롱간의 금융업자로서의 역할을 크게 약화시켰다. 농촌에서 은행의 대출이자는 민간의 대출이자에 비해 훨씬 저렴했다.[32] 부채의 내원來源에 따라 나누어보면, 1933년부터 1940년까지 농촌지역에서 은행 및 농업조합의 미상환부채 비율이 각각 15퍼센트와 9퍼센트 상승한 반면 (지주와 상인을 포함한) 민간 금융업자의 미상환부채 비율은 30퍼센트 하락했다(표 4-13).

1930년대 총독부는 농촌의 지주·소작 관계 재편에도 적극 개입하여 대만 지주의 전통적인 토지지배 권력을 제약하려 했다. 지주를 약화시키고 자작농 창출을 돕는 것이 총독부의 주된 정책목표였다. 이 정책은 1930년대 초에는 점진적인 방식으로 진행되었다. 정부는 인력과 경비를 제공하여 업전회業佃會나 농업조합의 결성을 지원하고, 아울러 지방관이 회장을 겸임하여 소작쟁의를 처리하도록 했다(殖産局, 1936a). 총독부는 1935년까지 30만엔의 경비를 업전회 조직에 투입했다(殖産局, 1936c, 12). 지주·소작 관계를 개조하기 위한 이들 조직은 소작쟁의 조정에 개입하여 광범하고도 편리한 중재를 제공하면서 동시에 정기계약定期契約 및 규격화된 서면계약의 활용을 장려했다.[33] 1940년에는 이미 72.54퍼센트의 소작지에 대해 서면계약이 설정되었다(陳逢源, 1942, 485~487 ; 殖産局, 1941b, 13). 이러한 조치들의 목적은 소작농을 고무하여 장기적인 투자를 통해 생산력을 개선하는 데 있었지만, 결과적으로 (지주에 대한) 소작농의 협상능력을 강화시키기도 했다.

25호) 등의 관련 규정 참조(臺灣省政府糧食處, 1997).

32 일본 권업은행勸業銀行의 1937년 당시 농촌 대출이자는 민간의 절반 수준에 불과했다(涂照彦, 앞의 책, 1991, 481~482쪽).

33 이에 관한 간결한 설명은 葉淑貞, 「臺灣日治時代租佃制度之運行」, 『臺灣史硏究』, 1995, 96~119쪽 참조.

1937년 중일전쟁이 발발한 이래 총독부는 더욱 강력한 권력을 쥐게 되어 도내의 반대자, 특히 말 안 듣는 지주와 미전매 반대 세력들에 대해 더욱 효과적으로 대응할 수 있었다. 1939년 미전매가 정식으로 실행된 후 총독부는 더욱 강력한 수단을 통해 미작부문(대만 지주와 그 동맹세력)의 저항을 약화시켰다. 1940년 이후 미곡통제는 도내 소비용 재래미까지 확대되었고, 총독부는 농민의 자가소비용 미곡을 제외하고는 모두 징발해갔다(『臺灣食糧年鑑』, 1943, 45~48 ; 石橋, 1942, 81~82). 토롱간과 조합창고는 총독부의 미곡징발을 위한 통합조직으로 흡수·재편되었다(『臺灣食糧年鑑』, 1943, 48~123 ; 石橋, 1942, 79~80). 지주들은 미곡징발 과정에서 배제되었다(陳逢源, 1943b, 142~143, 1942, 491~492 ; 川野, 1969, 175). 정부는 지주의 중개를 거치지 않고 직접 농민생산자로부터 미곡을 징발했고, 소작농은 총독부로부터 수매대금을 수령한 후에야 지주에게 소작료를 납부했다. 소작료는 이로 인해 실물에서 현금으로 바뀌었고 지주 또한 미곡의 매주賣主에서 매주買主로 바뀌어 먹을 쌀을 시장에서 구입하는 처지가 되었다. 이 밖에도 정부의 수매가가 시가보다 낮았고 소작료를 공정가격으로 환산했기 때문에 지주의 수입은 더욱 감소했다(陳逢源, 1942, 491~492, 1943b, 146 ; 川野, 1969, 175 ; 王益滔, 1964, 55). 지주의 수입이 미전매로 인한 미가 하락과 소작료 납부형식의 변화(실물→현금)로 인해 줄어들면서 지주의 경제 권력은 더욱 약화되었다.

총독부는 소작료 납부형식의 변화에 더하여 1939년 12월 10일 법령을 반포하여 소작료가 그 해 9월 18일의 수준을 넘을 수 없도록 만들었다(殖産局, 1941a, 235). 또한 총독부는 1941년 지가를 현행 소작료의 일정비율 이상을 넘지 못하도록 했는데, 이는 지가를 1939년 수준으로 고정시킨 것이나 마찬가지였다(殖産局, 1941a, 236 ; 石橋, 1942, 63~64 ; 陳逢源, 1943b, 140). 1939년 지가는 이로 인해 10퍼센트 이상 하락했다(臺灣銀行調査部鑑定課, 1944, 1~5). 소작료 또한 지주 역량의 약화로 하락하는 추세였다(臺灣銀行調査部鑑定課, 1944, 5).

총독부는 1939년 타이중臺中 지역 수전에 대해 미·자의 전작을 강요하면서 동시에 지주에게는 소작료 인하를 강요해 소작농의 부담을 줄이도록 했다(劉明電, 1940, 89~102 ; 根岸, 1943, 318~327). 이는 총독부가 농업생산능력을 좌우할 능력을 보유하게 되었다는 점과 아울러 당업에 유리한 정책을 일방적으로 실행했음을 말해준다. 미곡 배급은 1941년에 실시되었고 총독부는 도내 미곡유통에 대한 장악력을 한층 강화했다(石橋, 1942, 78~93). 총독부는 1941년 이후 작물선택에도 개입하여 '중요하지 않은' 작물의 생산을 금지했다(石橋, 1942, 60~62, 66~83 ; 陳逢源, 1943b, 1940~1941). 농민의 시장선택의 자유를 제한한 것은 곧 농민이 시장이 제공하는 기회를 이용하여 수입을 개선할 수 있는 권리를 제한한 것과 마찬가지였다.

농민은 생산과 시장조건의 악화로 큰 고통을 당했다. 소작농은 소작료를 제때 납부할 수 없게 되면서 소작쟁의가 급격히 증가했다. 미전매 이전인 1938년 조정에 부쳐진 소작쟁의가 241건이었으나 1940년에는 1,502건 이상으로 무려 여섯 배 증가했고 그 대부분은 소작료 인하 문제였다(殖產局, 1941b, 55~56 ; 陳逢源, 1942, 487~488).[34] 총독부는 지주와 토롱간 등의 중개인을 건너뛰어 농민에게서 직접 미곡을 징발했기 때문에 미곡공급을 보장받기 위해 보호해야 하는 대상은 실제 생산자, 특히 절반 이상의 경지를 경영했던 소작농이지 본래의 동맹세력이던 지주계급이 아니었다.[35]

---

34 1940년 소작료 관련 쟁의는 전체 건수의 76.70퍼센트를 차지했는데, 그중 임시臨時 소작쟁의가 55.73퍼센트(837건), 영구永久 소작쟁의가 20.97퍼센트(315건)을 차지했다(殖產局, 1941b, 55~56쪽).

35 천펑위안은 이 점을 명확하게 인식했기 때문에 자작농을 도와 지주에 타격을 가해 지주·소작 문제를 영원히 해결하고자 했다(陳逢源, 『臺灣經濟年報』, 1943b, 140~148쪽). | 역주 | 천펑위안陳逢源은 대만총독부 국어학교를 졸업하고 1911년 미쓰이三井物產株式會社 대남출장소臺南出張所에 취직하여 9년간 일했다. 이 기간에 축적한 대만 경제에 대한 경험과 독서를 통한 경제이론의 습득, 또한 민족차별에 대한 반감은 그를 항일운동에 참여하게 만들었다. 1920년대에는 대만의회설치청원운동에 참여해 투옥되기도 하고 1932년에는 항일신문인 『대만신민보臺灣新民報』의 경제부장을 지내기도 했다. 해방 이후에는 화난은행華南銀行 상무이사를

소작농의 협상능력이 정부의 철저한 개입으로 인해 개선된 상황에서 이미 세력이 약화된 지주들은 이전과 달리 생산·교역 조건의 악화로 생긴 손실을 더 이상 소작농에게 전가할 수 없었고, 결국 미전매와 기타 농업잉여 착취를 강화하는 경제적 통제로 인해 발생한 손실을 그대로 감수할 수밖에 없었다(臺灣銀行調査部鑑定課, 1944, 6 ; 陳逢源, 1943b, 140~142). 지주의 경제적 기능의 소멸과 역량의 쇠퇴에 따라 지주·소작 관계 역시 크게 변화했음을 당시의 신문·잡지에 종종 등장하는 기사를 통해서도 알 수 있다. 지주는 소작료 징수의 곤란함과 소작료 감소로 애먹었을 뿐 아니라 (전쟁으로 인한 노동력부족으로 인해) 소작농에게 전업하지 말도록 권유해야 했고, 심지어는 직접 경작하기도 했다(陳逢源, 1943b, 140~142). 지주 역량의 쇠퇴를 가장 분명히 보여주는 지표는 소작지 비율의 하락과 자작 농지 비율의 상승이다.

일제시대 대만의 미작부문에서 토지소유는 장기적으로 영세화 추세였고 농업생산 방식은 자작농에 의한 가정농장 경영의 방향으로 나아가고 있었다. 총독부는 1930년대 말 미작 생산과 교역에 불리한 정책을 시행해 소규모 소유자의 가정경작식 농업으로의 전환을 가속화했다. 행정조치를 동원하여 지주의 역량을 약화시켜 토지의 영세화는 더욱 빨리 진행되었고 총독부는 조합운동과 은행자본을 통해 농민들이 지주와 토롱간 자본의 생산·유통·금융의 지배로부터 벗어날 수 있도록 했다. 자작농은 당시의 이런 환경 속에서 토지소유를 조금씩 확대하면서 마침내 1945년 이후 농업부문의 중추세력이 되었다. 1930년대 말과 1940년대 초의 식민지 경험은, 조직적 행동능력이 없는 소규모 자작농은 정부가 농업잉여를 직접 통제하기 가장 쉬운 대상이며, 정부는 (자작농 창출을 통해) 중개인(지주와 그 동맹세력)과 농업잉여를 분점하거나 쟁탈하는 번거로움을 줄일 수 있다는 점을

역임하기도 했다. 저서로는 『신대만경제론新臺灣經濟論』, 『대만농업경제론臺灣農業經濟論』 등이 있다.

일깨워주었다.

6. 결론

1920년대 중반 이후 도내·외 경제상황에는 중대한 변화가 발생하여 본래 미당상극 관계에 앞서 수립되었던 식민지 자본축적 체제가 파탄에 이르렀다. 제1차 세계대전 이후 일본의 공업화가 급속히 진행되고 도시 공업인구가 급증하면서 식량부족 문제가 대두했다. 이러한 배경하에서 일본품종인 봉래미가 대만의 생태환경에 성공적으로 적응해 일본에 대량으로 수출되었다. 급속히 확대된 대만미의 생산과 수출은 1920년대 중반 이후 대만 농업 발전의 주된 동력이었다. 더욱 주목을 끄는 것은, 이 단계의 농업발전은 이전 단계인 수출·생계 부문 간 불균등발전 시기에 비해 훨씬 '균형적이고 균혜적인' 성격을 띠었고 농민의 생활수준도 현저히 개선되었다. 이러한 발전 형태는 서구열강의 열대식민지 발전모델과 판이하게 다를 뿐 아니라 일제시대 전반기 당업생산을 중심으로 한 전형적인 이원적 경제발전 형태와도 선명하게 대비된다.

1920년대 중반 이후 대만의 식민지 발전의 특이한 현상은 많은 학자들의 이목을 집중시켰고 이에 따라 다양한 해석도 등장했다. 서구 학자들이 가장 빈번하게 제기한 관점은, 일본제국주의의 특성을 강조하여 일본의 식민주의가 '발전지향적development-oriented'이었다는 것이다. 그러나 일제시대 대만의 식민지정책을 자세히 연구해보면, 대만총독부가 일본 자본부문을 일방적으로 지원했고 대만의 생계부문에 대해서는 소극적이었다는 점을 어렵지 않게 발견할 수 있다. 총독부는 미작이 당업의 기존 자본축적을 위협할 때마다 개입하여 미작부문의 생산을 억압하여 불리한 교역조건을 만들어냈다. "생산력의 제고를 유일한 직분으로 삼은 일본식민주의"라는 주장은 역사적 사실과 전혀 부합하지 않는다. 또 다른 일군의 서구 학자들은 대만의 특이한 발전을 작물의 성질로 귀결시켰다. 이들은 미곡이 일본 · 대만의 공통된 주식으로서 생계 수요를 충족시키면서 동시에 일종의 상품이었다는 점을 특히 강조했다. 때문에 미작을 중심으로 한 경제발전이 생계상의 요구와 상품화의 요구를 모두 만족시켜 농민 생계에 부정적인 영향을 끼치지도 않았고 수출부문과 생계부문 간의 충돌도 발생하지 않았다는 것이다. 이러한 주장들은 수출미(봉래미)와 생계미(재래미)의 분화를 구별하지 않았을 뿐 아니라 미당상극의 관계도 무시해 1920년대 중반 이후 대만의 특이한 발전의 원인을 잘못 해석했고, 또한 특정 시기의 현상을 전체의 특징이라고 강변함으로써 대만 식민지 발전의 시기적 차이를 이해할 수 없게 만들었다.

필자는 이와 다른 시각으로 이 문제에 대한 비교적 완벽한 해답을 얻을 수 있었다. 특별히 흥미를 유발하면서도 아직 해결되지 않은 문제, 즉 미작부문의 발전은 어떻게 가능했을까? 본래 당업을 중심으로 한 식민지 자본축적 체제에서 모순은 왜 발생했을까? 대만 농업사회의 계급지배 구조가 가장 핵심적인 구조적 요인으로 제시되었다. 이들 논제에 대해 필자는 연구를 통해 대만 계급구조에서 다음과 같은 중요한 특징을 발견할 수 있었다. 즉 가정경작을 위주로 하는 농업생산 방식, 장기적으로 영세화 되던 토지소유 형태, 그리고 장기간에 걸쳐 고정화된 소작료율을 들 수 있겠다. 이 외에도 필자는 대만 지주의 동맹세력(토롱간 자본)을 분석하여 소상품생산자이면서 동시에 상업/고리대자본의 특징도 명확히 지적했다. 이상의 검토를 종합하여 필자는 대만사회에서 지주 · 농민 관계의 성격과 그 상대적 역량을 분명히 해 대만사회의 계급구조 내에서의 지배관계에 관해 비교적 완벽한 이미지를 추출해내어 일본자본 지배하의 자당부문의 계급지배 구조와 그 상대적 역량을 비교해보았다. 그 결과 두 부문의 계급지배

구조에는 명확한 차이가 있는데 이 차이는 계급지배 역량의 현격한 차이로 나타났다. 미작부문의 상대적으로 미약한 계급지배는 피지배계급이 상대적으로 많은 경제성장의 성과를 분점하는 것을 허용했고, 자작농화의 장기적 추세와 소작료율의 고정으로 잉여 분배는 비교적 광범위하고 균등했다. 수출미 부문은 당업 독점자본이 보유한 정치·경제적 역량이 부족해서 생계미 부문의 수입수준의 향상을 억압할 힘이 없었다. 수출미와 생계미는 기본적으로 시장관계여서 미·당 부문처럼 정치력의 광범한 개입을 통해 당업이 시장독점권을 지탱한 것과는 근본적으로 달랐다.

식민통치자를 골치 아프게 만들었던 문제는, 당업이 자본축적을 중심으로 시장의 독점과 낙후·정체한 미작 수익에 의존하여 형성된 식민지 착취기제가 1920년대 중반 이후 미작부문의 균혜적 발전의 충격으로 그 뿌리부터 흔들린 것이다. 자농은 미작 수익의 제고에 따라 높은 사탕수수 수매가격을 요구하여, 미농과 대등한 수입수준을 쟁취하거나 아니면 실망한 나머지 전작을 꾀하게 된다. 이 두 가지 대응은 모두 당업 이익을 직접적으로 위협했다. 전자는 당업의 생산비용을 높였고 후자는 원료공급의 부족을 초래했다. 원료채집구 제도와 미당비가법하에서 미당(상극)체제의 원래 의도는 당업자본에 시장독점권을 부여하여 자작 수익을 강제로 낙후·정체한 미작 수익과 동등하게 만들려는 것이었다. 하지만 뜻밖에도 1925년 이후 미작 수익이 전반적으로 상승하는 상황에서 이 기제는 사탕수수 가격을 오히려 상승시키는 역효과를 내면서 미당 관계의 '상극'적 본질이 표면화되고 첨예화되는 결과를 낳았다.

대만 미작부문의 '상극적인' 발전은 본래의 식민지 자본축적 체제의 유지를 곤란하게 만들었다. 총독부는 1930년대 말, 자당부문으로만 국한시킨 시장통제 기제를 광범하고도 철저하게 미작부문까지 확대시켜야 식민지 자본축적의 위기를 총체적으로 해결할 수 있다고 인식했다. 이는 물론 미곡 이익집단의 저항을 낳았고, 그 결과 총독부는 기층 농민뿐만 아니라 총독부의 동맹세력이었던 대만 지주계급(지주와 토롱간 자본), 심지어는 일본 미곡수출상까지도 상대해야 했다. 여기에 일본 국내의 농공農工 부문의 대립, 도농都農 대립 및 기업자본과 토지이익 간의 충돌 문제도 중첩되었다. 상이한 이익집단은 식민지의 염가미 수입문제를 둘러싸고 대립을 멈추지 않았다. 총독부의 결심과 능력은 대만 내외로부터 커다란 도전을 받게 된다. 결국 전쟁 덕분에 절대권력을 향유하게 된 총독부는 마침내 1939년 대만 수출미의 수매와 판매를 독점해 원래의 계획을 관철시킬 수 있었다.

애초의 해결방식이 정치 역량으로 시장 역량을 대체했기 때문에 이는 불가피하게 계급충돌과 계급 간의 상대적 역량의 소장과도 연관되었다. 총독부가 미작부문의 교환과 생산을 통제하는 과정은 대만 이익집단의 반항을 극복하고서 차근차근 진척되었다. 1930년대 유일한 조직적 미곡 이익집단으로 남은 것은 지주와 그 동맹(토롱간 자본과 일본 미곡 수출상)이었다. 이들은 총독부의 주된 공격대상이 되었다. 대만 지배계급을 약화시킨 방법 중 지주의 전통적인 적수였던 농민을 이용한 점을 주목해서 볼 필요가 있겠다. 총독부의 목적은 당연히 정치적으로 힘을 갖춘 농민조직을 부식하는 것이 아니었다. 총독부의 목표는 대만 농촌을 조직도 없고 원자화된 소규모 자작농 사회로 만드는 것이었다. 자작농이 주체인 농업사회는 정치적으로 복종시키기도 가장 쉬웠고 통치자가 시장통제를 통해 농업잉여를 착취하기에도 가장 손쉬운 사회였다. 농업조합운동, 일본 은행의 농촌금융에 대한 침투, 그리고 소작 관계와 소작료 납부형식에 대한 정부의 개입은 대만 지배계급의 경제적 기반을 흔들어놓았고, 동시에 소규모 소유자에 의한 가정경작식 농업의 원형을 만들어내기 시작했다. 식민지 자본축적의 위기는 대만 지배계급 구조에서 시작되었기 때문에 해결 역시 계급구조의 재편에서 찾았던 것이다.

결론

미당상극, 발전, 그리고 종속

일제시대 대만(1895~1945)은 급속하고도 장기적인 경제성장을 경험했다. 서구열강의 식민지와 비교할 때 일제시대 대만의 발전 경험은 확실히 이례적이었다. 식민통치하에서의 이례적인 발전 경험은 많은 사람들의 주목을 받았고 다양한 해석을 낳기도 했다. 최근의 서구학자, 특히 *The Japanese Colonial Empire, 1895~1945*(Myers and Peattie, 1984)의 저자들은 대만의 특수한 발전을 일본 식민주의의 특수성으로 귀결시켰다. 이들은 일본 식민통치자들이 자신의 발전 경험을 식민지에 광범하게 적용했음을 강조하면서, 발전지향적인 관료들이 어떻게 사회경제의 전환 과정에 개입하여 '성공적으로' 근대화를 추동했는지, 그리고 일본·대만의 소위 '동아시아 농업체제' 하의 수많은 소작농들의 소규모 가정농장이 이 발전과정에 어떠한 공헌을 했는지 특히 집중적으로 다루었다(Myers, 1984 ; Myers and Yamada, 1984 ; Chang and Myers, 1963 ; Nakamura, 1974). 이들 서구학자들은 이식된 일본의 발전 전략과 경험은 식민지 경제의 급속한 성장을 효과적으로 촉진(예컨대 농업생산력의 혁명)했을 뿐 아니라, 특히 한국과 대만의 사례가 일본의 발전방향과 동일한 경로convergent tendency를 밟아나간 것으로 이해했다.[1] 이들은 한 발 더 나아가 대만의 식민지 발전 경험을 (낙후한 주변부국가의 경험에서 기원한) 이원 경제나 종속이론dependency theory과 대비하면서, 일제시대 대만이 예상외의 '균형적이고 균혜적인 발전'을 경험한 원인을 주로 일본이 식민지에서 생계와 상품 양자를 목적으로 한 작물(쌀) 생산에 주목했던 것에서 찾았다(Ho, 1984 ; Myers and Peattie, 1984). 이들은 식민통치의 주종 관계로 인한 민족 간의 차별대우와 경제적 지위의 불평등 현상을 몰랐던 것은 아니지만, '계급 관계'의 측면이 아니라 '총독부 관료의 정책과 제도'라는 측면에서 식민지 경영을 설명하고자 했고, '착취'의 측면이 아니라 '발전'의 측면에서 식민지 경제관계를 설명하고자 했다(Myers, 1984, 465, 470~471).

이와 대조적으로 일본과 대만의 학자들은, 정치경제학의 각도에서 대만총독부의 억압적 본질을 강조하여 피식민지 인민이 받은 불평등과 착취, 그리고 대만에 진출한 (당업 위주의) 독점적 기업이 대만인 기업의 발전에 끼친 부정적 영향을 부각시키려 했다(矢內原, 1985 ; 涂照彦, 1991 ; 張漢裕, 1955 ; 周憲文, 1958).[2] 이 학파의 두 대표적인 학자, 즉 야나이하라 다다오와 투자오옌은 식민통치의 경제적 기초를 밝히는 것을 학문의 목표로 삼았다. 야나이하라의 연구는 식민지 체제에 내재한 경제적 착취기제와 이로 인해 파생된 사회경제적 불평등을 폭로하고자 했다. 투는 대만자본과 농민의 일본

1 모국과 식민지의 발전 단계가 긴밀하게 연결되었다고까지 말하고 있다(Myers and Yamada, 앞의 책, 1984).

2 마이어스는 일본 제국주의의 역사에 관한 1945년 이후의 일본어 문헌의 상당수가 이 부류에 속한다고 보았다(Myers, 앞의 책, 1984). 그는 1945년 이후의 문헌만을 대상으로 했는데, 이는 이 학파의 가장 중요한 학자, 즉 야나이하라를 의도적으로 배제하기 위해서였던 것 같다. 하지만 흥미롭게도 그와 Peattie가 편집한 *Japanese Colonial Empire, 1895~1945*(1984)는 입장과 경험적 관찰에서 이 학파와 '크게 다르다'고 호언하고 있으면서도 이들은 이 책을 '일본 식민지 연구의 선구자'인 야나이하라에게 헌정하고 있다.

자본에 대한 '종속', 그리고 모국의 필요에 영합하기 위해 식민지에 강요된 '기형적인' 경제를 부각시키는 데 힘을 쏟았다. 문제의식과 방법론에 있어서 앞서 언급한 서구학자들과는 입론 자체도 다를뿐더러 연구 대상 또한 달랐다. 이들은 미작이 아니라 자당을, 그 중에서도 일본·대만의 농업생산 방식과 확연히 다른 당업과 플랜테이션을 주된 연구대상으로 삼았다(矢内原, 1985 ; 淺田, 1968).

일제시대 대만을 연구한 저작 중에서 '발전과 종속'이라는 주제와 관련된 논쟁은 1920년대로 거슬러 올라간다. 야나이하라나 투자오옌처럼 상대적으로 비판적 태도를 갖춘 학자들은 자당 생산의 확대로 발생한 종속 현상과 이원 경제를 묘사할 때 기본적으로 1925년 이전의 경험을 대상으로 했다. 이들의 대극에 있던 학자들은 1925년 이후 (생계성과 상품성을 다 갖춘) 미작이 상품작물인 자당과 보조를 같이하면서 발전했기 때문에 실질적인 농민의 생활수준이 개선되었다는 점을 의도적으로 강조해왔다. 이 팽팽한 논쟁은 각각의 이론적 입장과 방법론상의 편중으로 인해 초점을 잃거나 종종 지엽적인 현상을 설명하는 데 그치기도 했다. 피티Peattie(1984, 36)는 두 학파 간의 논쟁이 이미 "감정적으로 서로를 비난하는" 지경에 이르렀다고까지 말했다. 하지만 이어서 그는 논쟁 쌍방이 그래도 받아들일 수 있는 결론은 '발전과 착취가 혼합된 형태a mixed pattern of development and exploitation'라고도 말한다.[3] 하지만 이는 얼핏 듣기에 하나의 해결책이라기보다는 차라리 어쩔 수 없는 상황에서의 애매한 절충처럼 들린다. 서로 대립하는 쌍방은 대만의 식민지 발전에 대해 상대방의 관점을 포괄하거나 초월하는 하나의 완벽한 이미지를 제시하지 못한 것이다.

3 마이어스(앞의 책, 1984, 469~470쪽)도 유사한 주장을 했는데, 그는 "(본서의 내용이) 식민지 경제발전이 피식민지인들에게 끼친 복합적 결과(경제발전 성과의 분점과 착취)를 보여주고 있다."고 말하고 있다.

이 논쟁을 해결하기 위해서는 국부적인 견해를 종합하면서 동시에 경험적 현상과도 부합하는 총체적인 분석틀의 탄생을 기다려야 할 것이다.

야나이하라와 투자오옌은 일제시대 대만의 기형적 발전을 분석하면서 그 원인을 식민지 경제의 종속성에서 찾았다. 하지만 그들의 분석은 이론적으로 보완해야 할 점이 적지 않다.[4] 대만의 기형적 발전에 대한 이들의 서술은 근대 자본주의부문과 토착 생계부문이 병존하는 현상을 드러내긴 했지만, 양자 간에 존재하는 유기적 연결 기제를 밝히지는 못했다. 야나이하라가 상정한 식민지 지배는 대만 전前자본주의부문이 외래자본의 자본주의부문으로 복종·분해와 동화에 다름 아니었다. 이러한 단선적인 진화론으로 인해 그는 미작부문의 대만인 경제세력의 쇠퇴와 가정농장의 소멸이라는 잘못된 예측을 하게 된다. 야나이하라의 논리는 레닌의 제국주의론에 지나치게 의존했기 때문에 식민모국의 자본이 식민지 사회경제 구조를 개조할 수 있다는 점을 과대평가했다. 투자오옌은 이와는 다소 달랐다. 투자오옌의 연구는 민족 지배의 측면에 초점을 맞추어 두 부분의 장기적 공존 현상에 대해 비교적 합리적으로 해석했다. 투는 부문 간의 병존 현상은 대만 지주제의 저항으로 인한 정치적 타협의 결과였다는 점을 강조했다. 이러한 입장에서 1925~1939년 사이의 미작 이익의 확대와 당업자본의 좌절을 이해했고, 따라서 대만 지주는 일본 자본주의의 자본축적에 내재한 모순을 이용하여 성공적으로 반격할 수 있었다고 본 것이다.

야나이하라와 투자오옌의 주장에서 미·당 부문을 연결하는 구조적 요인은 중시되지 못했다. 본서의 연구는 양 부문이 긴밀히 연관되어 있어서 따로 떼어내어 개별적으로 이해할 수 없음을 잘 보여준다. 식민지 지배는

4 상호 연관된 두 부문이 구성하고 있는 식민지 경제는 동시에 일본 자본주의체제의 불가결한 일환이기도 했다. 일본과 대만에 대한 '총체적' 파악이라는 관점은 야나이하라와 투자오옌이 일찍이 제시했고 필자도 물론 흔쾌히 동의하는 바이다.

(야나이하라가 근거한 고전 마르크스주의 학설처럼) 자본주의 생산양식의 (여타 비자본주의 생산양식의 희생에 기초한) 일방적인 확장으로 단순화해서는 안된다. 하지만 동시에 (투가 토착부문의 종속을 부각시키면서 채용한 이원경제 학설처럼) 외래 자본이 지배하는 근대적 자본주의부문('자본제')과 피식민지 자본이 지배하는 전자본주의부문의 병렬로 단순화되어서도 안된다.

필자는 일부 서구학자들이 일제시대 대만의 발전을 발전지향적인 일본 식민주의의 특수성으로 결론짓는 것에는 더더욱 동의하기 힘들다. 그 강조하는 바가 동일한 경로의 발전방향이든 착취와 불평등의 측면이든, 일제시대와 그 이후의 대만 관련 연구문헌에서 봉래미 생산의 확대 이후 대만 농민의 생활수준이 지속적으로 상승하는 현상을 찾기란 어렵지 않다. (가와노나 다카하시 같은) 1945년 이전 일본의 많은 저명한 학자들은 이를 비정상적이고 '부당한' 현상이라고 보아 강제적인 수정을 주장했고, 대만총독부 역시 일련의 강제조치를 취해 이 문제를 해결하려 했다. 동일한 현상이 1945년 이후에는 서구학자들에 의해 일본이 서구 식민주의와 구별되는, 식민지의 발전을 저해한 것이 아니라 촉진한 사례로서 이용되었다.[5] 일제시대 일본학자들의 관점과 총독부의 그에 상응한 조치는, 1920년대 이전 일본자본이 통제한 수출부문(자당부문)을 중심으로 하여 농민의 생활수준 향상을 억압한 경제체제야말로 식민통치자가 창출해낸 모델임을 설명해주고 있다. 이 시기는 수출부문의 기형적 성장과 농민 생활수준의 정체를 특징으로 하며, 따라서 서구열강이 통치한 식민지들의 경제체제와

5 1925년 이후의 현상이 정상적이고 일본 통치하의 식민지 발전의 전형이라면, 1925년 이전의 현상은 비정상적이고 비전형적이란 말인가? 1930년대 말 '미전매' 등 미작 발전을 억압하는 강제정책이 시행된 이후 다시 회귀한 식민지 발전 모델은 또한 어떻게 보아야 하는가? 만일 이것도 비정상적이고 특수한 현상이라면 일제시대 50년간 1925~1939년까지를 제외한 나머지 기간은 비전형적인 일본 식민주의가 되는데, 이렇게 주장하는 것은 너무도 이상하지 않은가?

일치한다. 1925년 이후 대만의 특수한 발전 현상에 직면한 대만 진출 일본 자본은 기존 이익을 포기할 생각이 전혀 없었고 기존 식민지 경제체제 옹호를 위해 힘써온 대만총독부 역시 그러했다. 대만총독부가 식민지 경제 성장을 해석하는 데 있어서 핵심적인 대상임은 인정해야겠지만, 총독부가 1925년 이후의 특수한 발전을 교정하기 위해 미작에 대해 취한 일련의 강제적 조치를 '발전지향적'이라고 하기는 어렵고, 당시의 대만을 '균형적이고 균혜적인' 발전모델이라고 말하기는 더더욱 곤란하다.

두 학파의 경험적 관찰과 통찰력을 재검토하면서 필자가 새롭게 제시한 틀은 다음과 같다. 어째서 1925년 이전 자당 생산의 확대는 '저발전의 발전'을 초래한 반면 1925년 이후 미작 생산의 확대는 '균형적이고 균혜적인 발전'을 가져왔는가? 필자는 베버의 이념형ideal type을 원용하여 새로운 이론적 참조모델을 도입해 이 문제의 출발점으로 삼고자 했다. 필자가 우선 보여주고자 한 것은 식민지 발전의 일반적 구조이다. 아민Amin(1974, 1976)의 '주변부 자본주의' 모델은 프랑크Frank(1969, 1979) 등이 창시한 종속이론 중 가장 완벽한 형태이고 따라서 이를 참조모델reference model로 삼아 관련된 경험적 현상, 특히 1925년 이전 자당 생산이 확대되던 상황의 식민지 경제를 분석했다. 추상적인 참조모델을 대만의 구체적인 경험에 가져와 대화하는 과정에서 필자는 몇 가지 중요한 핵심적 측면, 예컨대 미·당 부문 간의 계급지배 형태의 차이, 대만총독부와 일본 독점자본의 전략적 선택, 그리고 일본 자본주의의 상이한 발전단계가 초래한 역사적 기회와 한계 등을 소홀히 다루어서는 안 된다는 점을 뼈저리게 느꼈다. 이렇게 추상적 이론을 구체적인 경험적 현상과 대조함으로써 필자는 일제시대 대만의 역사적 변천의 특징을 적절히 이해하는 데 아민의 모델이 상당한 한계가 있음을 발견했다. 때문에 본서에서는 역사적 과정을 도입하여 비교적 경험적 사실에 부합하지만 추상의 수준은 비교적 낮춘 대체모델alternative model을 통해 이 시기 식민지 발전의 역사를 파악했다.

넓은 의미에서 1925년 이전 대만의 식민지 발전은 주변부 자본주의의 속성과 대체로 부합한다. '공업 일본, 농업 대만'이라는 국제적 분업하의 탈절된disarticulated 경제에서 자본주의 수출(당업)부문의 발전은 확산효과를 전혀 가져오지 못했고, 생계(미곡)부문은 혜택을 입지 못했다. 그 결과 부문간 생산력의 불균등발전이라는 현상이 발생했고 이와 동시에 양 부문에서 농민의 생활수준은 하향평준화되어 생산력발전이 만들어낸 이익과는 무관하게 되었다.

제1차 세계대전 이전에 일본은 설탕 수입으로 적지 않은 외화를 써야 했기 때문에 총독부는 모국의 요구에 따라 자당 생산의 확대에 큰 힘을 쏟았지만, 미곡은 상대적으로 무시되었다. 각종 보호장치와 보조금 혜택에 고무된 일본 민간자본의 대만에 대한 투자는 풍부한 이윤을 보장해주는 당업에 집중되었다. 하지만 당업자본의 이윤은 노동자 착취, 즉 제당회사가 직영하는 플랜테이션이나 근대화된 신식 제당공장에서의 임금노동에서 온 것이 아니었다. 일본자본의 풍부한 이윤은 기본적으로 대만 가정농장에서 생산한 사탕수수 원료를 저가로 수매하는 데서 왔다. 원료채집구제도하에서 사탕수수 시장의 분할과 독점에 기댄 일본 당업자본은 사탕수수의 수매가격을 스스로 결정할 수 있었다. 스스로 정한 미당비가법에 따라 사탕수수 원료의 수매가격은 미작 생계부문 내 농민의 수입수준에 따라 정해졌다. 제당회사가 지불한 사탕수수 원료비용은 미작부문의 생계수입에 따라 정해진 것이다. 이러한 제도적 장치에는 감추어진 정치적 함의가 있었다. 당업자본의 이익이 원료 수매가격을 강제로 낮춘 데서 왔으므로 미작부문의 수입수준을 높이는 어떠한 행위도 당업의 이윤추구에 방해될 수 있었다. 당업자본은 잉여착취기제의 성공적 작동이 미가의 불리한 교역조건을 강화하는 데 있다는 걸 너무도 잘 알고 있었다. 따라서 생산력 향상이 미작 수입의 증대로 연결되지 않도록 하거나, 그렇게 하기 힘든 상황에서는 미작 생산력의 성장 자체를 막아 미농 수입의 상승을 막으려 했다. 대만총독부는 자신의 이익(예컨대 설탕소비세)이 설탕의 대일 수출과 밀접히 연관되었기 때문에 줄곧 당업자본의 편에서 미작부문의 발전에 소극적이었고, 필요할 때에는 적극 개입하여 피식민지인의 수입수준 상승을 막기까지 했던 것이다.

대만총독부와 일본 당업자본이 손잡고 만들어낸 가격결정 기제는 미작(생계)부문의 정체를 사탕수수 수매가격 억제의 지렛대로 삼아 당업자본의 축적을 도왔다. 그 의도는 전통적인 토착부문을 낮은 생산력의 경제활동에 국한시킴으로써 근대적 수출부문이 적절하게 시장을 통제하여 풍부한 이윤을 올리도록 하는 데 있었다.

이상의 현상을 통해 볼 때 1925년 이전 대만의 식민지 발전은 주변부 자본주의 모델과 꽤 합치된다. 하지만 1925년 이후 대만의 경험은 이 모델과 상당히 다른 면모를 보인다. 제1차 세계대전 이래 일본에서 가속화된 공업화와 도시화에 따라 값싸고 품질 좋은 식민지 미곡에 대한 모국의 수요가 급증하게 되고 이는 대만 미작 생산의 확대로 이어졌다. 그 결과 중에는 1930년대 농민 생활수준의 실질적 상승이라는 괄목할 만한 현상도 포함된다.

1925년 이후 대만 미곡 생산·수출의 확대는 본래의 탈절된 경제와 생산력의 불균등발전을 완화시키는 효과를 가져왔다. 미곡생산의 확대 과정에서 대만인 미곡생산자들은 일본 기업가와 토지·노동력을 경쟁했고 이로 인해 지가와 임금이 동반상승했다. 당업자본의 입장에서 더욱 치명적인 것은 식민정책의 의도와 상반되게 미농의 수입수준이 상승하여 사탕수수 수매가격을 높임으로써 미작부문의 낮은 수입수준에 기반해 수립된 가격결정 기제가 위기를 맞게 된 것이다. 이것이야말로 당시 일본 설탕업자와 농업경제에 종사하던 일본학자들이 즐겨 말해온 '미당상극 문제'에 가장 가까운 실제 상황이다. 미농 수입수준의 상승은 대만 진출 일본 자본가의 이익을 위협했다. 당업자본은 염가의 원료를 공급받지 못하게 되었고 일반 공업자본은 미가와 노동비용의 상승, 그리고 노동력 공급부족을 좋아하지 않게 되었다. 이상의 다양한 후과後果는 대만 진출 일본자본의 자본축적에 장애가 되었고 당시 총독부가 가장 주의를 기울이는 현안이 되었다. 대만의 특수한 발전을 촉진한 원동력은, 일본의 '독특한' 식민주의가 아니라, 무의식적으로 촉발되었을 뿐 총독부 관료들과 일본 자본가들은 애초에 생각지도 바라지도 않았던 것이었다.

이미 적지 않은 연구는 미작부문 내에서 수출작물과 생계작물이 분화되었지만 미·당 관계처럼 '상극' 현상을 낳지는 않았음을 보여주었다. 자당부문의 일본자본이 잉여를 독점한 것과 달리 미작부문의 수출 생산의 확대가 낳은 수익 중 상당 부분은 공평하게 농민 생산자에게 분배되었다. 마지막으로 해결해야 할 문제는, 미농은 어떻게 비교적 공평하게 경제성장의 이익을 분점할 수 있었을까 하는 것이다. 필자는 대만인이 지배한 미작부문과 일본자본이 지배하는 자당부문 내의 계급구조의 비교분석이 유용한 단서를 제공한다고 생각한다. 미·당 부문의 계급지배 방식(전자는 대만인 지주와 토롱간, 후자는 일본 재벌)의 대조는 생산력 제고로 인한 경제적 이익이 어떻게 분배되는지를 밝히는 데 도움이 된다. 여기서 특히 강조하고 싶은 것은 각 부문 내의 상이한 계급지배 형태가 생산 수익의 분배에 끼치는 영향이다. 미약한 계급지배일수록 농민 생산자가 경제성장의 이익을 분점하는 것을 막기 힘들다. 계급지배의 강약과 분배균등의 정도는 밀접한 관련이 있다. 이는 1925년 이전 자당부문과 1925년 이후 미작부문의 수익분배 형태의 차이에 공히 적용될 수 있다.

일본자본은 어떻게 대만 미곡경제에 대한 통제를 상실했는가? 가정농장은 어떻게 ('자기착취'를 통해) 임금노동 생산방식에 굴복하지 않고, 토지를 집중하려는 자본의 의도에 어떻게 하여 효과적으로 저항했으며, 대만 지주와 토롱간의 연합은 어떻게 일본자본의 미곡 생산과 (도내) 유통영역으로의 침투를 막아냈는지 본서에서 이미 상세히 검토했다. 마찬가지로 소홀히 할 수 없는 점은, 기존의 식민지 잉여착취 기제 또한 일본자본이 미작부문에 손대려는 것을 억누르는 작용을 했다는 것이다. 애초에 당업자본의 이윤은 정체된 미작부문에 의존했고, 일본자본은 (특히 대만 도·내외 시장의 미곡수요가 제한적이었을 때) 자연히 미작 생산에 뛰어들려 하지 않았다. 일본자본은 미작의 보잘것없는 이윤에 흥미가 없었기 때문에 대만인 지주와 토롱간의 수중에 남을 수 있었다. 하지만 제1차 세계대전 이후 식민지 수입미에 대한 일본의 수요가 급증하여 대만 미곡생산에 호기를 제공했고, 일본자본은 진퇴양난에 처하게 된다. 미작부문에 진입하여 새롭게 출현한 시장기회를 장악할 수도 있었지만, 그렇게 되면 자작 생산에 필요한 노동력과 토지를 위기에 빠뜨려야 했다. 득실을 따져본 후 일본자본은 미작 생산이 충분한 이익을 내지 못할 거라고 판단했다.

종속이론이 항상 인용하는 서구의 열대식민지 경험과 비교하여 대만 미작부문에서 1920년대 중반 이후의 '균형적이고 균혜적인' 발전은 일본 식민주의자가 강화하려던 '주변부 자본주의'에 상당히 '성공적으로' 도전했다고 할 수 있다. 어떠한 요인으로 1920년대 중반 이후의 대만 미작부문은 식민지의 전형적인 (수출/생계) 부문 간 불평등분업 모델에서 벗어날 수 있었는가? 이 문제의 해답은 동시에 1920년대 중반 이후 미당상극 문제가 격화된 배경과 연결된다. 필자는, 부문 내부 계급구조의 비교를 통해 이 문제의 해답을 찾을 수 있다고 생각한다. (일본 식민주의의 특수한 성격이 아니라) 계급지배가 상대적으로 약하여 상대적으로 평등한 대만 미작부문의 의외의 발전이야말로 대만의 특수한 식민지 발전의 경험을 이해하는 관건이다. 가정농장의 농민, 대만 지주엘리트계급 및 일본 농기업 자본가 상호간의 투쟁과 상대적 역량의 소장 전체가 '대만 경험'의 특수성을 만들어냈다. 1925년 이후 식민통치자의 의도와 달리 특수한 발전을 만들어낸 요인이 무엇인지 설명하기 위한 출발점은, 일본 식민주의 자체의 특수성이 아니라 피식민지인이 어떻게 식민통치자가 강화하려 한 잉여착취 기제에 저항하여 벗어났는가이다. 일제 말기 서구 식민지와는 다른 대만의 발전 경험을 탐구하려면 외적 요인에만 집중하여 내적 요인을 배제해서는 곤란하다. 각도를 달리하여 물어본다면, 대만총독부는 어째서 계급의 연합과 충돌의 제약을 받아 식민지 경제 본래의 잉여착취기제를 유지할 수 없게 되었는가? 진정으로 특수한 것은 일본 식민주의 자체가 아니라 대만의 기존 사회경제체제라는 것을 어렵지 않게 알 수 있다.

본서가 제일 먼저 검토한 것은 대만의 기존 토지제도인데, 이는 대만의 가정농장을 기본적인 생산단위로 한 농업발전을 이해하기 위한 것이었다. 대만의 농업생산 방식은 서구의 당업식민지에서 성행한 플랜테이션과 완전히 달랐다. 과거의 연구는 식민통치 초기 토지조사사업의 완성도에 현혹되어 근대적 토지소유권의 도입과 확립(변화의 측면)에 집중하고 대만 기존 토지제도의 계승(연속의 측면)에는 상대적으로 관심을 가지지 않았다. 대만총독부는 1898~1905년까지의 토지조사사업을 통해 이미 쇠퇴한 대조권大租權을 사들여 원래 영전농永佃農 신분이지만 토지에 대한 경영 실권을 장악해간 소조호를 유일한 업주로 인정하고 대·소조 다중지권을 폐지하여, 유명전이 실행하려 했으나 완성하지 못한 토지개혁을 완수하고 소조호의 토지에 대한 권리를 절대적이고 자유로운 근대적 토지소유권으로 확립했다.

일제 초기 일본은 공업화 초기 단계로 자본이 빈약하여 모국자본에 기대여 식민지를 개발할 수 없었다. 대만총독부는 모국에서 필요로 하는 농산품을 제공하여 무역적자를 감소시키고 식민지의 재정자립을 달성하기 위해서는 식민지 내부에서의 축적이 필요했기 때문에 생산을 회복하고 개선하는 것이 급선무라고 보았다. 전통적으로 고도로 상품화된 농촌의 토지경제는 생산력을 발전시킬 잠재력을 풍부하게 갖추었고, 따라서 대만총독부는 대만 농촌의 내재적 발전 방향에 따라 생산을 회복하면서 동시에 도내의 자본축적을 제고하려고 했다. 그 후 서서히 대만에 도달한 일본 자본가에게 농민을 쫓아내고 토지를 대량으로 집중하여 대규모 경영을 행하는 플랜테이션은 (폭력을 사용하여 농민의 토지를 수탈할 시기는 이미 지났을 뿐 아니라 당시의 식민지 법률에도 위반되는 등의) 여러 가지 어려움이 수반되었을 뿐 아니라 자기 이익에 반드시 합치하지도 않았다. 사실 일본 당업자본가들은 정부가 보장한 시장독점권과 수직집중의 경영으로 대만 가정농장과 자본축적에 유리한 경제적 분업을 형성하고 있었다. 일제 초기 총독부가 대만의 전통적인 사회경제체제를 보존하고 이후 일본자본 농기업이 대만의 가정농장과 수직통합의 분업관계를 형성한 것은, 당시 대만 내외 환경을 고려해 볼 때 별다른 대안이 없는 상황에서 거의 유일한 선택이었다.

식민지 농업자본주의의 전환transformation에 치우친 선행 연구의 상당수는 선입견 때문에 토지집중 현상을 애써 찾으려 했지만 정작 대만인 농업생산자 간의 토지분배 형태와 그 변화에는 소홀했기 때문에 대만 농업발전 모델을 이해하기 위한 중요한 실마리, 예컨대 장기적으로 안정을 유지해온 50퍼센트 이하의 소작료율이라든가, 토지(특히 미작 수전)의 장기적인 영세화 추세라든가, 대만 지주와 소규모 자작농 상호간의 소장消長 관계 등을 찾아내지 못했다.

이상의 대만의 기존 토지제도와 관련된 분석에 의존하여 필자는 1930년대 대만 농민이 어떻게 생활수준의 현저한 향상을 이룰 수 있었는지 설명할 수 있었다. 더욱 중요한 것은, 본래 주변부 자본주의의 불평등분업에 편입되었던 대만 사회경제체제가 어떻게 미당상극체제를 통해 식민통치자가 수행하려던 자본축적에 도전할 수 있었는지를 밝힌 점이다. 대만인이 지배하던 미작부문 내의 통합적인 발전은 1920년대 중반 이전의 전형적인 (탈절적) 식민지 발전 모델에 충격을 주어 식민지 잉여착취기제의 유지를 곤란하게 만들었다. 일본자본의 이익이 기존의 경제적 장치로는 유지되지 못하자 정치적 강제를 동원하기 시작했다. 1930년대 말 대책 마련에 부심하던 대만총독부는 행정 수단에 의지하여 시장통제를 확대해나갔다. 이에 대응하여 미작부문은 대만인 지배계급(지주와 토롱간)과 그 맹우(일본 미곡수출상)의 지도하에 가혹한 미작억압 정책에 저항하여 미곡의 생산·교역 조건을 유지하려 노력했다. 시장통제 기제를 발동한 식민당국은 미·당 이익 중 하나를 선택해야 했고 결국에는 전시경제를 틈타 1939년 농민의 수입수준을 억누를 힘이 없던 대만 지배계급을 건너뛰어 전면적이고 직접적으로 농민의 소득을 통제하는 방식, 즉 미전매를 실행하게 된다.

1930년대 말 미·당 이익이 상충하는 국면은 마침내 타개되었다. 대만총독부는 미작을 억압하는 강제 정책을 실시하면서 동시에 지주 동맹(토롱간)을 약화시키고 지주·소작 관계를 재편하는 등 대만 지배계급에 불리한 일련의 행정조치를 강행했다. 이러한 억압적인 조치들은 지주 세력에게 심각한 타격을 가하여 토지의 영세화가 가속화됨으로써 대만 사회구조에 근본적인 변화를 초래하기 시작했다. 대만총독부는 (어쩌면 의식하지 못한 상태에서) 자신을 위해 새로운 정치적 기초인 소규모 자작농을 창출했다. 해방 이후 대만 농업의 중추이자 공업화를 위한 원시적 축적을 지지한 소규모 자작농은 정치적으로 순치馴致시키기 쉬울 뿐 아니라 시장통제를 통해 착취하기에도 가장 용이한 대상이었다.

미당상극 문제를 핵심으로 하는 대만의 식민지 발전은, 부문 간 불평등분업이라는 경제구조 외에도 또 하나의 중요한 (어쩌면 더욱 근본적인) '구조'를 내포하고 있는데, 그것은 바로 계급구조이다. 경제적 과정은 사회적 과정 바깥에 존재할 수 없다. 식민지의 '종속'을 외부적 변수로 간주하여 (불평등한 교역과 정치적 강제를 통한) 재화의 전이와 산업의 분업(공업=모국/농업=식민지)으로만 이해하는 것은 피상적인 분석에 머무르고 만다. 식민지의 '종속'을 파악하는 것은, 결국 식민지의 내재적 구조를 분석하는 것이고, 내재적 구조란 '종속' 현상의 뿌리인 '기형적' 경제구조이다. 그리고 이 기형적 경제구조는 또한 각종 사회계급이 형성한 사회관계 전체의 일부분이다.

투자오옌(涂照彦, 1991)은 가와노川野(1969)가 식민지의 기형적 경제구조에 대해 간과한 것을 비판하고 민족모순의 측면을 지적하여 야나이하라의 기계적인 계급분석을 보충했다는 점에서 일정한 공헌을 했다. 하지만 야나이하라의 일본중심적이고 경제결정론적인 분석을 비판하면서 투자오옌 자신도 또 하나의 극단에 빠졌는데, 그것은 '대만본위臺灣本位'라는 이데올로기이다. 마르크스주의의 장점인 (자본주의의 세계적 확산을 통해 식민지 경제를 이해하는) '총체적 분석'이 투에 의해 재차 제기되었지만, 일단 민족문제에 맞닥뜨리자 자본의 논리는 해석능력을 상실해버리고 민족지배의 논리에 부수하는 존재로 전락해버렸다. 대만 사회경제체제의 보존 자체가 투가 말한 대로 대만에 진출한 일본자본에 후환을 남겼는가? 대만자본(지주) 세력은 일본자본의 확장을 견제할 역량을 보유하여 적당한 시기에 반격을 가할 수 있었는가? 필자는 투의 미당상극론을 검토한 후 '보존'이 반드시 식민지 착취를 견제한 것은 아니라는 결론에 도달했다. 서구 식민주의자들은 종종 현지의 전통적 사회경제체제를 보존함으로써 착취를 강화했다. 일제 초기 미당체제하에서 대만 가정농장과 일본 당업자본의 연속連屬 모델은 식민지 자본축적에 충실하게 복무했는가? 보존 자체는 식민통치의 '화근'이 아니며 외부로부터 부여된 기회와 결합하여 세력을 확대할 때 비로소 식민지 경제체제의 파탄을 야기할 수 있다. 진정으로 고려할 만한 문제는, "식민지에서 보존된 것은 어떠한 사회경제체제인가? 그리고 그 계급지배의 형식은 어떤 것인가?" 이다. 이상의 문제에 대답할 수 있어야 비로소 토착 사회경제체제가 특정한 역사적 환경에서 식민지 착취를 방해하는지 혹은 돕는지를 판별할 수 있다. 자본주의 체제의 확장은 결코 무인도에 이식하는 것이 아니며, 식민지 착취는 현지의 사회경제체제를 통해서만 진행될 수 있다. 토착의 사회경제체제를 충분히 파악해야만 자본 확장의 과정에 대해 심도 있는 이해를 할 수 있다. 추상적인 '자본' 자체는 '행동'할 수 없다. 식민통치자는 식민지의 사회경제체제에 대한 개조를 통해 모국 자본가의 이익에 복무한다. 하지만 이 개조는 현지 계급의 연합과 충돌에 의해 불가피하게 제약된다. 식민지 지배를 이해하기 위해서는 우선 식민지의 역사 속에서 구체적으로 변화해간 계급구조를 명확히 이해해야 한다. 왜냐하면, 이 관계를 통해서만 자본의 지배도 진행되고 그 기본적 특징도 결정되기 때문이다. 이렇게 해야 식민지 자본축적의 가능성과 한계를 이해할 수 있다. 식민지 지배는 식민지 기존의 사회경제체제를 통해서만 진행되므로, 필자는 그간 소홀히 취급된 미·당 부문 내의 계급구조와 지배 관계, 그리고 미·당 이익집단 간의 충돌과 연합 관계에서 시작해야만 미당상극 문제의 진의를 이해하고 미당체제의 위기를 해석할 수 있다는 점을 강조했다. 자본과 농민의 모순에서 파생된 부문 간 불평등분업과 불균등발전에서 출발하여 계급지배 구조를 분석해야만, 미당상극의 성격과 그 격화의 원인, 그리고 미당상극이 식민지 발전 과정의 각기 다른 단계에서 가지는 의미를 심도 있게 이해할 수 있다.

자본주의 확산의 일반적 추세가 어떻게 계급 간, 경제부문 간, 그리고 민족이익 간의 특정한 구체적 관계로 전화轉化해 가는가, 그리고 이들 관계가 반대로 자본주의체제의 경제적 작동 과정을 어떻게 변화시키는지 세밀하게 탐구함으로써, 우리는 중심/주변 구조를 초월하여 대만의 식민지 발전의 의미를 더욱 깊이 있게 이해할 수 있게 된다. 본서의 식민지 발전에 관한 이론적 모델은 아민의 주변부 자본주의 개념과 종속이론 학자들이 제창한 '저발전의 발전' 등에서 빌려왔다. 하지만 뒤이은 분석은 계급구조라는 요소와 사회적 행위자들social actors의 상호작용의 역사과정을 포함시킴으로써 중심의 과정이 주변부에서 발생한 결과로 직접 연결된다는 외인결정론外因決定論에서 벗어나 기존의 모델에 근본적인 수정을 가할 수 있었다. 기존의 토지제도의 구조와 계급지배 관계의 변화를 분석함으로써 가정농장을 기본적인 생산단위로 한 대만의 농업 발전을 이해하려 했고, 특히 식민지 잉여착취 기제의 수립과 그 위기와 관련된 논제, 즉 미당상극을 핵심으로 하는 식민지 발전의 문제에 초점을 맞추었다. 필자가 수정하고 발전시킨 이 이론 모델은 우리가 부문 내의 계급구조와 계급 역량 간의 연합과 충돌에 상응하여 미·당 부문의 연대와 대항을 새롭게 이해하는 데 하나의 새로운 기초를 제공했다. 이러한 탐구 방식은 필자로 하여금 대만이 어떻게 식민통치자가 강화하려 했던 주변부 자본주의 모델에서 벗어날 수 있었는지 더욱 정밀하게 관찰할 수 있게 함으로써, 일제시대 대만 연구에서 대립을 거듭하던 '종속과 발전'이라는 의제를 해결할 수 있는 길을 제공할 수 있게 된 것 같다.

부록

1. 쌀 · 사탕수수 · 설탕의 가격 · 수입과 토지생산력(1910~1939)
2. 남 · 북 자전 면적 및 전도 자전에서 차지하는 비율
3. 자전 · 미전의 면적 · 생산량 및 생산력(1905~1942)
4. 지역 및 1 · 2모작별 수전 소작료율(%)

| 부록 1 | 쌀·사탕수수·설탕의 가격·수입과 토지생산력(1910~1939)

단위 : 엔

연도	(소비세를 제한) 100근의 설탕가격	설탕 100근의 원료비	제당률 %	1,000근의 사탕수수 가격	자전 생산력 (1,000근/갑)	자전 1갑의 수입	재래미 100근의 가격	재래미경지 생산력 (100근/갑)	재래미경지 1갑의 수입	봉래미 100근의 가격	봉래미경지 1갑의 수입
1910~1911	8.86	2.66	10.60	2.81	54.09	152.23	3.67	42.84	157.23		
1911~1912	10.99	3.33	10.50	3.50	42.78	149.70	5.04	44.54	224.47		
1912~1913	10.44	4.56	9.50	4.33	22.89	99.17	6.15	39.75	244.46		
1913~1914	10.09	3.91	11.00	4.30	35.24	151.55	5.84	49.29	287.87		
1914~1915	11.51	4.48	9.90	4.44	46.35	205.71	4.67	43.60	203.62		
1915~1916	13.23	4.14	10.11	4.18	57.32	239.80	3.58	45.95	164.52		
1916~1917	14.06	4.19	9.62	4.03	67.52	272.17	3.97	46.75	185.59		
1917~1918	14.98	5.17	9.30	4.81	42.51	204.39	5.83	49.10	286.27		
1918~1919	24.29	6.83	9.48	6.47	43.19	279.58	8.31	45.47	377.84		
1919~1920	30.70	11.44	9.72	11.12	38.45	427.67	11.61	46.91	544.63		
1920~1921	17.00	10.60	9.45	10.01	43.66	437.18	10.98	45.78	502.66		
1921~1922	14.11	8.42	9.54	8.03	43.69	350.75	6.89	47.72	328.76		
1922~1923	18.84	7.17	9.57	6.86	51.85	355.88	7.69	50.63	389.32		
1923~1924	16.91	6.66	10.31	6.86	60.18	412.92	7.10	45.66	324.17		
1924~1925	14.60	7.07	9.79	6.92	66.42	459.43	8.83	53.42	471.73	13.21	850.03
1925~1926	13.14	7.12	10.49	7.47	69.75	520.77	10.68	54.26	579.45	14.37	846.97
1926~1927	14.49	7.58	10.34	7.84	69.38	543.74	10.13	52.92	536.08	12.38	639.44
1927~1928	12.41	6.58	11.13	7.32	88.91	651.10	8.30	55.49	460.57	11.49	673.68
1928~1929	12.57	6.21	11.73	7.29	102.99	750.42	8.22	53.57	440.36	9.59	546.06
1929~1930	10.14	5.47	12.76	6.98	108.11	754.96	8.39	52.78	442.86	9.48	579.36
1930~1931	8.71	4.51	13.59	6.12	111.97	685.49	7.08	54.89	388.64	8.81	557.99

1931~1932	10.83	4.30	13.10	5.63	125.67	707.09	4.55	54.81	249.36	5.58	336.43
1932~1933	12.81	3.27	13.45	4.39	107.31	471.23	5.85	60.37	353.17	6.89	491.10
1933~1934	11.82	3.20	14.17	4.53	96.03	435.18	6.17	54.48	336.75	7.10	485.34
1934~1935	12.08	3.67	13.24	4.86	113.58	552.20	6.89	58.41	402.48	8.00	594.38
1935~1936	12.28	4.10	12.72	5.21	103.86	541.53	9.08	57.90	525.75	9.98	693.51
1936~1937	13.12	4.17	13.15	5.48	117.87	646.36	9.47	61.33	580.80	10.53	763.43
1937~1938	13.06	5.04	12.26	6.17	115.43	712.65	8.98	59.59	535.11	10.68	772.69
1938~1939	13.02	5.31	12.02	6.39	133.42	851.86	9.92	66.73	661.98	11.35	910.80

(1갑 = 0.96992ha ; 1근 = 0.6kg ; 재래조미在來糙米 1석 = 233근 ; 봉래조미蓬萊糙米 1석 = 238근)

자료 근거 : 『糖業統計』(各年) ; 『米穀要覽』, 1941, 4~12, 98~101

주 :

1. 사탕수수는 다년생 작물로서 재배기간이 1~1.5년 정도로 미작의 2~3모작에 해당한다. 재배는 연말에 시작되어 1년 지난 후인 이듬해 연초에 수확한다. 『糖業統計』의 사탕수수 재배기간은 수확연도와 그 전의 재배연도를 포함한다. 예컨대 1915~1916년이 재배기간이라면 재배연도는 1915년이고 수확연도는 1916년이다. 경쟁작물인 쌀의 수확은 제1기가 6~7월, 제2기가 10~11월이다. 사탕수수 수확 시점에서 제1기 미작은 수확 전이고, 이 때문에 사탕수수 수매가격의 비가比價 대상은 전년도(재배연도)의 미작이다. 미작과 비교할 필요가 있었기 때문에 미작에 대응되는 사탕수수는 재배연도를 취했음을 밝혀둔다.
2. 설탕가격은 도쿄東京 시장의 대만 설탕가격에서 소비세를 제한 후의 가격이다. 1913년 이전에는 완전한 자료가 없어서 대만제당회사 TAB 상표의 설탕가격을 기준으로 삼았다. 일본에 수출되는 대만 설탕의 종류가 1927년 이후에는 달라진다. 1914~1926년 사이에는 네덜란드 표준색상Dutch Standard, D.S. 제10~14호(pol. 96.5°)인 황쌍당黃雙糖이었으나 1927년 이후에는 네덜란드 표준색상D.S. 제16호인 중쌍당中雙糖이었다. 일본 국내의 설탕소비세는 다음과 같다.

   1910~1926 : D.S. no.12~14; 5엔/100근

   1927~1931 : D.S. no.16; 5엔/100근

   1932~1936 : D.S. no.16; 4.55엔/100근

   1937 : D.S. no.16; 6.50엔/100근

   1938 : D.S. no.16; 7.10엔/100근

   1939 : D.S. no.16; 7.80엔/100근

(『糖業統計』 제14책, 1926, 189~191 ; 제29책, 1943, 78~79, 110~111, 189, 194~195 ; 伊藤, 1939, 326)

3. 설탕가격 연도는 사탕수수의 수확연도에 대응한다. 미작연도는 사탕수수의 재배연도에 대응한다.
4. 설탕 원료비는 신식 제당공장에서 100근의 설탕을 제조할 때 소요되는 사탕수수 수매비용이다.
5. 제당률製糖率은 신식 제당공장의 제당률만을 취했다.
6. 1,000근의 사탕수수가격은 아래의 공식에 따라 계산했다.
   (100근의 설탕 원료비)÷〔1÷(제당률)×100〕×1,000＝100근의 설탕 원료비×제당률×10
7. 자전 생산력은 자전 1갑의 수확량을 지칭한다. 신식 제당공장 원료채집구 내에서의 원료를 수매한 자전(일본어로 '일반자원一般蔗園')의 수확량만을 취했고 제당회사 자영 플랜테이션 농장(일본어로 '자작자원自作蔗園')의 수확량은 포함시키지 않았다(『糖業統計』[各年]). 1910~1911년에서 1915~1916 년기의 '일반자원'의 수확량은 '모범자원模範蔗園'의 수확량에서 그 값을 취했다(『糖業統計』, 1917, 22~23).
8. 자전 1갑의 수입은 1,000근의 사탕수수 수매가×1갑의 자전 생산력이다.
9. 재래미 100근의 가격은 『米穀要覽』(1941, 98~101)에 따라 가오슝高雄 부두의 조미糙米 가격을 취하였고, 1925년 이전은 타이베이臺北·타이중臺中·타이난臺南 3곳의 중등中等 미가의 평균을 취했으며, 봉래미 100근의 가격은 지룽基隆 부두의 3등 조미 가격을 취했다.
10. 미전의 토지생산력은 1갑의 이모작의 연평균 수확량이다(『米穀要覽』, 1941, 4~13).
11. 미전 수입은 1갑의 이모작의 연평균 수입, 즉 (제1기작 평균수확량＋제2기작 평균수확량)×미가이다.
12. 미·자의 윤작과 재배시기의 차이로 인해 미농·자농 수입 비교가 곤란한 측면이 있다. 여기서는 미작과 자작 수입 간 변동의 상관성에 주목해 미농이 쌀재배(이모작)로 얻은 수입과 자농이 사탕수수 재배(1.5년에 1회 수확)로 얻는 수입만을 비교했고, 고구마·채소 등 농민의 기타 수입은 계산에 포함시키지 않았다.
13. 이 표의 숫자는 소수점 이하 두 자리까지 취했지만, 실제 계산 시에는 원자료原資料가 택한 자릿수에 따랐다.

| 부록 2 | 남·북 자전 면적 및 전도 자전에서 차지하는 비율

연도	남부 자전(갑)	북부 자전(갑)	남부 자전이 전도 자전에서 차지하는 비율	북부 자전이 전도 자전에서 차지하는 비율
1908	20,891.99	7,695.36	0.728	0.268
1909	30,960.69	8,010.11	0.793	0.205
1910	51,130.20	12,106.86	0.806	0.191
1911	72,270.41	16,720.80	0.808	0.187
1912	56,305.82	18,032.16	0.747	0.239
1913	46,346.87	19,719.98	0.688	0.293
1914	50,696.63	23,301.25	0.665	0.305
1915	55,792.01	26,645.86	0.655	0.313
1916	80,466.59	30,570.30	0.703	0.267
1917	86,873.35	38,046.74	0.670	0.293
1918	94,284.81	50,641.31	0.629	0.337
1919	75,864.71	39,732.00	0.630	0.330
1920	67,244.27	37,101.86	0.620	0.342
1921	74,028.70	40,483.72	0.617	0.338
1922	90,511.28	45,767.40	0.637	0.322
1923	76,155.24	34,866.20	0.653	0.299
1924	82,581.91	35,254.44	0.670	0.286
1925	84,763.76	40,442.76	0.650	0.310
1926	77,929.13	40,277.68	0.631	0.326
1927	64,828.65	31,953.44	0.639	0.315
1928	67,519.67	36,605.91	0.623	0.338
1929	77,185.13	38,197.46	0.643	0.318
1930	70,408.41	34,270.39	0.644	0.313
1931	62,290.81	31,988.68	0.629	0.323
1932	71,061.42	32,846.54	0.649	0.300
1933	57,658.87	21,980.63	0.684	0.261
1934	60,199.94	25,360.96	0.660	0.278
1935	78,059.64	36,490.65	0.642	0.300
1936	84,904.39	36,016.87	0.662	0.281
1937	83,120.99	33,745.67	0.667	0.271
1938	87,019.36	39,014.35	0.648	0.291
1939	104,190.20	53,368.27	0.623	0.319
1940	106,395.47	56,863.81	0.610	0.326

주 : 북부 지역은 타이베이주臺北州·신주주新竹州·타이중주臺中州를 포괄하고 남부 지역은 타이난주臺南州·가오슝주高雄州를 포괄함.

자료 근거 : 『糖業統計』 제14책, 1926, 2~5 ; 제29책, 1943, 4~5

| 부록 3 | 자전 · 미전의 면적 · 생산량 및 생산력(1905~1942)

연도	자작 면적 (갑) A	사탕수수 생산량(근) B	자전 생산력 (근/갑) B/A	재래미 경지 면적(갑) C	재래미 생산량(석) D	재래미 토지생산력 (석/갑)D/C	봉래미 경지 면적(갑) E	봉래미 생산량(석) F	봉래미 토지생산력 (석/갑)F/E	미작 면적 (갑)
1905	35,158	1,690,206,794	48,075	393,150	3,804,949	9.678				461,308
1906	30,391	1,383,648,081	45,528	402,119	3,498,563	8.700				472,813
1907	28,704	1,418,860,799	49,431	413,826	3,972,268	9.599				486,274
1908	39,035	2,219,471,541	56,858	421,533	4,116,660	9.766				493,807
1909	63,411	3,601,496,587	56,796	427,764	4,147,145	9.695				493,809
1910	89,445	4,715,255,195	52,717	406,070	3,723,729	9.170				470,426
1911	75,329	3,159,598,569	41,944	420,793	3,997,429	9.500				493,628
1912	67,358	1,530,518,032	22,722	420,141	3,566,226	8.488				496,128
1913	76,277	2,642,616,584	34,645	428,658	4,515,903	10.535				509,643
1914	85,150	3,933,805,780	46,199	429,372	4,024,567	9.373				515,175
1915	114,451	5,735,219,083	50,111	423,014	4,168,972	9.855				506,319
1916	129,662	8,488,117,190	65,463	404,398	4,053,644	10.024				486,305
1917	150,450	6,817,535,709	45,314	399,710	4,202,606	10.514				480,642
1918	120,410	5,631,339,072	46,768	412,363	3,992,063	9.681				498,334
1919	108,376	4,382,506,262	40,438	418,878	4,213,998	10.060				512,631
1920	119,888	4,938,323,097	41,191	417,451	4,094,210	9.808				515,681
1921	142,032	6,752,838,826	47,544	420,761	4,292,791	10.202				510,791
1922	116,620	6,610,863,843	56,687	426,842	4,629,728	10.846	427	7,296	17.087	527,096
1923	123,233	7,793,688,518	63,244	423,560	4,138,025	9.770	2,483	38,968	15.694	523,578
1924	130,480	8,825,841,621	67,641	415,072	4,752,071	11.449	25,078	346,849	13.831	547,932
1925	123,426	8,615,430,295	69,802	369,746	4,277,576	11.569	70,827	992,658	14.015	567,918

1926	101,531	7,411,962,535	73,002	335,597	3,773,739	11.245	123,269	1,307,102	10.604	584,762
1927	108,318	9,697,644,651	89,529	370,881	4,386,094	11.826	102,564	1,261,095	12.296	603,154
1928	120,046	12,291,944,205	102,394	333,072	3,806,120	11.427	134,220	1,624,097	12.100	603,058
1929	109,397	11,618,358,936	106,204	358,264	4,021,789	11.226	102,310	1,295,344	12.661	585,566
1930	99,094	10,944,669,505	110,447	370,354	4,336,007	11.708	135,237	1,806,206	13.356	633,444
1931	109,511	13,415,475,077	122,503	370,784	4,321,313	11.655	147,448	1,908,763	12.945	653,380
1932	84,330	8,811,199,599	104,485	346,501	4,428,429	12.780	193,942	2,942,756	15.173	684,928
1933	91,163	8,883,801,544	97,450	313,870	3,609,776	11.501	237,429	3,426,121	14.430	696,424
1934	121,628	13,477,260,178	110,807	284,985	3,496,286	12.268	269,527	4,286,280	15.903	687,664
1935	128,329	13,190,389,434	102,786	262,960	3,216,600	12.232	304,985	4,496,003	14.742	699,675
1936	124,555	14,271,874,413	114,583	271,276	3,501,446	12.907	299,018	4,639,202	15.515	702,685
1937	134,208	15,101,099,328	112,520	278,953	3,539,773	12.689	312,870	4,783,023	15.288	678,082
1938	167,362	21,384,942,440	127,777	255,170	3,609,525	14.146	310,722	5,276,323	16.981	644,793
1939	174,294	16,628,465,918	95,405	243,642	3,318,115	13.619	317,041	4,796,731	15.130	645,549
1940	162,070	13,987,308,518	86,304	258,049	2,973,120	11.522	334,034	4,305,748	12.890	658,428
1941	161,297	17,082,749,267	105,909	248,316	3,093,785	12.459	364,200	4,770,992	13.100	666,994
1942	161,352	16,820,471,592	104,247	212,195	2,562,703	12.077	391,454	5,379,460	13.742	635,652

자료 근거 : 『糖業統計』 제29책, 1943, 1 ; 『臺灣之糖』, 1949, 68 ; 『米穀要覽』, 1941, 4~12 ; 『統計提要』, 1946, 540~542

주 :

1. 자작에 관한 자료 중 1940년 이전의 것은 『糖業統計』, 1940년과 그 이후의 것은 『臺灣之糖』의 수치를 환산(1ha＝1.03102甲)해 작성하였음. 미작과 비교할 필요가 있었기 때문에 이 표는 사탕수수 재배연도를 기준연도로 하였음.
2. 미작에 관한 자료 중 1940년 이전의 것은 『米穀要覽』, 1940년과 그 이후의 것은 『統計提要』의 수치를 환산(1ha＝1.03102甲)해 작성하였음.

| 부록 4 | 지역 및 1～2모작별 수전 소작료율(%)

지역		1898～1903	1927	1937
타이베이주	1모작	53.76	55.35	56.91
	2모작		53.76	50.36
신주주	1모작	50.87	42.30	55.68
	2모작		50.52	53.94
타이중주	1모작	50.22	32.79	47.41
	2모작		49.35	51.37
타이난주	1모작	41.49	44.26	41.22
	2모작		45.06	48.60
가오슝주	1모작	39.19	42.21	42.23
	2모작		44.94	45.75
화롄청	1모작	—	50.17	49.19
	2모작		43.05	43.95
타이둥청	1모작	—	49.89	—
	2모작		48.01	47.75
전도	1모작	47.64	43.85	42.01
	2모작		49.42	50.63
평균		47.64	47.88	47.28

자료 근거 :

① 수전 경지의 소작 관계 자료 : 1898～1903년 부분은 土地調査局, 『田收穫及小租調査書』; 1927년 및 1937년 부분은 각각 臺灣總督府殖産局, 『耕地賃貸經濟調査』 및 『農調書』, 제25호와 39호에서 취함. 총독부의 1914년 및 1919년 조사 보고는 지나치게 간략하고 조사방법도 설명하지 않아 채택하지 않음.

② 각 주·청의 1～2모작 수전 경지면적 자료는 『臺灣農業年報』, 1928, 15 ; 1938, 12에서 취함.

조사방법

토지조사국은 1898년부터 1903년 사이에 토지조사사업을 시행할 때 업주業主의 신고 외에 가능한 모든 방법을 총동원해 각 지역 경지의 수확량과 소작료를 조사해 전田·원園의 등칙等則과 토지세액 산정의 근거로 삼았다. 그 조사 방식은 촌로村老에게 탐문하거나 소작농을 방문해 소조액小租額을 알아내거나, 아니면 수확 시 실제로 단위면적당 생산량을 측정하는 등이었다(江丙坤, 83～88 ; 『第二回事業報告』, 100). 토지조사국이 토지조사사업 결과에 의거해 제작한『전수확급소조조사서田收穫及小租調査書』에는 대만 각 가街·장庄(평후청澎湖廳과 타이둥청臺東廳은 제외)의 등칙별 전원의 면적, 수확량 및 소조율小租率이 상세히 기재되어 있다.[1] 1898~1903년의 수전 자료는 1모작 경지와 2모작 경지를 구별하지 않았다.

1927년 조사에서는 각 시市·가街·장庄의 1모작 경지와 2모작 경지를 상·중·하 3등급으로 구분(하였으나 등급 구분의 원칙을 설명하지 않은 채 그저 조사원의 '대체적인 관찰' 에만 의존)해 각각 5개의 표본을 추출하였다. 특정 등급의 면적이 해당 시·가·장 관내 총경지면적의 20퍼센트보다 작을 경우에는 3개의 표본만 추출하였다. 동부의 화롄청花蓮廳과 타이둥청臺東廳의 각 등급은 3개의 표본만을 추출했다. 마지막에 완성된 유효 조사의 표본은 2모작 경지가 2,799필, 1모작 경지가 1,320필이었다. 각 표본은 자료 안에 첨부되어 있다.

1937년 조사에서는 각 시·가·장의 1모작 경지와 2모작 경지에 대해 해당 지역 당시의 경지 등칙에 의거해 각각 1개의 표본을 추출하였다. 화롄청의 1모작 경지는 표본을 추출하지 않았다. 마지막에 완성된 유효 조사의 표본은 2모작 경지가 1,079필, 1모작 경지가 442필(이 중 3년 윤작은 136筆)이었다. 각 표본은 자료 안에 첨부되어 있다.

추산 방식

각 주州·청廳 수전의 소작료율

1898~1903년 각 주·청 수전의 소작료율은 각 가·장街庄 내 각 등칙 수

---

1 『田收穫及小租調査書』는 출판기관과 일자를 전혀 표시하지 않았지만, 토지조사국이 1905년에 출판한 『田收穫査定書』에는 『田收穫査定書』가 '지조개정' 당시에 진행한 토지조사에 의거했음을 밝히고 있고, 또 자료의 근거를 『田收穫及小租調査書』라고 설명하고 있다. 두 책의 관련 수치자료 역시 완전히 일치한다. 이를 근거로 했을 때 『田收穫及小租調査書』는 토지조사국이 1898~1903년에 시행한 전도에 대한 토지조사의 성과 보고라는 점은 분명해 보인다.

전의 소조율小租率을 실제의 수전 면적에 적용해 합산한 후 평균한 것이다.

1927년과 1937년의 조사 자료는 각 가 · 장 내 각 등칙 수전의 실제면적을 포함하고 있고, 1927년과 1937년 조사에서 표본추출 원칙 또한 각 등칙 · 등급 수전의 상대적 규모를 고려했기 때문에 전체 표본 소작료와 수확량을 모두 더해 나누기를 하는 방식으로 각 주 · 청의 평균 소작료율을 추산하는 방법을 썼다. 간단하게 평균을 구하는 방식으로 각 시 · 가 · 장의 소작료율을 구하고 다시 각 주 · 청의 평균 소작료율을 구하게 되면, 각 표본 경지의 크기가 달라서 생기는 편차는 줄일 수 있지만, 본래의 표본 추출 원칙이 고려한 각 등칙 · 등급 수전의 대표성을 살릴 수 없게 된다. 표본 경지 크기의 차이로 인한 편차는 주 · 청 차원에서는 표본수의 확대를 통해 교정할 수 있다. 또한 수치의 이론적 의미와 관련해서 평균 소작료율은 소작료율의 평균이 아니라 총 소작료가 총수확량에서 차지하는 비율이고, 소작지 총생산량의 일정 비율이 지주에게 돌아가므로 여기서는 간단하게 평균을 내는 방식을 사용해 주 · 청의 소작료율을 추산하지 않았다.

전도의 수전 소작료율

1898~1903년 전도 수전 소작료율의 추산은 각 가 · 장 내 각 등칙 수전의 소조율을 실제 수전 면적에 적용해 합산한 후 평균한 것이다.

1927년과 1937년 전도 수전 소작료율의 추산은 각 주 · 청의 1~2모작 경지의 소작료율을 전도 각 주 · 청의 1~2모작 경지의 실제면적에 적용해 합산한 후 평균한 것이다.

전도 수전의 평균 소작료율 추산은 가능한 한 실제상황에 접근하게 하는 것을 원칙으로 했다. 이 원칙에 따라 토지조사국이 1898~1903년의 토지조사사업 자료를 가지고 각 가 · 장 내 각 등칙의 수전 경지의 실제 면적에 적용해 행한 추산이 가장 정확하다. 필자는 이를 이상적인 기준으로 정

하고 1927년과 1937년의 추산에서 각 주·청의 1~2모작 경지의 실제 면적에 적용하였다.[2]

2 葉淑貞, 「日治時代臺灣的地租水準」, 『臺灣史硏究』, 2001, 116~122쪽의 전도 평균 소작료율 추산방식은 필자와 다소 다른데, 그녀의 추산방식에 약간의 착오가 있었음은 필자가 그녀와의 대화를 통해 확인했다.

참고문헌

1. 중문

柯志明,「糖業資本·農民與米糖部門關係－臺灣(1895～1940)與爪哇(1830～1940)殖民發展模式的比較分析」,『臺灣社會硏究季刊』第12期, 1992

江丙坤,『臺灣田賦改革事業之硏究』(臺灣硏究叢刊第108種), 臺灣銀行, 1972

高拱乾,『臺灣府志』(臺灣文獻叢刊第65種), 臺灣銀行, 1960(1694)

根岸勉治, 張粵華 譯,『日據時代臺灣之農産企業與米糖相剋關係』(臺灣經濟史七集), 臺灣銀行, 1959(1935)

臺灣省政府糧食處,『臺灣百年糧政資料彙編(第一編)－一百年來臺灣糧政之演變』, 1997

臺灣省政府糧食局 編,『臺灣糧食統計要覽』, 1948

臺灣省政府主計處 編,『臺灣貿易五十三年表(1896～1948)』, n.a.

臺灣省主計處 編,『臺灣省統計提要』(第3號), 1947

臺灣省行政長官公署統計室 編,『臺灣省五十一年來統計提要』, 1946

臺灣銀行經濟硏究室 編,『臺灣米糖比價之硏究』(臺灣硏究叢刊第24種), 臺灣銀行, 1953

臺灣銀行經濟硏究室 編,『臺灣之樟腦』(臺灣硏究叢刊第10種), 臺灣銀行, 1952

臺灣銀行經濟硏究室 編,『臺案彙錄甲集』(文叢第31種), 臺灣銀行, 1959

臺灣銀行金融硏究室 編,『臺灣之糖』(臺灣特産叢刊第1種), 臺灣銀行, 1949

臺灣銀行金融硏究室 編,『臺灣之水利問題』(臺灣硏究叢刊第4種), 臺灣銀行, 1953

戴炎輝,「清代臺灣之大小租業」,『臺北文獻』4卷8期, 1963

戴炎輝,『清代臺灣之鄕治』, 聯經出版社, 1979

東嘉生, 周憲文 譯,『臺灣經濟史槪說』, 帕米爾書店, 1985(1944)

羅明哲,「臺灣土地所有權變遷之硏究」,『臺灣銀行季刊』28卷1期, 1977

梁華璜,「竹林事件探討－日本帝國主義掠奪臺灣山林之一例」,『國立成功大學歷史學報』第5期, 1978

馬克斯, 郭大力・王亞男 譯,『資本論』(第一卷), 人民出版社(北京), 1963

馬士(H.B. Morse), 謙祥 譯,『1882～1891年臺灣淡水海關報告書』(臺灣經濟史六集), 臺灣銀行, 1957

孟國美(P.H.S. Montgomery), 謙祥 譯,『1882～1891年臺灣臺南海關報告書』(臺灣經濟史六集), 臺灣銀行, 1957

北山富久二郎, 周憲文 譯,『日據時代臺灣之財政』(臺灣經濟史八集), 臺灣銀行經濟研究室, 1959

森久男, 洪篔元 譯,「臺灣總督府糖業保護政策之發展」, 黃富三・曹永和 編,『臺灣史論叢』, 聯經出版社, 1980

矢內原忠雄, 周憲文 譯,『日本帝國主義下之臺灣』, 帕米爾書店, 1985(1929)

鹽見俊二, 周憲文 譯,『日據時代臺灣之警察與經濟』(臺灣經濟史初集), 臺灣銀行, 1954

葉淑貞,「臺灣日治時代租佃制度之運行」,『臺灣史研究』2卷2期, 1995

葉淑貞,「日治時代臺灣的地租水準」,『臺灣史研究』8卷2期, 2001

吳三連,『吳三連回憶錄』, 自立晚報社, 1991

王世慶,「清代臺灣的米價」,『臺灣文獻』9卷4期, 1958b

王世慶,「清代臺灣的米產與外銷」,『臺灣文獻』9卷1期, 1958a

王益滔,『臺灣之土地制度與土地政策』, 臺灣銀行, 1964

王泰升,『臺灣法律史的建立』, 三民, 1997

劉銘傳,『劉壯肅公奏議』(臺灣文獻叢刊第27種), 臺灣銀行, 1958

李登輝, 張溫波 譯,『臺灣農工部門間之資本流通』(臺灣研究叢刊第106種), 臺灣銀行, 1972

李文良,「日治時期臺灣總督府的林野支配與所有權－以'緣故關係'爲中心」,『臺灣史研究』5卷2期, 1998

林滿紅,『米・糖・樟腦業與晚淸臺灣』, 臺灣銀行, 1978

張庸吾,『淸季臺灣之貨幣流通考』(臺灣經濟史初集), 臺灣銀行, 1954

張宗漢,『光復前臺灣之工業化』, 聯經出版社, 1980

張漢裕,『臺灣農民生計研究・經濟發展與農村經濟－張漢裕博士論文集(一)』, 三民書局, 1974

張漢裕,『日據時代臺灣經濟之演變』(臺灣經濟史二集), 臺灣銀行, 1955

程家穎,『臺灣土地制度考查報告書』(臺灣文獻叢刊第184種), 臺灣銀行, 1963(1914)

丁紹儀, 臺灣銀行經濟研究室 編,『東瀛識略』(8卷)(臺灣文獻叢刊第2種), 臺灣銀行, 1957(1873)

周憲文,『臺灣經濟史』, 開明書局, 1980

周憲文,『日據時代臺灣經濟史』(臺灣研究叢刊第59種), 臺灣銀行, 1958

中村是公, 臺灣省地政局地籍測量人員訓練班 譯,『臺灣土地調査事業概要』, 1905

曾汪洋,『日據時代臺灣糖價研究』(臺灣經濟史十集), 臺灣銀行, 1956

陳夢林・周鍾瑄,『諸羅縣志』(臺灣文獻叢刊第141種), 臺灣銀行, 1962

陳培桂 編修,『淡水廳志』(臺灣文獻叢刊第172種), 臺灣銀行, 1963(1870)

陳誠,『臺灣土地改革紀要』, 中華書局, 1961
陳正祥,『臺灣土地利用』, 臺灣大學農業地理研究室, 1950
蔡培火 · 陳逢源 · 林柏壽 · 吳三連 · 葉榮鐘 等,『臺灣民族運動史』, 自立晚報社, 1971
川野重任, 朴英彦 譯,『日據時代臺灣米穀經濟論』(臺灣研究叢刊第102種), 臺灣銀行, 1969(1941)
涂照彦, 李明俊 譯,『日本帝國主義下之臺灣』, 人間出版社, 1991(1975)

2. 일문

甲本正信,「土礱間に就いて」,『臺灣農事報』第343卷, 1935
岡松參太郎,「大租權の法律上の性質」,『臺灣慣習記事』1卷1期, 1901a
岡松參太郎,「大租權の法律上の性質」,『臺灣慣習記事』1卷3期, 1901b
江夏英藏,『臺灣米研究』, 臺灣米研究會, 1930
高橋龜吉,『現代臺灣經濟論』, 千倉書房(東京), 1937
溝口敏行,「臺灣の物價指數」, 篠原三代平 · 石川滋 編,『臺灣の經濟成長』, アジア經濟研究所, 1972
溝口敏行,『臺灣と朝鮮の經濟成長』, 岩波書店, 1975
溝口敏行 · 梅村又次 編,『舊日本植民地經濟統計』, 東洋經濟新報社, 1988
久山文郎,『米穀自治管理法に就いて』, 臺灣經濟産業叢書(臺北), 1937
宮川次郎,「苦難に瀕せる臺灣糖業の處置」,『糖業』第24號(一月號), 1937a
宮川次郎,「臺灣の土地經營政策」,『糖業』第19號(十二月號), 1932
宮川次郎,「米作問題の烽火あがる」,『糖業』第24號(二月號), 1937b
宮川次郎,『臺灣の農民運動』, 臺灣糖業研究會, 1927
根岸勉治,「臺灣農業問題」,『南方農業問題』, 日本評論社(東京), 1942
根岸勉治,「臺灣輪作農業と稻蔗相剋統制」,『臺灣經濟年報』第3卷, 1943
根岸勉治,「臺灣に於ける製糖原料甘蔗の獲得特に買收價格」,『臺北帝國大學理農學部農業經濟學教室研究資料』第8號, 1932
根岸勉治,「垂直的の米穀生産分化と土礱間階級」,『農業經濟研究』12-4, 1936
根岸勉治,『熱帶農企業論』, 河出書房新社(東京), 1962
楠井隆三,「臺灣經濟再編成の基本的動向」,『臺灣經濟年報』第1卷, 1941
農林省米穀局(東京),『臺灣米關係資料』, 1936
糖業研究會(臺北),『糖業』(1924～1943)
大間知治雄,『米穀管理と臺灣産業の新使命』, 臺灣日日新報社, 1939
臺灣經濟年報刊行會 編,『臺灣經濟年報』(1941～1944), 國際日本協會(東京)
臺灣農友會,『臺灣農事報』(1907～1940)
臺灣農會,『臺灣農會報』(1939～1943)
臺灣米報社,『臺灣米報』(月刊, 1930～1939)
臺灣銀行 編,『臺灣銀行二十年誌』, 臺灣銀行(東京), 1919

臺灣銀行調査課,「統制問題と糖業」,『糖業』第23巻(十一月號), 1936
臺灣銀行調査部鑑定課 編,『本島田畑賣買價格及小作料調』, 1944
臺灣製糖株式會社(東京),『臺灣製糖株式會社事業沿革の概要』, 1921
臺灣總督府 編,『第七十四回帝國議會臺灣米穀移出管理關係議事錄』, 1939
臺灣總督府,『臺灣米穀移出管理案概要』, 1939
臺灣總督府,『臺灣重要産業調整委員會會議錄』, 1938
臺灣總督府警務局 編,『臺灣の警察』, 1932
臺灣總督府警務局,『臺灣總督府警察沿革誌』(第二册), 臺灣史料保存會(東京), 1939
臺灣總督府警務局,『臺灣總督府警察沿革誌』(第一册), 臺灣史料保存會(東京), 1938
臺灣總督府官房文書課 編,『臺灣統治綜覽』, 1908
臺灣總督府米穀局,『臺灣米穀要覽』
臺灣總督府米穀局,『臺灣米穀移出管理關係法規』, 1940a
臺灣總督府米穀局,『臺灣米穀移出管理に就いて』, 1940b
臺灣總督府民政部文書課・官房調査課 編,『臺灣總督府統計書』(各年)
臺灣總督府殖産局 編,『臺灣農業年報』(1925～1943)
臺灣總督府殖産局 編著,『農業基本調査書』第1-45號(1920～1943)
第2號 耕地分配及經營調査, 1921
第16號 主要農産物經濟調査(其の六), 1928
第23號 主要農産物經濟調査(其の十三・甘蔗), 1929
第25號 耕地賃貸經濟調査(其の一), 1930
第26號 耕地賃貸經濟調査(其の二), 1930
第27號 米生産費調査(其の一), 1931
第28號 米生産費調査(其の二), 1932
第29號 企業的農業經營調査, 1933
第30號 臺灣農家經濟調査(其の一), 1934
第31號 耕地分配竝に經營調査, 1934
第33號 農業金融調査, 1935
第34號 臺灣農家經濟調査(其の三), 1936
第37號 臺灣農家經濟調査(米作農家), 1938
第39號 耕地賃貸經濟調査, 1939
第40號 農家勞動調査(其の一), 1940
第41號 耕地所有竝に經營狀況調査, 1941
第43號 農業金融調査, 1941
臺灣總督府殖産局,『各州小作慣行調査』, 1926
臺灣總督府殖産局,『糖務關係例規集』, 1919
臺灣總督府殖産局,『臺灣糖業令解說』, 1940
臺灣總督府殖産局,『臺灣米穀生産費調査』, 1938b
臺灣總督府殖産局,『臺灣米穀移出管理令參考資料』, 1938a

臺灣總督府殖産局,『臺灣に於ける農家の米販賣に關する調査』, 1936b
臺灣總督府殖産局,『臺灣に於ける本國民農業植民』, 1929
臺灣總督府殖産局,『臺灣に於ける小作問題に關する資料』, 1930b
臺灣總督府殖産局,『臺灣に於ける小作事情と其の改善施設』, 1936a
臺灣總督府殖産局,『臺灣の農業』, 臺灣農會, 1941a
臺灣總督府殖産局,『臺灣の農業勞動に關する調査』, 1919
臺灣總督府殖産局,『臺灣の糖業』, 1930
臺灣總督府殖産局,『臺灣の糖業』, 1935
臺灣總督府殖産局,『臺灣の糖業』, 1939
臺灣總督府殖産局,『本島耕地の自小作別面積調査』, 1928
臺灣總督府殖産局,『本島小作改善事業成績概要』, 1936c
臺灣總督府殖産局,『本島小作改善事業成績概要』, 1941b
臺灣總督府殖産局,『小作制度の改善』, 1930a
臺灣總督府殖産局米穀課,『臺灣米穀關係例規』, 1938
臺灣總督府殖産局商工課 編,『臺灣商工統計』(1923～1940)
臺灣總督府殖産局特産課,『臺灣糖業統計』(1919～1943)
臺灣總督府財務局,『地租調査事業成績報告書』, 1936
臺灣總督府財務部金融課 編,『臺灣の金融』, 1930
臺北州內務部勸業課,『臺北州の小作事情と其の改善施設概要』, 1937
稻田昌植,『臺灣糖業政策』, 臺灣總督府殖産局, 1921
東嘉生,『臺灣經濟史研究』, 東都書籍株式會社臺北支店, 1944
東畑精一・大川一司,「米穀の自治的販賣統制」, 河田嗣郎 編,『米穀經濟の研究』, 有斐閣(東京), 1939
東畑精一・大川一司,『朝鮮米穀經濟論』, 日本學術振興會(東京), 1937
東海林稔・財津亮藏,「嘉南大圳の通水後に於ける土地利用狀況に關する考察」,『臺灣農事報』第323・324卷, 1933
東海林稔・財津亮藏,「嘉南大圳の通水後に於ける土地利用狀況に關する考察」,『臺灣農事報』第326・327卷, 1934
東郷實・佐藤四郎,『臺灣植民發達史』, 晃文館(臺北), 1916
劉明修,『臺灣統治と阿片問題』, 山川出版社(東京), 1983
劉明電,『臺灣米穀政策の檢討』, 岩波書店, 1940
劉英漢,「臺灣小作問題に關する一考察(上)」,『臺灣農會報』1-8, 1939a
劉英漢,「臺灣小作問題に關する一考察(上)」,『臺灣農會報』1-9, 1939b
林益夫,「臺灣工業化と資金動員」,『臺灣經濟年報』第3卷, 1943
林肇 編,『臺灣食糧年鑑』, 臺灣食糧問題研究會, 1943
名倉喜作 編,『臺灣銀行四十年誌』, 臺灣銀行(東京), 1919
尾高煌之助,「日本統治下に於ける臺灣の雇用と賃金」, 篠原三代平・石川滋 編,『臺灣の經濟成長』, アジア經濟研究所, 1972

山口一夫,「臺灣に於ける勞務統制」,『臺灣經濟年報』第2巻, 1942
山根幸夫,「臺灣糖業政策と新渡戸稲造」, 東京女子大學 新渡戸稲造研究會 編,『新渡戸稲造研究』, 1969
山本秋,『昭合米よこせ運動の記錄』, 白石書店(東京), 1976
山川均,「植民政策下の臺灣」,『山川均全集』(第7巻), 1966
杉野嘉助,『臺灣商工十年史』, 杉野嘉助 發行(臺南市), 1919
三浦敦史,「土礱間と籾の取引に就いて」,『農事報』第307號, 1932
石橋俊治,「農業再編成の進展」,『臺灣經濟年報』第2巻, 1942
石川滋,「日本領有期の臺灣農業の變化」, 篠原三代平・石川滋 編,『臺灣の經濟成長』, アジア經濟研究所, 1972
石川滋,「戰前に於ける臺灣の經濟成長: 農業發展の基礎」,『經濟研究』第20巻, 1969
石川悌次郎,「臺灣糖業に就いて」(下),『糖業』第24巻(三月號), 1937
石川悌次郎,『臺灣に於ける米穀專賣論』, 經濟情報出版社(東京), 1936
矢內原忠雄,『帝國主義下の臺灣』, 岩波書店(東京)(1988年復刻本)
信夫清三郎,『近代日本産業史序說』, 日本評論社(東京), 1942
兒玉源太郎,「殖産興業に關する總督の演說」(1901), 持地六三郎,『臺灣植民政策』, 富山房(東京), 1912
鹽見俊二,「臺灣に於ける戰時財政の進展」,『臺灣經濟年報』第1巻, 1941
奥田彧,『臺灣の農業』, 臺灣農友會, 1937
栗原純,「清代臺灣における米穀移出と郊商人」,『臺灣近現代史研究』5, 1984
伊藤重信,『臺灣製糖株式會社史』, 臺灣製糖株式會社(東京), 1939
臨時臺灣舊慣調查會 編,『臺灣糖業舊慣一斑』(附錄參考書 포함), 1909
臨時臺灣舊慣調查會,『臨時臺灣舊慣調查會第一部調查第三回報告書臺灣私法第一巻上』, 1910
臨時臺灣土地調查局 編著,『田收穫及小租調查書』, 1905
臨時臺灣土地調查局 編著,『田收穫查定書』, 1905
臨時臺灣土地調查局,『臨時臺灣土地調查局第二回事業報告』, 1903
入鹿山成樹,「臺灣に於ける米穀檢查に就いて(中の二)」,『臺灣農會報』第1巻, 1939
長曾我部重親,『臺灣糖業概觀』, 臺灣總督府殖産局, 1927
張漢裕,「書評: 溝口敏行『臺灣・朝鮮の經濟成長』」,『經濟研究』2-2, 1977
田端幸三郎,「臺灣米穀移出管理事業の概要」,『臺灣農會報』第1巻, 1939b
田端幸三郎,「臺灣米穀移出管理案に就いて」,『臺灣農會報』第1巻, 1939a
井上清・渡部徹 編,『米騷動の研究』, 有斐閣(東京), 1968
帝國農會,『帝國農會米生産費調查集成』(大正11-昭和23), 東京, 1961
竹市鼎,「臺灣農業の發展と米管及糖業令」,『臺灣經濟年報』第1巻, 1941
竹越與三郎,『臺灣統治志』, 博文館(東京), 1905
楫西光速・加藤俊彦・大島清・大內力,『日本資本主義の發展』Ⅲ, 東京大學出版會, 1975
持地六三郎,『臺灣植民政策』, 富山房(東京), 1912

陳逢源,「臺灣に於ける産業組合」,『臺灣經濟年報』第3巻, 1943a
陳逢源,「臺灣に於ける小作問題」,『臺灣經濟年報』第2巻, 1942
陳逢源,「臺灣の土地問題と小作問題」,『臺灣文化論叢』(第1輯), 清水書局(臺北), 1943b
陳逢源,『臺灣經濟問題の特質と批判』, 臺灣新民報社, 1933
陳逢源,『臺灣の經濟と農業』, 臺灣新報社, 1944
陳逢源,『新臺灣經濟論』, 臺灣新民報社, 1937
蔡培火,『日本本國民に與う』, 臺灣問題研究會(東京), 1928
川野重任,『臺灣米穀經濟論』, 有斐閣(東京), 1941
淺田喬二,『日本帝國主義と舊植民地地主制: 臺灣・朝鮮・滿洲における日本人大土地所有の史的分析』, 御茶の水書房, 1968
淺香末起,「臺灣に於ける製糖原料の問題」,『糖業』第18巻(十二月號), 1931
淺香末起,「臺灣に於ける製糖原料の問題」,『糖業』第19巻(一月號), 1932
涂照彦,「日本帝國下臺灣經濟 - 研究蓄積再檢討」,『思想』576, 1972
涂照彦,『日本帝國主義下の臺灣』, 東京大學出版會, 1975
太田嘉作,『米價政策史』, 丸山社書店(東京), 1938
八木芳之助,『米價及びに米價統制問題』, 有斐閣(東京), 1932
貝山好美,「米穀統制法と臺灣米の動向」,『臺灣米報』第45巻(一月號), 1934
平山勳,『臺灣糖業論』, 臺灣通信社, 1935
河野信治,『日本糖業發達史』(生産篇), 糖業發達史編纂事務所(神戸), 1930
鶴見佑輔,『後藤新平』(第一・二巻), 勁草書房(東京), 1983
後藤新平,『日本植民政策一斑』, 拓植新報社(東京), 1921
黒谷了太郎,「臺灣製糖界の企業主體の變遷」,『臺灣時報』昭和十年一月號, 1935a
黒谷了太郎,「臺灣製糖界の企業主體の變遷」,『臺灣時報』昭和十年二月號, 1935b

3. 영문

Aass, Svein, "The Relevance of Chayanov's Macro Theory to the Case of Java", in E. J. Hobsbawm, eds., *Peasants in History, Essays in Honor of Daniel Thorner*, Bombay: Oxford University Press, 1980
Alavi, Hamza, "Peasantry and Capitalism: A Marxist Discourse", in T. Shamin ed., *Peasants and Peasant Societies*, New York: Basil Blackwell
Allexander, J. and P. Allexander, "Sugar, Rice and Irrigation in Colonial Java", *Ethnohistory* 25:3, 1978
Allexander, J. and P. Allexander, "Labour Demands and the 'Involution' of Javanese Agriculture", *Social Analysis* 3, 1979
Allexander, J. and P. Allexander, "Shared Poverty as Ideology: Agrarian Relationships in Colonial Java", *Man* 17, 1982
Amin, Samir, *Accumulation on a World Scale*, New York: Monthly Review Press, 1974

Amin, Samir, *Unequal Development*, New York: Monthly Review Press, 1976
Arrighi, Giovanni, *The Geometry of Imperialism: the Limits of Hobson's Paradigm*, translted by Patrick Camiller, London: NLB, 1978
Aston, T. H. and C. H. E. Philpin eds, *The Brenner Debate*, London: Cambridge University Press, 1985
Baran, Paul, *The Political Economy of Growth*, New York, Monthly Review Press, 1957
Bernstein, Henry, "African Peasntries: A Theoretical Framework", *Journal of Peasant Studies* 6:4, 1979
Bernstein, Henry, "Capitalism and Petty Commodity Production", *Social Analysis* 20, 1986
Bernstein, Henry, "Capitalism and Petty-Bourgeois Production: Class Relations and Divisions of Labour", *Journal of Peasant Studies* 15:2, 1988
Bettelheim, Charles, "Theoretical Comments", in *Unequal Exchange* by Arghiri Emmanuel, New York: Monthly Review Press, 1972
Boeke, J. H, *Economics and Economic Policy of Dual Societies As Exemplified by Indonesia*, New York: International Secretariat, Institute of Pacific Relations, 1953
Boomgaard, P, "Treacherous Cane: The Java Sugar Industry", in B. Albert and A. Graves, eds, *The World Sugar Economy in War and Depression*, London: Routledge, 1988
Bradly, Barbara, "The Destruction of Natural Economy", *Economy and Society* 9:2, 1975
Bray, Francesca, *The Rice Economies: Technology and Development in Asian Societies*, New York: Basil Blackwell, 1986
Brenner, Robert, "Agrarian Class Structure and Economic Development in Pre-Industrial Europe", in T. H. Aston and C. H. E. Philpin, eds, *The Brenner Debate*, London: Cambridge University Press, 1985
Byers, T. J, "Agrarian Transition and the Agrarian Question", *Journal of Peasant Studies* 4:3, 1977
Byers, T. J, "Of Neo-populist Pipe Dream", *Journal of Peasant Studies*, 6:2, 1979
Chang, Han-yu, "Development of Irrigation Infrastructures and Management in Taiwan, 1900~1940: Its Implications for Asian Irrigation Development", *Economic Essays*, 9:1, 1980
Chang, Han-yu and Ramon Myers, "Japanese Colonial Development Policy in Taiwan, 1895~1960: A Case of Bureaucratic Entrepreneurship", *Journal of Asian Studies* 22:4, 1963
Chayanov, A. V, *The Theory of Peasant Economy*, ed. by D. Thorner, B. Kerblay, R. E. F. Smith, Homewood, Illinois: Irwin, 1966

Chayanov, A. V, *The Theory of Peasant Economy*, ed. by D. Thorner, B. Kerblay, R. E. F. Smith; with a foreword by Teodor Shanin, Wisconsin: The University of Wisconsin Press, 1986

Chevalier, Jacques M, "There is nothing Simple about Simple Commodity Production", *Journal of Peasant Studies* 10:4, 1983

Chen, Ching-chih, "Police and Commodity Control Systems in the Empire", in Ramon H. Myers and Mark R. Peattie, eds, *The Japanese Colonial Empire, 1895~1945*, Princeton: Princeton University Press, 1984

Davidson, James W, *The Island of Formosa: History, People Resources, and Commercial Prospects*, New York: Paragon Book Gallery, 1903

Djurfeldt, Goran, "Classical Discussions of Capital and Peasantry: A Critique", in John Harriss, ed, *Rural Development*, London: Hutchinson University Library, 1982

Dobb, Morris, *Studies in the Development of Capitalism*, New York: International Edition, 1963

Elson, R. E, *Javanese Peasants and the Colonial Sugar Industry*, Singapore: Oxford University Press, 1984

Elson, R. E, "Sugar Workers and the Emergence of 'Free Labour' in Nineteenth Century Java", *Modern Asian Studies* 20:1, 1986

Emmanuel, Arghiri, *Unequal Exchange*, New York: Monthly Review Press, 1972

Emnew, J, P. Hirst and K. Tribe, " 'Peasantry' as an Economic Category", *Journal of Peasant Studies* 4:4, 1977

Fasseur, Cornelis, *The Politics of Colonial Exploitation: Java, the Dutch, and the Cultivation System*, translated from the Dutch by R. E. Elson and Ary Kraal; edited by R. E. Elson, Ithaca, N. Y.: Southeast Asia Program, Cornell University, 1992

Foster-Carter, Aidan, "The Modes of Production Controversy", *New Left Review* 107, 1978

Frank, A. Gunder, *Capitalism and Underdevelopment in Latin America*, New York: Monthly Review Press, 1969

Frank, A. Gunder, *Dependent Accumulation and Underdevelopment*, New York: Monthly Review Press, 1979

Friedmann, Harriet, "World Market, State, and Family Farm: Social Bases of Household Production in the Era of Wage Labour", *Comparative Studies in Society and History* 20, 1978

Friedmann, Harriet, "Household Production and the National Economy: Concepts for the Analysis of Agrarian Formations", *Journal of Peasant Studies* 7:2, 1980

Furnivall, J. S., Netherlands India, Cambridge: Cambridge University Press, 1944

Geertz, C., *Agricultural Innovation: the Process of Ecological Change in Indonesia*, Berkeley and Los Angeles: University of California Press, 1963

Gordon, Alec, "Indonesian, Proletarians and the 'Post-Colonial' Mode of Production", *Journal of Contemporary Asia* 12:2, 1982

Harrison, Mark, "Chayanov and the Economics of the Russian Peasantry", *Journal of Peasant Studies* 2:4, 1975

Harrison, Mark, "The Peasant Mode of Production in the Work of A. V. Chayanov", *Journal of Peasant Studies* 4:4, 1977

Hayami, Yujiro and Vernon W. Ruttan, "Korean Rice, Taiwan Rice, and Japanese Agricultural Stagnation: An Economic Consequence of Colonialism", *Quarterly Journal of Economics* 84(November), 1970

Hirschman, Albert O, *The Strategy of Economic Development*, New Haven: Yale University Press, 1958

Ho, Samuel P. S, *Economic Development of Taiwan, 1860~1970*, New Haven: Yale University Press, 1978

Ho, Samuel P. S, "Colonialism and Development: Korea, Taiwan, and Kwantung", in Ramon H. Myers and Mark R. Peattie, eds, *The Japanese Colonial Empire, 1895~1945*, Princeton: Princeton Univ. Press, 1984

Ho, Yhi-min, "Taiwan's Agricultural Transformation under Colonialism: A Critique", *Journal of Economic History* 31:3, 1971

Hobson, John A, *Imperialism*, Ann Arbor: The University of Michigan Press, 1965(1905)

de Janvry, Alain, *The Agrarian Question and Reformism in Latin America*, Baltimore and London: John Hopkins University Press, 1981

Ka, Chih-ming, *Japanese Colonialism in Taiwan: Land Tenure, Development, and Dependency*, 1895~1945, Boulder, Colorado: Westview Press, 1995

Kahn, J. S, "Indonesia after the Demise of Involution: Critique of a Debate", *Critique of Anthropology* 5:1, 1985

Kano, Hiroyoshi, *Land Tenure System and the Desa Community in Nineteenth Century Java*, Tokyo: Institute of Development Economics, 1977

Kano, Hiroyoshi, "The Economic History of Javanese Rural Society: A Reinterpretation", *The Developing Economies* 18, 1980

Kautsky, Karl, "A summary of Selected Parts of Kautsky's "The Agrarian Question"", translated by J. Banaji, *Economy and Society* 5:1, 1976

Kerblay, Basile, "Chayanov and the Theory of Peasant Economies", in Teodor Shanin, ed, *Peasants and Peasant Societies*, New York: Basil Blackwell, 1987

Knight, G. R, "Capitalism and Commodity Production in Java", in Alavi H. et al, eds, *Capitalism and Colonial Production*, London and Canberra: Croom Hilm, 1982

Knight, G. R, "Peasant Labour and Capitalist Production in Late Colonial Indonesia", *Journal of Southeast Asian Studies* 19:2, 1988

Knight, G. R, Sugar, "Peasants and Proletarians: Colonial Southeastern Asia, 1830~1940", *Critique of Anthropology* 9:2, 1989

Knight, G. R, "The Java Sugar Industry as a Capitalist Plantation: A Reappraisal", *Journal of Peasant Studies* 19:3; 19:4, 1992

Kuhn, S. Thomas, *The Structure of Scientific Revolutions*, Chicago: University of Chicago Press, 1970

Lenin, V. I, *The Development of Capitalism in Russia*, Vol. 3 of Collected Works, Moscow: Progress Publishers, 1977(1899)

Lenin, V. I, *Imperialism: The Highest Stage of Capitalism*, NY: International Publishers, 1939(1917)

Lewis, W. Arthur, "Economic Development with Unlimited Supplies of Labour", *The Manchester School of Economic and Social Studies*, Vol. XXII. Reprinted in A. N. Agarwala and S. P. Singh, ed, *The Economics of Underdevelopment*, London: Oxford University Press, 1958

Lewis, W. Arthur, *The Theory of Economic Growth*, London: George Allen & Unwin, 1965

Lipton, Michael, *Why Poor People Stay Poor: A Study of Ueban Bias in World Development*, London: Temple Smith, 1977

Llambi, Luis, "Small Modern Farmers: Neither Peasants nor Fully-Fledged Capitalists", *Journal of Peasant Studies*, 15:3, 1988

Marx, Karl, *Capital*, Volume One, New York: Vintage Books, 1977

Mintz, Sidney W, *Caribbean Transformations*, Chicago: Aldine, 1974

Mintz, Sidney W, "Afterword", in Emily Martin Ahern and Hill Gates, eds, *The Anthropology of Taiwanese Society*, Stanford: Stanford Univ. Press, 1981

Mintz, Sidney W, *Sweetness and Power: The Place of Sugar in Modern History*, New York: Penguin Books, 1986

Mintz, Sidney W, "Foreword" in *Japanese Colonialism in Taiwan: Land Tenure, Development, and Dependency, 1895~1945*, by Chih-ming Ka, Boulder: Westview Press, 1995

Mizoguchi, Toshiyuki, "Consumer Prices and Real Wages in Taiwan and Korea under Japanese Rule", *Hitotsubashi Journal of Economics* 13:1, 1972

Mizoguchi, Toshiyuki, "Economic Growth of Korea under the Japanese Occupation: Background of Industrialization of Korea", *Hitotsubashi Journal of Economics* 20:1, 1979

Mizoguchi, Toshiyuki and Yuzo Yamamoto, "Capital Formation in Taiwan and Korea", in Ramon Myers and Mark R. Peattie eds, *The Japanese Colonial Empire, 1895~1945*, Princeton: Princeton Univ. Press, 1984

Myers, Ramon H, "Agrarian Policy and Agricultural Transformation: Mainland China and Taiwan, 1895~1945", *Journal of the Institute of the Chinese University of Hong Kong* 3:2, 1970

Myers, Ramon H, "Post World War II Japanese Historiography of Japan's Formal Colonial Empire" in Ramon Myers and Mark R. Peattie eds, *The Japanese Colonial Empire, 1895~1945*, Princeton: Princeton Univ. Press, 1984

Ramon Myers H. and Mark R. Peattie eds, *The Japanese Colonial Empire, 1895~1945*, Princeton: Princeton Univ. Press, 1984

Ramon Myers H. and Saburo Yamada, "Agricultural Development in the Empire", in Ramon Myers H. and Mark R. Peattie eds, *The Japanese Colonial Empire, 1895~1945*, Princeton: Princeton Univ. Press, 1984

Myers, W. W, "Report on Cultivation and Manufacture of Raw Sugar in South Formosa, and on Foreign Relations with the Trade Therein", *British Parliamentary Papers: Embassy and Consular Report, 1890~1891*, 1890

Nakamura, James I, "Incentives, Productivity Gaps, and Agricultural Growth Rates in Prewar Japan, Taiwan, and Korea", in Bernard S. Silberman and Harry D. Harootunian, eds, *Japan in Crisis*, Princeton: Princeton Univ. Press, 1974

Paauw, Douglas S. and John C. H. Fei, *The Transition in Open Dualistic Economics*, New Haven London: Yale Univ. Press, 1973

Patnaik, Utsa, "Neo-populism and Marxism: the Chayanovian View of the Agrarian Question and its Fundamental Fallacy", *Journal of Peasant Studies* 6:4, 1979

Mark R. Peattie, "Introduction", in Ramon Myers H. and Mark R. Peattie eds, *The Japanese Colonial Empire, 1895~1945*, Princeton: Princeton Univ. Press, 1984

Polany, Karl, *The Great Transformation*, foreword by Robert M. MacIver, Boston: Beacon Press, 1944

Preobrazhensky, Evgenii, "Peasantry and the Political Economy of the Early Stages of Industrialization", in Teodor Shanin ed., *Peasants and Peasant Societies*, New York: Basil Blackwell, 1987

Scott, Alison MacEwen, "Towards a Rethinking of Petty Commodity Production", *Social Analysis* 20, 1986

Shanin, Teodor, Peasantry, "Delineation of a Sociological Concept and a Field of Study", *European Journal of Sociology* 12, 1971

Shanin, Teodor ed, *Peasants and Peasant Societies*, New York: Basil Blackwell, 1987

Smith, Adam, *The Wealth of Nations*, Chicago: The University of Chicago Press, 1976(1776)

Sutcliffe, R. B, "Balanced and Unbalanced Growth", *Quarterly Journal of Economics* 78, 1964

Sweezy, Paul et al, *The Transition from Feudalism to Capitalism*, introduction by Rodney Hilton, London: Verso, 1978

Thorner, Daniel, "Peasant Economy as a Category in History", in Teodor Shanin ed, *Peasants and Peasant Societies*, New York: Basil Blackwell, 1987

Van Niel, Robert, "The Effect of Export Cultivations in Nineteenth-centurt Java", *Modern Asian Studies* 15:1, 1981

Vergopoulos, Kostas, "Capitalism and Peasant Productivity", *Journal of Peasant Studies* 5:4, 1978

Warren, Bill, *Imperialism*, Pioneer of Capitalism, London: NLR, 1980

White, Benjamin, " 'Agricultural Involution' and its Critics: Twenty Years after Clifford Geertz", *Working Paper Series* 6, The Hague: Institute of Social Studies, 1983

Wolf, Eric R, *Peasants*, Englewood Cliffs, NJ: Pretice Hall, 1966

Wolpe, Harold, "Introduction" in Wolpe, ed., *The Articulation of Modes of Production*, London: Routledge and Kegan Paul, 1980

찾아보기

ㅊ

ㅌ

ㅎ

식민지 시대 대만은 발전했는가
쌀과 설탕의 상극, 1895-1945

1판 1쇄 펴낸날 2008년 10월 25일

지은이 | 커즈밍
옮긴이 | 문명기
펴낸이 | 김시연

펴낸곳 | (주) 일조각
등록 | 1953년 9월 3일 제300-1953-1호(구 : 제1-298호)
주소 | 110-062 서울시 종로구 신문로 2가 1-335
전화 | 734-3545 / 733-8811(편집부)
733-5430 / 733-5431(영업부)
팩스 | 735-9994(편집부) / 738-5857(영업부)
이메일 | ilchokak@hanmail.net
홈페이지 | www.ilchokak.co.kr

ISBN 978-89-337-0553-7 93320
값 20,000원

* 옮긴이와 협의하여 인지를 생략합니다.
* 이 도서의 국립중앙도서관 출판시도서목록(CIP)은 e-CIP홈페이지
(http://www.nl.go.kr/ecip)에서 이용하실 수 있습니다.
(CIP제어번호 : CIP2008003127)